Geschichte der

Das Buch

Eliphas Lévi, Universalgelehrter und Magier, war bewandert in den Einweihungswegen, Kulten und Mysterien der verschiedensten Kulturen. In *Geschichte der Magie* schildert er Entstehung, Entwicklung und Wesen kultisch-magischer Lehren und Praktiken. Stets ist ihm dabei das Moment der lebendigen Erfahrung mindestens ebenso wichtig wie die Wissensvermittlung. So gibt Eliphas Lévi nicht nur eine Vorstellung von den zahlreichen bemerkenswerten Einzelphänomenen des magischen Denkens. Er versteht es auch, diese als Teil einer umfassenden geistigen Ordnung darzustellen. Auf diese Weise zeichnet er ein klares Bild von der »Welt der Magie« als Wissenschaft und Seinslehre.

Der Autor

Eliphas Lévi ist das Pseudonym von Alphonse Louis Constant, der von 1810 bis 1875 lebte. Lévi ist der legendäre Großmeister der Mysterienweisheit. Nahezu alle späteren esoterischen Bewegungen haben aus seinen Werken und seinem Wissen geschöpft – meistens jedoch ohne seinen Namen zu nennen.

Eliphas Lévi

Geschichte der Magie

Aus dem Französichen von
Fritz Werle

Econ Taschenbuch

Econ Taschenbücher erscheinen im Ullstein Taschenbuchverlag,
einem Unternehmen der
Econ Ullstein List Verlag GmbH & Co. KG, München
1. Auflage 2001

Titel der französischen Originalausgabe: Histoire de la Magie
Einzig berechtigte Übersetzung aus dem Französischen: Fritz Werle
Umschlagkonzept: HildenDesign, München – Stefan Hilden
Umschlaggestaltung: HildenDesign, München – Tracey Bushman
Illustration: Tracey Bushman, Salt Lake City, USA
Druck und Bindearbeiten: Clausen & Bosse, Leck
Printed in Germany
ISBN 3-548-74048-0

INHALT

VIERTES BUCH
MAGIE UND KULTUR

FÜNFTES BUCH
ADEPTEN UND PRIESTERTUM

SECHSTES BUCH
MAGIE UND REVOLUTION

SIEBENTES BUCH

EINLEITUNG

Pentagramm des Absoluten.

Seit langem setzt man die Magie gleich der Gaukelei von Charlatanen, krankhafter Halluzination und gewissen außergewöhnlichen Verbrechen. Andererseits versuchen viele die Magie als Kunst, Wirkungen ohne Ursache hervorzubringen, zu definieren. So aber muß die Masse mit gesundem Menschenverstand, der ihr zweifellos zukommt, die Magie als absurd erkennen.

Nicht das ist Magie, was Ignoranten aus ihr machen. Niemand sollte über sie urteilen. Sie ist wie die Mathematik aus sich selbst; denn sie ist das absolute Wissen von der Natur und ihren Gesetzen.

Magie ist das Wissen der alten Eingeweihten. Sogar das Christentum, das alle lügnerischen Orakel und allen Zauber falscher Götter ausmerzte, verehrt die Magier, die von einem Stern geführt vom Orient herbeieilten, um den Weltheiland in der Wiege anzubeten.

Die Überlieferung nennt diese Magier Könige; ist doch die Einweihung in die Magie wahres Königtum, und wird doch die große Kunst von all ihren Jüngern die königliche, heiliges Königtum, sanctum regnum genannt. Ihr Stern ist jener leuchtende, dem wir in allen Einweihungen begegnen. Er ist die Quintessenz der Alchimisten, das große Geheimnis der Magier, das heilige Pentagramm der Kabbalisten. Wir werden beweisen, daß das Studium des Pentagramms die Magier zur Kenntnis des neuen Namens führen mußte, der über alle Namen erstrahlen und allen anbetenden Wesen die Knie beugen sollte.

Magie vereinigt Sicherheit der Philosophie und Unfehlbarkeit und Ewigkeit der Religion in einer Wissenschaft. Sie versöhnt die beiden anfangs so entgegengesetzt scheinenden Begriffe, Glaube und Vernunft, Wissen und Glauben, Autorität und Freiheit vollkommen und unwiderleglich.

Dem Menschen bietet sie ein Werkzeug von philosophischer und religiöser Sicherheit und mathematischer Exaktheit, deren Unfehlbarkeit sie sogar bezeugt.

Sie lehrt die Existenz des Absoluten in Wissen und Glauben. Die höchste Vernunft läßt den Menschenverstand nicht blind umhergehen. Es gibt eine unbedingte Wahrheit, einen unfehlbaren Weg zur Erforschung dieser Wahrheit durch deren Kenntnis der Mensch, ist sie ihm erst zur Regel geworden, seinem Willen Herrschergewalt über alle unteren Dinge und unsteten Geister als Richter und König der Welt zu geben vermag.

Warum, wenn dem so ist, ist dieses hohe Wissen verborgen? Wie kann man am nächtlichen Sturmhimmel die Sonne vermuten? Es war immer bekannt, aber nur jenen, welche die Notwendigkeit des Schweigens und Wartens erkannt hatten. Heilte ein guter Chirurg nachts einen Blinden, wie vermöchte er ihm vor Tag Existenz und Natur der Sonne begreiflich zu machen?

Die Wissenschaft hat Nacht und Morgenröte, da sie der intellektuellen Welt geregelte Bewegungen und progressive Phasen verleiht. Wahrheiten sind wie Lichtstrahlen: Das Verborgene ist nicht verloren, das Gefundene aber auch nicht durchaus neu. Gott wollte der Wissenschaft den Spiegel seines Ruhms, das Siegel seiner Ewigkeit aufprägen.

Magie ist das große, absolute Wissen. Diese Behauptung muß den Verehrern *Voltaires* paradox erscheinen, jenes wundervollen Ignoranten, der so vieles zu wissen wähnte, weil er statt zu lernen stets lachte.

Das Wissen *Abrahams*, *Orpheus*, *Confuzes*, *Zoroasters* war Magie. Ihre Dogmen wurden von *Enoch* und *Hermes* in Steintafeln gegraben. *Moses* reinigte und verhüllte sie wieder, der Sinn des Wortes „Enthüllung“. Er gab ihnen einen neuen Schleier in der heiligen Kabbala, die er zum ausschließlichen Erbe Israels und zum unantastbaren Geheimnis seiner Priester machte. Die Mysterien von Theben und

Eleusis erhielten bei anderen Völkern veränderte Symbole, deren Schlüssel sich im wachsenden Aberglauben verlor. Jerusalem, die Mörderin seiner Propheten, hatte nach der wiederholten Preisgabe an die falschen Götter Syriens und Babylons das heilige Wort verloren, als ein den Weisen im heiligen Stern der Einweihung verkündeter Heiland kam, um den verbrauchten Schleier des Tempels zu zerreißen und der Kirche ein neues Legenden- und Symbolgewand zu geben, das dem Wissenden die Wahrheit erhält, dem Profanen aber verbirgt.

Das hätte der unglückliche *Dupuis* den indischen Planisphären und den Tafeln *Denderahs* ablesen sollen, dann hätte er bei der einstimmigen Bejahung der Natur und der wissenschaftlichen Denkmäler aller Zeitalter nicht auf die Verneinung des katholischen Kultes, der allgemein und ewig ist, geschlossen.

Die Erinnerung an das Absolute in Wissenschaft und Religion, an die in ein Wort gefaßte Lehre, an dies Wort selbst, übertrug sich auf alle Jünger der alten Einweihungen. Im Templerorden vielleicht erhalten und verweltlicht, begründete sie in den geheimen Gesellschaften der Rosenkreuzer, Illuminaten und Freimaurer jene seltsamen Riten, mehr oder weniger konventionellen Zeichen, ihre gegenseitige Hingabe und Macht.

Wir leugnen die Profanation von Lehre und Mysterium der Magie nicht, aber die immer wiederholte Preisgabe rächte sich an den dummen Enthüllern selbst furchtbar. Die Gnostiker ließen sich von den Christen ächten, und das Heiligtum hat sich der hehren Weihe verschlossen. So wurde die Hierarchie des Wissens durch Attentate blöder Unwissenheit bloßgestellt, und die Verwirrungen des Heiligtums haben sich im Staate wiederholt, da der König immer auf den Priester zurückgeht, und die auf Dauer bedachte weltliche Macht Heiligung und Kraft immer von der göttlichen Lehre erhält.

Der Schlüssel der Weisheit wurde Kindern überlassen und scheint nun, wie zu erwarten, verloren. Und doch wandte ein wahrer Katholik, ein Mann von hoher Intuition und großem moralischen Mut, Graf Joseph *de Maistre* seine Augen unwillkürlich zum höchsten Heiligtume des Okkultismus und bekannte, daß die Welt ohne Religion, und so ohne langen Bestand sei. Zu tiefst ersehnte er jenen Tag, an dem die natürliche Verwandtschaft von Wissenschaft und Glauben sich endlich in einem genialen Kopf eine. „*Er wird groß sein,*" rief er aus, „*und wird das XVIII. Jahrhundert beenden, das immer noch andauert. . . . Dann wird von unserer Dummheit wie heute von jener des Mittelalters gesprochen.*"

Die Voraussage des *Grafen de Maistre* erfüllt sich; die Vereinigung von Wissen und Glauben, seit langem vollendet, ist endlich zu Tage getreten, nicht in einem genialen Menschen, der nicht nötig ist, um das Licht zu sehen. Genie hat niemals etwas bewiesen, wenn es nicht von außergewöhnlicher Größe und ein der Menge unerreichbares Licht ist. Die große Wahrheit will nur, daß man sie finde; dann werden die Einfachsten des Volks sie verstehen und nötigenfalls beweisen können.

Sie wird jedoch niemals ganz hervortreten, da sie hierarchisch ist und nur Anarchie der Menge gefällt. Die Masse braucht keine absoluten Wahrheiten, sonst würde der Fortschritt aufhören und das Leben in der Menschheit erlöschen. Kommen und Gehen der entgegengesetzten Ideen, Widerspruch der Meinungen, Leidenschaften der Mode, immer von Augenblicksträumen bestimmt, sind für das Wachstum der Völker notwendig. So fühlt sich die Masse wohl, und verläßt darum die Kanzel der Lehrer, um zu den Brettern der Charlatane zu rennen. Selbst Philosophen von Ruf gleichen fast immer spielenden Kindern, die sich Rätsel geben und den aus dem Spiel ausscheiden, der sie im voraus errät. Sie haben Angst, daß er ihr Spiel stören könne, indem er ihren wirren Fragen alles Interesse nähme.

„*Selig sind, die reinen Herzens sind, denn sie werden Gott schauen,*“ sagt die ewige Weisheit. Reinheit des Herzens reinigt also die Intelligenz, und Redlichkeit des Wollens ergibt Schärfe des Verstehens. Wer Wahrheit und Gerechtigkeit allem vorzieht, wird sie als Lohn erhalten. Die erhabene Vorsehung hat uns Freiheit gegeben, das Leben zu bezwingen; und die Wahrheit selbst, wie gewaltig sie auch sei, kommt nur mit Sanftheit und tut der Langsamkeit oder Verirrung unseres durch die Lockungen der Lüge irregeführten Willens niemals Gewalt an.

Bossuet sagt: „*Mag uns etwas gefallen oder mißfallen, nur durch Wahrheit allein können unsere Handlungen geregelt werden, nicht zu unserem Vergnügen.*“ Das Königreich Gottes ist nicht das der Schiedsrichter, weder für die Menschen noch für Gott selbst. Der *hl. Thomas* sagt: „*Eine Sache ist nicht gerecht, weil Gott sie will, sondern Gott will sie, weil sie gerecht ist.*“ Das göttliche Gleichgewicht lenkt und nötigt die ewige Mathematik. „*Gott hat alles nach Zahl, Gewicht und Maß gemacht,*“ so die Bibel. Meßt einen Winkel der Schöpfung, vervielfacht ihn im gleichen Verhältnis und die ganze Unendlichkeit wird ihre mit Welten erfüllten Kreise vervielfachen, die in proportionale Ausschnitte zwischen den gedachten und wachsenden Achsen des Zirkels übergehen werden; dann möge eine andere Hand aus irgendeinem Punkte des Alls ein anderes Winkelmaß oder einen anderen Zirkel halten; die Linien des göttlichen Triangels werden notgedrungen die des Kreises eurer Wissenschaft schneiden, um das geheimnisvolle Siegel *Salomos* zu bilden.

„*Ihr werdet mit dem Maß gemessen werden, mit dem ihr selbst meßt.*“ Gott greift keinen Menschen an, um ihn durch seine Größe zu zermalmen, und legt nie ungleiche Gewichte in die Wage. Er prüft

Jakobs Kraft in der Gestalt eines Menschen, dessen Angriffen der Patriarch eine Nacht standhält. Das Ende des Kampfes ist ein Segen für den Besiegten. Mit dem Ruhm, diesen Gegner bestanden zu haben, ist der Titel Israel verbunden, der „*stark gegen Gott*" bedeutet.

Manche Christen, größer in der Begeisterung als im Wissen, erklären das Dogma der ewigen Qual auf sehr seltsame Weise. „*Gott*," sagen sie, „*kann sich für eine endliche Beleidigung unendlich rächen; denn wie eng auch die Grenzen des Beleidigers seien, die Größe des Beleidigten sei grenzenlos.*" Somit könnte ein Kaiser der Erde das unvernünftige Kind, das unvorsichtig den Saum seines Purpurs beschmutzte, mit dem Tode bestrafen. Solcherart sind die Vorrechte der Größe nicht. Der *hl. Augustinus* verstand sie besser, wenn er sagte: „*Gott ist geduldig, weil er ewig ist.*"

In Gott ist nur Gerechtigkeit, weil alles Güte ist; nie vergibt er wie Menschen, weil er ihren Irrungen nicht unterliegt. Da aber das Böse mit dem Guten wie Tag und Nacht, Dissonanz und Harmonie unvereinbar, und der Mensch in seiner Freiheit unverletzbar ist, wird jeder Irtrum gesühnt und alles Böse mit entsprechenden Leiden bestraft. Umsonst rufen wir Jupiter um Hilfe an, wenn unser Karren im Dreck versinkt; wir brauchen Hacke und Spaten wie der Fuhrmann der Fabel. Der Himmel wird uns nicht aus dem Schmutz ziehen. „*Hilf dir selbst, so hilft dir Gott!*" So wird erschöpfend und rein philosophisch die Möglichkeit und Notwendigkeit einer ewigen Buße erklärt, welcher sich der Mensch nur auf schmalem Pfade entziehen kann: durch Reue und Arbeit.

Durch Anpassung an das Walten der ewigen Macht kann der Mensch selbst Schöpfer und Erhalter wie sie werden. Alle in der Natur unter dem Menschen stehenden Wesen sind ihm unterworfen, an ihm selbst nur liegt durch stetes Höhersteigen die

Vergrößerung seines Machtbereichs. Länge und Fortdauer des Lebens, die Atmosphäre und ihre Stürme, die Erde und ihre metallischen Erzadern, das Licht und seine wunderbaren Bilder, die Nacht mit ihren Träumen, der Tod und seine Phantome, alle gehorchen dem göttlichen Szepter des Magiers‘ dem priesterlichen Stabe *Jakobs*, der vernichtenden Geisel des *Moses*. Der Adept wird König der Elemente, Umbildner der Metalle, Gebieter der Visionen, Lenker der Orakel, schließlich Herr des Lebens und der mathematischen Ordnung der Natur und des Willens der erhabensten Vernunft. Das ist Magie in ihrem ganzen Glanz! Wer aber wird heute unseren Worten Glauben beizumessen wagen? Jene, die aufrichtig forschen und freimütig wissen wollen; denn wir verbergen die Wahrheit nicht mehr unter dem Schleier von Parabeln und hieroglyphischen Zeichen, die Zeit, in der alles gesagt werden muß, ist gekommen; und wir werden alles sagen.

Wir werden nicht nur das immer verborgene Wissen aufdecken, das sich im Schatten der alten Mysterien verbarg, von den Gnostikern schlecht offenbart oder unwürdig entstellt wurde, das man aus dem die angeblichen Verbrechen der Tempelritter verhüllenden Dunkel errät, und das man in den mit jetzt undurchdringlichen Rätseln verdeckten Riten der hohen Freimaurerei wiederfindet. Wir werden auch den phantastischen König des Sabbats ans helle Licht heben und in der Tiefe der seit langem dem Gespött der Enkel *Voltaires* überlassenen Magie selbst entsetzliche Wirklichkeiten zeigen.

Für eine große Zahl Leser ist Magie die Wissenschaft vom Teufel; ohne Zweifel, denn die Wissenschaft vom Licht ist jene vom Schatten.

Zuerst bekennen wir kühn, daß uns der Teufel nicht ängstigt. „*Ich habe nur vor denen Angst, die den Teufel fürchten*,“ sagt die *hl. Therese*. Wir erklären aber auch, daß er uns nicht zum Lachen bringt, und daß wir den Spott sehr unangebracht finden, deren Gegenstand er oft ist.

Was er auch sei; wir wollen ihn der Wissenschaft vorführen!

Teufel und Wissenschaft! — Scheinen wir nicht bei Gegenüberstellung zweier so seltsam unvereinbarer Namen unsere ganzen Gedanken zu verraten? Heißt es nicht das Phantom der Lüge vor dem Licht der Wahrheit, im hellen Tag den ungestalten Nachtspuk vernichten, wenn man die mystische Personifikation ans Licht zerrt? Zweifellos werden oberflächliche Leser so denken und uns verdammen. Schlecht unterrichtete Christen werden in unserer Leugnung der Hölle das Untergraben des Hauptdogmas ihrer Moral sehen. Andere werden nach dem Sinn einer Bekämpfung von ihrer Meinung nach längst abgetanen Irrtümern fragen. Wir wollen also unser Ziel klar und unsere Prinzipien scharf stecken.

Zunächst den Christen: Wie ihr ist der Verfasser Christ. Sein Glaube ist der eines tief und fest überzeugten Katholiken. Nicht die Dogmen will er leugnen; er will die Gottlosigkeit in den gefährlichsten Formen der falschen Glaubenslehre und des Aberglaubens bekämpfen, er will den schwarzen Nachfolger *Ahrimans* zur Beleuchtung seines gigantischen Elends und seiner fürchterlichen Ohnmacht aus der Finsternis ziehen. Das antike Problem des Bösen will er der Wissenschaft unterwerfen, die Entthronung und Erniedrigung des Königs der Hölle unter das Kreuz will er. Die Wissenschaft, heilige Jungfrau und Mutter, deren mildes und lichtes Gleichnis Maria, ist sie nicht vorherbestimmt, dieser alten Schlange den Kopf zu zertreten?

Den angeblichen Philosophen: Warum leugnet ihr das, was ihr nicht verstehen könnt? Ist angesichts des Unbekannten der Unglaube nicht kühner und weniger tröstlich als der Glaube? Die entsetzliche Gestalt des leibhaften Bösen läßt euch lächeln? Hört ihr denn nicht das ewige Schluchzen der Menschheit, die vor der Umschlingung des Ungeheuers sich wehrt und klagt? Saht ihr nie das trotziggewalttätige Lachen des Bösen, der den Gerechten unterdrückt? Fühltet ihr nie in euch selbst die höllischen Tiefen sich öffnen, die der Geist der Perversität für Augenblicke in alle Seelen gräbt? Das moralische Übel existiert, das ist eine beklagenswerte Wahrheit. Es herrscht in gewissen Geistern, verkörpert sich in gewissen Menschen, ist also personifiziert. Es gibt also Dämonen, und der schlimmste ist Satanas. Das ist das große Zugeständnis, das ich verlange, und es wird euch schwer fallen es nicht zu geben.

Wissenschaft und Glauben helfen sich gegenseitig nur soweit, als sie selbst unangetastet und getrennte Gebiete bleiben. Wir glauben das, was wir nicht bestimmt wissen können, obwohl wir mit aller Kraft danach verlangen. Der Glaube ist für die Wissenschaft nur eine notwendige Hypothese; und nie kann man Wissenschaft nach Art des Glaubens, und Glauben nach Art der Wissenschaft beurteilen. Das Wort des Glaubens ist nicht wissenschaftlich bestreitbar. „*Ich glaube, weil es absurd ist,*" sagte *Tertullian*, und dieses scheinbar so paradoxe Wort ist höchste Vernunft. Über allem, was wir vernünftigerweise glauben können, gibt es eine Unendlichkeit, nach der wir uns mit verzehrendem Durst wohl sehnen, die aber selbst unseren Träumen entgeht. Ist aber für ein endliches Urteil die Unendlichkeit nicht absurd? Wir fühlen jedoch, daß sie ist. Die Unendlichkeit überfällt, überflügelt uns, Schwindel ergreift uns im Ahnen ihrer Abgründe; sie zermalmt uns mit ihrer ganzen Höhe. Alle wissenschaftlichen Hypothesen sind letzter Dämmerschein oder letzte Schatten der Weisheit. Der Glaube beginnt, wo die Wissenschaft erschöpft niedersinkt. . . . Über die menschliche Vernunft hinaus geht die göttliche, das für meine Schwachheit absurd Große, das mich verwirrende absurd Unendliche, an das ich glaube.

Aber das Gute allein ist unendlich, nicht das Böse. Deshalb gehört der Teufel der Wissenschaft, wenn Gott der ewige Gegenstand meines Glaubens ist. In welchem katholischen Symbol handelt es sich tatsächlich um den Teufel? Wäre es nicht Gotteslästerung zu sagen, wir glauben an ihn? Er wird in der heiligen Schrift genannt, aber nicht definiert; die Genesis spricht nirgends von einem vermeintlichen Engelsturz, sie schreibt die erste Sünde des Menschen der Schlange zu, dem listigsten und gefährlichsten aller lebenden Wesen. Wir kennen die diesbezügliche christliche Überlieferung. Wenn aber diese Überlieferung durch eine der größten und weltumfassendsten Allegorien der Wissenschaft gedeutet wird, welchen Wert hat diese Lösung dann für den Glauben, der allein nach Gott strebt und allen Prunk und alle Werke Luzifers verachtet?

Luzifer, der Lichtträger! Welch seltsamer Name für den Geist der Finsternis. Er trägt das Licht und blendet die schwachen Seelen? Zweifelt nicht daran; denn die Überlieferung ist voll Offenbarungen und göttlicher Eingebungen.

„*Der Teufel trägt das Licht,*“ sagt der *hl. Paulus,* „*und oft verwandelt er sich sogar in einen Engel des Glanzes.*“ „*Ich habe Satan vom Himmel stürzen sehen, wie einen Blitz,*“ sagt der Heiland der Welt. „*Wie bist du vom Himmel gefallen,*“ ruft der Prophet *Isaias* aus, „*du leuchtender Stern, der du dich des Morgens erhobst?*“ Luzifer ist also ein gefallener Stern; er ist ein immer brennender Meteor, der zu Asche wird, wenn er nicht mehr leuchtet.

Ist dieser Luzifer eine Person oder eine Kraft? Ist er ein Engel oder ein verirrter Donner? Die Überlieferung nimmt an, daß er ein Engel ist; aber sagt der Psalmist nicht im 104. Psalm: „*Der Du machst deine Engel zu Winden und Deine Diener zu Feuerflammen!*“ Das Wort „*Engel*“ wird in der Bibel allen Gesandten Gottes beigelegt: Boten oder neuen Schöpfungen, Offenbarungen oder Geiseln, glänzenden Geistern oder schimmernden Dingen. Die Feuerpfeile, die der Hocherhabene in die Wolken schnellt, sind Engel seines Zornes, diese Bildersprache ist allen Lesern orientalischer Dichtung vertraut.

Der Teufel, im Mittelalter der Schrecken der Welt, ist jetzt zu ihrem Gespött geworden. Als Erbe der ungeheuerlichen Gestalten aller nach und nach gestürzten, falschen Götter blieb das groteske Schreckbild kraft seiner Unförmigkeit und Häßlichkeit lächerlich.

Beachten wir jedoch: nur jene wagen über den Teufel zu lachen, die Gott nicht fürchten. Wäre der Teufel sonst für viele krankhafte Seelen zum Schatten Gottes geworden, oder wäre er nicht vielmehr der Abgott niedriger Gesinnung, die übernatürliche Kraft nur als unbestrafte Ausübung der Grausamkeit begreifen?

Es ist schließlich wichtig, ob die Idee dieser schlechten Macht sich mit der von Gott vereinigen läßt, ob der Teufel besteht, wenn ja, was er ist?

Es handelt sich hier nicht um Aberglauben oder eine lächerliche Personifizierung, sondern um die ganze Religion und folglich um die ganze Zukunft und alle Interessen der Menschheit.

Wir sind seltsame Schwätzer! Wir glauben in unserer Gleichgültigkeit gegen alles mit Ausnahme des Materiellen stark zu sein und überlassen die Ideen dem Zufall, der Mutter der Meinung, die durch ihre Unverständigkeit alles Glück umzustürzen vermag.

Eine Errungenschaft der Wissenschaft ist viel wichtiger als die Entdeckung einer Goldmine. Das Wissen stellt das Gold in den Dienst des Lebens, durch Unwissenheit wird der Reichtum zum Werkzeug des Todes.

Unsere wissenschaftlichen Enthüllungen machen vor dem Glauben halt, und wir unterwerfen als

Christ und Katholik unser ganzes Werk dem erhabenen Urteil der Kirche.

Nun zu denen, die an der Existenz des Teufels zweifeln: Alles Namenbegabte existiert. Das Wort kann umsonst ausgesprochen werden, an sich aber ist es nicht umsonst und hat immer einen Sinn.

Nie ist das Wort leer. Wenn geschrieben steht, daß das Wort in Gott und Gott das Wort ist, dann verhält es sich so als Ausdruck und Beweis der Wahrheit.

Der Teufel im Evangelium, dem Wort der Wahrheit genannt und personifiziert, existiert also und kann als Person betrachtet werden. Hier aber beugt sich der Christ. Wir wollen Wissenschaft und Vernunft sprechen lassen.

Das Böse ist; Zweifel hieran ist unmöglich. Wir können Böses oder Gutes tun.

Es gibt Wesen, die mit Wissen und Willen Böses tun.

Der die Wesen belebende und zum Bösen treibende Geist ist irregeleitet, vom guten Weg abgelenkt, dem Guten wie ein Widerstand in die Quere geworfen; dies der Sinn des griechischen Wortes „*diabolos*“, das wir mit „*Teufel*“ übersetzen.

Liebende Seelen, die Böses tun, sind zufälligerweise böse.

Es gibt also einen Teufel, den Geist des Irrtums, der freiwilligen Unwissenheit und des Schwindels; es gibt Wesen, die ihm gehorchen, die seine Gesandten, Kundschafter, Engel sind, und deshalb wird im Evangelium vom ewigen Feuer gesprochen, das für den Teufel und seine Engel bereitet und bestimmt ist.

Wir wollen zuerst klar definieren: das Böse ist Mangel an Rechtlichkeit im Wesen.

Das moralisch Böse ist Lüge im Handeln, wie die Lüge das Verbrechen in Worten ist. Ungerechtigkeit ist das Wesen der Lüge; jede Lüge ist eine Ungerechtigkeit.

Wenn das, was man sagt, recht ist, gibt es keine Lüge.

Handelt man billig und wahrhaftig, so ist keine Sünde.

Ungerechtigkeit ist der Tod des moralischen Wesens wie die Lüge das Gift der Geistigkeit.

Der Geist der Lüge ist also ein Geist des Untergangs.

Wer ihn hört, ist von ihm vergiftet, betrogen.

Nimmt man aber seine Personifizierung ernst, so ist er selbst völlig tot und betrogen, das heißt die Bestätigung seiner Existenz ist ein klarer Widerspruch.

Jesus hat gesagt: *„Der Teufel ist lügnerisch wie sein Vater.“*

Wer ist der Vater des Teufels?

Der ihm durch ein Dasein nach seinen Eingebungen persönliches Leben verleiht, der zum Teufel gewordene Mensch ist der leibhafte Vater des bösen Geistes.

Es gibt eine tollkühne, gottlos schreckliche Idee, einen traditionellen Begriff, wie der Hochmut der Pharisäer, ein Zwitter, welcher der dürftigen Philospohie des XVIII. Jahrhunderts gegen den Glanz des Christentums scheinbar recht gab.

Es ist der falsche Luzifer der heterodoxen Legende, stolz genug, sich für Gott zu halten, mutig genug, die Unabhängigkeit um den Preis ewiger Buße zu kaufen, schön genug, im vollen göttlichen Licht angebetet werden zu können, stark genug in der Finsternis und im Schmerz noch herrschen zu können und sich seinen unauslöschlichen Scheiterhaufen zu einem Thron zu machen. Er ist der Satanas des republikanischen und ketzerischen Milton, der vermeintliche Heros der ewigen Finsternis, fälschlich der Häßlichkeit beschuldigt, mit Hörnern und Krallen bedeckt, die vielmehr seinen unversöhnlichen Quälern zukämen.

So sieht der Teufel, der König des Bösen aus, als ob das Böse ein Königreich wäre!

Dieser Teufel ist klüger als die genialen Menschen, die seine Verführungen fürchten. Er ist schwarzes Licht, sehende Finsternis. Gott hat diese Macht nicht gewollt, und ein gefallenes Geschöpf konnte sie nicht schaffen. Fürst der Anarchie ist er, dem eine Hierarchie reiner Geister dient.

Dieser Verbannte Gottes wäre überall wie Gott auf Erden sichtbarer, gegenwärtiger, zahlreicher, besser bedient als Gott selbst! Ein Besiegter, dem der Sieger seine Kinder zu verschlingen gäbe!

Dieser Sünden-Künstler des Fleisches, dem das Fleisch nichts bedeutet, kann folglich dem Fleische nichts sein, nimmt man ihn nicht als Schöpfer und Meister wie Gott an! Eine unermeßliche, verwirklichte, personifizierte, ewige Lüge! Ein Tod, der nicht sterben kann! Gotteslästerung, die Gottes Wort nie zum Schweigen bringen wird! Seelenvergifter, den Gott durch einen Widerspruch zu seiner Macht duldete, oder den er bewahrte, wie die römischen Kaiser die Locusta unter den Werkzeugen ihrer Macht behielten.

Ein immer Büßender, der immer lebt, um seinen Richter zu verfluchen und immer Recht zu haben, da er niemals bereut!

Eine von der souveränen Macht als Henker aufgenommene Mißgeburt, die, nach dem energischen Ausspruch eines alten katholischen Schriftstellers, Gott den Gott des Teufels nennen kann, wenn er sich selbst als Teufel Gottes ausgibt!

Das ist das irreligiöse Phantom, das die Religion verleumdet. Weg mit dem Tyrannen der Lüge, dem schwarzen Gott der Manichäer, dem Ahriman der alten Götzenbilder! Gott lebe allein und Jesus Christus, sein Fleisch gewordenes Wort, der Heiland der Welt, der Satanas vom Himmel fallen sah. Es lebe Maria, die göttliche

Mutter, die den Kopf der höllischen Schlange zertreten hat.

So übereinstimmend die Überlieferungen der Heiligen und die Herzen der wahren Gläubigen: dem gefallenen Geist irgendwelche Größe zuschreiben, heißt die Göttlichkeit verleugnen, dem aufrührerischen Geist irgendein Königtum zugestehen, heißt dem Aufstand Mut machen, in Gedanken wenigstens das Verbrechen der Zauberer des Mittelalters begehen.

Denn alle Verbrechen, die früher bei den alten Zauberern mit dem Tode bestraft wurden, sind wirklich und die größten aller Untaten. Wie *Prometheus* haben sie dem Himmel das Feuer entrissen. Wie *Medea* sind sie auf geflügelten Drachen und Schlangen geritten. Wie der Schatten des Manzanillabaumes haben sie die Lebensluft vergiftet.

Sie haben die heiligen Dinge entweiht und selbst den Leib des Heilands zu Werken der Zerstörung und des Unglücks gebraucht.

Wie ist das alles möglich? Es gibt eine gemischt wirkende Kraft, natürlich und göttlich, körperlich und geistig, einen plastisch bildenden, weltumfassenden Mittler, einen allgemeinen Versammlungsplatz, Schwingungen der Bewegung und Spiegelbilder der Formen, Fluidum und Kraft, die man in gewisser Beziehung „*Einbildung der Natur*" nennen könnte. Durch diese Kraft haben alle Nerven geheimen Zusammenhang. Durch sie entsteht Sympathie und Antiphatie, entstehen Träume, Erscheinungen des zweiten Gesichts und außergewöhnliche Visionen. Diese universal wirkende Kraft der Natur ist das „*Od*" der Hebräer und des Freiherrn von Reichenbach, sie ist das astrale Licht der Martinisten und wir ziehen diese letzte Bezeichnung als deutlichste vor. Das Sein und der Gebrauch dieser Kraft ist das große Geheimnis der praktischen Magie. Sie ist der Zauberstab der Wundertäter und der Schlüssel der schwarzen Magie, die Schlange Edens, die auf *Eva* die Verführungen eines gestürzten Engels übertragen hat. Das astrale Licht magnetisiert, erwärmt, leuchtet, zieht an, stößt ab, belebt, zerstört, läßt gerinnen, trennt, zerbricht, sammelt alles unter dem Antrieb von gewaltigen Willensäußerungen.

Gott hat es am ersten Tag erschaffen, als er das „*fiat lux*" aussprach.

Es ist eine an sich blinde Macht, die aber von den Eggregoren, den Führern der Seelen, gelenkt wird. Diese sind die Geister der Energie und Tat.

Dies erklärt schon die ganze Theorie der Wunder. Wie sollten die Guten und Bösen die Natur tatsächlich zum sichtbaren Hervortreten außergewöhnlicher Kräfte zwingen können? Wie könnte es göttliche und teuflische Wunder geben? Wie vermöchte der verdammte, verirrte, verführte Geist in gewissen Fällen mehr Kraft zu haben als der durch seine Schlichtheit und Weisheit so mächtige Gerechte, setzte man nicht ein Werkzeug voraus, dessen sich alle unter gewissen Bedingungen bedienen können, die einen zum höchsten Guten, die anderen zum elendesten Schlechten?

Die Magier der Pharaonen vollbrachten zuerst dieselben Wunder wie Moses. Ihr Mittel war also dasselbe, nur die Eingebung war verschieden. Besiegt, erklärten sie, daß nach ihrer Meinung die menschlichen Kräfte am Ende seien und Moses übermenschliche Kraft habe. Dies war in Ägypten, der Mutter der magischen Einweihungen, wo alles Okkulte Wissenschaft und priesterlich heilige Lehre war. War es indessen schwieriger, Fliegen erscheinen zu lassen als Frösche? Nein, die Magier wußten, daß die fluidale Projektion zur Faszination der Sinne nicht über gewisse Grenzen ausgedehnt werden kann, und diese waren ihrer Ansicht nach von Moses schon überschritten.

Wenn sich im Gehirn astrales Licht zusammendrängt oder dasselbe überbürdet, dann entsteht eine eigenartige Erscheinung. Anstatt nach außen wenden sich die Augen nach innen. Nacht in der Außenwelt, phantastische Klarheit in der Welt der Träume. Das Auge scheint unter dem Lid zurückgewendet. Im Widerschein der Spiegelungen erfährt die Seele ihre Eindrücke und Gedanken. Die zwischen solcher Idee und Form bestehende Analogie zieht den darstellenden Reflex dieser Form zum astralen Licht; denn das wesentliche des Lichts ist Gestaltung, ist die universale Einbildung, deren Aneignungsgrad von der Größe unseres Gedächtnisses und unserer Sensibilität abhängt. Hier liegt die Quelle aller Erscheinungen, Visionen und intuitiven Phänomene, die dem Wahnsinn und der Ekstase angehören.

Die Aneignung und Anpassung des Lichts durch das Auge ist eine der größten Erscheinungen für das Studium der Wissenschaft. Vielleicht wird man eines Tages erkennen, daß Sehen schon Sprechen, daß Bewußtsein vom Licht das Dämmern des ewigen Lebens im Sein ist. Das Licht schaffende Wort Gottes: „*Es werde Licht!*" scheint von jedem formerkennenden und sehenwollenden Wesen ausgesprochen zu werden. Glanz ist das Licht nur dem es erfassenden Auge; die dem Anblick universaler Schönheiten hingegebene Seele, die ihre ganze Aufmerksamkeit auf die leuchtende Schrift des unendlichen Buches Sichtbarkeit richtet, scheint wie Gott beim Morgenrot des ersten Tages das erhabene Schöpferwort auszurufen: „*Fiat Lux!*"

Nicht alle Augen sehen dasselbe, und die Schöpfung hat nicht für alle ihre Betrachter dieselbe Gestalt und Farbe. Unser Gehirn ist ein innen und außen bedrucktes Buch, und die erregte Aufmerksamkeit verwischt schon die Schrift. Unaufhörlich geschieht dies in Trunkenheit und Wahnsinn.

Dann beherrscht der Traum die Wirklichkeit, die Vernunft verfällt unheilbarem Schlaf. Der Zustand der Halluzination hat Stufungen; jede Leidenschaft ist Rausch, jede Begeisterung relativ und allmählich gesteigerter Wahnsinn. Allein der Verliebte sieht den Gegenstand seiner Faszination und seines Rausches in unendlicher Vollkommenheit. Armer Wollusttrunkener! Morgen wird ihm der Duft des Weins eine schlechte Erinnerung und Grund zu tausenderlei Ekel und Abscheu sein.

Die Anwendung dieser Kraft, ohne sich von ihr beherrschen zu lassen, ist die Magie des Lichts. Dieses Geheimnis enthält alle Mysterien des Magnetismus, der seinen Namen der ganzen Praxis der hohen Magie der Alten geben kann.

Dem Eingeweihten ist der Magnetismus der Zauberstab der Wunder; dem Unklugen, der ihn zum Spiel- und Werkzeug seiner Leidenschaften zu machen sucht, wird er zum furchtbar vernichtenden Ruhm, der, nach der Sage, *Semele* in der Umarmung *Jupiters* verzehrte.

Die Offenbarung der Geistigkeit, Einheit und Unsterblichkeit der Seele durch unwiderlegliche Tatsachen ist eine der großen Wohltaten des Magnetismus. Ist dieser Beweis einmal erbracht, dann offenbart sich Gott allen Geistern und Herzen. Dann wird der Glaube an Gott und an die Harmonie der Schöpfung zu jener großen religiösen Harmonie führen, die nur in der wunderbaren und gesetzlichen Hierarchie der katholischen Kirche bestehen kann, die allein alle Traditionen von Wissen und Glauben bewahrt hat.

Unter dem Namen der Kabbala wurde die erste Überlieferung der einzigen Offenbarung durch die Priester Israels erhalten. Enthalten ist die kabbalistische Lehre, das Dogma der hohen Magie im Sepher Jezirah, im Sohar und Talmud. Nach dieser Lehre ist das Absolute das Sein, in dem sich das Wort als Ausdruck der Vernunft des Seins und des Lebens findet.

Das Sein ist das Sein אהיה אשר אהיה — das ist das Grundgesetz.

In diesem Prinzip war, d. h. ist, war und wird das Wort, die sprechende Vernunft, sein.

’Εν ’αρκῖ ἦν ὁ λόγος

Das Wort ist die Vernunft des Glaubens, auch liegt in ihm der die Wissenschaft belebende Ausdruck des Glaubens. Das Wort ist die Quelle der Logik. Jesus ist das leibhafte Wort. Der Zusammenhang vonVernunft und Glauben, Wissen und Glauben, Autorität und Freiheit ist heute das tatsächliche Rätsel der Sphinx; gleichzeitig mit diesem großen Problem tauchte das der gegenseitigen Rechte von Mann und Frau auf. Das war notwendig, da zwischen allen Auswirkungen einer großen und erhabenen Frage die Analogie beharrlich ist, und Schwierigkeiten wie Beziehungen unabänderlich die gleichen sind.

Es handelt sich um Aufstellung einer Gleichung, deren Übereinstimmung man durch Verwechslung und Mischung ihrer Glieder zu finden hofft. So wird die Lösung des gordischen Knotens moderner Philosophie und Politik paradox.

Eine wirklich erhabene Absurdität läge in der Untersuchung einer etwaigen Möglichkeit, bei welcher Glaube Vernunft, Vernunft Glaube, Freiheit Autorität, die Frau Mann und dieser Frau sein könnte. Hier wiedersetzen sich sogar die Definitionen der Verwirrung, und nur durch vollkommene Trennung der Gleichungs-Glieder wird ihre Übereinstimmung möglich. So ist die völlige und ewige Unterscheidung der beiden ursprünglichen Glieder des schöpferischen Syllogismus zur Darstellung ihrer Harmonie durch die Analogie der Gegensätze notwendig. Diese Unterscheidung ist das zweite große Grundgesetz der okkulten Philisophie, die unter dem Namen Kabbala verborgen und durch die heiligen Hieroglyphen aller Heiligtümer und durch die noch so wenig bekannten Riten der alten und neuen Freimauererei dargestellt wird.

Die Bibel sagt, *Salomo* habe vor dem Tempeleingang zwei bronzene Säulen, Jakin, („*Stärke*") und Boaz („*Schwäche*") stellen lassen. Sie sind Sinnbild für Mann und Frau, Vernunft und Glauben, Macht und Freiheit, *Kain* und *Abel*, Recht und Pflicht, der intellektuellen und moralischen Welt. Sie waren die monumentalen Hieroglyphen des notwendigen Gegensatzes gegen das Gesetz der Schöpfung. Jede Kraft braucht zur Stütze notwendig ein Widerspiel, das Licht den Schatten, der Sprudel seine Höhle, der Ausfluß den Behälter, die Herrschaft ein Reich, der Herrscher das Volk, der Arbeiter das Material, der Eroberer den Gegenstand seiner Eroberung. Bejahung stützt sich auf Verneinung, Stärke triumphiert nur im Vergleich zur Schwäche, Aristokratie erscheint nur durch ihre Erhebung über die Masse. Möge der Schwache stark, das Volk zur Aristokratie werden, alles ist nur eine Frage der Wandlung und des Fortschritts und führt zur Bestätigung der ursprünglichen Wahrheit. Die Schwäche bleibt immer schwach, die Frage des Persönlichkeitswechsels ist nebensächlich. Volk bleibt Volk, eine Masse, die unfähig, selbst zu herrschen, regiert werden muß. Für die niedere Masse ist jede Emanzipation zwangsläufige, durch ewigen Wechsel unsinnig gewordene Flucht. Ein Volks-König oder ein Volk von Königen setzt eine Versklavung der Welt und den Aufruhr einer einzigen unbändigen Stadt wie Rom in seinem höchsten Glanz voraus. Ein Volk von Herrschern wäre ebenso Anarchie wie eine Klasse Gelehrter oder Schüler, die sich Meister dünken; alle befehlen und niemand will gehorchen.

Dasselbe gilt für die radikale Emanzipation der Frau. Geht die Frau vollkommen und von Grund aus vom passiven zum aktiven Zustand, so wird sie zum Mann oder sie gelangt bei der Unmöglichkeit dieser physischen Verwandlung durch doppelte Verneinung zur Bejahung und stellt sich als ungestalter unfruchtbarer Androgyn außerhalb der Geschlechter. Das sind zwangsläufige Folgen des großen kabbalistischen Dogmas von der Unterscheidung der Gegensätze, um durch Analogie ihrer Beziehungen zur Harmonie zu gelangen.

Die Erkenntnis dieses Dogmas und der Anwendung seiner Folgerungen durch die Allgemeinheit führt zur Entdeckung der größten Geheimnisse der natürlichen Sympathie und Antipathie, zur Erkenntnis der Herrschaft in Politik und Ehe, der okkulten Medizin aller Zweige, des Magnetismus, der Homöopathie oder der moralischen Beeinflussung. Außerdem führt das Gesetz des Gleichgewichts in der Analogie zur Erkenntnis einer universal wirkenden Kraft jenes Geheimnisses der Alchymisten und Zauberer des Mittelalters. Wir erklärten diese Kraft als Licht des Lebens, welches alle Wesen magnetisiert und dessen Elektrizität nur Zufall und vorübergehende Störung ist. Auf Kenntnis und Gebrauch dieser Kraft beruht die ganze Kabbala, mit der wir uns zur Befriedigung der Neugier jener bald beschäftigen müssen, die in den Geheimwissenschaften mehr Erregung als weise Lehren suchen.

Die Religion der Kabbalisten ist zugleich ganz Hypothese und ganz Gewißheit, da sie als Basis die Analogie des Bekannten mit dem Unbekannten hat. Religion ist ihnen ein Menschheitsbedürfnis, eine unabweisbare, notwendige Tatsache, in der für sie allein die göttliche, ewige und universale Offenbarung liegt. Nichts Seiendes wird von ihnen bestritten; aber alles hat für sie einen Grund. Ihr Glaube hat als Basis höchste Vernunft, was ihm durch ihre eindeutige Kennzeichnung der Grenzscheide von Wissen und Glauben ewige und unwiderlegliche Dauer gibt. Die allein sich wandelnden und gegenseitig sich aufreibenden volkstümlichen Formen des Dogmas beunruhigen den Kabbalisten nicht, er findet Vernunft in den erstaunlichsten Mysterienformeln. Sein Gebet kann sich mit dem aller Menschen vereinigen, um es in seiner Verherrlichung durch Wissen und Vernunft zu lenken und zur Rechtgläubigkeit zu führen. Sprich ihm von Maria; beugen wird er sich vor der Verwirklichung alles Göttlichen in den Träumen der Unschuld, alles Verehrungswürdigen in der Herzenstorheit der Mütter. Dem Muttergottesaltar wird er nicht die Blumen, ihren Kapellen nicht die weißen Bänder, ihren naiven Legenden nicht seine Träume weigern. Er wird nicht lachen über den in der Krippe schreienden Gott, nicht über das blutige Opfer auf dem Kalvarienberg. Mit den Weisen Israels und des Islams wird er im Grunde seines Herzens ausrufen: „*Es ist nur ein Gott, und das ist Gott.*“ Was für den wahrhaft Eingeweihten bedeutet: „*Nur ein Sein, das Sein ist!*“ Aber alle Politik und Rührseligkeit der Glaubensbekenntnisse, der Glanz des Kultes, Pracht der göttlichen Schöpfungen, Gnade der Gebete, Magie der himmlischen Hoffnungen: sind nicht all dies Strahlungen des moralischen Seins in seiner ganzen Jugend und Schönheit? Alles, was den wahrhaft Eingeweihten von den öffentlichen Gebeten und Tempeln fernhalten kann, was seinen Ekel oder seine Verachtung gegen irgend eine Religionsformel erregt, ist der sichtbare Unglaube der Priester oder des Volkes, der Mangel an Würde bei den Kultzeremonien, kurz die Entweihung heiliger Dinge.

Bei der Anbetung gesammelter Seelen, empfindender Herzen ist Gott wirklich anwesend, schrecklich und fühlbar abwesend aber im Gebete ohne Feuer und Licht, ohne Geist und Liebe.

Paulus selbst offenbart die Gottesidee der weisen Kabbala: „*Um zu Gott zu gelangen, muß man glauben, daß er ist, und daß er die belohnt, die ihn suchen.*“

So wird nichts außer der Idee des Seins mit dem Begriff von Güte und Gerechtigkeit verbunden; denn nur diese Idee ist das Absolute. Das Nichtsein Gottes behaupten, sein Wesen definieren, wäre gleicherweise Gotteslästerung. Jede menschliche Definition Gottes ist ein Mittel eines religiösen Empirismus, durch den der Aberglaube später einen Teufel ergrübeln kann.

Die kabbalistischen Symbole stellen Gott immer durch ein doppeltes Bild dar, aufrecht da seine, umgekehrt das andere, das eine schwarz, das andere weiß. So wollten die Weisen die geistige und die vulgäre Auffassung derselben Idee darstellen, den Gott des Lichtes und des Schattens. Dies falsch verstandene Symbol muß den Ursprung des Ahriman der Perser darstellen, dieses schwarzen und göttlichen Ahnen aller Dämonen. Der Traum eines Höllenkönigs ist wirklich nur eine falsche Auffassung Gottes.

Schattenloses Licht wäre für unser Auge unsichtbar und wäre tiefsterFinsternis gleichkommende Blendung. Durch Analogieschlüsse mit dieser wohlverstandenen und durchdachten Wahrheit wird man die Lösung des furchtbarsten Problems, den Ursprung des Bösen, finden. Aber die ganze Erkenntnis dieser Lösung und all ihrer Folgerungen ist nicht für die Masse, die nicht so mühelos in alle Geheimnisse universaler Harmonie eindringen darf. Wenn der in die eleusinischen Mysterien Eingeweihte siegreich alle Proben bestanden, die heiligen Dinge beschaut und berührt hatte, und er für stark genug gehalten wurde das letzte und schrecklichste aller Geheimnisse zu erfahren, näherte sich ihm ein verschleierter Priester und flüsterte ihm im Vorübergehen das rätselhafte

Wort ins Ohr: „*Osiris ist ein schwarzer Gott.*“ So verdunkelte sich plötzlich Osiris, dessen Orakel Typhon die göttliche, religiöse Sonne Ägyptens ist, selbst in einen Schatten jener großen, unbestimmbaren Isis, die alles ist, war und sein wird, deren ewigen Schleier aber noch niemand gelüftet hat.

Für die Kabbalisten ist das Licht das aktive Prinzip und ist dem der Finsternis, dem passiven Prinzip analog. Deshalb waren ihnen Sonne und Mond die Sinnbilder der beiden Geschlechter und schöpferischen Kräfte; deshalb schrieben sie der Frau erst Versuchung und Sünde und dann die erste Mutterarbeit der Erlösung zu, wie man aus dem Schoß der Finsternis das Licht hervorbrechen sieht.

Leere saugt Fülle ein. Der Abgrund der Armut und des Elends, das vermeintlich Böse und Nichtige die vergängliche Empörung der Geschöpfe zieht so ewig einen Ozean des Seins, Reichtums, Erbarmens und der Liebe an. Dies das Symbol Christi, der zur Hölle niederstieg nachdem er die ganze Unermeßlichkeit der wunderbarsten Vergebung am Kreuze erschöpft hatte.

Durch das Gesetz der Analogie in der Harmonie der Gegensätze erklärten die Kabbalisten auch die Mysterien der Geschlechtsliebe. Warum ist diese Leidenschaft zwischen zwei ungleichen Naturen und entgegengesetzten Charakteren dauerhafter? Warum gibt es in der Liebe immer einen Opferpriester und ein Opfer? Warum sind die am unmöglichsten zu befriedigenden Leidenschaften am hartnäckigsten? Durch dieses Gesetz hätten sie auch jene Frage des Vorrangs zwischen den Geschlechtern regeln können, die allein der Saint-Simonismus in unseren Tagen ernstlich erheben konnte. Sie hätten gefunden, daß die natürliche Kraft der Frau die Ruhe- oder Widerstandskraft, ihr unveräußerliches Recht das der Schamhaftigkeit ist. Daher soll sie nichts erstreben und tun, was eine Art männliche Dreistigkeit verlangt. Hierfür hat die Natur auch gesorgt, indem sie ihr eine sanfte Stimme gab, die nur in lächerlich kreischenden Tönen in großen Versammlungen gehört werden kann. Die Frau würde in ihrem Streben nach den Funktionen des andern Geschlechtes die Vorrechte ihres eigenen verlieren. Den Grad ihrer möglichen Herrschaft über den Mann kennen wir nicht, aber Männer, und, für sie noch grausamer, Kinder würden sie nicht mehr lieben.

Durch Analogie findet das Ehegesetz der Kabbalisten eine Lösung dieses schwierigsten und interessantesten Problems der modernen Philosophie: die endgültige und dauernde Übereinstimmung von Vernunft und Glauben, Autorität und Freiheit des Forschens, Wissen und Glauben. Ist Wissen die Sonne, dann Gläubigkeit der Mond: er ist ein Widerschein des Tages in der Nacht. Der Glaube ist Ergänzung der Vernunft in der vom Wissen vor oder hinter sich gelassenen Finsternis; er rührt von der Vernunft her, kann aber nie mit ihr verwechselt werden oder sie verwechseln. Eingriffe der Vernunft in den Glauben oder des Glaubens in die Vernunft sind Sonnen- oder Mondfinsternisse; erscheinen sie, wird Herd und Spiegel des Lichts gleicherweise unnütz.

Wissenschaft geht durch Systeme unter, die nur Vermutungen sind; Glaube unterliegt Vernünftelei. Zur Stütze des Baues müssen die beiden Tempelsäulen getrennt und parallel gerichtet sein. Durch gewaltsame Näherung stürzt man sie wie *Samson*, und das Gebäude fällt über dem Kopf des tollkühnen Blinden oder Revolutionärs zusammen, den persönliches oder nationales Rachegefühl selbst dem Tode geweiht haben.

Zu aller Zeit waren die Kämpfe irdischer wie geistlicher Macht häuslicher Streit. Das auf die weltliche Macht eifersüchtige Papsttum war nur die

Familienmutter, die in ihrer ehrgeizigen Eifersucht gegen ihren Gemahl auch das Vertrauen ihrer Kinder verlor. Die Anmaßung der Priesterrechte durch die irdische Gewalt gleicht jenem lächerlichen Mann, welcher die Sorge für Haus und Wiege besser als dieMutter zu verstehen behauptet. So sind zum Beispiel die Engländer vom moralischen und religiösen Gesichtspunkt aus von Männern in Windeln gewickelte Kinder, was ihre Traurigkeit und Langweile wohl verrät.

Ist das Dogma ein Ammenmärchen, so ist es für Kinder durchaus wahr, wenn es nur sinnreich und moralisch ist. Ein Einspruch des Familienvaters dagegen wäre sehr töricht. Den Müttern gehört das Vorrecht der Wundergeschichten, kleinen Sagen und Lieder. Mütterlichkeit ist der Typus des Priesteropfers. Hierin liegt das Mutteramt der Kirche und der Verzicht des katholischen Priesters auf sein Mannsein und jede Vaterschaft.

Nie hätte man vergessen sollen, daß das Papsttum universale Mutter oder nichts ist. Die Päpstin *Johanna*, die für die Protestanten skandalöse Figur, ist vielleicht nur eine geistreiche Allegorie. Wenn die Päpste Kaiser und Könige mißhandelten, so wollte die Päpstin *Johanna* zum großen Ärgernis der Christenwelt ihren Gemahl schlagen. Daher ist das Schisma und die Ketzerei im Grund nur ein Ehestreit. Katholizismus und Protestantismus verleumden sich gegenseitig, bedauern sich und suchen sich zu meiden; auseinander, langweilen sie sich wie getrennte Ehegatten.

So wird allein durch die Kabbala alles erklärt und versöhnt. Sie befruchtet und belebt alle anderen Lehren, zerstört nichts, bedingt dagegen alles Seiende. Daher stehen alle Kräfte der Welt dieser einzig hochstehenden Wissenschaft zu Diensten. Der wahre Kabbalist kann nach Gutdünken ohne Heuchelei und Lüge über das Wissen der Weisen und die Begeisterung der Gläubigen verfügen. Er ist katholischer als Graf *de Maistre*, protestantischer als *Luther*, jüdischer als der große Rabbi, prophetischer als *Mohammed.* Steht er nicht über den die Wahrheit verdunkelnden Systemen und Leidenschaften, kann er nicht willkürlich all die zerstreuten, von den Bruchstücken jenes zerbrochenen Spiegels des universalen Glaubens zurückgeworfenen Strahlen sammeln, die von den Menschen für ebenso viele entgegengesetzte und verschiedene Glaubensmeinungen gehalten werden? Es gibt nur ein Sein, eine Wahrheit, ein Gesetz und einen Glauben, wie es nur eine Menschheit in dieser Welt gibt: אהיה אשר אהיה

Auf solch intellektueller und moralischer Höhe versteht und empfindet man den tiefen Frieden des menschlichen Geistes und Herzens. Daher das hohe Wort des Meisters der hohen Freimaurerei, der in die Kabbala eingeweihten Gemeinschaft: „*Tiefer Friede, meine Brüder!*"

Der von der Kirche der Magie erklärte Krieg wurde durch die Entweihung der falschen Gnostiker notwendig. Die wahre Wissenschaft der Magie ist in ihrer auf dem Grundgesetz der Hierarchie beruhenden Verwirklichung im wesentlichen katholisch, wie auch nur diese Kirche eine erste und absolute Hierarchie hat. Deshalb haben die wahren Adepten dieser Kirche immer tiefste Achtung und unbedingten Gehorsam entgegengebracht bis auf *Heinrich Khunrath*, der entschiedener Protestant und darin vielmehr Deutscher als mystischer Bürger des ewigen Königreichs war.

Das Wesen des Antichristentums ist Ausschluß und Ketzerei, ein Zerreißen des Leibs Jesu Christi nach den Worten des *hl. Johannes*: „*Omnis spiritus qui solvit Christum, hic Antichristus est.*" Religion ist Nächstenliebe; diese gibt es aber nicht in der Anarchie.

Auch die Magie hatte ihre Ketzer und Sektierer, Zauberkünstler und Zauberer. In der Gesetzmäßigkeit der Wissenschaft werden wir die Usurpierung der Unwissenheit, des Wahnsinns und Betrugs ahnden, eine Arbeit, die besonders nützlich und ganz neu ist.

Bis jetzt wurde die Geschichte der Magie nur als Annalen des Vorurteils, als Chronik einer Reihe mehr oder minder exakter Erscheinungen angesehen, niemand glaubte mehr an die Wissenschaft der Magie. Eine ernste Geschichte dieser Wissenschaft muß ihre Entwicklungsstufen und Fortschritte bezeichnen. Wir wählen den Weg mitten im Heiligtum anstatt längs der Ruinen und werden dieses unter der Asche von vier Zivilisationen verborgene Heiligtum wunderbarer erhalten finden als die unlängst aus der Asche des Vesuv in ihrer ganzen toten Schönheit und verlassenen Majestät hervorgegangenen Stadtmumien von Pompeji und Herkulanum.

In seinem prächtigsten Werke hat *Bossuet* die immer enge Verknüpfung der Religion mit der Kirche gezeigt. Was hätte er gesagt, wenn er diese sozusagen mit der Welt geborene Wissenschaft gekannt hätte, die von den ursprünglichen Dogmen der einzigen und universalen Religion durch die Verbindung dieser mit den Theoremen der unwiderleglichsten Mathematik und Vernunft Rechenschaft gibt.

Die dogmatische Magie ist der Schlüssel zu allen noch nicht von der Philosophie der Geschichte ergründeten Geheimnissen; und nur die praktische Magie öffnet dem immer begrenzten und dennoch immer fortschreitenden Menschenwillen den geheimen Tempel der Natur.

Wir besitzen nicht die gottlose Anmaßung durch Magie die Geheimnisse der Religion zu erklären, aber wir werden zeigen, wie die Wissenschaft diese Geheimnisse annehmen und schätzen muß. Wir behaupten nicht, die Vernunft müsse sich vor dem Glauben demütig beugen; es soll ihr dagegen eine Ehre sein zu glauben; denn durch seine Verbindung mit dem Unendlichen rettet sie der Glaube vor dem Entsetzen des Nichts am Rande des Abgrunds.

Orthodoxie in der Religion ist Achtung vor der Hierarchie, der einzigen Hüterin der Einheit. Magie ist im wesentlichen das Wissen um die Hierarchie. Sie beweist sogar durch Naturgesetze die Untrennbarkeit der Harmonie von Macht und Autorität.

Für die Meisten ist Magie anziehend, weil sie in ihr ein außergewöhnliches Mittel zur Befriedigung ihrer Leidenschaften sehen. Der Geizhals: „*Es gibt kein Geheimnis des Hermes zur Verwandlung der Metalle, sonst würde ich es kaufen und reich werden.*" Arme Toren, die glauben, ein solches Geheimnis sei verkäuflich! Hätte der euer Geld nötig, der Gold machen könnte? Der Ungläubige: „*Das ist wahr!* Aber du, Eliphas Levi, wärest du nicht reicher als wir, wenn du es besäßest?" — Wer sagt euch denn, daß ich arm bin? Habe ich euch um etwas gebeten? Welcher Herrscher der Welt kann sich rühmen mir ein Geheimnis der Wissenschaft bezahlt zu haben? Welchem Millionär gab ich jemals Grund an meinen Wunsch eines Tausches seines und meines Vermögens zu glauben? Von unten gesehen strebt man nach den Reichtümern der Welt wie nach beherrschendem Glück, darüber stehend verachtet man sie und hat nicht das geringste Verlangen sie wieder aufzunehmen, nachdem man sie wie Eisen hat fallen lassen.

„*Wären die Geheimnisse der Magie wahr, ich wollte sie besitzen,*" ruft ein junger Mensch aus, „*um die Liebe aller Frauen zu genießen!*" — Aller, weiter nichts? Ärmster, der Tag kommt, an dem eine zuviel sein wird! Die sinnliche Liebe ist eine Orgie zu zweien, bei welcher der Ekel sehr schnell dem Rausche folgt, nach der man sich unter Gemeinheiten verläßt.

Ein alter Idiot: „*Ich möchte ein Zauberer sein, um die Welt zu stürzen!*" — Tapferer, wärst du ein Zauberer, so wärst du kein Dummkopf mehr — dann würde dir selbst vor dem Richterstuhl deines Gewissens nichts die Wohltat mildernder Umstände gewähren, wenn du ein Schurke würdest.

Der Epikuräer: „*Gebt mir ein Mittel der Magie zum ewigen Genuß, zum Ende des Leids....*

Darauf die Wissenschaft selbst: „*Schon die Religion hat dir gesagt „Selig sind, die da leiden*"; *deshalb hat sie dein Vertrauen verloren.*"

Und „*Selig, die da weinen*", deshalb hast du ihre Lehren verlacht. Nun hört, was die Wissenschaft und die Erfahrung sagt:

Leiden prüft und gibt edelmütige Empfindung; Vergnügen schwächt und gibt träge Instinkte.

Leiden macht stark gegen das Vergnügen, Genuß macht schwach gegen den Schmerz.

Vergnügen zerstreut.

Schmerz sammelt.

Wer leidet, sammelt.

Wer genießt, gibt aus.

Lust ist die Klippe des Menschen.

Der Schmerz der Mutter ist der Triumph der Frau.

Die Lust befruchtet, aber der Schmerz empfängt und gebiert.

Weh dem Menschen, der nicht leiden kann und will; er wird vom Schmerze zermalmt werden.

Wer nicht gehen will, wird erbarmungslos von der Natur mitgezogen.

Wir werden mitten ins Leben wie ins Meer geworfen; wir müssen schwimmen oder umkommen.

Das sind die von der hohen Magie gelehrten Gesetze der Natur. Nun seht, ob man zu ewigem Genuß Zauberer werden kann!

Enttäuscht werden nun die Weltmenschen nach dem Zweck der Magie fragen — welche Antwort hätte wohl der Prophet *Balaam* seiner Eselin auf die Frage nach der Nützlichkeit der Intelligenz gegeben?

Was würde Herkules einem Pygmäen auf seine Frage nach dem Zweck der Kraft antworten?

Sicher vergleichen wir die Weltleute nicht mit Pygmäen, noch weniger mit der Eselin *Balaams*; das wäre ein Verstoß gegen Höflichkeit und gute Sitte. Unsere anmutige Antwort an diese so glänzenden und liebenswürdigen Leute wird sein, daß ihnen Magie ohne ihre ernsthafteste Beschäftigung mit derselben rein nichts nützen wird.

Wir wenden uns an Arbeitende und Denkende, denen hier Klarheit wird über die dunkeln Stellen in „*Dogma und Ritual der hohen Magie*". Wir sind dem Beispiel großer Meister in Plan und Einteilung unserer Bücher der rationellen Ordnung heiliger Zahlen gefolgt. Wir teilen unsere Geschichte der Magie in sieben Bücher und jedes Buch in sieben Kapitel ein.

Das erste Buch gehört den magischen Ursprüngen. Es ist die Genesis der Wissenschaft. Wir haben ihm als Schlüssel den Buchstaben Aleph א gegeben, der kabbalistisch die grundsätzliche und ursprüngliche Einheit ausdrückt.

Das zweite Buch wird die historischen und sozialen Formen des magischen Wortes im Altertum enthalten. Sein Merkmal ist der Buchstabe Beth ב das Symbol des Binars, der Ausdruck des verwirklichenden Wortes, ein besonderes Zeichen der Gnosis und des Okkultismus.

Das dritte Buch wird eine Darlegung der Verwirklichungen der antiken Wissenschaft in der christlichen Gemeinschaft sein. Wir werden hier die Verwirklichung des Wortes sogar für die Wissenschaft sehen. Die Zahl drei ist die der

Schöpfung, der Verwirklichung. Das Buch hat als Buchstaben Ghimmel ג, die Hieroglyphe der Geburt.

Im vierten Buch werden wir die bessernde Kraft der Magie bei den Barbaren sehen und die natürlichen Ergebnisse dieser Wissenschaft bei den noch kindlichenVölkern, die Mysterien der Druden, die Legenden der Barden, die Wunder der gallischen Priester, wie alles zur Bildung moderner Gemeinschaften beiträgt und dem Christentum einen glänzenden und dauernden Sieg vorbereitet. Die Zahl vier drückt die Natur und Kraft aus. Der Buchstabe Daleth ד, der sie im hebräischen Alphabet darstellt, wird in dem hieroglyphischen Alphabet der Kabbalisten durch einen Kaiser auf dem Thron wiedergegeben.

Das fünfte Buch wird der „*Priesterlichen Ära*" des Mittelalters geweiht werden. Wir werden hier die Ketzereien und die Kämpfe der Wissenschaft sehen, die Bildung geheimer Gesellschaften, ihre unbekannten Werke, ihre geheimen Riten der Zauberbücher, die Mysterien der göttlichen Komödie, dieTeilung des Heiligtums, die später in einer glanzvollen Einheit endigen soll. Die Zahl fünf ist die Quintessenz der Religion und des Priestertums. Ihr Zeichen ist der Buchstabe He ה, im magischen Alphabet durch die Gestalt des Priesters dargestellt.

Unser sechstes Buch wird uns die mit dem Werk der Revolution vermengte Magie zeigen. Die Zahl sechs ist die der Feindschaft und des Kampfes, sie bereitet die universelle Synthese vor. Ihr Buchstabe ist das Waf ו, die Gestalt des schöpferischen „*Lingam*", der Sichel, die erntet.

Das siebte Buch wird das der Synthese sein, und wird die Darlegung der modernen Arbeiten und neuen Entdeckungen, die neuen Theorien des Lichts und des Magnetismus, die Offenbarung des großen Geheimnisses der Rosenkreuzer, die Erklärung des geheimnisvollen Alphabets, die Wissenschaft endlich des Worts und der magischen Werke, die Synthese der Wissenschaft und die Wertung der Arbeiten aller mystischen Zeitgenossen enthalten. Dieses Buch wird die Vollendung und Krone des Werkes sein, wie das Septernat die Krone der Zahlen ist, denn sie vereinigt das Triangel der Idee mit dem Quadrat der Gestalt. Sein entsprechender Buchstabe ist das Dsain ז, und seine kabbalistische Hieroglyphe ist ein auf einem von zwei Sphinxen gezogenen Wagen stehender Sieger.

Weit davon entfernt uns in lächerlicher Weise als kabbalistische Sieger hinzustellen, soll allein die Wissenschaft siegen, und der, den wir der geistigen Welt zeigen wollen, wie er auf dem von zwei Sphinxen gezogenen, kubischen Wagen steht, er ist das Wort des Lichts, die göttliche Verwirklichung der Kabbala des *Moses*, die menschliche Sonne des Evangeliums, der Gott-Mensch, der schon als Heiland erschienen ist und sich bald als Messias offenbaren wird, d. h. als entgültiger und absoluter König zeitlicher Einrichtungen. Dieser Gedanke belebt unseren Mut und stützt unsere Hoffnungen. Jetzt bleibt uns noch alle unsere Arbeiten, all unsere Ideen und Entdeckungen dem unfehlbaren Urteil der Hierarchie zu unterwerfen. Alles, was zur Wissenschaft gehört, ist für die Menschen durch die Wissenschaft annehmbar; alles zur Religion Gehörige steht nur der Kirche zu, und zwar der einzigen hierarchischen, seit Jesus Christus die Einheit bewahrenden katholischen, apostolischen und römischen Kirche.

Dem Gelehrten unsere Entdeckungen, den Priestern unsere Aspirationen und Glaubenslehren. Wehe dem Kind, das sich weiser dünkt als sein

Vater, dem Menschen, der keinen Herrn anerkennt, dem Träumer, der denkt und für sich allein bittet. Das Leben ist eine universale Kommunion, und in dieser Kommunion findet man Unsterblichkeit. Wer sich absondert, weiht sich dem Tode. Ewige Absonderung wäre ewiger Tod!

Eliphas Levi.

ERSTES BUCH

Die magischen Ursprünge.

א Aleph

Das magische Haupt des Sohar.

I. Kapitel.

SAGENHAFTE URSPRÜNGE.

Sagenhafte Ursprünge — das Buch der Buße Adams — das Buch Henoch — die Legende der gefallenen Engel — die Apokalypse des Methodius — die Genesis nach den Indern — das magische Erbe Abrahams nach dem Talmud — Sepher Jezirah und Sohar.

„*Es gab Engel,*" **sagt das apokryphe Buch Henoch** „*die sich vom Himmel herabließen, um die Töchter der Erde zu lieben.*"

„*Denn als sich in jenen Tagen die Söhne der Menschen vermehrt hatten, wurden ihnen Töchter von großer Schönheit geboren.*"

„*Und als die Engel, die Söhne des Himmels, sie sahen, wurden sie von Liebe zu ihnen ergriffen; und sie sagten zueinander: ‚Laßt uns Gattinnen aus dem Menschengeschlecht wählen und Kinder zeugen'.*"

„*Da sagte der Erste unter ihnen, Samyasa: ‚Vielleicht werdet ihr nicht den Mut haben diesen Entschluß auszuführen, und ich allein werde für euern Sturz verantwortlich sein'.*"

„*Sie antworteten ihm aber: ‚Wir schwören, nicht zu bereuen und alle unseren Plan auszuführen'.*"

„*Und es waren ihrer zweihundert, die auf den Berg Armon herabstiegen.*"

„*Seit jener Zeit heißt der Berg Armon, d. h. der Berg des Eides.*"

„*Die Namen der obersten Engel, die herabstiegen, sind: Samyasa, er war der erste von allen, Urakaarabmeel, Azibeel, Tamiel, Ramuel, Danel, Azkeel, Sarakuyal, Asael, Armers, Batraal, Anane, Zawebe, Samsaweel, Ertrael, Turel, Jomiael, Arazial.*"

„*Sie nahmen Gattinnen, mit denen sie sich paarten und lehrten sie Magie, Zauberei und die Einteilung der Wurzeln und Bäume.*"

„Amazarac lehrte alle Geheimnisse der Zauberer, Barkaial unterwies die Sterndeuter, Akibeel offenbarte die Zeichen und Azaradel die Bewegung des Mondes.“

Diese Erzählung des kabbalistischen Buches Henoch ist die Schilderung derselben Entweihung der Mysterien der Weisheit, die wir in einem andern Bild im Sündenfall *Adams* dargestellt sehen.

Die Engel, die Söhne Gottes, von denen Henoch spricht, waren in die Magie eingeweiht, denn nach ihrem Sturz lehrten sie diese den Alltagsmenschen durch Vermittelung der indiskreten Frauen. Die Wollust war ihre Klippe, sie liebten die Frauen und ließen sich die Geheimnisse des König- und Priestertums entreißen.

Da zerfiel die ursprüngliche Zivilisation, die Riesen, d. h. die Vertreter der brutalen Gewalt und der ungezähmten Lüsternheit machten sich die Welt streitig, welche ihnen nur durch ihren Sturz in die Wasser der Sintflut entgehen konnte, wobei alle Spuren der Vergangenheit ausgelöscht wurden.

Diese Sintflut versinnbildlicht nur die universale Verwirrung, der die Menschheit durch Verletzung und Verkennung der Harmonien der Natur verfällt.

Die Sünde *Adams* und die des *Samyasa* gleichen sich, beide werden von der Schwachheit des Herzens fortgerissen, beide entweihen den Baum der Erkenntnis und werden weit vom Baume des Lebens zurückgestoßen.

Streiten wir nicht über die Meinungen oder Kindlichkeiten der Buchstabenmenschen, welche glauben, daß früher die Weisheit und das Leben in Gestalt von Bäumen wuchsen, sondern erkennen wir den tiefen Sinn der heiligen Symbole an.

Der Baum der Erkenntnis tötet tatsächlich, wenn man seine Früchte verzehrt. Diese Früchte sind der Schmuck der Welt, die Sterne der Erde.

In der Bibliothek des Arsenal ist ein sehr merkwürdiges Manuskript: „*Das Buch der Strafe Adams.*“ Die kabbalistische Überlieferung ist in der Form einer Legende dargestellt:

„*Adam hatte zwei Söhne, Kain, die brutale Kraft, und Abel, die einsichtige Milde. Sie konnten sich nicht vertragen und kamen einer durch den andern um, daher ging ihr Erbe an einen dritten Sohn Seth über.*“

Der Kampf zweier entgegengesetzter Kräfte, der sich zum Vorteil einer synthetischen Macht wendet.

„*Seth, der Gerechte, konnte nun bis zum Eingang des irdischen Paradieses gelangen, ohne von dem Cherubim mit dem flammenden Schwert vertrieben zu werden.*“ *Seth* stellt also die ursprüngliche Einweihung dar.

„*Da sah Seth die Vereinigung und Einheit* des *Baumes der Erkenntnis mit dem Baume des Lebens.*“

Zusammenklang von Wissen und Glauben in der hohen Kabbala.

„*Und der Engel gab ihm drei, die ganze Lebenskraft dieses Baumes enthaltende Körner.*“

Dies ist das kabbalistische Ternat.

„*Nach Adams Tod legte Seth nach der Vorschrift des Engels die drei Körner in den Mund seines toten Vaters als Pfand des ewigen Lebens.*“

„*Die aus diesen drei Körnern hervorgehenden Zweige bildeten den brennenden Busch, in welchem Gott Moses seinen ewigen Namen offenbarte:*

אהיה אטו אהיה

„*Das Wesen, das ist, war und sein wird.*“

„*Moses brach einen dreifachen Zweig vom heiligen Busch, der sein Wanderstab wurde.*“

„*Trotz der Trennung von seiner Wurzel lebte und blühte der Stab und wurde so in der Bundeslade erhalten.*“

„*König David pflanzte diesen lebendigen Zweig wieder auf den Berg Sion, und später nahm König*

Salomo das Holz dieses dreistämmigen Baumes für die beiden Säulen Jakin und Boaz am Eingang des Tempels. Er umgab sie mit Bronze und stellte den dritten Stamm des mystischen Holzes an die Vorderseite des Hauptportals."

„*Ein Talisman, der alles Unreine am Eindringen in den Tempel verhinderte.*"

„*Die unreinen Leviten rissen während der Nacht diese Schranke ihres Frevels nieder und warfen sie mit Steinen beschwert in die Tiefe des Teiches Bethe'sda.*"

„*Von diesem Augenblick an bewegte der Engel Gottes alle Jahre das Wasser des Teiches und verlieh ihm wunderbare Heilkraft, um die Menschen hier am Suchen nach dem Baum Salomos zu hindern.*"

„*Zur Zeit Jesu Christi wurde der Teich gereinigt, und da die Juden diesen Balken nach ihrer Meinung unnütz fanden, trugen sie ihn aus der Stadt und warfen ihn quer über die Strudel des Cedron.*"

„*Über diese Brücke ging Jesus nach seiner nächtlichen Gefangennahme. Von ihr stürzten ihn seine Henker um ihn durch den Gießbach zu ziehen und nahmen in ihrer Übereilung zur Bereitung des Marterwerkzeuges diese Brücke mit fort; ein Balken aus drei verschiedenen Hölzern, woraus sie das Kreuz machten.*"

Diese Allegorie umfaßt alle die hohen Überlieferungen der heiligen Kabbala und die Geheimnisse des heute vollkommen unbekannten johannäischen Christentums.

So hätten *Seth*, *Moses*, *David*, *Salomo* und *Christus* alle vom gleichen kabbalistischen Baum ihr Königsszepter und ihren Bischofsstab genommen.

Nun können wir verstehen, warum der Heiland in der Krippe von den Magiern angebetet wurde.

Wir wollen auf das Buch Henoch zurückkommen, denn es muß eine größere dogmatische Autorität als ein unbekanntes Manuskript besitzen. Es wird im Neuen Testament tatsächlich vom *hl. Apostel Judas* erwähnt.

Die Überlieferung schreibt *Henoch* die Erfindung der Schrift zu. Auf ihn gehen also die Überlieferungen des Sepher Jezirah zurück, diesem Elementarbuch der Kabbala, dessen Stil nach den Rabbinern vom Patriarchen *Abraham* herrührt, dem Erben der Geheimnisse des *Henoch* und dem Vater der Einweihung in Israel.

Henoch scheint also mit dem *Hermes Trismegistos* der Ägypter identisch zu sein; und das berühmte ganz in Hieroglyphen und Zahlen geschriebene Buch Thot wäre diese okkulte, mit Mysterien angefüllte Bibel, die älter ist als die Bücher Moses, und auf die der Eingeweihte *Wilhelm Postel* des öfteren als Genesis des *Henoch* in seinen Werken anspielt.

Die Bibel läßt *Henoch* nicht sterben, sondern läßt ihn von Gott von einem in das andere Leben versetzen. Er muß eines Tages wiederkommen und am Ende der Tage dem Antichrist entgegentreten. Er wird einer der in der Apokalypse des *hl. Johannes* erwähnten letzten Märtyrer oder Zeugen der Wahrheit sein.

Was von *Henoch* gesagt wird, wurde von allen großen Eingeweihten der Kabbala gesagt.

Der *hl. Johannes* selbst dürfe nicht sterben, sagten die ersten Christen, und man glaubte ihn lange im Grabe atmen zu sehen. Die absolute Erkenntnis des Lebens ist ein Schutzmittel gegen den Tod, das von dem Instinkt des Volkes immer erraten wird.

Wie dem auch sei, von *Henoch* blieben uns zwei Bücher, ein kabbalistisches und ein allegorisches, eines mit den priesterlichen Schlüsseln der Einweihung, das andere mit der Geschichte einer großen Entweihung, welche die Weltzerstörung und das Chaos nach der Herrschaft der Riesen nach sich gezogen hätte.

Der *hl. Methodius*, ein Priester der ersten Jahrhunderte des Christentums, dessen Werke sich unter den Kirchenvätern finden, hat uns eine prophetische Apokalypse hinterlassen, in der die Weltgeschichte sich in einer Reihe von Visionen entrollt. Dieses Buch ist in den gesammelten Werken des *hl. Methodius* nicht enthalten, wurde aber von den Gnostikern erhalten, und ist in dem „*Liber mirabilis*“ unter dem veränderten Namen „*Bermechobes*“, den die unwissenden Drucker an Stelle der Abkürzung „*Beamethodius*“ für *Beatus Methodius* setzten.

Dieses Buch stimmt in mehreren Punkten mit der allegorischen Abhandlung der *Buße Adams* überein. Man findet hier, daß *Seth* sich mit seiner Familie nach dem Orient zurückzog, nach einem Berge in der Nähe des irdischen Paradieses. Hier war die Heimat der Eingeweihten, während die Nachkommen *Kains* die falsche Magie in Indien, dem Lande des Brudermordes, erfanden und die Zauberei in den Dienst der Straflosigkeit stellten.

Der *hl. Methodius* sagt dann die Streitigkeiten und die aufeinander folgenden Herrschaften voraus: die Ismaeliten, Besieger der Römer, der Franken, Besieger der Ismaeliten, dann eines großen nordischen Volkes, dessen Eindringen der persönlichen Herrschaft des Antichrist vorausgehen wird. Dann wird sich ein Königreich bilden, das durch einen Frankenfürsten zurückerobert wird, und die Gerechtigkeit wird eine lange Reihe von Jahren herrschen.

Wir haben uns hier nicht mit Prophetie zu befassen. Wichtig ist uns nur der Unterschied der guten und schlechten Magie, die Heiligung der Söhne *Seths* und die Entweihung des Wissens durch die Nachkommen *Kains* festzustellen.

In der Tat ist die hohe Wissenschaft den Menschen vorbehalten, die Herr ihrer Leidenschaften sind, und die keusche Natur gibt nicht den Ehebrechern die

Schlüssel zu ihrer Hochzeitskammer. Es gibt zwei Arten Menschen: Freie und Sklaven; der Mensch wird als Sklave seiner Bedürfnisse geboren, aber durch verständige Vernunft kann er sich freimachen. Zwischen Freien und Unfreien gibt es keine Gleichheit. Die Vernunft muß herrschen, die Instinkte gehorchen! Gebt ihr Blinden einen Blinden zum Führer, so werden sie alle in den Abgrund stürzen. Vergessen wir nicht: Freiheit ist kein Freibrief zu gesetzloser Leidenschaft. Diese Erlaubnis wäre die ungeheuerlichste Tyrannei. Freiheit ist freiwilliger Gehorsam gegen das Gesetz, ist das Recht auf Pflichterfüllung, und nur gerechte und vernünftige Menschen sind frei. Die Freien sollen über die Sklaven herrschen, und diese werden gemahnt sich zu befreien, nicht von der Herrschaft der Freien sondern von ihrer Frohn der Leidenschaften, die sie zum Unfreisein verdammt.

Erkennt mit uns die Wahrheit der hohen Weistümer, nehmt einen Augenblick die Existenz einer Kraft an, deren man sich bemächtigen kann, und die die Wunder der Natur dem Menschenwillen unterwirft. Sagt uns nun, ob man die Geheimnisse der Sympathie und des Reichtums der lüsternen Brutalität, die Kunst der Faszination dem Blöden, die Herrschaft über die Willen denen anvertrauen kann, die außerstande sind sich selbst zu führen? .... Schrecklich, wenn man an die möglichen Verwirrungen einer solchen Entweihung denkt. Eine Sintflut wäre nötig, um die Erde von allen Verbrechen rein zu waschen, wenn sich alles in Kot und Blut zugrunde gerichtet haben wird. Es ist also der Engelssturz im Buche Henoch und die Sünde *Adams* und ihrer verhängnisvollen Folgen. Das also die Sintflut und ihre Stürme, und später der große Fluch auf Kanaan. Die Entschleierung der Geheimlehre ist in der Unverschämtheit des die väterliche Blöße zeigenden Sohnes dargestellt. Die Trunkenheit *Noahs* ist ein Makel für das

Priestertum aller Zeiten. Wehe denen, welche die Geheimnisse der göttlichen Schöpfung den unreinen Blicken der ganzen Menge preisgeben! Haltet das Heiligtum verschlossen, die ihr euern schlafenden Vater nicht dem Gespött der Nachahmer Chams überliefern wollt!

Dies ist nach den Gesetzen der menschlichen Hierarchie der Kinder *Seths*, aber nicht die Lehre der Familie *Kains*. Die Kainisten Indiens erfanden eine Genesis zur Heiligung der Unterdrückung durch die Starken und zur Fortsetzung der Unwissenheit der Schwachen. Die Einweihung wurde ausschließlich Vorrecht der höheren Kasten, und die Menschengeschlechter wurden unter dem Vorwand niedriger Geburt zu ewiger Knechtschaft verdammt; sie seien den Füßen oder Knien Brahmas entsprossen, sagte man.

Die Natur zeugt weder Könige noch Sklaven, alle Menschen sind zur Arbeit geboren.

Wer behaupten wollte, der Mensch sei bei seiner Geburt vollkommen, und die Gesellschaft erniedrige und verderbe ihn, wäre der wildeste der Anarchisten, wenn nicht der dichterischste der Unsinnigen. Aber *Jean Jacques* war umsonst gefühlvoll und träumerisch, sein tiefstes Wesen der Menschenverachtung, weiterentwickelt durch die Logik seiner Nachbeter, trug Früchte des Hasses und der Zerstörung ein. Die gewissenhaften Verwirklicher des zarten Genfer Philosophen waren *Robespierre* und *Marat*.

Die Gesellschaft ist kein abstraktes Wesen, das man allein für die Verderbtheit der Menschen verantwortlich machen kann; sie ist der Zusammenschluß der Menschen. Sie ist mangelhaft durch ihr Laster und erhaben in ihren Tugenden; in sich selbst aber ist sie wie die Religion heilig, welche unlöslich mit ihr verbunden ist. Ist nicht tatsächlich die Religion die Gesellschaft der höchsten Strebungen und der edelmütigsten Kräfte.

Ebenso antwortet auf die Lüge der durch die Natur bevorzugten Klassen die Blasphemie der antisozialen Gleichheit und des aller Pflicht feindlichen Rechtes; allein das Christentum hat die Frage gelöst, indem es der Frömmigkeit das Übergewicht gab und den als größten verkündete, der seinen Stolz der Gesellschaft und seine Triebe dem Gesetz opferte.

Die Juden, die Bewahrer der Tradition *Seths*, erhielten sie nicht in ihrer ursprünglichen Reinheit und ließen sich von dem falschen Ehrgeiz der Nachkommenschaft *Kains* fangen. Sie glaubten sich auserwählt und dachten, Gott habe ihnen die Wahrheit vielmehr als Erbteil wie als ein der ganzen Menschheit gehörendes Gut gegeben. In der Tat findet man bei den Anhängern des Talmud neben erhabenen Überlieferungen des Sepher Jezirah und Sohar reichlich merkwürdige Offenbarungen. So scheuen sie sich nicht dem Patriarchen *Abraham* selbst den Götzendienst der Nationen zuzuschreiben, wenn sie sagen, *Abraham* habe den Israeliten sein Erbe gegeben, d. h. das Wissen der wahren göttlichen Namen. Kurz, die Kabbala wäre recht- und erbmäßiges Eigentum *Isaaks* geworden. Aber der Patriarch gab den Kindern seiner Kebsweiber Geschenke, sagen sie und verstehen darunter verhüllte Dogmen und dunkle Namen, die sich bald verstofflichten und zu Götzenbildern wurden. Die falschen Religionen und ihre sinnlosen Mysterien, der orientalische Aberglaube und seine scheußlichen Opfer: welche Geschenke eines Vaters für seine verleugneten Familien! War es nicht genug, *Hagar* mit ihrem Sohn in die Wüste zu jagen, war die Bürde einer Lügenlast zu ihrem einzigen Brot und Krug Wassers zur Vergiftung und Hoffnungslosigkeit ihres Exils nötig?

Die Ermahnung zur Wahrheit an alle Menschen ohne Unterschied der Völker und Kasten, aber nicht ohne jenen der Intelligenz und Tugend ist der Ruhm des Christentums.

„*Werft eure Worte nicht vor die Säue,*" hat der göttliche Gründer des Christentums gesagt „*damit sie euch nicht mit Füßen treten, und euch nicht verschlingen, wenn sie sich gegen euch wenden.*"

Die Apokalypse oder Offenbarung des *hl. Johannes*, welche alle kabbalistischen Geheimnisse des Dogmas von *Jesus Christus* enthält, ist nicht weniger dunkel als der Sohar.

Sie ist hieroglyphisch mit Zahlen und Bildern geschrieben; und der Apostel wendet sich oft an die Fassungskraft der Eingeweihten. „*Wer das Wissen besitzt, verstehe, wer versteht, berechne* (*Wer Verstand hat, der überlege die Zahl*)", sagt er mehrmals nach einer Allegorie oder einem Satz über die Zahl. Der *hl. Johannes*, der Lieblingsapostel und Bewahrer aller Geheimnisse des Heilandes, schrieb nicht, um von der Menge verstanden zu werden.

Sepher Jezirah, Sohar und Apokalypse sind die Hauptwerke der Geheimlehre. Sie enthalten mehr Sinnfassungen als Worte, ihr Ausdruck ist farbenreich wie Dichtung und genau wie die Zahl. Die Apokalypse umfaßt, vervollständigt, und übertrifft das ganze Wissen *Abrahams* und *Salomos*, wie wir bei der Erklärung der Schlüssel zur Kabbala beweisen werden.

Der Anfang des Sohar überragt durch die Tiefe seiner Darstellung und die erhabene Einfachheit seiner Bilder. So lesen wir in ihm:

„*Der Geist des Geheimnisses ist die Kenntnis des Gleichgewichts.*"

„*Nicht ausgeglichen entstandene Kräfte vergehen in der Leere.*"

„*So sind umgekommen in der alten Welt die Fürsten der Riesen, sind gestürzt wie wurzellose Bäume, und ihren Ort konnte man nicht finden.*"

Das große kabbalistische Symbol des Sohar.

„Durch den Streit der unausgeglichenen Kräfte war die Erde nackt und unförmig, als der Atem Gottes sich Platz schaffte am Himmel und herabfallen ließ die Fluten der Wasser."

„Alle Strebungen der Natur waren auf die Einheit der Form gerichtet auf den lebendigen Zusammenschluß der ausgeglichenen Kräfte, und die lichtgekrönte Stirn Gottes erhob sich über dem wüsten Meer und spiegelte sich in den Wassern der Tiefe.

„Seine beiden Augen erschienen strahlend in Klarheit, zwei Flammenblitze schleudernd kreuzten sie sich mit den Strahlen des Widerscheins."

„Die Stirne und die beiden Augen Gottes bildeten ein Dreieck im Himmel, und der Widerschein bildete ein Dreieck in den Wassern."

„So offenbarte sich die Zahl sechs, welches ist die Zahl der universalen Schöpfung."

Wir geben hier den Text mit der Erklärung, da er bei wörtlicher Übertragung unverständlich sein würde.

Der Verfasser erklärte nachdrücklich, daß die hier Gott gegebene menschliche Form nur ein Bild seiner Sprache ist, und daß Gott weder durch irgend einen Gedanken noch irgendeine Form ausgedrückt werden kann. *Pascal* hat gesagt, Gott ist ein Kreis, dessen Mittelpunkt überall und dessen Bogen nirgends sind. Wie aber einen Kreis ohne Umfang begreifen? Der Sohar nimmt die Umkehrung dieses paradoxen Bildes und würde vom Kreise *Pascals* gerne sagen, sein Umfang sei überall und nirgends sein Mittelpunkt; aber keinen Kreis, eine Wage vergleicht er mit dem universalen Gleichgewicht aller Dinge. *„Das Gleichgewicht ist überall,"* sagt er, *„überall dort findet man den Mittelpunkt, wo die Wage befestigt ist."* Wieviel größer ist hier der Sohar als Pascal!

Der Verfasser des Sohar setzt seinen erhabenen Traum fort. Die Synthese des durch das menschliche Antlitz dargestellten Wortes steigt langsam empor und erhebt sich aus den Wassern wie die aufgehende Sonne. Mit dem Erscheinen der Augen war das Licht erschaffen, zeigt sich der Mund, wird der Gedanke, und das Wort gehört. Das Heraustreten des ganzen Kopfes zeigt den ersten Schöpfungstag. Kommen Schultern, Arme und Brust so beginnt die Arbeit. Das göttliche Bild drängt mit einer Hand das Meer zurück und hebt mit der andern Erdteile und Berge. Es wächst, wächst immerzu. Seine schöpferische Macht erscheint und alle Wesen vermehren sich. Endlich steht er aufrecht da, den einen Fuß setzt er auf die Erde den andern auf das Meer, und indem er sich ganz im Ozean der Schöpfung spiegelt, atmet er über sein Spiegelbild und ruft sein Bild zum Leben. Wir wollen den Menschen erschaffen, und der Mensch wurde. Nichts an gleichartiger Schönheit kennen wir in der Dichtung, wie diese durch das Idealbild der Menschheit vollbrachte Schöpfung. So ist der Mensch der Schatten eines Schattens! Aber er ist das Abbild der göttlichen Macht. Auch er kann die Hände ausstrecken vom Aufgang bis zum Niedergang; die Erde ist ihm gegeben als sein Reich. Der *Adam Kadmon*, der ursprüngliche *Adam* der Kabbalisten; mit solchem Denken machen sie einen Riesen daraus und *Swedenborg*, in seinen Träumereien von den Erinnerungen der Kabbala verfolgt, sagt, die ganze Schöpfung sei nur ein gigantischer Mensch, und wir seien nach dem Bild des Universums geschaffen.

Der Sohar ist eine Genesis des Lichts, Sepher Jezirah eine Stufenleiter der Wahrheit. In ihm werden die zweiunddreißig Zeichen der Sprache erklärt, Zahlen und Buchstaben, jeder Buchstabe stellt eine Zahl, eine Idee und eine Form dar, so daß die Mathematik durch exaktes Verhältnis und völlige Übereinstimmung nicht weniger genau auf Ideen und Formen als auf Zahlen angewandt werden kann. Durch das Wissen des Sepher Jezirah ist der menschliche Geist in Wahrheit und Vernunft gestärkt und kann sich durch die Entwicklung der Zahlen Rechenschaft geben über den möglichen Fortschritt der Intelligenz. Der Sohar stellt also die absolute Wahrheit dar, der Sepher Jezirah gibt die Mittel zu ihrer Erfassung, Aneignung und Benützung.

II. Kapitel.

MAGIE DER MAGIER.

Mysterien Zoroasters oder Magie der Magier — die Wissenschaft vom Symbol des Feuers und der Zauberei der Perser und Assyrer — die Mysterien von Ninive und Babylon — Macht des Blitzes — die Kunst Tiere zu behexen — der Scheiterhaufen Sardanapals.

Zoroaster ist wie *Thot* oder *Hermes* sehr wahrscheinlich ein symbolischer Mensch. Nach *Eudoxius* und *Aristoteles* lebte er 6000 Jahre vor *Platons* Geburt, nach anderen 5000 Jahre vor dem trojanischen Krieg. Die einen machen ihn zum König Baktriens, andere versichern die Existenz zweier oder dreier verschiedener *Zoroaster*. *Eudoxius* und *Aristoteles* allein scheinen die magische Person *Zoroasters* erfaßt zu haben, wenn sie den kabbalistischen Zeitraum einer Welt zwischen dem Aufblühen seines Dogmas und der geisterbeschwörenden Philosophie *Platons* legten. Tatsächlich gibt es zwei *Zoroaster*, das heißt zwei Offenbarende, einer ist der Sohn des *Oromases* und Vater einer lichtvollen Lehre, der andere, Sohn des *Ahriman* und Urheber einer ruchlosen Verbreitung. *Zoroaster* ist das fleischgewordene Wort der Chaldäer, Meder und Perser. Seine Legende scheint eine Frühform jener von *Christus*, auch muß er nach dem magischen Gesetz des universalen Gleichgewichts seinen Antichrist gehabt haben.

Dem falschen *Zoroaster* muß der Kult des materiellen Feuers und das gottlose Dogma vom göttlichen Dualismus zugeschrieben werden, welches später die scheußliche Gnosis des *Manes* und die irrigen Lehren der falschen Freimaurerei hervorgebracht hat. Der falsche *Zoroaster* ist der Vater jener materialistischen Magie, die das Blutbad der Magier verursachte und die wahre Magie der Verbannung und Vergessenheit anheimfallen ließ. Die immer vom Geist der Wahrheit inspirierte Kirche mußte unter dem Namen Magie, Manichäismus, Illuminatentum und Freimaurerei alles verbannen, was nur von fern mit der ursprünglichen Entweihung der heiligen Geheimnisse zusammenhing. Hierfür ist die heute noch unverstandene Geschichte der Templer ein glänzendes Beispiel.

Die Dogmen des wahren Zoroaster sind dieselben wie die der reinen Kabbala, und seine Ideen über das Göttliche sind dieselben wie die der Kirchenväter. Nur die Namen sind verschieden: so nennt er „*die Drei*", was wir Dreieinigkeit nennen, und in jeder Zahl der Trias findet er den ganzen Ternar. Unsere Theologen nennen dies die „circuminsessio" der göttlichen Personen. *Zoroaster* schließt in diese Vervielfachung der Trias aus sich selbst die absolute Vernunft der Zahl neun und den universellen Schlüssel aller Zahlen und Formen ein. Unsere drei göttlichen Personen nannte *Zoroaster* die drei Unergründlichkeiten. Die erste oder väterliche Unergründlichkeit ist die Quelle des Glaubens, die zweite oder die des Wortes die Quelle der Wahrheit, die dritte oder die schöpferische Tat die Quelle der Liebe. Um sich von meinen Angaben zu überzeugen, kann man die Einleitung von *Psellus* über die Dogmen der alten Assyrer in „*Magia philosophica*" von *Franziskus Patricius*, Seite 24 der Hamburger Ausgabe von 1593 heranziehen. Auf dieser neunstufigen Leiter baut *Zoroaster* die ganze himmlische Hierarchie und alle Harmonien der Natur auf. Zur Drei rechnet er alle Dinge, die aus der Idee hervorgehen, zur Vier alle jene, die sich von der Form herleiten. Dies gibt ihm die Sieben als Urbild der Schöpfung. Hier ist das Ende der ersten Einweihung und der Beginn der Lehren der Schule; die Zahlen verkörpern sich, die Ideen werden zu symbolischen Figuren, und später zu Abgöttern. So entstehen die Synochäer, Teletarker und die Peres, Diener der dreifachen Hekate, dann die Amalikiter und die drei Gesichter des Hypäzokos; dann die Engel, dann die Dämonen und endlich die menschlichen Seelen. Die Sterne sind Bilder und Spiegelbilder der intellektuellen Lichter, und unsere Sonne ist das symbolische Bild einer Sonne der Wahrheit, der Schatten selbst jener Urquelle, aus der alle Lichter hervorbrachen. Deshalb begrüßen die Anhänger *Zoroasters* den Sonnenaufgang und galten den Barbaren als Sonnenanbeter.

Dies waren die Dogmen der Magier, aber sie besaßen unter anderen auch Geheimnisse zur Beherrschung der verborgenen Naturkräfte. Diese Geheimnisse, deren Gesamtheit „*transzendentale Pyrotechnik*" genannt werden könnte, gründeten sich alle auf das tiefe Wissen und die Beherrschung des Feuers. Sicher kannten die Magier die Elektrizität und besaßen uns noch unbekannte Mittel zu ihrer Erzeugung und Lenkung. *Numa*, der nach Aussage des *Lucius Piso* ihre Riten studierte und in ihre Mysterien eingeweiht war, besaß die Kunst der Erzeugung und Lenkung des Blitzes. Dies priesterliche Geheimnis, von diesem römischen Eingeweihten zum Erbteil der Herrscher Roms bestimmt, wurde von *Tulius Hostilius*, der die elektrische Entladung schlecht lenkte und vom Blitz erschlagen wurde, verloren. *Plinius* (lib. II cap. 53) berichtet diese Tatsachen als alte ethruskische Überlieferung und erzählt, *Numa* habe sich seiner blitzschleudernden Batterie erfolgreich gegen ein Volta genanntes Ungeheuer bedient, das die Gefilde Roms zerstörte. Könnte man beim Lesen dieser Enthüllungen unsern Physiker *Volta* nicht für einen Mythos halten und die voltaschen Säulen nicht in die Zeit *Numas* versetzt glauben?

Alle assyrischen Symbole beziehen sich auf dieses Wissen vom Feuer, dieses große Geheimnis der Magier; überall finden wir den Zauberer, der den Löwen durchbohrt und die Schlangen in seiner Hand hält. Der Löwe ist das himmlische Feuer, die Schlangen sind die elektromagnetischen Strömungen der Erde. Auf dieses große Geheimnis der Magier müssen alle Wunder der hermetischen Magie zurückgeführt werden, von der die Überlieferungen noch sagen, daß das Geheimnis des großen Werkes in der Beherrschung des Feuers liege.

Der gelehrte *Franciscus Patricius* hat in seiner „*Magia philosophica*" die in den Büchern der Platoniker, in der Theurgie des Proklus, in den Erläuterungen zu Parmenides, jenen des Hermias zu „*Phädra*", in den Anmerkungen des Olympiodor zu „*Philebus*" und „*Phädon*" gesammelten Orakel des *Zoroaster* veröffentlicht. Diese Orakel sind vor allem die klare und genaue Form des von uns dargestellten Dogmas, dann folgen die Vorschriften des magischen Rituals mit folgenden Worten:

DIE DOMÄNEN UND DIE OPFER.

„Die Natur zeigt uns folgerungsweise, daß es unkörperliche Dämonen gibt und die Keime des Bösen in der Natur sich zum Guten und gemeinen Nutzen wenden.

Diese Mysterien müssen aber in den undurchdringbarsten Falten des Gedächtnisses verborgen werden.

Das im Raum immer bewegte und züngelnde Feuer kann eine körperähnliche Form annehmen.

Wir sagen und bejahen besser das Dasein eines mit Bild und Widerhall angefüllten Feuers.

Wollt ihr, so nennen wir dieses Feuer ein überfließendes Licht, das strahlt, spricht und in sich beschließt.

Das ist das flammende Lichtroß oder vielmehr das Kind mit den breiten Schultern, welches das himmlische Roß bändigt und zähmt.

Man umgebe es mit Flammen und Gold oder stelle es nackt wie Amor mit den Pfeilen dar.

Dauert deine Meditation aber an, so wirst du alle diese Sinnbilder unter der Figur des Löwen vereinigen.

Dann wird man nichts mehr vom Bogen des Himmels noch von der Ungeheuerlichkeit des Universums sehen.

Die Sterne strahlen nicht mehr und das Mondlicht ist verschleiert.

Die Erde zittert, und alles ist in Blitze gehüllt.

Rufe dann nicht das sichtbare Trugbild der Naturseele.

Denn du darfst es keinesfalls vor der Reinigung deines Körpers durch heilige Prüfungen sehen.

Die seelenverweichlichenden und von den heiligen Arbeiten immer weitabhaltenden Hunde verlassen dann die Glieder, wo die Materie ihr Ende findet, und zeigen den sterblichen Augen Erscheinungen immer trügerischer Körper.

Arbeite um die durch den Rhombus der Hekate beschriebenen Kreise.

Nie verwechsle die barbarischen Namen der Anrufung: Denn es sind die pantheistischen Namen Gottes; sie sind magnetisch von den Anbetungen der Menge und ihre Macht ist unauslöschlich.

Und wenn dir dann nach all diesen Phantomen das unkörperliche, heilige Feuer, das alle Tiefen der Erde mit seinen Strahlen auf einmal durchdringt, erstrahlt:

Dann höre auf seine Stimme!"

Diese erstaunliche Seite, die wir ganz aus dem Lateinischen des *Patricius* übersetzt haben, enthält alle Geheimnisse des Magnetismus mit einer Unergründlichkeit, die *Du Potet* und *Mesmer* niemals geahnt haben

Hier finden wir:

1. zunächst das astrale Licht mit seiner Gestaltungskraft und Widerspiegelungsfähigkeit von Wort und Stimme vollkommen beschrieben;

2. den Willen des Adepten, „*das Kind mit den breiten Schultern auf einem weißen Pferd sitzend,*" eine Hieroglyphe, die wir auf einem alten Tarot der kaiserlichen Bibliothek wiederfanden;

3. die Gefahren der Einbildungen bei den schlechtgeleiteten magischen Operationen;

4. das magnetische Instrument, den Rhombus, eine Art hohlen, hölzernen Kinderspielzeugs, das sich mit immer stärker werdendem Schnarren um sich selbst dreht;

5. den Grund der Zauberhandlungen durch Worte und barbarische Namen;

6. das Ende des magischen Werkes, die Besänftigung der Einbildung und Sinne, den Zustand von vollkommenem Somnambulismus und das völlige Hellsehen.

Aus dieser Enthüllung des Altertums ergibt sich, daß die hellseherische Ekstase eine freiwillige und unmittelbar angestrengte Aufmerksamkeit der Seele auf das universale Feuer ist, oder besser auf dieses „*Feuer voller Bilder*", das „*glänzt*", „*spricht*" und alle Gegenstände und Welten des Universums „in *sich beschließt*".

Ein Streben, das sich in der Beharrlichkeit eines von den Sinnen befreiten und durch eine Reihe Proben gefestigten Willens betätigt.

Dies war der Anfang der magischen Einweihung.

Der Eingeweihte, zum unmittelbaren Lesen im Lichte gelangt, wurde zum Seher oder Prophet. Hatte er dann seinen Willen mit diesem Licht vereinigt, so lernte er seine Führung, wie man die Spitze eines Pfeils lenkt; er beunruhigte oder besänftigte nach Belieben die Seele, stand über Entfernungen mit andern Adepten in Verkehr und bemächtigte sich schließlich dieser durch den himmlischen Löwen dargestellten Macht.

Das ist die Bedeutung jener großen assyrischen Figuren, die zahme Löwen unter ihren Armen halten.

Dies ist das durch die gigantischen Sphinxen mit dem Löwenleib und dem Kopf des Magiers dargestellte astrale Licht.

Das zum Werkzeug magischer Macht gewordene astrale Licht ist das goldene Schwert des *Mithras*, der den heiligen Stier tötet.

Phöbus' Pfeil, der die Schlange Python durchbohrt.

Stellen wir uns im Geiste diese großen Hauptstädte Assyriens, Babylon und Ninive, wieder her, geben wir diesen Granitkolossen wieder ihren Platz, bauen wir die von Elefanten und Sphinxen getragenen, massiven Tempel wieder auf, errichten wieder jene von blitzäugigen, schwingengebreiteten Drachen gekrönten Obelisken.

Tempel und Palas beherrschen diese Sammlung von Wundern, hier halten sich die beiden sich unaufhörlich durch Wunder offenbarenden sichtbaren Gottheiten der Erde verborgen, Priester- und Königtum.

Der Tempel ist nach dem Belieben der Priester von Wolken umhüllt oder strahlend in übermenschlicher Klarheit; mitunter bedeckt Dunkelheit den Tag, bisweilen erhellt sich die Nacht; die Lichter des Tempels entzünden sich selbst, die Götterbilder erstrahlen, man hört den Donner grollen, und wehe dem Gottlosen, der sich den Bann der Eingeweihten zugezogen hat. Der Tempel beschützt den Palas, und die Diener des Königs kämpfen für die Religion der Magier. Der König ist geheiligt, Gott der Erde, man verneigt sich beim Vorübergehen, und der Wahnsinnige müßte sein unberufenes Betreten der königlichen Schwelle mit sofortigem Tode büßen.

Zu Tod getroffen ohne Keule und Schwert, durch unsichtbareHand, vom Blitz erschlagen, vom Feuer des Himmels zerschmettert. Welche Religion, welche Macht, welcher Schatten eines Nimrod, Belus, einer Semiramis! Was konnte vor diesen fast sagenhaften Städten mit ihrem unermeßlichen Königtum sein, den Städten dieser Riesen und Magier, welche die Überlieferungen mit Engeln verwechseln und Söhne Gottes und Himmelsfürsten nennen! Welche Geheimnisse schlafen in den Grüften der Nationen; und sind wir nicht Kinder, wenn wir, ohne uns um das Auskramen dieser erschreckenden Erinnerungen zu kümmern, unserem Licht und Fortschritt Beifall zollen!

In seinem Buch über die Magie „*La magie dévoilée ou principes de science occulte*“ behauptet *M. du Potet* fast furchtsam, man könne durch eine mächtige Ausstrahlung magnetischen Fluidums ein Lebewesen töten.

Die magische Gewalt wirkt viel weiter, und es handelt sich nicht nur um das sogenannte magnetische Fluidum. Das ganze astrale Licht, das Element von Elektrizität und Blitz, das in den Dienst des menschlichen Willens gestellt werden kann! Was muß man zur Erlangung dieser furchtbaren Macht tun? *Zoroaster* sagt es uns: man muß die geheimnisvollen Gesetze des Gleichgewichts kennen zur Unterwerfung selbst böser Mächte unter die Herrschaft des Guten; man muß seinen Körper in den heiligen Proben gereinigt, gegen die Phantome der Halluzination gekämpft und Leib an Leib mit dem Licht wie Jakob in seinem Kampf mit dem Engel gerungen haben; die in den Träumen bellenden Hunde muß man bezwungen haben; kurz, man muß, um den bestimmten Ausdruck des Orakels zu gebrauchen, das Licht haben sprechen hören. Dann ist man Meister, dann kann man es wie *Numa* gegen die Feinde der heiligen Mysterien lenken. Wenn man aber nicht vollkommen rein ist, wenn die Herrschaft irgendeiner tierischen Leidenschaft euch noch den Verhängnissen der Lebensstürme unterwirft, dann verbrennt man sich an den angesteckten Feuern, man wird zur Beute der entfesselten Schlange und kommt vom Blitz erschlagen wie *Tullus Hostilius* um.

Es entspricht nicht den Naturgesetzen, daß der Mensch von wütenden Bestien zerrissen werden könne, Gott hat ihm Gewalt gegeben, ihnen zu widerstehen; er kann sie mit dem Blick faszinieren, mit der Stimme bändigen, mit einem Zeichen zum Stehen bringen . . . und wir sehen die wildesten Tiere tatsächlich den festen Blick des Menschen fürchten und vor seiner Stimme erzittern. Die Ausstrahlungen des astralen Lichts lähmen sie und schlagen sie mit Furcht. Als Daniel der falschen Magie und des Betrugs angeklagt wurde, unterwarf ihn und seine Ankläger der König von Babylon der Löwenprobe. Die Tiere greifen nur diejenigen an, die sie fürchten, oder vor denen sie sich selbst ängstigen. Ein unerschrockener, unbewaffneter Mensch würde durch den Magnetismus seines Blickes einen Tiger sicher zurückweichen lassen.

Die Magier bedienten sich dieser Macht, und die Herrscher Assyriens hatten in ihren Gärten gezähmte Tiger, Leoparden und Löwen. Andere fütterte man in den unterirdischen Gewölben der Tempel, wo sie den Prüfungen zur Einweihung dienten. Die symbolischen Bildtafeln geben Kunde davon. Es sind Kämpfe zwischen Menschen und Tieren, und immer sieht man den mit dem Priestergewand bekleideten Eingeweihten diese mit seinem Blick bändigen und mit einer Handbewegung zum Stehen bringen. Mehrere dieser Darstellungen sind zweifellos symbolisch, wenn die Tiere einige Formen der Sphinx wiedergeben. Aber es gibt auch andere, auf denen das Tier natürlich dargestellt ist, und der Kampf die Theorie einer wahren Bezauberung zu sein scheint.

Die Magie ist eine Wissenschaft, die man nicht mißbrauchen kann, ohne sie und sich selbst zu verlieren. Die Herrscher und Priester der assyrischen Welt waren zu groß, um nicht dem Untergang ausgesetzt zu sein, wenn sie jemals stürzten; sie wurden hochmütig und fielen. Die große magische Epoche Chaldäas ging den Königreichen der Semiramis und des Ninos vorauf. Schon in dieser Epoche wurde die Religion materialistisch und der Götzendienst beginnt zu triumphieren. Der Kult der Astarte folgt dem der himmlischen Venus, das Königtum läßt sich unter dem Namen Baal und Bel oder Belus anbeten. Semiramis stellt die Religion weit unter Politik und Eroberungen und ersetzt die alten, geheimnisvollen Tempel durch prunkvolle und zudringliche Monumentalbauten. Die magische Idee beherrscht nichtsdestoweniger noch Wissenschaften und Künste und gibt den wunderbaren Konstruktionen dieser Epoche einen unnachahmlichen Charakter von Kraft und Größe. Der Palast der Semiramis war eine erbaute und gemeißelte Synthese der ganzen Lehre des *Zoroaster*. Wir werden wieder davon sprechen, wenn wir den Symbolismus dieser sieben Weltwunder genannten Meisterwerke des Altertums erklären.

Das Priestertum hatte sich dem Königtum untergeordnet, als es seine eigene Macht materialisieren wollte; das stürzende Königtum mußte es zertrümmern, und das geschah unter dem weibischen *Sardanapal*. Dieser den Luxus und die Weichlichkeit liebende Fürst, hatte das Weistum der Magier zu dem seiner Buhlinnen gemacht. Wozu sollte auch Wundermacht da sein, wenn nicht zum Vergnügen? Ihr Zauberer, zwingt den Winter Rosen hervorzubringen, steigert die Blume des Weines, nehmt eure Herrschaft über das Licht, um die Schönheit der Frauen göttergleich zu machen! Man gehorcht, und der König schwelgt. Indessen bricht der Krieg aus, der Feind rückt vor. ... Doch was bedeutet der Feind dem genießenden und schlafenden Weichling? Aber das ist Ruin, Untergang, Tod! ... Der Tod! *Sardanapal* fürchtet ihn nicht, für ihn ist er endloser Schlaf; aber er versteht es wohl, sich der Arbeit und Schande der Knechtschaft zu entziehen.... Die letzte Nacht ist da, der Sieger vor den Toren, die Stadt widerstandslos, morgen ist das Königreich gewesen. Der Palast des *Sardanapal* erstrahlt, erglänzt in solch wunderbarem Licht, daß er die ganze bestürzte Stadt erhellt. Auf Bergen von kostbaren Stoffen, Edelsteinen und goldenen Gefäßen feiert der König seine letzte Orgie. Seine Frauen, Günstlinge, Mitverbrecher, seine entehrten Priester umgeben ihn; trunkener Lärm mengt sich in den Klang von tausend Instrumenten, die abgerichteten Löwen brüllen, und eine Wolke von Wohlgerüchen entströmt den Palastgewölben und hüllt alle seine Baulichkeiten ein. Züngelnde Flammen lecken schon durch die Decken aus Zedernholz ... trunkene Lieder machen dem Gebrüll des Entsetzens und dem Todesröcheln Platz. ..... die Magie konnte in den Händen seiner heruntergekommenen Eingeweihten das Reich des Ninos nicht erhalten, aber sie will wenigstens ihre Wunder mit der schrecklichen Erinnerung dieses gigantischen Selbstmords verbinden. Eine solch unermeßliche und unheimliche Helle, wie sie Babylons Nächte niemals gesehen, scheint plötzlich die Kuppel des Himmels emporzuwölben und zu erweitern.... Ein Getöse, als brächen alle Gewitter herein, erschütterte die Stadt, deren Mauern bersten.... Wieder tiefe Nacht; der Palast des *Sardanapal* ist nicht mehr, und morgen werden seine Sieger nichts mehr finden von seinen Reichtümern, nichts von seinem Leichnam, seinen Ausschweifungen.

So endet das erste Reich Assyriens und die von dem wahren *Zoroaster* geschaffene Zivilisation. Dort endet die eigentliche Magie, und die Herrschaft der Kabbala nimmt hier ihren Anfang. Als *Abraham* Chaldäa verließ, hat er die Mysterien mitgenommen. Das Volk Gottes wächst im Stillen, und bald werden wir Daniel mit den elenden Zaubereien *Nabuchodonosors* und *Belsazars* ringen finden.

Nach *Suidas*, *Cedrenus*, und „*Chronik von Alexandrien*" verschwand der in seinem Palast belagerte *Zoroaster* plötzlich mitall seinen Geheimnissen und Reichtümern unter einem furchtbaren Donnerschlag. In jener Zeit galt jeder die göttliche Macht ausübende König als eine Verkörperung *Zoroasters*, und *Sardanapal* wurde auf seinem Scheiterhaufen zum Gott.

Das Mysterium des universalen Gleichgewichts.
(Nach indischen und japanischen Mythologien.)

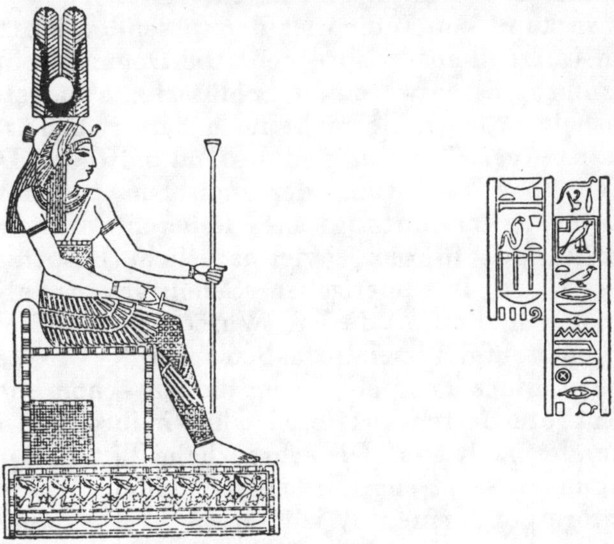

Die alleswandelnde Yinx.
(XXI. Schlüssel des ursprünglichen ägyptischen Tarot.)

III. Kapitel.

MAGIE IN INDIEN.

Lehre der Gymnosophisten — Trimurti und Avatars — einzige Offenbarung des prophetischen Geistes — Einfluß des falschen Zoroaster auf die indische Mystik — religiöse Altertümer der Veden — Magie der Brahminen und Fakire — ihre Bücher und Werke,

Indien, das uns die kabbalistische Tradition als von den Nachkommen *Kains* bevölkert schildert, wohin sich viel später die Kinder *Abrahams* und *Kethurahs* zurückgezogen, Indien ist vor allem das Land der Zauberei und der Wunder. Die schwarze Magie ist dort mit all den ursprünglichen Überlieferungen des durch die Mächtigen über die Schwachen betriebenen, durch die unterdrückenden Kasten fortgesetzten und durch die Parias gesühnten Brudermordes erhalten.

Man kann von Indien als der wissenden Mutter allen Götzendienstes sprechen. Die Dogmen seiner Gymnosophisten wären die Schlüssel zur höchsten Weisheit, würden sie nicht noch besser die Türen der Sittenverwilderung und des Todes öffnen. Der erstaunliche Reichtum der indischen Symbolik konnte zur Vermutung eines höheren Alters als aller übrigen führen, soviel natürliche Ursprünglichkeit ist in poetischen Schöpfungen; aber sie ist ein Baum, dessen Wurzel die höllische Schlange aufgefressen zu haben scheint. Die Vergötterung des Tempels, gegen die wir schon energisch protestierten, breitet sich hier in ihrer ganzen Schamlosigkeit aus. Die schreckliche Trimurti der Brahminen setzt sich aus einem Schöpfer, einem Zerstörer und einem Wiedererrichter zusammen. Ihre Addha-Nari, welche die göttliche Mutter oder die himmlische Natur darstellt, nennt sich auch Bowahein, und die Thuggs oder Würger bringen ihr Mordopfer dar. Vischnu, der Wiedererrichter, verkörpert sich fast nur, um einen untergeordneten, immer neuerstehenden Teufel zu töten, der von Rutrem oder Schiva, dem Todesgott, begünstigt wird. Man fühlt die Vergottung *Kains* in Schiva; aber nichts erinnert in dieser ganzen Mythologie an die Milde *Abels*. Seine Mysterien jedoch sind von unerhörter Schönheit, seine Allegorien von einzigartiger Tiefe. Dies ist die profanierte Kabbala. Weit entfernt, die Seele in ihrer Annäherung an die höchste Weisheit zu stärken, stößt sie der Brahmanismus in die Abgründe des Wahnsinns und läßt sie mit gelehrten Theorien fallen.

Der falschen Kabbala Indiens entnehmen die Gnostiker ihre bald schrecklichen, bald obszönen Träume. Die sich mit ihren tausend Mißstaltungen auf der Schwelle der okkulten Wissenschaften brüstende Magie entsetzt alle vernünftigen Geister und fordert den Fluch aller vernünftigen Kirchen heraus. Dieses von Dummköpfen und Halbgebildeten zu oft mit der wahren Weisheit verwechselte falsche und gefahrvolle Wissen, läßt sie alles, was den Namen Okkultismus trägt, in einen Bann einschließen, dem auch der Schreiber dieser Zeilen voll und ganz zustimmte, solange er den Schlüssel zum magischen Heiligtum noch nicht gefunden hatte. Für die Theologen der Veden offenbart sich Gott nur in der Kraft. Jeder Fortschritt und jede Entwickelung ist durch einen Sieg bestimmt. Vischnu verkörpert sich in ungeheuerlichen Leviathanen des Meeres und in den riesenhaften Wildschweinen, die mit Rüsselschlägen die ursprüngliche Erde bilden.

Dies ist eine wunderbare Genesis des Pantheismus, und dennoch, welch erhabener Somnambulismus in den Schöpfern dieser Fabeln! Die Zehnwahl der Avatars entspricht jener der Sephirot in der Kabbala. Vischnu nimmt nacheinander drei tierische Gestalten an, die drei Urformen des

Lebens, dann wird er zur Sphinx, und kommt schließlich in Menschengestalt. Jetzt ist er Brahman und reißt die ganze Erde unter dem Anschein geheuchelter Demut an sich. Bald ist er Kind, um so der tröstende Engel der Patriarchen zu sein, er wird Krieger, um die Unterdrücker der Welt zu bekämpfen, verkörpert die Politik, um der Gewalt zu begegnen, scheint die Menschengestalt zu verlassen, um sich Affengeschwindigkeit zu geben. Politik und Macht haben sich gegenseitig abgenutzt, die Welt wartet auf einen intellektuellen und moralischen Erlöser. Vischnu verkörpert sich in Krischna; er scheint in der Wiege verflucht, die ein symbolischer Esel bewacht, man trägt ihn zur Rettung vor seinen Verfolgern fort, er wächst heran und verkündet eine Lehre des Erbarmens und der guten Werke. Dann steigt er in die Hölle, bändigt die höllische Schlange und steigt glorreich zum Himmel; sein Jahresfest ist im August im Zeichen der Jungfrau. Welch erstaunliche Intuition in den Mysterien des Christentums! Und wie seltsam muß sie nicht scheinen, wenn man bedenkt, daß die heiligen Bücher Indiens mehrere Jahrhunderte vor der christlichen Zeit geschrieben wurden. Der Offenbarung Krischnas folgt die Buddhas, der die reinste Religion und vollkommenste Philosophie miteinander verbindet. Nun ist das Glück der Welt vollkommen, und die Menschen haben nur noch auf die zehnte und letzte Verkörperung zu warten, wann Vischnu unter seiner eigenen Gestalt wiederkommen und das Pferd des letzten Gerichtes mit sich führen wird, jenes entsetzliche Pferd, dessen Vorderhuf immer erhoben ist, in seinem Senken aber die Welt zertrümmern wird.

Wir müssen hier die heiligen Zahlen und die prophetischen Berechnungen der Magier wiedererkennen. Die Gymnosophisten und die Eingeweihten *Zoroasters* haben aus denselben Quellen geschöpft . . . aber der falsche und schwarze *Zoroaster* ist der Lehrer der Theologie Indiens geblieben: die letzten Geheimnisse dieser entarteten Lehre sind der Pantheismus und infolgedessen der absolute Materialismus unter dem Anschein einer absoluten Verneinung der Materie. Was liegt daran, ob man den Geist verstofflicht oder die Materie vergeistigt, sobald man die Gleichheit und völlige Einheitlichkeit dieser beiden Begriffe bejaht? Die Folge dieses Pantheismus ist die Zersetzung der ganzen Moral: in einer Welt, wo alles Gott ist, gibt es weder Verbrechen noch Tugend.

So kann man auch die immer heftigere Verdummung der Brahmanen verstehen. Hiermit noch nicht genug: ihr großes magisches Ritual, das Buch des indischen Okkultismus, das „*Upnek'hat*" zeigt ihnen noch die physischen und moralischen Mittel zur Vervollständigung ihrer Verdummung und zu jenem rasenden Wahnsinn, den ihre Zauberer den „*göttlichen Zustand*" nennen. Dieser „*Upnek'hat*" ist der Vorläufer aller Zauberbücher und das seltsamste Denkmal der Zauberei im Altertum.

Dieses Buch hat fünfzig Abschnitte: es ist ein mit Licht untermischtes Dunkel. Erhabene Aussprüche neben lügnerischem Orakel! Man denkt an das Johannesevangelium, wenn man z. B. im elften oder achtundvierzigsten Abschnitt liest:

„*Der Engel des schöpferischen Feuers ist das Wort Gottes.*

Gottes Wort hat die Erde und die ihr entsprießenden Pflanzen und die treibende Wärme erschaffen.

Das Schöpferwort ist der Schöpfer selbst und sein einziger Sohn."

Und daneben der schändlichsten Ketzerei würdige Träumereien:

„*Da die Materie nur trugvoller Schein ist, so sind Sonne, Mond, Sterne und Elemente Genien, die*

Tiere Dämonen und die Menschen ein vom Schein der Körper betrogener Geist.“

Wir sind ja genugsam über das Dogma aufgeklärt, wollen also zum magischen Ritual der indischen Zauberer kommen.

„*Um Gott zu werden, muß man den Atem anhalten.*

Man muß ihn möglichst lange einziehen, um sich ganz mit ihm anzufüllen.

Dann ihn so lange, wie man kann, anhalten und dabei vierzigmal den göttlichen Namen AUM aussprechen.

Dann solange als möglich ausatmen und dabei im Geiste die Verbindung seines Atems durch die Himmel hindurch mit dem Universalatem sehen.

Bei dieser Übung muß man wie blind und taub und bis zur Starre unbeweglich werden.

Auf Ellbogen und Knie gestützt muß man das Antlitz dem Norden zuwenden.

Mit einem Finger verschließt man einen Nasenflügel, durch den andern zieht man die Luft ein, dann verschließt man ihn mit einem Finger und denkt: Gott ist Schöpfer, er ist in allen Tieren von der Ameise bis zum Elephanten; in diesem Gedanken muß man versunken bleiben.

Zuerst sagt man zwölfmal AUM, dann während jeder Atmung vierundzwanzigmal wieder AUM, dann so oft wie möglich. . . .

Das alles tut während dreier Monate, ohne Furcht und Unterlaß, eßt und schlaft dabei sehr wenig; im vierten Monat offenbaren sich euch die Devas, im fünften werdet ihr alle Eigenschaften der Devatas erworben haben, und im sechsten werdet ihr gerettet und Gott geworden sein.“

Es ist klar, daß der zur Duchführung einer solchen Übung genügend blöde Fanatiker tot oder wahnsinnig sein wird.

Widersetzt sich jemand dieser mystischen Bläserei, so läßt ihn das „*Upnek'hat*“, das ihn auf diesem so schönen Weg nicht im Stich lassen will, zu anderen Übungen schreiten.

„*Setzt euch auf eure Hacken, zieht die Luft auf der rechten Seite von unten nach oben ein, zieht sie dreimal um die zweite empfindsame Körpergegend, dann führt sie zum Nabel der dritten, dann zum Herzen, der vierten, hierauf zum fünften, der Kehle, von hier zum Innern der Nase, der sechsten empfindsamen Körpergegend, endlich haltet den Atem zwischen den Augenbrauen, und er ist zum Atem der Universal-Seele geworden.*"

Dies scheint uns ganz einfach eine Methode zum Selbstmagnetisieren, die gleichzeitig Blutandrang zum Gehirn schafft.

„*Dann,*" fährt der ‚*Upnek'hat*' fort, „*denkt an das große AUM, den Namen des Schöpfers, der universalen, reinen, unteilbaren, alles erfüllenden Stimme; sie ist der Schöpfer selbst. Der Betrachtende hört sie auf zehn Arten. Der erste Ton gleicht der Stimme eines kleinen Sperlings, der zweite hat die doppelte Stärke, der dritte gleicht dem Ton der Cymbel der vierte dem Rauschen einer großen Muschel, der fünfte dem Klange der Vina (einer Art indischer Leier), der sechste dem Ton des ‚Tal' genannten Instrumentes, der siebte ist wie der Ton einer dem Ohre nahen Flöte von Bacaban, der achte wie der Ton des mit der Hand geschlagenen Instrumentes „Pakaondi", der neunte wie der Klang einer kleinen Trompete und der zehnte kommt dem Ton einer Wolke gleich, die brüllt und ‚dda, dda, dda!' . . . ausstößt!*

Zu jedem dieser Töne kommt der Meditierende durch verschiedene Zustände bis er beim zehnten zur Göttlichkeit gelangt.

Alle Haare seines Körpers sträuben sich beim ersten.

Alle Glieder sind beim zweiten abgestorben.

Jene Müdigkeit, die dem Liebesgenuß folgt, erfüllt beim dritten seine Glieder.

Wackelnden Kopfes, wie trunken ist er beim vierten.

Beim fünften strömen die Wasser des Lebens wieder in sein Gehirn.

Dieses Wasser durchfließt ihn zu seiner Speisung beim sechsten.

Der siebte Ton macht ihn zum Meister der Vision; offen liegen seinem Blick alle Herzen, und seinen Ohren sind die entferntesten Stimmen nah.

Beim neunten sind seine Sinne von derartiger Feinheit, daß er sich an jeden Ort versetzen kann und ihm wie Engeln alles sichtbar ist, ohne selbst sichtbar zu sein.

Zur universalen, unteilbaren Stimme macht ihn der zehnte; der große Schöpfer ist er, das ewige Wesen, von allem frei, zur vollkommenen Ruhe ist er geworden. So spendet er Frieden der Welt."

Hierin ist die vollkommene Darstellung des lichten Somnambulismus vermengt mit einer vollständigen Theorie des einsiedlerischen Magnetismus: die Kunst sich durch Willensanspannung und Ermüdung des Nervensystems in Ekstase zu versetzen.

Den Anhängern des Magnetismus empfehlen wir das vertiefte Studium des „*Upnek'hat*".

Allmähliche Anwendung von Narkotika und der Gebrauch einer Tonleiter farbiger Tafeln ergibt Wirkungen, die denen des indischen Zauberers analog sind. *Ragon* gibt auf Seite 499 seines „*Buches der okkulten Freimaurerei*" hierzu das Rezept und folgt dabei der Orthodoxie des Freimaurertums.

Ein einfacheres Mittel zum Verlust des Bewußtseins und hiermit zur Ekstase gibt der „*Upnek'hat*": betrachte mit beiden Augen die Nasenspitze und verharre in dieser Stellung, besser Grimasse, bis zum Krampf des Sehnervs.

Zu all diesen ebenso schmerzhaften und gefährlichen wie lächerlichen Übungen raten wir niemandem, zweifeln aber nicht, daß sie je nach der Sensibilität des Subjekts nach kürzerer oder längerer Zeit Ekstase, Katalepsie, ja sogar lethargische Ohnmachten hervorbringen.

Zu Visionen oder den Erscheinungen des zweiten Gesichts bedarf es eines dem Schlaf, Tod und Wahnsinn ähnlichen Zustands. Hierin sind die Inder besonders geschickt, und die merkwürdigen Fähigkeiten gewisser amerikanischer „Medien" sind vielleicht auf diese Geheimnisse zurückzuführen.

Man könnte die schwarze Magie als die Kunst bezeichnen, in sich und anderen künstlichen Wahnsinn hervorzurufen. Sie ist auch vor allem die Wissenschaft des Giftmischens. Was aber niemand weiß, und was, unter uns, *du Potet* als erster entdeckte, ist folgendes: hat man durch eine Reihe fast unmöglicher Übungen, die denen des indischen Zauberers gleichen, sein durch alle Spannungen und Entspannungen geschmeidiges Nervensystem zu einer Art lebender, galvanischer Säule gemacht und so befähigt, das betäubende und niederschmetternde astrale Licht aufzuspeichern und kräftig in eine gewollte Richtung zu schleudern, so kann man durch rasches Ansammeln und Entziehen desselben töten.

Hiermit sind aber die magischen Geheimnisse des „*Upnek'hat*" nicht am Ende; ein Letztes vertraut dieser dunkle Hierophant seinen Eingeweihten als größtes und höchstes Geheimnis an, was tatsächlich der Schatten und die Umkehrung des großen Arkanums der hohen Magie ist.

Das große Geheimnis der wahren Magier ist das Absolute in der Moral und hiermit die Konsequenz in der Richtung der Werke und in der Freiheit.

Das große Geheimnis des „*Upnek'hat*" ist das Absolute in der Unmoral, im Fatalismus und einem tödlichen Stillstand.

So der Verfasser des indischen Textes:

„Zur Erleichterung der Heirat, zum Ansporn der Tugenden eines Brahminen oder zum Anreiz der Eigenschaften einer Kuh ist die Lüge erlaubt."

„Gott ist die Wahrheit, Schatten und Licht urständen in ihm. Mit diesem Wissen vermag niemand zu lügen; schon im Beginn seiner Lüge macht er dieselbe zur Wahrheit."

„Was immer an Sünde und bösem Werk er vollbringt, niemals belädt er sich mit Schuld. Ja selbst als zwiefacher Vatermörder, als Mörder eines in die Mysterien der Veden eingeweihten Brahminen, was er auch frevelte, niemals verdunkelt sich sein Licht; denn so sagt Gott: Ich bin die Universal-Seele, in mir liegt Gut und Böse, die sich gegenseitig bessern. Wer solches weiß, ist niemals Sünder, wie ich ist er universal."

Solche Lehren sind weit davon entfernt, erzieherisch zu wirken; und außerdem pfercht Indien durch die Starre seiner sozialen Hierarchie die Anarchie in Kasten. Die Gesellschaft lebt nur im Wechsel. Auch ist ein Austausch unmöglich, wenn dem einen alles, dem andern nichts gehört. Wozu die Stufenleitern einer angeblichen Zivilisation, wenn niemand auf ihnen weder auf noch absteigen kann?

Hier endlich liegt die späte Sühne für den Brudermord, eine Zuchtrute, welche ihre ganze Rasse erfaßt und sie zum Tode verurteilt. Es kommt eine stolze und egoistische Nation, sie wird Indien opfern, wie die orientalischen Legenden vom Mord des *Lamech* an *Kain* erzählen. Selbst dem Mörder *Kains* wehe sagen die heiligen Orakelsprüche der Bibel.

IV. Kapitel.

HERMETISCHE MAGIE.

Dogma des Hermes Trismegistos — Hermetische Magie — Ägypten und seine Wunder — der Patriarch Joseph und seine Politik — Buch Toth — Magische Tafel des Bembo — Schlüssel der Orakel — Erziehung des Moses — Magier Pharaos — der Stein der Weisen uud das große Werk.

Ägypten erhebt die Magie zur Universalwissenschaft und formuliert sie als vollkommenes Dogma. Nichts übertrifft oder gleicht als Zusammenfassung aller Lehren der alten Welt jenen in kostbaren Stein gemeißelten und unter dem Namen *Tabula smaragdina* bekannten Lehrsätzen des Hermes. Einssein des Seins und Einheit der Harmonien, absteigend oder fallend, fortschreitende und verhältnisgleiche Stufenleiter des Wortes, das unwandelbare Gesetz des Gleichgewichts, den universalen Entsprechungen verhältnisgleicher Fortschritt, Beziehungen zwischen Idee und Wort gleich dem Maß der Beziehungen zwischen Schöpfer und Schöpfung, die durch das Maß eines einzigen Winkels des Endlichen bewiesene, notwendige Mathematik des Unendlichen, dies alles wird durch den einzigen Satz des großen ägyptischen Hierophanten ausgedrückt:

„*Wie oben, so unten; und das Tiefe wie das Hohe ist nur zur Formung der Wunder des Eineinen geschaffen.*"

Dann die Offenbarung und weise Darlegung der schöpferischen Kraft, des allwandelnden Feuers, des gewaltigen Mittels der verborgenen Macht, kurz des astralen Lichts:

„*Die Sonne ist sein Vater, der Mond seine Mutter, der Wind hat ihn in seinem Mutterschoß getragen.*"

So wird dieses Licht von der Sonne ausgestrahlt, Gestalt und Regelmäßigkeit der Bewegung erhält es von den Einflüssen des Mondes, die Atmosphäre ist ihm Fruchtboden und Gefängnis.

„*Die Erde ist seine Amme.*“

Es wird also ausgeglichen und in Bewegung gesetzt durch die zentrale Erdwärme.

„*Es ist das universale Prinzip, das Telesma der Welt.*“

Hermes lehrt dann den Gebrauch dieser Licht-Kraft als Hebel, universales Auflösungsmittel und als formende und zusammenfassende Kraft.

Dann, wie man dieses Licht aus Körpern, in denen es latent ist, herauszieht, um es in den Zustand des Feuers, der Bewegung, des Glanzes, eines leuchtenden Gases, brennenden Wassers, feuriger Erde zu bringen, um mit Hilfe dieser verschiedenen Substanzen alle Schöpfungen der Natur nachzuahmen.

So enthält die Tabula smaragdina die ganze Magie auf einer Seite.

Die andern *Hermes* zugeschriebenen Werke, wie der „*Pymander*“, „*Asklepios*“, „*Minerva der Welt*“, bezeichnen die Kritiker als Erzeugnisse der alexandrinischen Schule. Sie enthalten nicht weniger die im Heiligtum der Theurgie erhaltenen Überlieferungen des *Hermes*. Dem können seine Werke nicht verloren sein, der die Schlüssel der Symbolik kennt. Die Ruinen Ägyptens gleichen zerstreuten Seiten, die, gesammelt, das ganze wunderbare Buch wiederergeben, dessen große Lettern die Tempel, dessen Sätze die von Obelisken und Sphinxen interpunktierten Städte waren!

Die Teilung Ägyptens selbst war eine magische Synthese; die Namen seiner Provinzen entsprachen den Figuren der heiligen Zahlen. Das Königreich des Sesostris war in drei Teile geteilt: Oberägypten oder Thebais, das Antlitz der himmlischen Welt und Vaterland der Ekstasen; Unterägypten, das Symbol der Erde; Mittel- oder Zentralägypten, das Land des Wissens und der hohen Einweihungen

Jeder dieser drei Teile war in zehn „*Nomes*“ genannte Provinzen geteilt, die unter den besonderen Schutz eines Gottes gestellt waren. Diese Götter, dreißig an der Zahl und zu je dreien gruppiert, drückten symbolisch alle Begriffe des Ternars in der Dekade, d. h. die dreifache, natürliche, phisosophische und religiöse Bedeutung der ursprünglich mit den Zahlen verknüpften absoluten Ideen aus. So ist dreifache Einheit oder der ursprüngliche Ternar, der dreifache Binar oder das den Stern des *Salomon* bildende Triangel, der dreifache Ternar oder die ganze Idee unter jedem seiner drei Grenzsteine, der dreifache Quaternar, d. h. die zyklische Zahl der atralen Revolutionen, usw. Unter *Sesostris* ist die Geographie Ägyptens also ein Pantakel, d. h. eine symbolische Zusammenfassung des ganzen von *Hermes* wiedergefundenen und schärfer formulierten magischen Dogmas des *Zoroaster*.

So warÄgypten ein großes Buch, und die Lehren dieses Buches wiederholten sich und waren auf die Malerei, Bildhauerei und Architektur aller Städte und Tempel übertragen. Selbst die Wüste war erfüllt von diesen Ewigkeitslehren, und sein steinernes Wort lag im Geviert der Pyramidenbasis, diesen Gipfeln menschlicher Intelligenz, in deren Schatten so lange Jahrhunderte eine kolossale Sphinx meditierte, während sie sich langsam in den Sand eingrub. Noch jetzt erhebt sich ihr durch die Zeiten verwittertes Haupt, als warte sie auf die Menschenstimme, die von neuem der Welt das Problem der Pyramide erkläre.

Uns ist Ägypten die Wiege der Wissenschaften und der Weisheit; denn es kleidet das alte Dogma des ersten *Zoroaster* in, wenn auch nicht reichere, so doch klarere und reinere Bilder als Indien. Hier bildete die priesterliche und königliche Kunst Adepten durch Einweihung, und diese war nicht auf egoistische Kastengrenzen beschränkt. Ein hebräischer Sklave weiht sich selbst ein und erlangt die Stufe eines ersten Ministers, ja wahrscheinlich eines obersten Priesters; denn er heiratete die Tochter eines ägyptischen Priesters, und bekanntlich schloß das Priestertum nie eine unstandesgemäße Ehe. *Joseph* verwirklichte in Ägypten den Traum des Kommunismus; er erhob Priestertum und Staat zu alleinigen Besitzern und somit zu Schiedsrichtern über Arbeit und Reichtum. So vernichtete er das Elend und machte Ägypten zu einer einzigen, patriarchalischen Familie. *Joseph* verdankte seinen Aufstieg ja dem Wissen der Traumdeutung, an welche die Christen, ja selbst die Gläubigen unserer Tage nicht glauben, obwohl sie behaupten, daß die Bibel, welche die wunderbaren Weissagungen *Josephs* erzählt, das Wort des hl. Geistes sei.

Das Wissen *Josephs* bestand lediglich in der Erkenntnis der natürlichen Zusammenhänge zwischen Idee und Bild, Wort und Form. Er wußte, daß die während des Schlafes im astralen Licht untergetauchte Seele die Spiegelung ihrer geheimsten Gedanken, sogar ihrer Vorahnungen sieht; er wußte, daß die Deutung der im Schlaf erfahrenen Zeichen der Schlüssel zur universalen Klarheit ist; denn alle geistbegabten Geschöpfe haben im Schlaf Offenbarungen.

Das absolute hieroglyphische Wissen hatte zur Grundlage ein Alphabet, in welchem alle Götter Buchstaben, alle Buchstaben Ideen, alle Ideen Zahlen und vollkommene Zeichen waren.

Dieses hieroglyphische Alphabet, aus dem *Moses* das große Geheimnis seiner Kabbala machte, die er den Ägyptern wieder nahm — nach dem Sepher Jezirah stammte das Alphabet von *Abraham* —, ist das berühmte Buch Thoth, von dem *Court de Gebelin* vermutet, es habe sich in Gestalt des seltsamen Kartenspiels, des Tarock bis auf unsere Tage erhalten. Schlecht erklärt wurde es von *Eteilla*, dem eine Zeitspanne von dreißig Jahren nicht zu einem gesunden Menschenverstand verhelfen, noch zu seiner ersten mangelhaften Erziehung etwas beitragen konnte. Unter den Trümmern Ägyptens ist es tatsächlich noch vorhanden, und der merkwürdigste und vollkommenste Schlüssel zu ihm ist in dem großzügigen Werk des Paters *Kircher* über Ägypten enthalten. Es handelt sich hierbei um die Abschrift einer Isistafel aus dem Besitz des berühmten Kardinals *Bembo*. Diese leider verlorengegangene Tafel war aus Kupfer und hatte eingelegte Emailfiguren. *Kircher* gibt von ihr eine genaue Abschrift, und dieser gelehrte Jesuit vermutet, ohne seine Erklärungen weiter ausführen zu können, daß sie den hieroglyphischen Schlüssel der heiligen Alphabete enthält.

Diese Tafel zerfällt in drei gleiche Teile und zeigt oben die zwölf himmlischen Häuser, unten die zwölf Arbeitsstationen des Jahres, die den Buchstaben entsprechenden einundzwanzig heiligen Zeichen in der Mitte.

In der Mitte des Mittelstücks befindet sich die allwandelnde „*YJNX*", das dem hebräischen Jod entsprechende Sinnbild des universalen Seins, des einzigen Buchstabens, aus dem sich alle anderen abwandeln. Um die *YJNX* sieht man die den drei Stammbuchstaben des ägyptischen und hebräischen Alphabets entsprechende ophidische Trias, rechts die ibisähnliche serapische Trias, links die Trias der Nephtys und der Hekate, die Darstellung des Aktivums und Passivums, des Flüchtigen und Festen, des fruchtbaren Feuers und schöpferischen Wassers. Jedes Triaspaar ergibt mit dem Mittelstück verbunden eine Siebenheit; und enthält das Mittelstück selbst. So ergeben die drei Siebenheiten das zahlenmäßige Absolute der drei Welten und die vollständige Zahl der ursprünglichen Buchstaben, zu denen man ein ergänzendes Zeichen wie zu den neun Ziffern die Null hinzufügt.

Die zehn Ziffern und die zweiundzwanzig Buchstaben sind die zweiunddreißig Wege der Weisheit in der Kabbala, und ihre philosophische Erklärung ist Gegenstand des ursprünglichen und verehrungswürdigen Buches, das man unter dem Namen Sepher Jezirah in der Sammlung des Pistorius und an anderen Stellen findet. Das Alphabet des Buches Thoth ist nur auf Umwegen das Original unseres Tarock. Unser Tarock ist jüdischen Ursprungs und die Figurentypen gehen höchstens auf die Zeit Karls VII. zurück. Das Kartenspiel des *Jequemin Gringonneur* ist das erste uns bekannte Tarock. Die von ihm verwandten Symbole haben aber ein weit höheres Alter. Dieses Spiel stellt den Versuch eines Astrologen jener Zeit dar, mit Hilfe dieses Schlüssels und seiner Orakel, deren sich aus den verschiedenen Zusammenstellungen der Zeichener gebenden Antworten wie Mathematik und die Harmonien der Natur gemessen und exakt sind, den König zur Vernunft zu bringen.

Um sich eines Werkzeugs des Wissens und der Vernunft bedienen zu können, muß man selbst sehr vernünftig sein. Der arme, kindische König sah in den Malereien *Jaquemin Gringonneurs* nur ein Kinderspielzeug und machte das geheimnisvolle Alphabet der Kabbala zum Kartenspiel.

Nach Moses haben die Israeliten bei ihrem Auszug aus Ägypten die heiligen Gefäße der Ägypter mitgenommen. Dies ist eine Allegorie; denn der große Prophet hätte sein Volk nie zum Diebstahl verleitet. Diese heiligen Gefäße sind die Geheimnisse ägyptischer Weisheit, welche *Moses* am Hofe des Pharao gelernt hatte. Wir denken nicht daran der Magie die Wunder dieses Gotterleuchteten zuzuschreiben; aber die Bibel selbst lehrt uns, daß Janne und Mambre, Pharaos Magier, d. h. die großen Hierophanten Ägyptens durch ihre Kunst zuerst ähnliche Wunder wie er hervorbrachten. Sie verwandelten Stäbe in Schlangen, und diese wieder in Stäbe, was durch Zauber oder Faszination erklärt werden kann. Sie verwandelten Wasser in Blut, ließen augenblicklich eine große Menge von Fröschen erscheinen, vermochten aber weder Fliegen noch andere Schmarotzerinsekten herbeizuführen; wir haben schon oben gesagt, wie das Geständnis nach der Erklärung ihrer Niederlage aufzufassen ist.

Moses siegte und führte Israel aus der Knechtschaft. In dieser Zeit ging das wahre Wissen in Ägypten verloren, weil es die Priester im Mißbrauch des Volksvertrauens in verdummendem Götzendienst stecken ließen; dies war die große Klippe der Geheimlehre. Dem Volk mußte die Wahrheit, ohne sie zu verbergen, verschleiert werden; dadurch, daß sie absurd wurde, mußte man die Entehrung der Symbolik verhindern; in seiner ganzen Heiligkeit und frühen Schönheit mußte man den heiligen Schleier der Isis bewahren. Dies war dem ägyptischen Priestertum nicht möglich. Der Dummheit des Alltags wurden die hieroglyphischen Formen von Osiris und Hermanibus zu lebendiger Wirklichkeit. Osiris wurde zum Ochsen, der weise Hermes zum Hund. Als Ochse erging sich Osiris bald im Flitterstaate des Apis-Stieres, und die Priester hinderten das Volk in der Anbetung des für ihre Küche bestimmten Fleisches nicht.

Es war an der Zeit die heiligen Überlieferungen zu retten. *Moses* schuf ein neues Volk und verbot ihm streng den Bilderkult. Unglücklicherweise hatte dieses Volk schon mit Götzenbildern gelebt, und die Erinnerungen an den Apis-Stier verfolgten es in die Wüste. Die Geschichte vom goldenen Kalb, das die Kinder Israels immer ein wenig anbeteten, ist bekannt. *Moses*, der die heiligen Hieroglyphen nicht dem Vergessen preisgeben wollte, heiligte sie und weihte sie dem gereinigten

Kult des wahren Gottes. Wir werden den Symbolismus aller dem Kult Jehovas dienenden Dinge und ihr Erinnern an die heilig gehaltenen Zeichen der Uroffenbarung noch sehen.

Vorläufig wollen wir aber das Heidentum zu Ende betrachten und die Geschichte der verstofflichten Hieroglyphen und der alten erniedrigten Riten durch die heidnische Zivilisation hindurch verfolgen.

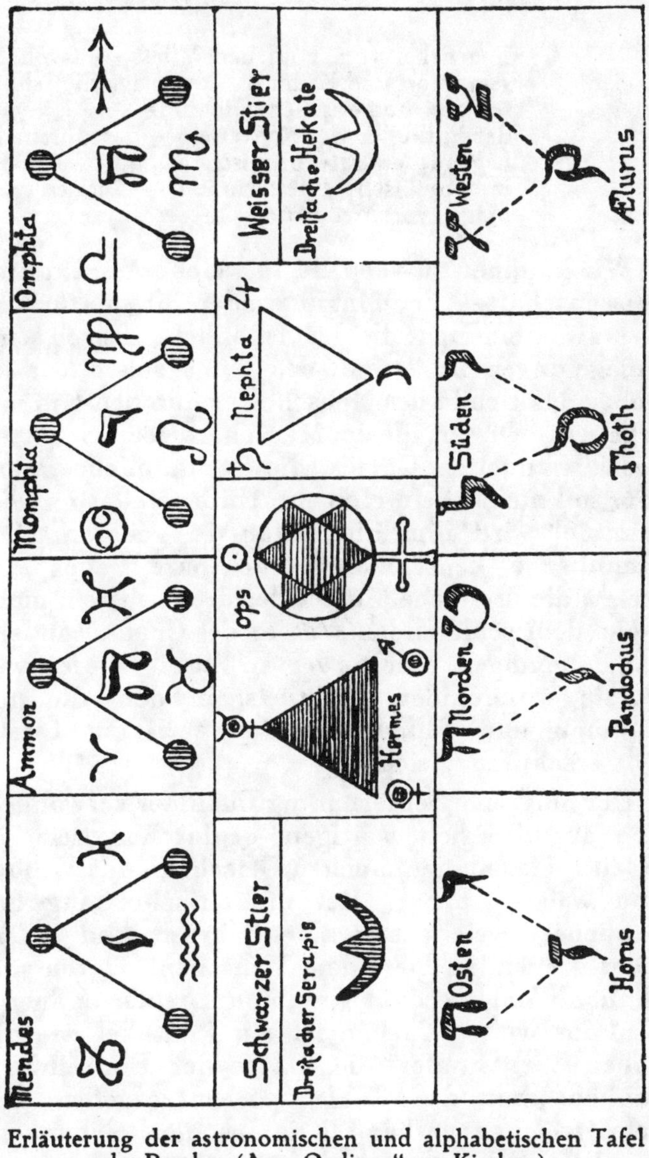

Erläuterung der astronomischen und alphabetischen Tafel des Bembo. (Aus „Oedipus" von Kircher.)

V. Kapitel.

MAGIE IN GRIECHENLAND.

Die Fabel vom goldenen Vliess — Orpheus, Amphion und Kadmos — der magische Schlüssel zur homerischen Dichtung — Aischylos, der Enthüller der Mysterien — das durch die Legende erklärte orphische Dogma — Orakel und pythische Priesterinnen — Die schwarze Magie von Medea und Circe.

Wir kommen zu der Zeit, in welcher die exakten Wissenschaften der Magie wieder ihre natürliche Gestalt annehmen: die der Schönheit. Durch seine Spiegelungen im Ozean des Seins sahen wir im Sohar das Urbild des Menschen sich in den Himmel erheben. Dieser ideale Mensch, dieser Schatten des allwandelten Gottes, dieses männliche Phantom soll nicht allein bleiben. Unter Hellas mildem Himmel wird ihm die Gefährtin geboren. Die himmlische, keusche und fruchtbare Venus entsteigt, die dreifache Mutter der drei Grazien, nicht mehr dem schlafenden Wasser des Chaos, sondern den lebendigen und bewegten Fluten dieses von Poesie sprudelnden Archipels, in dem die mit Bäumen und Blumen festlich gezierten Inseln Götterschiffen gleichen.

Der magische Septernar der Chaldäer verwandelt sich auf der siebensaitigen, orphischen Leier in Musik. Harmonien machen Griechenlands Wälder und Wüsten urbar. Der dichterische Sang des Orpheus erweicht Felsen, entwurzelt und unterjocht die wilden Tiere dem Menschen. Durch eine ähnliche Magie erbaut Amphion Thebens Mauern. Kadmos weises Theben ist ein Pantakel wie die sieben Weltwunder, die Stätte der Einweihung. Orpheus hat den Zahlen Leben gegeben, die Schriftzeichen verband Kadmos dem Gedanken. Zu allem Schönen gab der eine einem Volke die

Liebe, der andere dem seinen ein seiner Liebe und seines Geistes würdiges Vaterland.

In Altgriechenlands Überlieferungen erscheint *Orpheus* unter den Helden des goldenen Vließes, jenen ursprünglichen Vollbringern des großen Werkes. Das goldene Vließ ist die äußere Hülle der Sonne, das dem Gebrauch des Menschen angepaßte Licht, das große Geheimnis magischen Schaffens, die Einweihung endlich, welche die allegorischen Helden des goldenen Vließes in Asien suchen. Andererseits ist *Kadmos* ein freiwillig Verbannter des großen ägyptischen Theben. Er bringt Griechenland die ursprünglichen Buchstaben und die sie umfassende Harmonie. Auf ihrem Antrieb ersteht die typische, weise Stadt, das neue Theben von selbst; denn die ganze Weisheit liegt in den Harmonien dieser hieroglyphischen, lautlichen und Zahlenzeichen, die sich von selbst nach den Gesetzen ewiger Mathematik bewegen. Die Stadt Theben ist ein Ring und ihre Burg ein Quadrat, wie der magische Himmel hat sie sieben Tore, und ihre Legende wird bald ein Epos der Geheimwissenschaft und die prophetische Geschichte des Menschengeistes sein.

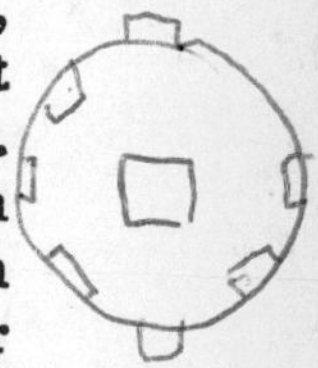

All diese geheimnisvollen Allegorien, all diese weisen Überlieferungen sind die Seele griechischer Geisteskultur, die wirkliche Geschichte der Helden dieser Dichtungen darf man aber nirgends anders als in den Wandlungen orientalischer Symbolik suchen, die Griechenland von unbekannten Eingeweihten gebracht wurde. Allein die Geschichte der Ideen schrieben die großen Menschen jener Zeiten und wenig kümmerte sie, uns in das menschliche Elend der Kinderzeit der Kaiserreiche einzuweihen. Auch *Homer* geht diesen Weg. In sein Werk setzt er Götter, d. h. die unsterblichen Typen des Denkens, und die Bewegung der Welt ist ihm nur die notwendige Folge eines Stirnrunzelns des Zeus. Wenn Griechenland Feuer und Schwert nach Asien bringt, so ist dies nur Rache für den Mißbrauch der Weisheit und für die der Wollust geopferte Tugend. So wird die Herrschaft über die Welt Minerva und Juno zurückgegeben, trotz der weichen Venus, die alle verlor, die sie zu sehr liebten.

Dies ist die erhabenste Aufgabe der Dichtung: an Stelle der Menschen setzt sie Götter, d. h. an Stelle der Wirkung die Ursache, die ewige Empfängnis für die jämmerlichen Verkörperungen irdischer Größen. Diese Ideen vermögen Reiche zu erheben und niederzureißen. Die letzte Tiefe jeder Größe ist ein Glaube, aber nur der in der Wahrheit urständende Glaube ist poetisch und schöpferisch. Nur die wahre Geschichte des immer über das Dunkel siegreichen Lichtes ist würdig die Weisen zu fesseln. Ein großer Tag dieser Sonne heißt Geisteskultur.

Die Fabel vom goldenen Vließ verbindet die hermetische Magie der griechischen Einweihung. Der Sonnenwidder, dessen goldenes Vließ erobert werden muß, um Herr der Welt zu sein, ist das Sinnbild des großen Werkes. Das aus Planken der prophetischen Eichen von Dodona erbaute Argonautenschiff, das *„sprechende Schiff"*, ist die Mysterienbarke der Isis, die Arche der Saat und Erneuerung, die Truhe des Osiris, das Ei göttlicher Wiedergeburt. Der abenteuernde *Jason* soll eingeweiht werden, nur durch seine Stärke ist er Held, alle menschlichen Schwächen und Unbeständigkeiten haften ihm an, aber er trägt auch die Verkörperungen aller Kräfte in sich. *Herkules*, die brutale Kraft, der unwürdigen Liebesspielen nachjagend vom Wege abirrt, darf sich nicht um das Werk bewerben. Die andern finden Kolchis, das Land der Einweihung, in dem sich noch Reste zoroastischer Geheimnisse erhalten hatten. Woher aber sollten sie den Schlüssel zu diesen Mysterien nehmen? Noch einmal wird das Wissen durch eine

Frau verraten. *Medea* gibt *Jason* die Geheimnisse des großen Werkes preis, hiermit aber auch das Königtum und die Tage ihres Vaters; denn nach einem verhängnisvollen Gesetz des geheimen Heiligtums zieht die Offenbarung der Geheimnisse den Tod dessen nach sich, der sie nicht zu hüten vermochte!

Medea lehrt *Jason*, welche Ungeheuer er bekämpfen muß, und wie er sie bezwingen kann. Zunächst ist es das astrale Fluidum, die geflügelte Erdschlange, die er überraschen und festhalten muß. Ihr muß er die Zähne ausreißen und sie in ein mit den Stieren des Mars gepflügtes Feld säen. Die Drachenzähne sind die Säuren, welche die durch ein Feuer und durch erdmagnetische Kräfte vorbereitete Erde auflösen müssen. Hieraus bildet sich eine einem gewaltigen Ringen gleiche Gärung, das Unreine wird vom Unreinen verschlungen, und als Lohn empfängt der Adept das goldene Vließ.

Hier endet der magische Roman von *Jason* und weicht jenem von *Medea;* denn in dieser Geschichte wollte das griechische Altertum das Epos der geheimen Wissenschaften gestalten. Der Magie des Hermes folgt das Zaubertum, Vater-, Bruder- und Kindermord, alles ihren Leidenschaften opfernd und doch nie die Früchte ihrer Verbrechen genießend. *Medea* verrät wie *Cham* ihren Vater und mordet ihren Bruder wie *Kain*, sie erdrosselt ihren Bruder und vergiftet ihre Nebenbuhlerin, alles, um nur den Haß dessen zu ernten, nach dessen Liebe sie verlangte. Erstaunlich wäre, wenn *Jason* als Herr des goldenen Vließes weiser geworden wäre, würde man außer acht lassen, daß er die Offenbarung der Geheimnisse nur dem Verrat verdankt. Nicht wie *Orpheus* ist er Adept, sondern Räuber wie *Prometheus*. Nicht Wissen sucht er, sondern Macht und Reichtum. So muß er unglücklich sterben, und nur *Orpheus*' Jünger wissen um die anfeuernden und beherrschenden Eigenschaften des goldenen Vließes.

Prometheus, das goldene Vließ, die Thebaide, Ilias und Odyssee, die fünf großen von gewaltigen Mysterien und Menschenschicksalen erfüllten Epen bilden die altgriechische Bibel, ein unermeßliches Bild, ein Schichten von Bergen über Berge, von Meisterwerken über Meisterwerke, von lichttrunkenen Formen auf erhabene und ewigwahre Gedanken.

Nur auf ihre eigene Gefahr zeigten die Hierophanten der Poesie den Völkern Griechenlands diese wunderbaren, die Wahrheit erhaltenden Dichtungen offener. *Aischylos*, der die übermenschlichen Klagen, die gigantischen Kämpfe und göttlichen Hoffnungen des *Prometheus* auf die Bühne zu bringen wagte, der furchtbare Dichter der Familie des *Oedipos* wurde des Verrats und der Profanierung an den Mysterien angeklagt und entging nur knapp kläglicher Verdammung. Die ganze Tragweite dieses Eingriffs des Dichters können wir heute nicht mehr übersehen. Sein Drama war eine Trilogie und zeigte die ganze symbolische Geschichte des *Prometheus*. *Aischylos* hatte dem versammelten Volke das ganze Prometheus-Symbol darzustellen gewagt, seine Befreiung durch *Alkides* und des *Zeus* Sturz. Die Allmacht des Genies, das gelitten hatte, der endgültige Sieg der Geduld über die Kraft: zweifellos war dies schön. Konnte so aber nicht die Menge den späteren Sieg der Gottlosigkeit und der Anarchie erkennen! Konnte nicht einst *Prometheus*, der Besieger des *Zeus*, für das von seinen Königen und Priestern befreite Volk gehalten werden; und waren nicht verbrecherische Hoffnungen in den dem Enthüller dargebrachten Huldigungen versteckt?

Der Schwäche des Dogmas für die Dichtkunst verdanken wir diese Meisterwerke, und wir wollen nicht wie *Platon* zu jenen strengen Eingeweihten zählen, der den eben erst gekrönten Dichter des Landes verweisen wollte, der wahre Dichter ist ein Bote Gottes, und jene sollen nicht vom Himmel gesegnet werden, die ihn zurückstoßen.

Jener Große, der als erster Griechenland Einweihung und Kultur brachte, war auch sein erster Dichter. Selbst, wenn man die mythische oder sagenhafte Gestalt des Orpheus zugäbe, man müßte an *Musaios* glauben und ihm Verse zuschreiben, die den Namen seines Meisters tragen. Es ist für uns belanglos, ob einer der Argonauten den Namen *Orpheus* trug oder nicht; die Dichtergestalt hat mehr als gelebt, sie lebt immer und ist unsterblich. Die orphische Sage ist ein Dogma, eine Offenbarung priesterlicher Schicksale, ein neues, aus dem Kult der Schönheit geborenes Ideal. Es ist die Wiedergeburt und Erneuerung der Liebe. Auf der Suche nach *Eurydike* steigt *Orpheus* in die Unterwelt und muß sie zurückführen, ohne ihr Antlitz zu sehen. So soll der Reine sich die Gefährtin schaffen, ohne Lüsternheit soll er sie zu sich erheben. Nur durch Verzicht auf den Gegenstand der Leidenschaft erringt man den Besitz wahrer Liebe .Hier liegen schon im Keime die keuschen Träume des christlichen Rittertums. Um *Eurydike* der Unterwelt zu entreißen, darf man sie nicht ansehen! Noch ist der Priester Mensch, wird schwach, zweifelt und sieht zurück:

Ah! miseram Eurydicem!

Sie ist verloren! Der Fehler geschehen, Sühne beginnt! Verwaist ist *Orpheus*, er bleibt keusch. Ohne Zeit gehabt zu haben, *Eurydike* zu sehen, ist er frauenlos, Witwer einer Jungfrau, wird er jungfräulich bleiben. Nicht zwei Herzen hat der Dichter, und die Kinder des Göttergeschlechts lieben für immer. Ewige Sehnsucht, Seufzer vor dem Bild einer Jenseitigen, heiliger Muse geweihte Einsamkeit! Wie ist diese Offenbarung der kommenden Erleuchtung nahe! *Orpheus*, der eine Wunde im Herzen trägt, die nur der Tod zu heilen vermag, macht sich zum Arzt für Seele und Leib. Er stirbt als Opfer seiner Keuschheit, stirbt den Tod der Einweihenden und Propheten, stirbt nach Verkündigung der Einheit von Gott und Liebe, und dies wurde viel später der Grundstock der Mysterien in der orphischen Einweihung.

Seine Erhabenheit über seine Zeit mußte *Orpheus* den Ruf des Zauberers und Hexenmeisters einbringen. Die Kenntnis der Heilkräuter und Mineralien, die Weisheit der himmlischen Heilkunst und des Steins der Weisen wird ihm zugeschrieben. All das wußte er zweifellos, hat er in seiner Legende doch Urweihe, Sündenfall und Erlösung dargestellt, die drei Teile des großen Werkes der Menschheit. So kann man nach *Ballanche* die orphische Einweihung zusammenfassen:

„*Hat sich der Mensch dem Einfluß der Elemente unterworfen, so soll er die Elemente seinem eigenen Einfluß unterwerfen.*"

„*Die Schöpfung ist die Auswirkung einer fortgesetzten und ewigen göttlichen Magie.*"

„*Sich erkennen heißt für den Menschen wirklich sein.*"

„*Verantwortlichkeit ist eine Eroberung des Menschen, ja selbst die Strafe der Sünde ist ein neues Mittel zu Eroberungen.*"

„*Alles Leben beruht auf Tod.*"

„*Die Wiedererstehung aus dem Vergangenen ist das versöhnliche Gesetz.*"

„*Die Ehe ist die Wiedergabe des großen weltschaffenden Mysteriums in der Menschheit. Sie soll eins sein, wie Gott und Natur eins sind.*"

„*Ehe ist Einheit des Lebensbaumes, Ausschweifung ist Trennung und Tod.*"

„*Der Lebensbaum ist eine Einheit, und die sich am Himmel ausspannenden und in den Sternen blühenden Zweige entsprechen den in der Erde verborgenen Wurzeln.*"

„*Die Astrologie ist eine Synthese.*"

„*Das Wissen um die heilenden oder magischen Kräfte der Pflanzen, Metalle und Körper, in denen das Leben mehr oder weniger pulst, ist eine Synthese.*"

„*Die organischen Kräfte werden in ihren verschiedenen Abstufungen durch eine Synthese entdeckt.*"

„*Verbindungen und Verwandtschaften der Metalle, die vegetative Seele der Pflanzen wie alle einander gleichwerdenden Kräfte werden durch eine Synthese offenbar.*"

Das Schöne sei der Glanz des Wahren, hat man behauptet. Dem großen Lichte des *Orpheus* muß man die in Griechenland zum erstenmal offenbare Schönheit der Formenschönheit zuteilen. Auf *Orpheus* geht die Schule des göttlichen *Platon* zurück, dieses Laienvaters der christlichen Philosophie. Von ihm haben *Pythagoras* und die Erleuchteten Alexandriens ihre Mysterien. Die Einweihung ist unwandelbar; durch alle Zeitalter hindurch finden wir immer dieselbe. Die letzten Schüler *Pascals* sind noch Kinder des *Orpheus*, aber sie beten den Vollender der antiken Philosophie an, das fleischgewordene Wort der Christen.

Wir haben gesagt, daß der erste Teil der Sage vom goldenen Vließ die Geheimnisse der orphischen Magie in sich schließe, und daß der zweite Teil weisen Entgegnungen gegen die Verirrungen der Zauberei und der schwarzen Magie gewidmet sei.

Die Zauberei oder schwarze Magie, heute Hexerei, wird nie eine Wissenschaft sein; sie ist die Herrschaft des Zufalls. Jede künstlich gesteigerte Leidenschaft erzeugt eine tatsächliche Kraft, die nicht dem Willen sondern nur dem Despotismus der Leidenschaften gehorcht. Deshalb sagte *Albertus Magnus:* „*Fluchet niemand im Zorn.*" So ist auch die Geschichte der Verfluchung des

Hippolyt durch Theseus. Die künstlich gesteigerte Leidenschaft ist ein wahrer Wahnsinn. Deshalb ist Wahnsinn ansteckend und hauptsächlich darum bezaubern die Leidenschaften in der Tat. Die durch leidenschaftliches Übermaß leichter entflammten Frauen sind im allgemeinen bessere Zauberer als es Männer sein können. Das Wort Zauberer bezeichnet zur Genüge die Opfer des Schicksals und die Giftlinge des Verhängnisses.

Bei den Griechen und vor allem in Thessalien übten die Zauberinnen schreckliche Lehren und gaben sich scheußlichen Riten hin. Gewöhnlich waren es gefallene Frauen, die ihre Gier nicht mehr befriedigen konnten, altgewordene Dirnen, der Abschaum von Unmoral und Häßlichkeit. Eifersüchtig auf Leben und Liebe fanden diese elenden Weiber ihren Geliebten nur noch im Grab. Sie erbrachen Grabmäler um entsetzliche Liebkosungen am totkalten Fleisch junger Männer zu genießen. Kinder stahlen sie und erstickten deren Schreie, indem sie sie an ihre hängenden Brüste drückten. Man nannte sie Lamien oder Empusen; die Kinder, Gegenstand ihrer Begierde und folglich ihres Hasses, wurden zu ihren Opfern. Die einen wie *Canidia*, von der *Horaz* erzählt, gruben sie bis zum Kopf in die Erde und ließen sie verhungern, während sie Nahrungsmittel um sie stellten, die sie nicht erreichen konnten. Andere schlugen ihnen Kopf, Hände und Füße ab und kochten ihr Fleisch und Fett in Kupferkesseln zu einer Salbe, die sie mit dem Saft von Bilsenkraut, der Tollkirsche und des schwarzen Mohnes vermischten. Mit dieser Salbe füllten sie das Organ, das von ihren abscheulichen Begierden in steter Erregung war, rieben sich Schläfen und Achselhöhlen ein, bis sie dann in eine voll zügelloser und ausschweifender Träume erfüllte Lethargie verfielen. Man muß die Feststellung wagen, daß hier die Ursprünge der schwarzen Magie, die Geheimnisse liegen, die bis ins Mittelalter hinaufreichen. Dies endlich sind die vermeintlichen Opfer, die der öffentliche Fluch weit öfter als der Richterspruch der Inquisitoren zum Flammentod verurteilte. Besonders in Spanien und Italien wucherten noch die Lamien und Empusen, und der Zweifler frage nur die gelehrteren Kriminalisten dieser Länder. *François Torreblanca*, der königliche Advokat an der Kanzlei zu Granada hat in seinem „*Epidome delictorum*“ diese Fälle gesammelt.

Bei den Griechen sind *Medea* und *Circe* die Typen der schwarzen Magie, die lasterhafte *Circe*, die ihre Anbeter bezaubert und zu Grunde richtet, *Medea*, die alles wagende, verwegene Giftmischerin die sogar die Natur in den Dienst ihrer Verbrechen stellt. Es gibt in der Tat wie Circe entzückende Wesen, an denen man sich herabwürdigt. Es gibt Frauen, deren Liebe die Seele besudelt. Nur brutale Leidenschaften vermögen sie zu entfachen, entnerven euch und werfen euch dann weg. Wie *Odysseus* muß man solche Frauen zum Gehorsam bringen, durch Furcht unterwerfen und sie mitleidlos verlassen können. Sie sind herzlose Ausgeburten an Schönheit; und nur die Eitelkeit läßt sie leben. Das Altertum stellte sie auch als Sirenen dar.

Medea ist das verderbte Geschöpf, welches das Böse will und ausführt. Sie liebt wirklich und gehorcht nicht aus Furcht, aber ihre Liebe ist noch gefährlicher als ihr Haß. Sie ist eine schlechte Mutter, eine Mörderin kleiner Kinder. Sie liebt Nacht und Mondschein, um zu ihrer Giftbereitung böse Kräuter zu sammeln. Sie magnetisiert die Luft, bringt Unglück der Erde und vergiftet Wasser und Feuer. Die Schlangen geben ihr ihren Speichel, schreckliche Worte murmelt ihr Mund, Blutspuren zeichnen ihren Weg und aus ihren Händen fallen abgeschlagene Glieder. Ihre Ratschläge bringen Wahnsinn, ihre Liebkosungen Entsetzen.

Diese Frau wollte sich über die Pflichten ihres Geschlechtes erheben, indem sie sich verbotenen Wissenschaften hingab. Die Männer wenden sich von der vorübergehenden ab, und die Kinder verstecken sich vor ihr. Unvernünftig und lieblos ist sie, und die Betrügereien der empörten Natur sind die sich immer erneuernden Strafen ihres unersättlichen Stolzes.

VI. Kapitel.

DIE MATHEMATISCHE MAGIE DES PYTHAGORAS.

Die goldenen Sprüche und die Symbole des Meisters – die im Leben verborgenen Mysterien und die Instinkte der Tiere — das Gesetz der Assimilation — das Geheimnis der Verwandlung und die Werwölfe — Ewigkeit des Lebens in der Fortdauer des Gedenkens — der Strom des Vergessens.

Numa, von dessen magischen Kenntnissen wir schon erzählt haben, hatte als Initiator einen gewissen *Tarchon*, einen Schüler des Chaldäers *Tages*. In jenen Zeiten durchzogen die Apostel der Weisheit die Welt, um Priester und Könige heranzubilden. Schon oft verhalf die Verfolgung der Vorsehung zur Vollstreckung ihrer Pläne. So kam um die zweiundsechzigste Olympiade, vier Generationen nach der Regierung des *Numa*, *Pythagoras* von Samos nach Italien, um der Tyrannis des *Polykrates* zu entgehen.

Der große Lehrer der Philosophie der Zahlen hatte alle Heiligtümer der Welt kennen gelernt. Um die Geheimnisse der Kabbala zu erfahren, war er nach Juda gegangen und hatte sich der Beschneidung unterzogen. Die Propheten *Daniel* und *Ezechiel* waren seine Lehrer. Dann drang er nicht ohne Mühe auf Empfehlung des Königs *Amasis* zur ägyptischen Einweihung vor. Vieles noch fügte die Macht seines Genius den unvollständigen Mitteilungen der Geheimpriester hinzu, so daß er selbst Meister und Verkünder wurde.

Pythagoras erklärt Gott: eine lebendige, absolute, vom Licht umkleidete Wahrheit.

Er lehrte, das Wort sei die durch die Form verkörperte Zahl.

Alles leitete er von der Tetraktys, der Vierheit ab.

Gott ist, so lehrte er noch, die erhabenste Musik, deren Natur die Harmonie ist.

Der höchste Ausdruck der Gerechtigkeit ist der Kult, vollkommenste Übung der Wahrheit die Heilkunst. Schönheit ist Harmonie, Kraft Vernunft, Glück, Vollkommenheit, Wahrheit üben heißt der Schwäche und Verderbtheit der Menschen mißtrauen.

Nach Crotina gekommen fürchtete ihn der Rat der Stadt ob seiner Macht über Geister und Herzen, später suchte er seinen Rat. *Pythagoras* riet ihnen, den Musen zu opfern und untereinander vollkommenste Harmonie zu wahren; „*denn*," lehrte er sie, „*Streitigkeiten unter den Herren treiben die Diener zur Empörung.*" Dann gab er ihnen die große religiöse, politische und soziale Vorschrift:

„*Kein Übel ist so schlimm als die Anarchie.*"

Dieser Ausspruch ist von weltumfassender Bedeutung, ja fast unendlicher Tiefe, und auch unser Jahrhundert scheint zu seinem Verständnis noch immer zu wenig aufgeklärt.

Uns blieben von *Pythagoras* außer der Überlieferung seiner Lebensgeschichte, seine „*Goldene Sprüche*" und seine Symbole. Seine goldenen Sprüche sind Allgemeingut der Volksmoral geworden, solchen Erfolg hatten sie durch die Jahrhunderte.

Hier eine Übersetzung:

Heilige Opfer weihe unsterblichen Göttern nach den Gesetzen;
Treu deinem Glauben verehre die Helden und Weisen.
Eltern, Königen, Wohlmeinenden zeige du Ehrfurcht.
Der bessere Mensch nur sei dein erwählter Freund.
Folgsam sei und milde, nicht leichtsinnig im Handeln.
Nicht hasse den Freund um leichter Versehen.
Ein heilig Gesetz bindet an Notwendigkeit ehern das Können.
Wie ein wahrhaft Weiser meide das Übermaß, fliehe
Genuß, den Schlummer der Satten, die Liebe und Heftigkeit fließ!
Nie aber verwirke und nie den Besitz deiner Ehre,
Und du allein richte dich selbst als dein härtester Richter!

Gerecht sei im Handeln und noch mehr in Worten.
Nicht umheuchle das Böse mit frevelndem Vorzug.
Reichtum spendet das Schicksal, es kann uns verarmen;
Aber Armen und Reichen, uns allen lächelt der Tod.
Dein Maß der Schmerzen, oh, nicht in unwilliger Bitterkeit
Empfange das nützliche, dich gesundende Heiltum,
Und immer umgebe dich eine Mauer der Tugendhaften.
Der wenigst Unglückliche ist der tödlich Betrübte.
Den Ungerechten verschließe sich Herz dir und Mund;
Laß reden die Welt und folg deinem inneren Zwange,
Nirgends und nie steh mit ausschweifendem Beispiel,
Das ohne Rechtlichkeit und ohn' Nutzen sich zeigt.
Vor dir her leuchte erleuchtender Rat,
Damit die Ungereimtheit, die schwanke, dich nicht überkomme.
Immer ist Narrheit das größte der Übel,
Und der ratlose Mensch folgt seinem irrenden Sinn.
Nie handle ohne zu wissen, rastlos lerne dein Geist.
Lerne zur Zeit des Lernens, damit das Glück es dir lohne.
Nicht nachlässig sei in der Sorge um deine Gesundheit,
Aber auch das Notwendigste erfülle mit weisem Maß.
Alles, was unnütz, vernichtet das Leben.
Sei edel und rein, nicht reize zur Mißgunst.
Die Nachlässigkeit fliehe und flieh das stolze Gepränge:
Die schönste Zier sei dir schlichteinfaches Wesen.
Was immer du tust, bedachtsam nur messe die Tat.
Der abendliche Blick umspann deinen ganzen Tag:
„Was hab ich getan, gehört, was muß ich bedauern?" so frage!
Zur göttlichen Tugend gewandt, so steige empor!

Bis hierher scheinen die goldenen Sprüche nur pädagogische Lehren zu sein. Ihre Bedeutung ist eine ganz andere. Es sind die einleitenden Gesetze zur magischen Weihe, es ist der erste Teil des großen Werkes, das heißt die Schaffung des vollkommenen Adepten. Das Folgende zeigt und beweist es uns.

Dich nehm ich zum Zeugen: Tetraktys, du unaussprechliche,
Der Formen und Zeiten, du, unerschöpflicher Urquell,
Und du, den ich zu bitten weiß, wann dich die Götter umstehen,
Vollende ihr Werk und arbeit' im Glauben,
Bald wirst du kommen und mühlos erkennen,
Von wo es gekommen, wo es weilt und wohin es zurückkehrt, dein Wesen.
Ohne Furcht und Wunsch wirst das Geheimnis erfahren,
Das die Natur verbirgt lauter Zunge der Sterblichen.
Mit Füßen treten wirst du die menschlichen Schwächen,
Die im Zufall und zwecklos leitet das Schicksal.

Wissen wirst du, wer waltet der wankenden Zukunft
Und welcher Dämon des Dunkels Söhne verbirgt.
Dann wirst den Wagen des Lichts du besteigen,
Siegreicher Geist, du, König der Erden.
Von Gott wirst du empfangen väterlich Erbreich,
Ausruhn dann in ewiger Stille.

Pythagoras lehrte: „*Wie es drei göttliche Begriffe und drei zu begreifende Regionen gibt, so gibt es ein dreifaches Wort; denn die hierarchische Ordnung offenbart sich immer durch die Drei. Es ist die einfache, hieroglyphische und symbolische Sprache, oder das ausdrückende, verbergende und bedeutende Wort. Die ganze hierarchische Einsicht liegt in der vollkommenen Erkenntnis dieser drei Grade.*"

Er verbarg die Lehre unter Symbolen, vermied aber sorgfältig jede Personifikation und jedes Bild, da diese nach seiner Meinung früher oder später zur Abgötterei führen müssen. Man beschuldigte ihn sogar der Verachtung der Dichter, doch nur dem schlechten Dichter spricht er das Recht ab.

„*Nicht singe den Vers, wenn saitenlos deine Laier,*" sagt er in diesen Symbolen. Dieser erhabene Mensch wußte wohl, um die genaue Beziehung zwischen erhabenen Gedanken und schönem, bildhaftem Ausdruck, seine eigenen Symbole sind voll Poesie.

„*Nicht pflücke die Blume geflochtener Kränze.*"

So empfiehlt er seinen Jüngern den Ruhm nicht herabzumindern, noch das zu entstellen, was die Welt zur Anbetung nötig zu haben scheint.

Pythagoras war keusch, aber, weit entfernt seinen Schülern zum Zölibat zu raten, heiratete er selbst und hatte Kinder. Ein schönes Wort geht von *Pythagoras* Frau. Nach den Bußübungen, die eine Frau nach dem Verhältnis mit einem Manne nötig habe, und der hierauf notwendigen Zeit zur Reinigung für die Andacht gefragt, antwortete sie: „*Sofort, war sie bei ihrem Mann; nie, war sie bei einem andern!*"

Mit solchem Ernst der Grundsätze, mit solcher Sittenstrenge, weihte man sich in der Pythagoräischen Schule in die Geheimnisse der Natur ein und erwarb so genug Selbstbeherrschung, um den Elementarkräften gebieten zu können. *Pythagoras* hatte die Gabe des zweiten Gesichts, der Wahrsagung, wie man sich später ausdrückte. Eines Tages erging er sich mit seinen Schülern am Meeresstrand. Ein Schiff zeigte sich am Horizont. „*Meister*," fragte ein Schüler, „*könnte ich reich werden im Besitz dieser Schiffsladung?*" „*Sie würde dir nichts nützen*," antwortete er. „*Nun gut, dann würde ich sie meinen Erben erhalten.*" „*Wolltest du ihnen denn zwei Leichen schenken?*"

Wenig später legte das Schiff im Hafen an; es brachte den Körper eines Menschen, der im Heimatland die letzte Ruhe finden wollte.

Auch die Tiere sollen *Pythagoras* gehorcht haben. Einst, mitten während der olympischen Spiele rief er einen am Himmel vorüberziehenden Adler. In großen Schleifen kam dieser herab, und pfeilschnell schoß er, vom Meister ermuntert, davon. Eine furchtbare Bärin, die einst Apulien verwüstete, befahl er zu sich und gebot ihr das Land zu verlassen, worauf sie nie mehr gesehen wurde. Nach der Wissenschaft gefragt, die ihm solch wunderbare Macht verleihe, antwortete er: „*der Erkenntnis des Lichtes.*"

Lebende Wesen sind in der Tat Verkörperungen von Licht. Aus dem Halbdunkel des Häßlichen treten die Gestalten nach und nach in den Glanz der Schönheit. Den Formen sind die Instinkte verhältnisgleich. Die Synthese des Lichts, der Mensch, dessen Analyse die Tiere sind, ist zu ihrer Führung erschaffen. Da er sich aber zu ihrem Verfolger und Henker gemacht hat, fürchten sie ihn und empören sich. Sie müssen jedoch einen außergewöhnlichen Willen über sich fühlen, der sich ihnen gegenüber wohlwollend und richtunggebend zeigt, dann werden sie unüberwindlich magnetisiert. Eine große Zahl moderner Erscheinungen können und müssen uns die Möglichkeit der Wunder des *Pythagoras* verstehen lassen.

Die Anhänger der Physiognomik bemerken in den Gesichtszügen der meisten Menschen eine gewisse Ähnlichkeit mit einem Tier. Diese Ähnlichkeit kann sehr leicht nur eine eingebildete sein und durch den Eindruck der verschiedenen Physiognomien auf uns entstehen, indem sie uns die hervorstehendsten Charaktereigenschaften der Personen verraten. Der rohe, mürrische Mensch wird dem Bär, der heuchlerische der Katze ähneln usw. Ihre Steigerung erfährt diese Art der Beurteilung in der Einbildung, ihre Vervollständigung im Traum, in welchem uns im Wachen unangenehme Menschen sich in Tiere verwandeln und uns alle Todesängste des Spuks empfinden lassen. Nun unterliegen Tiere wie wir, ja noch weit stärker der Herrschaft der Einbildung, da sie nicht die Urteilsfähigkeit der Richtigstellung unserer Abschweifungen haben. Sie sind daher in ihrer übertriebenen Zuneigung oder Abneigung gegen uns überempfindlich durch unseren Magnetismus. Darüber hinaus fehlt ihnen der Begriff dessen, was die menschliche Form ausmacht, und sie sehen in uns nur andere, sie beherrschende Tiere. So ist der Herr seinem Hund nur der vollkommene Begriff eigener Gattung. In der Führung dieses Instinkts liegt das Geheimnis der Herrschaft über die Tiere. Ein berühmter Tierbändiger faszinierte, wie wir sahen, seine Löwen dadurch, daß er ihnen ein furchtbares Gesicht zeigte und so selbst das Aussehen eines wütenden Löwen gewann. Hier gilt wörtlich das Sprichwort: „*Man muß mit den Wölfen heulen und mit den Schafen blöken.*“ Jede tierische Form stellt im übrigen einen besonderen Instinkt, eine Fähigkeit oder ein Laster dar. Gewinnen in uns die Charaktereigenschaften eines Tieres an Raum, so wächst auch dessen äußere Gestalt mehr und mehr an uns, derart, daß wir hiervon im atralen Licht ein vollkommenes Bild ausdrücken und uns selbst im Zustand des Traumes und der Ekstase so sehen, wie uns Ekstatiker und Somnambule sehen würden, und wie wir den Tieren zweifellos erscheinen. Verlöscht die Vernunft, verwandelt sich der beharrliche Traum in Wahnsinn, dann sind wir wie *Nabuchodonosor* zum Tier verwandelt. So erklären sich die Schilderungen von Werwölfen, von denen einige gerichtlich bestätigt sind. Die Tatsachen wurden bestätigt, aber die Frage, wer stärkeren Halluzinationen unterlegen war, Zeugen oder Werwölfe, blieb offen.

Die Tatsachen vom Zusammentreffen und Übereinstimmen von Träumen sind weder selten noch außergewöhnlich. In der Ekstase sehen sich die durch sie Begeisterten und sprechen miteinander von einem Ende der Welt zum andern.

Oft sehen wir Menschen zum erstenmal und glauben sie schon lange zu kennen. Das kommt von den zahlreichen Begegnungen, die wir im Traume mit ihnen hatten. Voll dieser Eigentümlichkeiten ist das Leben, und der Verwandlung von menschlichen Wesen in Tiere begegnen wir auf jedem Schritt. Wieviel einst galante und genußsüchtige Frauen sind nichts als alte, einzig von ihrem Kater entzückte Katzen, wenn sie nach dem Genuß des letzten Tropfens vom Leben beim Zustand der Idiotie angelangt sind.

Pythagoras glaubte vor allem an die Unsterblichkeit der Seele und die Ewigkeit des Lebens. Der ständige Wechsel von Sommer und Winter, Tag und Nacht, Schlafen und Wachen waren ihm hinreichende Erklärungen für den Tod. Für ihn war die Dauer der Erinnerung die besondere Unsterblichkeit der menschlichen Seele. Man sagt, er habe behauptet, die Erinnerung an seine Vorleben zu haben. Wenn er dies tatsächlich behauptet, dann hat er Ähnliches in seinen Rückerinnerungen gefunden; denn ein solcher Mensch kann weder ein Charlatan noch wahnsinnig gewesen sein. Wahrscheinlich ist, daß er diese alten Erinnerungen in seinen Träumen wiederzufinden glaubte, und man wird das, was ihm nur Suchen und Hyppothese war, als wirkliche Bestätigung aufgefaßt haben. Wie dem auch sei, sein Gedanke war erhaben und das wirkliche Leben unserer Individualität lebt nur im Gedächtnis. Der Strom des Vergessens war der Alten wahres philosophisches Bild vom Tod. Die Bibel scheint diesem Gedanken göttliche Weihe zu geben, wenn sie sagt: „*In memoria aeterna erit justus. (Das Leben des Gerechten währet im Geiste ewiglich).*"

Pantakel der kabbalistischen Buchstaben, Schlüssel
des Tarot, des Sepher Jezirah und des Sohar.

VII. Kapitel.

DIE HEILIGE KABBALA.

Die göttlichen Namen — das Tetragram und seine vier Formen — das einzige, alle Wandlungen vollziehende Wort — die verlorenen und wiedergefundenen Schlüssel Salomos — die Kette der Geister — Tabernakel und Tempel — die alte Schlange — die Geisterwelt nach dem Sohar — welche Geister erscheinen — die Möglichkeit sich durch Elementargeister bedienen zu lassen.

Zu den Quellen der wahren Wissenschaft zurück stoßen wir auf die heilige Kabbala, die Überlieferung der Kinder *Seths*, die von *Abraham* aus Chaldäa genommen, von *Joseph* dem ägyptischen Priestertum gelehrt, von *Moses* wieder genommen, geläutert, in den Symbolen der Bibel verborgen, vom Heiland *St. Johannes* offenbart und in der Apokalypse dieses Apostels noch ganz in hieratischen, dem Altertum entsprechenden Bildern weitergegeben wurde.

Alles, was Ketzerei ähneln könnte, ist den Kabbalisten fern. Sie geben Gott zwar ein menschliches, aber völlig hieroglyphisches Bild.

Ihnen ist Gott die intelligente, liebende und lebende Unendlichkeit. Er ist für sie weder Sammelbegriff noch Abstraktion des Seins, noch ein philosophisch bestimmbares Wesen. In allem, von allem unterschieden und größer als alles, so ist er. Sein Name selbst ist unauslöschlich: Und doch bezeichnet dieser Name nur das menschliche Ideal seiner Göttlichkeit. Was Gott durch sich selbst ist, wird Menschengeist nie ergründen.

Gott ist dasAbsolute des Glaubens; das Absolute der Vernunft aber ist das Sein.

Das Sein besteht durch sich selbst, und weil es ist. Das Sein selbst ist die Vernunft des Seins. Möglich ist die Frage: „*Warum ist etwas*, d. h.

warum ist dies oder jenes?“ Aber unmöglich: „*Warum ist das Sein?*“ So würde man nur das Sein vor dem Sein voraussetzen.

Vernunft und Wissenschaft beweisen uns, daß die Arten der Seiensexistenz sich nach harmonischen und hierarchischen Gesetzen ausgleichen. So wird die emporwachsende Hierarchie mehr und mehr monarchisch. Die Vernunft kann indessen nicht auf einem einzigen Oberhaupt beharren, ohne vor den Abgründen zu schaudern, die sich um diesen höchsten Herrscher zu breiten scheinen. Also schweigt sie und überläßt ihren Platz gläubiger Hingebung.

Sicher ist jedenfalls, selbst für Wissenschaft und Vernunft, daß die Gottesidee das größte, heiligste und nützlichste Streben des Menschen ist, und daß auf diesem Glauben die Moral mit ihrer ewigen Heiligung ruht. Dieser Glaube also ist das wirklichste Seiensphänomen in der Menschheit; und wäre es falsch, die Natur würde das Unmögliche bestätigen, das Leben würde das Nichts formen, und gleichzeitig würde Gott sein und nicht sein.

Dieser philosophischen und unwiderlegbaren Idee, der Gottesidee geben die Kabbalisten einen Namen; dieser Name enthällt alle anderen. Alle Zahlen werden durch seine Ziffern hervorgebracht, seine hieroglyphischen Buchstaben drücken alle Gesetze aller Dinge der Natur aus.

Wir berühren hier nicht, was wir im „*Dogma der hohen Magie*“ über das göttliche Tetragram sagten, wir fügen nur die vier Hauptschreibarten der Kabbalisten zu:

יהוה (JHVH),

was sie nicht aussprechen, sondern nur buchstabieren: Jod, he, vau, he, unser Jehovah, was damit jeder Analogie widerspricht, denn dies so entstellte Tetragram hätte ja sechs Buchstaben.

אדני (ADNI),

unser Adonai, Herr.

אהיה (AHIH),

Eieie, Sein.

אגלא (AGLA),

wird gesprochen wie geschrieben und umschließt hieroglyphisch alle Mysterien der Kabbala.

Aleph א ist der erste Buchstabe des hebräischen Alphabets, bedeutet Einheit und ist der hieroglyphische Lehrsatz des *Hermes:* „*Wie oben, so unten.*" Dieser Buchstabe hat zwei Arme, deren einer zur Erde, deren anderer mit entsprechendem Ausdruck zum Himmel zeigt.

Ghimel ג, der dritte Buchstabe des Alphabets, drückt zahlenmäßig den Ternar, hieroglyphisch Zeugung und Fruchtbarkeit aus.

Lamed ל ist der zwölfte Buchstabe und der Ausdruck des vollständigen Zyklus. Als Hieroglyphe versinnbildlicht er den Umlauf der ewigen Bewegung und das Verhältnis vom Halbmesser zum Umkreis.

Das wiederholte Aleph bezeichnet die Synthese.

So bedeutet „*Agla*":

Die durch den Ternar den Zahlenzyklus vervollständigende Einheit, die in sich wieder zurückkehrt.

Das mit ihr einige fruchtbare Prinzip der Natur;

Die erste die Wissenschaft befruchtende und zur Einheit zurückführende Wahrheit;

Syllepsis, Analyse, Wissen und Synthese;

Die göttliche Dreieinigkeit. Das Geheimnis des großen Werkes, d. h. die Fixierung des astralen Lichts durch einen überragenden Willensausfluß, was die Adepten durch eine von einem Pfeil durchbohrte Schlange darstellen, die so den Buchstaben Aleph א bildet.

Dann die drei Wirkungen: auflösen, verflüchten, fixieren, die den drei notwendigen Substanzen:

Salz, Schwefel, Quecksilber entsprechen, sind alle im Buchstaben Ghimel ג enthalten.

Die zwölf Schlüssel des *Basilius Valentinus* werden durch Lamed ל dargestellt.

Endlich das nach seinem Prinzip vervollkommnete Werk, das selbst wieder das Prinzip zeugt. Dieser Ursprung der kabbalistischen Überlieferung enthält so die ganze Magie in einem Wort. Dieses Wort lesen und aussprechen können, heißt seine Mysterien verstehen; diese absoluten Kenntnisse in Handlungen übertragen, heißt den Schlüssel zu den Wundern besitzen.

Zum Aussprechen dieses Namens muß man sich nach Osten wenden, d. h. sich mit Wissen und Willen mit der orientalen Überlieferung in Einklang bringen. Vergessen wir nie, daß nach der Kabbala das vollkommene Wort das in Tat umgesetzte Wort ist. Daher der wiederholte Ausspruch der Bibel: „*ein Wort tun (verbum facere)*", also eine Tat vollbringen.

Den Namen AGLA kabbalistisch aussprechen bedeutet infolgedessen sich allen Prüfungen der Einweihung unterziehen und all ihre Werke vollenden.

Im „*Dogma der hohen Magie*" sagten wir, daß sich der Name Jehovah in zweiundsiebzig erklärende Namen, die sogenannten Schemhamphoras auflöst. Unter der „*Clavicula Salomonis*" verstanden die Kabbalisten die Kunst diese zweiundsiebzig Namen zu verwenden und sie als Schlüssel des universalen Wissens zu gebrauchen. Beim Studium der Sammlungen von Beschwörungen und Gebeten, welche diesen Titel tragen, begegnet man gemeinhin zweiundsiebzig magischen Kreisen, die sechsunddreißig Talismane bilden, also viermal neun oder die mit dem Quaternar vervielfachte absolute Zahl. Jeder Talisman trägt zwei dieser zweiundsiebzig Namen mit dem Emblem ihrer Zahl und jenen der vier Buchstaben des

Namens Jehovah, dem sie entsprechen. Hier liegt der Grund der vier symbolischen Dekaden des Tarot: der Stab für das Jod, die Schale für He, der Degen für Vau, und die Münze für das Schluß-He. Der Tarot hat die Zehn vervollständigt, womit das Zeichen der Einheit synthetisch wiederholt ist.

Nach den vulgären Überlieferungen der Magie soll derjenige, der die Schlüssel *Salomons* besitzt mit den Geistern aller Ordnungen verkehren und von allen Naturkräften Gehorsam verlangen können. Diese wiederholt verlorenen und wiedergefundenen Schlüssel sind nichts anderes als die Talismane der zweiundsiebzig Namen und die Mysterien der durch den Tarot hieroglyphisch wiedergegebenen zweiunddreißig Wege. Mit Hilfe der Zeichen und ihrer unendlich zahlreichen Verbindungen, wie jenen der Zahlen und Buchstaben kann man wirklich zur natürlichen und mathematischen Offenbarung aller Geheimnisse der Natur gelangen und so in Gemeinschaft mit der ganzen Hierarchie der Intelligenzen und Genien kommen.

Die Kabbalisten hüteten sich gleicherweise vor den Träumen der Einbildung wie vor wachen Halluzinationen. Sie vermeiden daher alle ungesunden, die Nerven zerrüttenden und vernunftbetäubenden Beschwörungen. Die nach Erscheinungen übernatürlicher Visionen gierenden Experimentatoren sind kaum vernünftiger als dieOpium- und Haschischgenießer. Kinder quälen sich zum Vergnügen. Man kann sich von der Trunkenheit überrumpeln lassen, ja man kann sich zur Erprobung des Taumels freiwillig vergessen, aber dem sich selbst Achtenden genügt e i n e Erfahrung, und anständige Menschen berauschen sich nicht zweimal.

Graf Joseph de Maistre sagt, daß wir einmal zum Gespött werden, wie uns heute die Barbarei des

Mittelalters belustigt. Was hätte er erst gesagt, hätte er unsere Tischrücker und Theoretiker der verborgenen Geisterwelt gesehen und gehört. Was sind wir ärmlich! Dem Absurden entgehen wir nur durch sein Widerspiel. Das achtzehnte Jahrhundert glaubte dem Aberglauben durch Leugnung der Religion zu begegnen, und wir verdammen die Gottlosigkeit des achtzehnten Jahrhunderts, indem wir alle Ammenmären hervorholen. Könnte man nicht christlicher sein als *Voltaire* und sich vom Gespensterglauben freimachen.

Die Toten kehren ebensowenig auf die Erde zurück als das Kind in den Mutterschoß.

Tod ist Geburt in neues Leben. Die Natur handelt nur in der Ordnung des notwendigen Fortschreitens des Seins und kann ihre Grundgesetze nicht widerrufen.

Die durch Organe bediente und begrenzte Menschenseele kann nur mittels dieser in Verbindung mit den Dingen der sichtbaren Welt treten. Der Körper ist eine der stofflichen Umgebung angepaßte Hülle, in der die Seele leben muß. Durch seine Begrenzung der seelischen Aktion vertieft er diese und macht sie möglich. Die körperlose Seele wäre überall, aber überall so wenig, daß sie nirgends handeln könnte. Im Unendlichen würde sie sich verlieren und würde von Gott aufgesogen, ja gleichsam vernichtet.

Angenommen ein in einem Kügelchen eingeschlossener Tropfen Süßwasser würde ins Meer geworfen: im unzerbrochenen Kügelchen behält der Tropfen seine Natur, aber sucht den Tropfen Wasser im Meer, wenn seine Hülle zerbricht.

Nur durch eine Hülle vermochte Gott den erschaffenen Geistern eine sich selbst bewußte Persönlichkeit zu geben. Diese Hülle ballt ihr Handeln zusammen, und ihre Begrenzung hindert sie daran sich zu verlieren.

Beim Verlassen des Körpers wechselt die Seele mit ihrer Hülle auch notwendigerweise ihre Umgebung. Sie entflieht, nur von ihrer astralen Gestalt, ihrer Lichthülle bekleidet und steigt von selbst über die Atmosphäre wie Luft über Wasser, wenn sie einem zerbrochenen Gefäße entweicht.

Wir behaupten, daß die Seele mit der Erhebung ihrer Hülle emporsteigt, und daß ihr Bewußtsein an diese Hülle gebunden ist.

Die Atmosphäre wird fest für diese Lichtkörper in ihrer unendlich größeren Feinheit, und nur die Wiederannahme einer schwereren Hülle würde ihnen eine Rückkehr gestatten. Woher sollte aber über unserer Atmosphäre diese Hülle genommen werden ? Also nur eine Wiederverkörperung könnte eine Rückkehr zur Erde ermöglichen, was einem Sturz gleichkäme, wobei sie als freie Geister ertrinken und ihr Novizentum von neuem aufnehmen müßten. Aber die katholische Religion gibt eine solche Rückkehr nicht zu.

Die Kabbalisten fixieren die ganze Lehre in dem folgenden einzigen Grundsatz:

„*Der Geist umhüllt sich, um herabzusteigen und streift die Hülle ab, um emporzufahren.*“

Das Leben der intelligenten Wesen bewegt sich aufwärts. Das Kind lebt im Mutterschoße ein vegetatives Leben und nährt sich wie der durch Wurzeln an die Erde gebundene und von ihr ernährte Baum durch ein Band.

Der Übergang vom vegetativen zum instinktiven und animalen Leben und zur freien Bewegung vollzieht sich durch das Zerreißen des Bandes.

Mit dem Heranreifen entwächst das Kind den Fesseln des Instinkts und gelangt zum Gebrauch der Vernunft.

Mit dem Tode entgeht der Mensch den ihn immer zur Erde ziehenden Gesetzen der Schwere.

Nach der Sühne ihrer Fehler erstarkt die Seele und vermag die äußere Finsternis der irdischen

Atmosphäre zu verlassen und zur Sonne emporzuschweben.

Dann beginnt der ewige Aufstieg auf der heiligen Leiter; denn die Ewigkeit der Auserlesenen duldet keinen Stillstand, von Tugend gelangen sie zu Tugend, von Glückseligkeit zu Glückseligkeit, von Sieg zu Sieg, von Glorie zu Glorie.

Diese Kette ist ohne Unterbrechung, und auf den höchsten Stufen haben die Geister nach priesterlicher Ordnung Einfluß auf die der niedrigsten und dienen ihnen wie ein weise herrschender König dem letzten seiner Untertanen.

Von Stufe zu Stufe erhebt sich das Gebet, und so ergießt sich die Gnade ohne Irrungen.

Diese einmal erhabenen Geister kehren nicht zurück; denn im Verhältnis zu ihrem Aufstieg festigen sich die Stufen zu ihren Füßen.

Befestigt hat sich das Chaos, sagt *Abraham* in der Parabel vom schlechten Reichen, und wer hier ist, kann dort nicht mehr hinab.

Die Ekstase vermag die Kräfte des sideralen Leibes derart zu spannen, daß sie ihn in seiner Hingegebenheit den materiellen Körper mitreißen läßt, womit auch die Bestimmung der Seele emporzustreben bewiesen ist.

Die Tatsache, den Atem anzuhalten ist möglich: aber der Mensch vermag weder unter der Erde noch im Wasser zu leben.

Gleicherweise unmöglich ist das Leben einer körperlosen Seele, auch nur für Augenblicke, in der Dichte unserer Atmosphäre. Die Seelen Verstorbener sind also nicht um uns, wie dies die Tischrücker vermuten. Unsere Lieben können uns noch sehen und uns erscheinen, aber nur durch die Spiegelung im universalen Spiegel des Lichts. Sie können sich nicht mehr für Irdisches interessieren und ähneln uns nur noch durch die Gefühle, die für eine etwaige Entsprechung mit ihrem Leben in der Ewigkeit erhaben genug sind.

Dies sind die im geheimnisvollen Sohar enthaltenen und verborgenen Offenbarungen der heiligen Kabbala, für die Wissenschaft zweifellos hypothetische Offenbarungen, die sich aber in ihrem Ausgehen von Tatsachen, die von der Wissenschaft zum wenigsten bestätigt werden, auf eine Reihe gewaltiger Schlüsse stützen. Auch muß man sich hier einem der gefährlichsten Geheimnisse der Magie zuwenden. Es ist dies die mehr als wahrscheinliche Hypothese von der Existenz fluidaler Larven, die in der alten Zauberei als Elementargeister bekannt waren. Einiges davon enthält unser „*Dogma und Ritual der hohen Magie*“ und der unglückliche *Abbé de Villars* hat, ein Spielball dieser furchtbaren Offenbarungen, seine Unerfahrenheit mit dem Leben bezahlt. Dieses Geheimnis ist dort gefährlich, wo es an das große magische Arkanum rührt. Die Elementargeister beschwören heißt die Macht haben das Flüchtige durch einen Wurf des astralen Lichtes zu coagulieren. Diese so gelenkte Macht kann nur Unordnung und Unglück erzeugen, wie wir noch beweisen werden. Hier die Theorie dieser Hypothese mit den Wahrscheinlichkeitsbeweisen:

Der Geist ist überall, er beseelt die Materie und befreit sich durch Vervollkommnung seiner Hülle, der Form, von der Schwere. Wir können das Fortschreiten der Form zur Intelligenz und Schönheit sehen. Es sind die Bemühungen des von dem Reiz des Geistes angezogenen Lichtes, das Geheimnis des fortschreitenden und universalen Werdens.

Das Licht, gleichzeitig Bewegung und Wärme, ist die schaffende Kraft der Formen und des Lebens. Gelingt ihm die Fixierung und Polarisierung um einen Kern, so zeugt es ein lebendes Wesen und zieht zu dessen Vervollkommnung und Erhaltung alle nötige formbildende Substanz an. Diese in letzter Analyse aus Wasser und Erde gebildete plastische Substanz wird in der Bibel mit Recht Erdschlamm genannt.

Aber das Licht ist nicht Geist, wie die irdischen Hierophanten und alle Zauberschulen glauben, es ist nur sein Werkzeug. Auch ist es nicht der Körper des Protoplasten wie die Geisterseher der alexandrinischen Schule vermuten lassen; es ist die erste Offenbarung des göttlichen Odems. Gott schafft es ewig, und der Mensch, das Ebenbild Gottes, bildet es und scheint es zu vervielfältigen.

Nach der Sage soll *Prometheus* nach dem Raub des himmlischen Feuers aus Wasser und Erde Bilder geformt haben und wegen dieses Frevels von Zeus gefesselt und mit Donnerkeilen erschlagen worden sein.

Die Elementargeister, sagen die geheimsten Bücher der Kabbalisten, sind die Kinder der Einsamkeiten *Adams;* sie sind aus seinen Träumen nach der Frau geboren, die ihm Gott noch nicht gegeben hatte.

Paracelsus sagt, daß das regulär oder im Traum verlorene Blut der Unverehelichten beider Geschlechter die Luft mit Phantomen bevölkere.

Wir glauben hiermit, ohne ausführlicher werden zu müssen, den vermutlichen Ursprung der Larven nach den Meisterlehren klar genug dargelegt zu haben.

Diese Larven haben also einen aus dem Rauch des Blutes gebildeten luftförmigen Körper. Deshalb suchen sie vergossenes Blut und nährten sich früher von den Opferdämpfen.

Früher hießen diese Kinder eines unreinen Spuks Incuben und Succuben.

Wird eine Verdichtung von ihnen gesehen, so ist es nur ein durch Spiegelreflexe gefärbter Dunst, da sie kein Eigenleben haben, sondern nur, wie der Schatten den Körper, das Leben ihrer Beschwörer nachahmen.

Sie entstehen vornehmlich um Idioten und unmoralische Wesen, die sich in ihrer Abgeschiedenheit regellosen Gewohnheiten hingeben.

Da der Zusammenhang der Teile ihres phantastischen Körpers äußerst schwach ist, so fürchten sie frische Luft, großes Feuer und vor allem die Spitze des Degens.

Sie werden gewissermaßen nebelhafte Anhängsel der wirklichen Körper ihrer Eltern, da sie nur das Leben ihrer Erzeuger oder Beschwörer leben, derart daß der Vater bei einer Verwundung ihres Scheinkörpers wirklich verwundet wird, wie das neugeborene Kind durch die mütterlichen Einbildungen verwundet oder entstellt wird.

Die ganze Welt ist voll Erscheinungen, die durch diese seltsamenOffenbarungen gerechtfertigt und nur durch sie erklärt werden können.

Diese Larven ziehen die vitale Wärme des Gesunden an und verbrauchen den Schwachen rasch.

Daher rühren die Vampir-Erzählungen, furchtbar wahre, ja, wie allgemein bekannt, zeitweise bestätigte Geschichten.

Deshalb fühlte man jenen kühlen Hauch beim Nahen von Medien, jener von Larven besessenen Personen.

Diese Larven, die nur aus den Lügen der Einbildung und unbeherrschten Sinne entstehen, können sich nie um einen Menschen bilden, der das Geheimnis ihrer furchtbaren Geburt kennt und es zu enthüllen vermag.

ZWEITES BUCH

Bildung und Verwirklichung des Dogmas.

ב Beth.

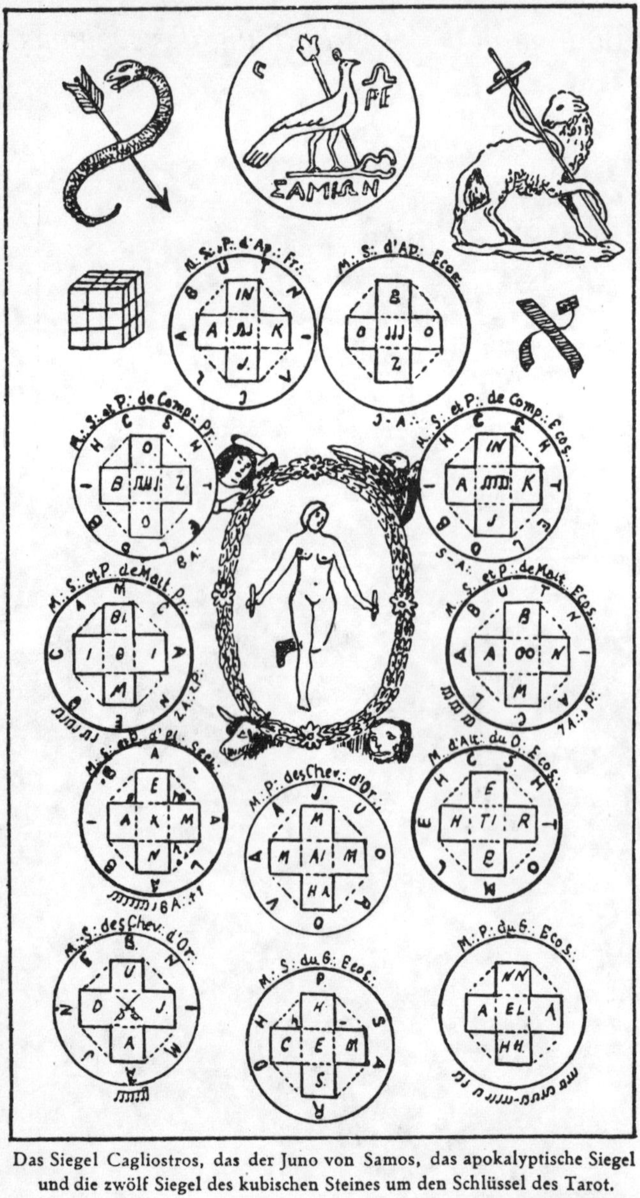

Das Siegel Cagliostros, das der Juno von Samos, das apokalyptische Siegel und die zwölf Siegel des kubischen Steines um den Schlüssel des Tarot.

I. Kapitel.

URSPRÜNGLICHER SYMBOLISMUS DER GESCHICHTE.

Das Pantakel Edens — der Cherub — die Kinder Kains — magische Geheimnisse des Turmes zu Babel — Fluch der Abkommen Chanaans — Bann gegen die Zauberer — Größe und Zerfall des Dogmas in Ägypten, Griechenland und Rom — Ursprung der skeptischen Philosophie — Kampf des Empirismus gegen die Magie — gemäßigter Skeptizismus des Sokrates — Platons Versuch einer Synthese — Rationalismus des Aristoteles — Priestertum und Wissenschaft.

Wir maßen uns nicht an, die hl. Schrift von religiösen und dogmatischen Gesichtspunkten aus zu beurteilen. Der hierarchischen Ordnung vor allem unterworfen, überlassen wir die Theologie den Theologen und geben der menschlichen Erkenntnis all das zurück, was in den Bereich von Erfahrung und Vernunft gehört. Wenn wir deshalb eine neue Auslegung einer Bibelstelle des alten oder neuen Testaments zu geben scheinen, so nur unter dem Vorbehalt der Achtung vor kirchlichen Entscheidungen. Ein Dogmatisieren liegt uns fern, wir unterwerfen unsere Beobachtungen und Studien vielmehr der gesetzlichen Autorität.

Zunächst fällt uns bei der Urgeschichte der Menschheit im hl. Buche Moses die völlig in einem Pantakel zusammengefaßte Schilderung des irdischen Paradieses auf. Kreisförmig oder quadratisch wird es von vier zu einem Kreuz geformten Strömen gleichmäßig bewässert. In der Mitte stehen die beiden Bäume des Wissens und Lebens, der beständigen Intelligenz und fortschreitenden Bewegung, der Weisheit und des Werdens. Um den Baum der Erkenntnis ist die Schlange des *Asklepios* oder *Hermes* gewunden. An seinem Fuß stehen Mann und Weib, Aktivum und Passivum,

Intelligenz und Liebe. Die Schlange, Symbol der Urverführung und des neutralen Erdfeuers, versucht als schwächeres Wesen die Frau, die den Mann zu Fall bringt. Sie weicht der Schlange nur, um sie später zu bezwingen; und eines Tages wird sie ihr den Kopf zertreten und der Welt einen neuen Heiland gebären.

Dieses wunderbare Bild enthält die ganze Erkenntnis. Mit seiner Hingabe an die Lockungen des gefühlvolleren Wesens verläßt der Mann das Reich der Intelligenz; er entweiht die seelennährende Frucht der Erkenntnis, da er sie ungerechter und materieller Befriedigung dienstbar macht, und verliert so das Gefühl für Harmonie und Wahrheit. Da sich die physische Form früher oder später immer dem moralischen Zustand anpaßt, umkleidet ihn eine Tierhaut. Ausgestoßen wird er aus dem von den vier Lebensströmen befruchteten Kreis, und ein mit dem flammenden, immer gezückten Schwert bewaffneter Engel wehrt ihm die Rückkehr ins Reich der Einheit.

Wie schon im „*Dogma*" betont macht sich *Voltaire* bei Entdeckung der Gleichbedeutung des hebräischen Cherub mit dem Stier hierüber nicht wenig lustig. Hätte er im Engel mit dem Stierkopf das Bild eines dunkeln Symbolismus und im flammen-gezückten Schwert die Blitze falsch verstandener und trügerischer Wahrheit, die nach dem ersten Sündenfall in die Götzendienerei der Völker soviel Vertrauen einflößten, erkannt, er hätte weniger gelacht.

Das flammende Schwert glich auch dem Licht, das der Mensch nicht mehr lenken konnte, dessen verhängnisvollen Angriffen er unterlag statt sie zu bezwingen.

Das große magische Werk ist im absoluten Sinn die Eroberung und Lenkung des flammenden Cherubschwertes.

Der Cherub ist der Engel oder die in den alten Mysterien immer in Stiergestalt dargestellte Seele der Erde.

Deshalb sieht man in den Mithrassymbolen den Lichtherrn immer beim Zähmen und Töten des Erdstieres, wobei dann das Leben aus den herabrinnenden Blutstropfen erwächst.

Die erste Folge von Evas Sünde ist Abels Tod. Durch die Trennung von Liebe und Intelligenz nahm Eva sie von der Kraft. Die Kraft, nun blind und irdischen Süchten unterworfen, wird eifersüchtig auf die Liebe und tötet sie. Dann setzen die Kinder *Kains* die väterliche Sünde fort. Sie zeugen betörend schöne Töchter, Mädchen ohne Liebe, zum Fluche der Engel, zur Schande der Nachkommen *Seths*.

Nach der Sündflut und der Pflichtvergessenheit *Chams*, dessen Geheimnis wir schon andeuteten, gehen die Menschen an die Verwirklichung eines wahnsinnigen Planes, da sie es unternehmen ein Pantakel und einen weltumspannenden Palast zu bauen. Es ist der gigantische Versuch eines ausgleichenden Sozialismus, neben dem das *Fourier*sche Gemeindehaus ein kläglicher Begriff ist. Es war ein Auflehnungsversuch gegen die Hierarchie der Weisheit, eine Zitadelle gegen die Flut der Blitze, ein Überbau, auf dessen Höhe das Haupt des vergöttlichten Volkes über der Atmosphäre und den Stürmen schwebte. Aber man erreicht die Weisheit nicht auf einer Steintreppe. Die hierarchischen Stufen des Geistes werden nicht wie die Stockwerke eines Turmes mit Mörtel gebaut. Die Anarchie lehnte sich gegen diese verstofflichte Hierarchie auf. Die Menschen verstanden sich nicht mehr, eine verhängnisvolle und von denen, die heute ein modernes Babel erträumten, so mißverstandene Lehre. Brutal und materiell hierarchischen Lehren antworten gleiche Verneinungen: bei jedem Turmbau des Menschengeschlechts wird man immer um die Spitze streiten, und die Masse wird die Grundsteine fliehen. Zur Erfüllung aller Wünsche müßte man den Turm auf den Kopf stellen und ihn dem leisesten Windhauch preisgeben.

Die Zerstreuung der Menschen war die erste Wirkung des gegen die schändenden Kinder *Chams* gerichteten Bannfluchs. Aber das Volk Chanaans trug das Los dieses auf ihm lastenden Fluches, der später ihre Nachkommen dem Bann weihen sollte, in ganz besonderer Weise.

Die rettende Keuschheit der Familie ist das sichere Merkmal hierarchischer Weihen. Entweihung und Auflehnung sind immer schändlich und neigen zu kindesmörderischer Verwirrung. Die Verunreinigung der Geburtsmysterien, der Mordversuch am Kind waren die Wurzeln zum Kult des den furchtbaren Riten der schwarzen Magie ausgelieferten alten Palästina. Der schwarze indische Gott, der abscheuliche Rutrem mit seinen priapischen Formen herrschte dort unter dem Namen Belphagor.

Die Talmudisten und der Platonschüler *Philon* erzählen derart schamlose Dinge vom Kult dieses Abgotts, daß sie dem gelehrten Rechtsanwalt *Seldenus* unglaublich erschienen. Es war, so sagen sie, ein bärtiges Götzenbild mit gähnendem Maul, aus dem an Stelle der Zunge ein riesiger Phalus hing, vor dem man sich zu scheußlichen Opfern schamlos entblößte. Die Götzenbilder des Moloch und Chamos waren mörderische Maschinen, die unglückliche kleine Kinder bald in ihrer Brust zermalmten, bald in ihren im Feuer rotglühenden Armen verzehrten. Man tanzte nach dem Klang der Trompeten und Tamburine, um das Schreien der Opfer nicht zu hören. Die Mütter führten den Tanz. Blutschande, Sodomie und Bestialität wurden von diesen gottlosen Völkern geübt und bildeten sogar Teile ihrer heiligen Riten.

Verhängnisvolle Folge universaler Harmonie! man sündigt nicht ungestraft gegen die Wahrheit. Der sich gegen Gott auflehnende Mensch wird gegen seinen Willen zur Schändung der Natur getrieben. Gleiche Ursachen zeugen immer gleiche Wirkungen. Der Hexensabbath des Mittelalters war nur eine Wiederholung der Feste des Chamos und Belphagor. Die Natur selbst rächt diese Verbrechen mit ewigem Tode. Die Verehrer schwarzer Götter, die Propheten der Geschlechtervermengung, Theoretiker öffentlicher Schamlosigkeit, Feinde von Familie und Hierarchie, Empörer gegen Religion und Politik sind Feinde Gottes und der Menschheit. Sie nicht vernichten heißt die Weltvergiftung unterstützen, war der Schluß der Inquisitionen. Wir beklagen keineswegs den Verlust der grausamen Hinrichtungen des Mittelalters und wünschen sie nicht zurück. Je christlicher die Gesellschaft wird, desto besser wird sie verstehen, daß man die Kranken pflegen und nicht töten soll. Sind nicht verbrecherische Instinkte die furchtbarsten aller geistigen Krankheiten?

Vergessen wir nicht, daß die hohe Magie auch priesterliche und königliche Kunst heißt. Sie mußte in Ägypten, Griechenland und Rom an der Größe und dem Fall des Priester- und Königtums teilnehmen. Die ganze, den Kult und seine Mysterien ablehnende Philosophie ist den großen politischen Mächten verhängnisvoll. Sie verlieren ihre Größe, wenn sie im Auge des Volkes aufhören das Bild göttlicher Macht zu sein. Jede Krone zerbricht am Zusammenprall mit der Tiara.

Der Raub des himmlischen Feuers und die Entthronung der Götter ist der ewige prometheische Traum. Der volkstümliche, im Kaukasus von *Herkules*, dem Symbol der Arbeit, befreite *Prometheus* wird immer seine Fesseln und Nägel mit sich tragen, immer wird er seinen an seiner klaffenden Wunde hängenden unsterblichen Geier mit sich schleppen, bis er Gehorsam und Fügung zu Füßen dessen, der selbst König der Könige und Gott der Götter, lernen wird und der seinerseits seine Hände gefesselt und seine Brust zur Bekehrung aller Aufruhrgeister geöffnet haben wollte.

Da die republikanischen Einrichtungen der Intrige den Weg zur Macht ebneten, erschütterten sie aufs heftigste die Grundsätze der Hierarchie. Die Sorge der Königswahl wurde nicht mehr dem Priestertum anvertraut, und man förderte nach republikanischen Grundsätzen die Konstitution der Monarchie noch dadurch, daß man den Thron durch Erblichkeit den Wechselfällen der Geburt oder der Volkswahl, die jeden religiösen Einfluß beiseite setzt, preisgab. So entstanden die Regierungen, die mit den Siegen und Niederlagen der Staaten Griechenlands und Roms wechselten. Die im Heiligtum gehütete Weisheit wurde dann vernachlässigt, und verwegene oder geniale von den Hierophanten nicht aufgenommene Männer schufen eine Wissenschaft, die sie derjenigen der Priester, oder Zweifel und Verachtung, die sie den Geheimnissen des Tempels entgegenstellten. Diese Philosophen kamen im Verfolg ihrer abenteuernden Einbildung rasch zum Unmöglichen und klagten die Natur für die Fehler ihres eigenen Systems an. *Heraklit* begann zu weinen, *Demokrit* gefiel das Lachen, und wahnsinnig waren sie alle beide. *Pyrrhon* glaubte schließlich an nichts anderes, als was ihm von Natur aus zu wissen unmöglich war. Dieses philosophische Chaos erhellte schließlich *Sokrates* etwas durch seine Behauptung der reinen und einfachen Existenz der Moral. Was ist aber eine Moral ohne Religion? Den abstrakten Deismus des *Sokrates* übersetzte das Volk mit Atheismus. *Sokrates* fehlte jedes Dogma. Sein Schüler *Platon* versuchte ihm eines zu geben, und *Sokrates* gestand, daß er nie daran gedacht habe.

Platons Lehre war epochal in der Geistesgeschichte der Menschheit, aber sie stammte nicht von ihm, und da er einsah, daß es eine Wahrheit ohne Religion nicht gäbe, fragte er die Priester in Memphis um Rat und suchte die Einweihung in ihre Mysterien. Man nimmt sogar an, daß er die hl. Schriften der Juden gekannt habe. Indessen konnte er in Ägypten nur eine unvollkommene Weihe erhalten, da selbst die Priester den ursprünglichen Sinn der Hieroglyphen vergessen hatten. Beweis genug ist jener Priester, der drei Tage zur Entzifferung einer im Grab der *Alkmene* gefundenen Inschrift gebrauchte, die ihm der König *Agesilas* von Sparta gesandt hatte. *Coruphis*, zweifellos der gelehrteste der Hierophanten, durchstöberte alle Sammlungen von Zeichen und Charakteren, um schließlich die Inschrift als zu den Charakteren des ‚*Proteus*' gehörig zu erkennen. So nannte man also in Griechenland das Buch Thoth ‚*Proteus*', dessen Hieroglyphen soviele Formen annehmen können, als Zusammenstellungen von Schriftzeichen, Zahlen und Elementarbildern möglich sind. Da das Buch Thoth aber der Schlüssel der Orakel und das Lehrbuch der Wissenschaften war, weshalb dauerte es solange bis *Coruphis*, wenn er wahrhaft in die priesterliche Kunst eingeweiht war, die Schriftzeichen erkannte? Ein weiterer Beweis für die Verdunkelung der Weistümer in jener Zeit sind die in einem schon nicht mehr verstandenen Stil geführten Klagen der Orakelstätten.

Auf seiner Rückreise von Ägypten begegneten *Platon* und *Simmias* an den Grenzen Kariens Männer von Delos, die ihn um Erklärung eines appollinischen Orakels baten. Dieses Orakel riet zur Beendigung der Plagen Griechenlands den kubischen Stein zu verdoppeln. Die Leute aus Delos versuchten also im Tempel des Apoll einen kubischen Stein zu verdoppeln. Durch Verdoppelung aller Seiten gelangten sie zu einem fünfundzwanzigseitigen Polyeder, um aber die kubische Form wieder zu erhalten, war eine sechsundzwanzigmalige Vergrößerung notwendig, die dann die ursprüngliche Form wiederherstellte. *Platon* wies die Boten aus Delos an den Mathematiker *Eudoxius*, und dieser meinte, das Orakel habe sie zum Studium der Geometrie aufmuntern wollen. Ob er den Sinn dieses Bildes selbst nicht verstand oder ihn nur den Unwissenden nicht zu sagen wagte, wissen wir nicht. Sicher enthält der kubische Stein und seine Vervielfachungen die Erklärung der Geheimnisse der heiligen Zahlen und der Bewegung, die von den Adepten verborgen und von den Unwissenden in der Quadratur des Kreises gesucht wurde. Durch die kubische Anhäufung von sechsundzwanzig Würfeln um einen Zentralwürfel hat das Orakel den Leuten aus Delos nicht nur die Elemente der Geometrie sondern auch den Schlüssel zu der durch die Verkettungen von Formen und Zahlen erklärten Harmonie der Schöpfung gegeben. Der Plan aller großen allegorischen Tempel des Altertums findet sich in dieser Multiplikation des Würfels wieder: zunächst zum Kreuz, um das sich ein Kreis schlagen läßt, dann zu dem in der Kugel beweglichen Kreuz. All diese Bemerkungen, die ein Bild verständlicher machen würde, haben sich bis auf unsere Tage bei den Freimaurern erhalten und rechtfertigen eben als Grundlagen der Architektur und der Baukunst vollkommen den Namen dieser modernen Gemeinschaften.

Die Deler waren des Glaubens, die geometrische Figur durch Verringerung der Multiplikation um die Hälfte zu lösen, aber auch so kamen sie noch zum achtfachen Inhalt ihres kubischen Steines. Man kann übrigens ihre Versuchszahl noch erhöhen; denn diese Geschichte ist vielleicht nur ein von *Platon* seinen Schülern gestelltes Problem.

Läßt man die Antwort des Orakels als Tatsache bestehen, so kann man noch einen tieferen Sinn darin finden: die Verdoppelung des Kubus bedeutet den Binar aus dem Primat, die Form aus der Idee, die Handlung aus dem Gedanken entstehen lassen; es heißt die Genauigkeit der ewigen Mathematik in der Welt verwirklichen, die Politik auf die Basis der exakten Wissenschaft stellen, das religiöse Dogma der Zahlenphilosophie ausgleichen.

Platon hat weniger Tiefe aber mehr Sprachgabe als *Pythagoras*. Er versucht die rationale Philosophie mit der der Seher zu versöhnen. Er will nicht „*allgemeinverständlich*" sein, er will die Weisheit wiederherstellen. Daher konnte seine Philosophie später dem jungen Christentum gut vorbereitete Theorien mit Dogmen zur Belebung geben.

Immerhin war *Platon*, reich an harmonischer Gestaltung und freigebig mit wunderbaren Hypothesen, trotz seiner auf Mathematik begründeten Theoreme mehr Dichter als Mathematiker. *Aristoteles*, ein ausschließlich berechnendes Genie, mußte in den Schulen alles in Frage stellen und alles den Proben der zahlenmäßigen Evolution und den Berechnungen der Logik unterwerfen. Indem *Aristoteles* den platonischen Glauben ausschaltet, will er alles beweisen und seinen Kathegorien einordnen. Den Ternar versteht er als Vernunftschluß (Syllogismus) und den Binar als verstümmelten Schluß (Enthymena). Die Kette der Wesen wird ihm eine Art Vernunftschluß (Sorides). Er will alles abstrahieren, alles begründen; das Sein selbst wird ihm eine in den Hypothesen des Wissens vom Wesen der Dinge (Antologie) untergegangene Abstraktion. *Platon* wird die Kirchenväter beeinflussen; *Aristoteles* wird zum Lehrer der Scholastik des Mittelalters, und Gott weiß, wieviel Dunkel sich um diese glaublose und alles zu erklären behauptende Logik ansammelt. Ein zweites Babel naht und die Sprachverwirrung ist nicht fern.

Das Sein ist das Sein: Die Vernunft des Seins liegt im Sein. Im Anfang ist das Wort, und das Wort *λογος* ist die in Rede gefaßte Logik, die ausgesprochene Vernunft. Das Wort ist in Gott, und das Wort ist Gott selbst, geoffenbart der Intelligenz. Das steht über allen Philosophien. Man muß es glauben unter der Strafe niemals etwas zu wissen, und in den absurden Zweifel *Pyrrhons* zurückzufallen. Das Priestertum als Hüter des Glaubens fußt ganz auf dieser Basis der Weisheit, und in seiner Lehre muß man den göttlichen Ursprung des göttlichen Wortes verehren.

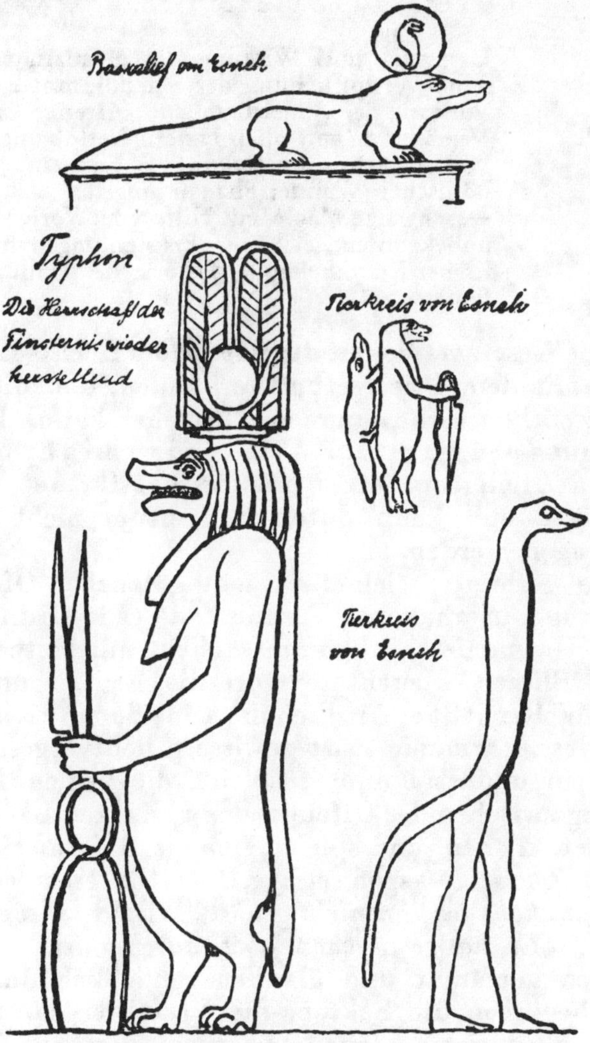

Typhonische Symbole
Ägyptische Typen der Zauberei und Beschwörung.

II. Kapitel.

DER MYSTIZISMUS.

Ursprung und Wirkung des Mystizismus — seine Verstofflichung der Symbole unter dem Vorwand der Vergeistigung der Materie — seine Versöhnung mit allen Lastern, Verfolgung der Weisen, seine Ansteckung — Erscheinungen, höllischer Wunder-Phanatismus der Sektierer — schwarze Magie mit Hilfe von Worten und unbekannten Zeichen — Erscheinungen hysterischer Krankheiten — Theorie der Halluzinationen.

Die Gesetzmäßigkeit des göttlichen Rechts ist so eng mit dem Priestertum verbunden, daß dieses in Wahrheit nicht ohne jenes bestehen kann. Einweihung und Macht zur Weihe sind wahres Erbgut. Das Heiligtum ist so unantastbar für den Unheiligen und kann durch Sektentum nicht bezwungen werden.

So verbreitet sich das Licht göttlicher Offenbarung mit erhabener Vernunft, da es in Ordnung und Harmonie herabkommt. Nicht mit Meteoren und Blitzen erleuchtete Gott die Welt, sondern alle Welten läßt er friedlich um seine Sonne kreisen.

Diese Harmonie stört gewisse pflichtvergessene Seelen, und es kommen solche, die keinen Einklang zwischen der Offenbarung und ihren Lastern finden können, und spielen sich als Reformer auf. Mit *Rousseau* sagen sie: „*Hat Gott gesprochen, warum habe ich ihn nicht gehört?*“ Bald fahren sie fort: „*Er hat gesprochen, aber durch mich.*“ Sie haben geträumt und glauben schließlich daran. So beginnen die Sekten, die Verführer zur religiösen Anarchie, denen wir nicht den Scheiterhaufen wünschen, die man aber wie ansteckende Kranke gut beobachten sollte.

So entstehen die profanierenden, mystischen Schulen der Wissenschaft. Wir haben gesehen, wie die Fakiere Indiens durch gewaltige Nervenspannungen und Blutstauungen im Gehirn zu ihrem sogenannten „*unerschaffenen Licht*" kommen. Auch Ägypten hatte seine Hexenmeister und Zauberer, und Thessalien war voll von Verwünschungen und Behexungen. Mit Dämonen und Göttern direkt verkehren, heißt das Priestertum unterdrücken, die Grundlagen des Thrones erschüttern. Der aufrührerische Sinn dieser vermeintlich Erleuchteten wußte dies wohl. Durch Reize der Zügellosigkeit hofften sie Anhang zu finden, sprachen schon im Voraus von allen Schandtaten gegen die Sitte frei und begnügten sich mit großem Abstand und Widerspruch gegen die priesterliche Gesetzmäßigkeit.

Die Bacchanten, die *Orpheus* zerrissen, glaubten sich von einem Gott erfüllt und opferten den großen Eingeweihten ihrem vergotteten Wahnsinn. Die Orgien des Bacchos waren mystische Erregungen, und die Sektierer der Torheit übten immer regellose Bewegungen, krampfhafte Erhitzungen und ekelhafte Zuckungen. Von den weibischen Bacchospriestern bis zur Gnostik, von den tanzenden Derwischen bis zu den Epileptikern am Grabe des Diakon *Paris* ist der Charakter der abergläubischen und fanatischen Überspanntheit immer derselbe.

Die Mystiker aller Zeiten haben immer unter dem Vorwand der Reinigung des Dogmas und im Namen eines übertriebenen Spiritualismus die Zeichen des Kultes verstofflicht. Mit den Entweihern des magischen Wissens ist es dasselbe; denn, vergessen wir nicht, die hohe Magie ist ursprünglich priesterliche Kunst. Außer der legitimen Hierarchie, verwirft sie alles, pflichtet der Todesstrafe nicht bei, verbannt aber Zauberer und Sekten.

Absichtlich stellen wir diese beiden nebeneinander, denn alles Sektierer waren Geister- und

Phantombeschwörer, die sie der Welt als Götter ausgaben, alle schmeichelten sie sich mit Hilfe ihrer Lügen Wunder zu tun. So waren sie also Anhänger der Zauberei, übten also die schwarze Magie wirklich aus.

Der Aufruhr, Ausgang und Hauptmerkmal des ketzerischen Mystizismus wird die Sekten niemals religiös einen, nur in einem begegnen sich alle: im Haß gegen gesetzliche und hierarchische Autorität. Dies einzige Band, das sie alle eint, ist ihre tatsächliche Religion. Das Verbrechen *Chams*, die Mißachtung der Familie, und die dem Vater zugefügte Schmach ist es, dessen Rausch die Abtrünnigen verkünden, auf dessen Blöße und Schlaf sie mit gottlosem Gelächter zeigen.

Alle mystischen Empörer verwechseln das intellektuelle mit dem astralen Licht und beten die Schlange an anstatt die gehorchende und reine Weisheit, die ihr den Kopf zertritt. So berauschen sie sich mit Schwindel und stürzen sich besinnungslos in den Abgrund des Wahnsinns.

All diese Wahnsinnigen sind Geisterseher und halten sich oft für Wundertäter, denn bei der Ansteckung der Halluzination geschehen oder scheinen um sie immer merkwürdigeDinge zu geschehen. Außerdem haben die Erscheinungen des übertrieben angezogenen und gespiegelten astralen Lichts für Halbwissende etwas Verwirrendes. Durch seine Stauung im Körper verleiht es ihnen bei gewaltsamer Anspannung der Moleküle derartige Elastizität, daß die Knochen sich zu biegen und die Muskeln sich unmäßig auszudehnen vermögen. In den sich bildenden Wirbeln und Strudeln des Lichts werden die schwersten Körper hochgehoben und entsprechend der Ausstrahlungskraft in der Luft eine Zeitlang schwebend gehalten. Die Kranken überfällt dann ein Gefühl des Zerspringens, dem sie durch Pressen und Stoßen zu entgehen versuchen. Die durch die fluidale Spannung ausgeglichenen heftigsten Schläge und stärksten Pressungen verursachen weder Quetschungen noch Verwundungen und bringen den Kranken eher Erleichterung als Ersticken.

Die Wahnsinnigen ergreift Entsetzen vor den Ärzten, und die mystisch Halluzinierten verabscheuen die Weisen, fliehen sie zuerst und verfolgen sie dann blind und willenlos; sind sie sanft und duldsam, so nur wegen des Lasters, und die der Autorität unterworfene Vernunft findet sie unversöhnlich. Spricht man von Unterwerfung und Hierarchie, so werden auch die sanftesten Sektierer wut- und haßerfüllt. Immer haben Ketzer Tumulte verursacht. Verdirbt ein falscher Prophet nicht, so muß er töten. Für sich beanspruchen sie schreiend die Toleranz, hüten sich aber sie gegen andere zu üben. Der Protestantismus erhob zur gleichen Zeit Einspruch gegen die römischen Scheiterhaufen, da Calvin in seiner privilegierteu Autorität *Michel Servet* verbrennen ließ.

Die Verbrechen der Donatisten, Flagellanten, Circumcellionisten und so vieler anderer haben die katholischen Grundsätze zur Strenge gezwungen und die Kirche sogar dazu, ihr die Schuldigen zu überlassen. Müßte man nicht die Waadtländer, Albigenser, Hussiten, hörte man das Seufzen der Irreligiosität, für unschuldige Lämmer halten? Waren jene düsteren schottischen und englischen Puritaner unschuldig, wenn sie den Dolch in der einen, die Bibel in der andern Hand die Vernichtung der Katholiken predigten? Eine einzige Kirche hat inmitten so vieler Unterdrückungen und Schrecken ihren Abscheu vor Blut im Prinzip immer bewahrt: die hierarchische und gesetzliche Kirche.

Die Kirche erkennt, indem sie die Möglichkeit und Existenz teuflischer Wunder gelten läßt, das Dasein einer natürlichen Kraft an, die man zum Bösen und Guten gebrauchen kann. Daher auch ihre weise Entscheidung: kann auch die Heiligkeit der Lehre Wunder legitimieren, so vermag das Wunder allein niemals Neuerungen der Lehre zu veranlassen.

Lehren, Gott, dessen Gesetze vollkommen sind und nie Lügen gestraft werden, bringe mit natürlichen Mitteln übernatürlich erscheinende Dinge hervor, heißt die unerschütterliche Macht Gottes bestätigen und unsere Idee von seiner Voraussicht noch vergrößern, es heißt nicht seine Hilfe bei den für die Wahrheit geschehenden Wundern leugnen. Das sollten aufrichtige Katholiken bedenken.

Die falschen, durch astrale Stauung hervorgebrachten Wunder haben immer eine empörerische, unmoralische Neigung; denn Unordnung schafft Unordnung. Daher sind die Sektengötter und -geister blutgierig und versprechen ihren Schutz gewöhnlich um den Preis eines Mordes. Die Götzendiener Syriens und Judäas machten sich Orakel mit Kinderköpfen, die sie von den Leibern der armen, kleinen Geschöpfe herunter rissen. Waren diese Köpfe getrocknet und unter ihre Zungen mit unbekannten Buchstaben beschriebene Goldblättchen gelegt, so stellte man sie in Höhlungen der Wände, gab ihnen aus magischen Pflanzen einen mit Bändern umhüllten Körper, zündete vor diesem entsetzlichen Götzenbild Kerzen an, brachte ihm Weihrauchopfer und befragte es in religiöser Weise um Rat. Sie glaubten, diesen Kopf, dessen letzte Todesschreie zweifellos ihre Einbildung erschüttert hatten, sprechen zu hören. Von der Anziehung der Larven durch Blut sprachen wir ja schon. Bei den frühen Teufelsopfern füllten die Alten einen ausgehobenen Graben mit warmem, dampfendem Blut und sahen dann schwanke und blasse Schatten aus Erdhöhlen und den Tiefen der Nacht entsteigen und herbeieilen. Mit der blutigen Spitze des Schwertes beschrieben sie den Zauberkreis, entzündeten auf den mit Asphodill und

Eisenkraut umkränzten Altären Feuer aus Lorbeer-, Cedern- und Zypressenholz, dann schien dunkler und kälter die Nacht, der Mond sank hinter Wolken, man hörte das Raunen der um den Kreis drängenden Gespenster — und kläglich heulten Hunde durch die Nacht.

Alles können, heißt alles wagen. Das war der Grundsatz der Beschwörungen und ihrer Schrecken. Die falschen Magier verband untereinander das Verbrechen; sie glaubten andere zu ängstigen, wenn sie sich selbst Schrecken eingejagt hatten. Die Riten der schwarzen Magie sind grauenhaft geblieben wie die gottlosen Kulte, die sie bei den gegen die alten Kulturen verschworenen Übeltätern wie bei den barbarischen Völkern hervorgebracht hat. Immer ist es derselbe Trieb zur Finsternis, sind es die gleichen Entweihungen, dieselben blutigen Vorschriften. Aufrührerische Magie ist Totenkult. Der Zauberer gibt sich dem Verhängnis, schwört seiner Vernunft ab, gibt die Hoffnung auf Unsterblichkeit auf und bringt Kinder als Opfer. Er verzichtet auf gesetzliche Ehe und gelobt sich unfruchtbarer Ausschweifung. So genießt er die Fülle seines Wahnsinns, berauscht sich an seiner Schlechtigkeit, glaubt ihre Allmacht und die Verwirklichung seiner Halluzinationen. Er glaubt mit seinen Beschwörungen nach Belieben das Grab oder die Hölle öffnen zu können.

Barbarische Worte und unbekannte und sogar völlig unbedeutende Zeichen sind in der schwarzen Magie die besten. Besser, man halluziniert sich mit lächerlichen Übungen und dümmeren Beschwörungen als mit Riten und Formeln, welche die Intelligenz wach halten könnten. *Du Potet* behauptet, die Macht gewisser Zeichen auf die in Ekstase Befindlichen erprobt zu haben, und die mit Vorsicht und mysteriös eingetragenen Zeichen sind den angeblichen Teufelsunterschriften der alten Ausgabe des großen Zauberwerkes entsprechend, wenn nicht vollkommen ähnlich. Gleiche Ursachen haben immer gleiche Wirkungen, und es gibt unter dem Mond der Zauberer ebensowenig etwas Neues wie unter der Sonne der Weisen.

Der Zustand dauernder Halluzination ist der Tod oder Verlust des Bewußtseins, worin man allen Wechselfällen des Traumes ausgeliefert ist. Jede Erinnerung erzeugt ein Spiegelbild, jeder schlechte Wunsch eine Vorstellung, jede Gewissensangst einen Alpdruck. So kommt man zum Leben eines schattenhaften und gequälten Tieres. Es bleibt weder das zeitliche noch das moralische Bewußtsein. Wirklichkeiten schwinden und alles wirbelt in wahnsinnigsten Gedanken. Stunden scheinen sich manchmal zu Jahrhunderten zu dehnen, und Jahre können wie Stunden vorüberhasten.

Unser von astralem Licht phosphoreszierendes Gehirn ist voll zahlloser Spiegelungen und Bilder. Oft scheint sich beim Schließen der Augen hinter unsern Augenlidern ein bald leuchtendes, bald düsteres Panorama abzurollen. Oft schließt der Fieberkranke nachts kein Auge, so blendet ihn unerträgliche Klarheit. Unser Nervensystem, ein ganzer elektrischer Apparat sammelt das Licht im Gehirn, dessen negativem Pol, oder jagt es durch die Glieder, die unser vitales Fluidum in Umlauf bringen sollen, nach außen. Wenn das Gehirn eine der das Gleichgewicht der Maschine zerstörenden Leidenschaft entsprechende Bildreihe mit Gewalt anzieht, so hört der Lichtwechsel auf, die astrale Atmung ist eingestellt und das freigewordene Licht zieht sich im Gehirn zusammen. Daher haben Halluzinierte die falschesten und perversesten Gefühle. Dem einen macht es Vergnügen sich die Haut riemenweise abzulösen oder sich langsam zu versengen, andere essen und verschlingen zur Nahrung wenigst geeignete Dinge. Der Arzt

Brierre de Boismont hat in seiner „*Abhandlung über die Halluzinationen*" („*Halluzinationen oder vernünftige Geschichte der Erscheinungen, Visionen, Träume, der Ekstase, des Magnetismus und Somnambulismus*" *Paris* 1852) mehrere Reihen von äußerst merkwürdigen Beobachtungen gesammelt. Alle Übertreibungen des Lebens, im Guten falsch verstanden oder im Bösen nicht bekämpft, erregen das Gehirn und bringen hier Lichtstockungen hervor. Übersteiltes Streben, hochmütige Forderungen an die Heiligkeit, Enthaltsamkeit voll Skrupel und Begierden, schändliche trotz der wiederholten Warnungen des Gewissens befriedigte Leidenschaften: all das führt zur Ohnmacht derVernunft, krankhafter Ekstase, Hysterie und Wahnsinn. Ein Mensch, bemerkt der gelehrte Arzt, ist nicht wahnsinnig, weil er Visionen hat, sondern weil er diesen mehr als dem gesunden Menschenverstand glaubt. Nur Gehorsam und Autorität können die Mystiker retten; haben sie ein hartnäckiges Selbstvertrauen in sich, dann gibt es keine Hilfe mehr, von Vernunft und Glauben ausgestoßen sind sie Narren der universalen Nächstenliebe. Sie dünken sich weiser als die Gemeinschaft, glauben eine Religion zu schaffen und sind ganz allein, glauben dem Leben die geheimen Schlüssel entrissen zu haben, und ihre Intelligenz ist schon totgeweiht.

III. Kapitel.

EINWEIHUNG UND PRÜFUNGEN.

Geheimlehre Platons — Theosophie und Theurgie — die Grotte des Trophonius — Ursprünge der Fabeln vom Acheron und der Unterwelt — das symbolische Bild von Cebes — die übersinnlichen Lehren Phädons — das Grabmal der Toten — die Schatten besänftigende Opfer.

Unter dem „*großen Werk*" verstehen die Adepten nicht nur die Metallverwandlung, sondern auch die universale Medizin, das Heilmittel für alle Übel einschließlich des Todes.

Das Mittel zur Herstellung der universalen Medizin ist die moralische Wiedergeburt des Menschen. Über diese Wiedergeburt sprach der Heiland mit dem Gesetzgeber *Nikodemus.* Er verstand nicht, und *Jesus* sagte zu ihm: „*Du bist Lehrer in Israel und kennst dieses Geheimnis nicht!*" Als wolle er ihm bedeuten, daß es sich hier um ein Grundgesetz religiöser Erkenntnis handele, das der Lehrer unbedingt kennen müsse.

In der himmlischen Sphäre und dem Jahreszyklus wird das große Mysterium des Lebens und seiner Prüfungen dargestellt. Die vier Gestalten der Sphinx entsprechen den vier Elementen und den vier Jahreszeiten. Die Gestalten auf dem Schild des Achill bei *Homer* haben einen den zwölf Arbeiten des *Herkules* analoge Bedeutung. Nach der Bezwingung der Elemente und seinem Kampf gegen die Götter muß *Achill* wie *Herkules* sterben. *Herkules* siegt über alle durch die besiegenden Ungeheuer dargestellten Laster, und nur einen Augenblick unterliegt er den gefährlichsten der Liebe; aber das versengende Gewand der *Dejanide* reißt er mit Fleischfetzen von seiner Brust und verläßt die Schuldige und Besiegte. Er stirbt befreit und unsterblich.

Wie *Oedipus* muß jeder denkende Mensch das Rätsel der Sphynx lösen oder sterben. Jeder Eingeweihte muß wie *Herkules* den Kreislauf eines großen Arbeitsjahres vollenden, bis er durch Opfer des Herzens und Lebens die Krone der Unsterblichkeit verdient. Erst nach dem abwechselnden Finden und Verlieren der *Eurydike* wird *Orpheus* zum König der Lyra und der Opfer. *Omphale* und die *Dejanide* sind eifersüchtig auf *Herkules:* die eine will ihn niederziehen, die andere versucht auf den Rat einer niederträchtigen Rivalin den Weltbefreier zu vergiften. Sie heilt ihn aber von einem ganz anderen furchtbaren Gift, dem ihrer unwürdigen Liebe. Ihr schwarzes Herz läutert die Flamme des Scheiterhaufens. In seiner Vollkraft stirbt *Herkules* und würdig des Sitzes neben *Zeus*' Thron.

Erst nach seinem eine Nacht währenden Kampf mit dem Engel wurde *Jakob* der große Patriarch Israels.

Prüfung ist das große Wort des Lebens. Das Leben ist eine sich unaufhörlich erzeugende und wieder verzehrende Schlange. Ihrer Umschlingung muß man entgehen und muß ihr den Fuß auf den Kopf setzen. Durch ihre Vermehrung stellt *Hermes* sie sich selbst gegenüber, und in ewigem Ausgleich bildet er den Talisman seiner Macht und den Ruhm seines Stabes aus ihr.

Da sie die Erkenntnis mutigen und starken Männern gaben, war die Heranbildung von Königen und Priestern das Ziel der großen Prüfungen von Memphis und Eleusis. Die Zulassung zu diesen Prüfungen setzte die Weihe von Körper und Seele an das Priestertum und die Aufgabe eines Eigenlebens voraus. Dann stieg man in finstere, unterirdische Bauten, mußte durch brennende Holzstöße und tiefe, reißende Wasser, auf schwanker Brücke über Abgründe, ohne das Licht, das man hielt, fallen oder verlöschen zu lassen. Nie wieder erblickte der Schwache oder Furchtsame das Licht;

nur wer mutig alle Hindernisse bestand, wurde zum Mysten und in die kleinen Mysterien eingeweiht. Nun wurde seine Treue und Schweigsamkeit erprobt, und erst nach mehreren Jahren wurde er „*Epopte*", Adept.

Auch die Philosophie, die Rivalin des Priestertums unterwarf ihre Jünger bei der Einweihung Prüfungen. Fünf Jahre lang übte *Pythagoras* Schweigen und Enthaltsamkeit. *Platon* nahm nur Mathematiker und Musiker zu Schülern. Einen Teil seiner Lehre hielt er für Eingeweihte zurück, und seine Philosophie besaß Mysterien. Die Welt läßt er von Dämonen erschaffen und alle Tiere aus dem Menschen hervorgehen. Die Dämonen *Platons* sind keine andern als die Elohim des *Moses*, d. h. Kräfte aus deren Wettbewerb und Harmonie das oberste Gesetz geschaffen hat. Mit dem Hervorgehen der Tiere aus dem Menschen meint er, daß die Tiere die Analyse der lebendigen Form seien, deren Synthese der Mensch ist. *Platon* verkündet als erster die Göttlichkeit des Wortes, d. h. des gesprochenen, schöpferischen Wortes und scheint seine nahende Verkörperung auf Erden geahnt zu haben. Er verkündet die Leiden und den Martertod des vollkommenen Gerechten durch die Frevel der Welt.

Die erhabene Philosophie über das Wort ist reine Kabbala, und *Platon* hat sie nicht erfunden. Er erklärt frei, „*man dürfe in jeder Wissenschaft nur das mit den ewigen Wahrheiten und Offenbarungen Gottes Übereinstimmende aufnehmen*". *Dacier*, dem diese Stelle entnommen ist, fährt fort: „*Unter ewigen Wahrheiten versteht Platon eine alte Überlieferung und behauptet, die ersten Menschen hätten sie von Gott erhalten und ihren Nachkommen weitergegeben.*" Sicher, je weniger man die Kabbala positiv nennt, um so klarer muß man wissen. Hier steht die Definition an Stelle des

Namens: ja, sie ist gleichsam genauer als der Name selbst.

„*Nicht die Bücher,*" sagt *Platon*, „*geben diese hohen Kenntnisse; durch tiefe Meditation muß man sie in sich selbst erwerben und das heilige Feuer an seinem Herd aufsuchen . . . deshalb habe ich niemals etwas von diesen Offenbarungen geschrieben und werde nie davon sprechen.*"

„*Jeder Mensch, der versuchte, sie zu vulgarisieren, würde es nur unnütz tun, und die ganze Frucht seiner Arbeit wird sein, daß, eine ganz kleine Anzahl von Gottbegnadeten, die diese himmlischen Wahrheiten in sich selbst zu sehen vermögen, ausgenommen, er den einen Verachtung für sie einflößen und die andern mit Eitelkeit und blindem Vertrauen erfüllen wird, als ob sie wunderbare, von ihnen aber unerkannte Dinge wüßten.*"

Er schreibt an *Dionys den Jüngeren:*

„*Ich muß Archidemos noch viel Kostbareres und Göttlicheres erklären, nach dem du großes Verlangen trägst, da er ja eigens von dir geschickt ist. Nach dem, was er mir sagte, hältst du meine dir über das Wesen des höchsten Prinzips gegebenen Erklärungen nicht für genügend, aber ich muß dir in Rätseln schreiben, damit ein etwaiger Dieb den Inhalt nicht versteht.*"

„*Alle Dinge sind um ihren König, sind nur seinetwillen, und er allein ist der Grund aller guten Dinge, der zweite für die zweiten und der dritte für die dritten.*"

In diesen wenigen Worten ist eine vollständige Zusammenfassung der Lehre von den Sephirot enthalten. *Ensoph* ist der König, das höchste und absolute Wesen. Alles erstrahlt von diesem überall seienden Mittelpunkt, den wir aber vornehmlich in drei Formen und drei verschiedenen Sphären aufnehmen: In der göttlichen Welt, der Sphäre der ersten Ursache, ist sie eins und die erste. In der Welt des Wissens, der Sphäre der zweiten Ursache macht sich der Einfluß des Grundprinzips geltend, wird aber als erste der zweiten Ursachen nicht mehr empfunden; sie wird durch den Binar, das passiv schöpferische Prinzip, erhellt; endlich in der Welt der Formen, der dritten, offenbart sie sich als vollkommene Form, das verkörperte Wort, höchste Schönheit und Güte, erschaffene Vollkommenheit. So ist sie zugleich das erste, zweite und dritte, da sie alles in allem Mittelpunkt und Urgrund von allem ist. Nicht das Genie *Platons* wollen wir hier bewundern, sondern die exakte Wissenschaft des Eingeweihten wiedererkennen.

Lächerlich ist die Behauptung, der hl. *Johannes* habe den Anfang seines Evangeliums der Philosophie *Platons* entnommen. Beide schöpfen vielmehr aus derselben Quelle, aber *Platon* hatte nicht denselben belebenden Geist. Die Philosophie des größten menschlichen Offenbarers konnte nach dem fleischgewordenen Wort streben, das Evangelium allein vermochte es der Welt zu geben.

Die den Griechen von *Platon* gebrachte Kabbala erhielt dann den Namen Theosophie und umfaßte später das ganze magische Dogma. Zu dieser Sammlung verborgener Lehren fanden sich dann alle Forschungsergebnisse. Aus der Theorie sollte die Praxis, aus dem Wort die Tat hervorgehen. Aus den gefahrvollen Erfahrungen der Wahrsagung lernte die Wissenschaft das Priestertum entbehren, das Heiligtum wurde verraten und Menschen ohne Sendung wagten, Götter reden zu lassen. So teilte die Theurgie den Bann der schwarzen Magie und kam, da sie sich nicht verteidigen konnte in den Verdacht, deren Verbrechen nachzuahmen und ihre Gottlosigkeit zu teilen. Nicht ungestraft hebt man den Schleier der Isis, und Neugier ist in göttlichen Dingen eine Sünde wider den Glauben. „*Selig, der da glaubt, ohne zu sehen*," sagt der große Offenbarer.

Dem ist Theurgie und Nekromantie verhängnisvoll, der sich ihr hingibt. Wer den Fuß auf die

Schwelle der andern Welt setzt, stirbt meist einen seltsamen und schrecklichen Tod. Mit Schwindel beginnt es, Starrsucht und Wahnsinn sind das Ende. Sicher ist, daß bei gewissen Menschen und nach einer Reihe berauschender Taten ein atmosphärischer Wirbel sich bildet, das Holzwerk kracht, Türen zittern und ächzen. Bizarre und oft blutige Zeichen scheinen sich von selbst auf reines Pergament und Leinen zu pressen. Diese Zeichen, die von den Magiern „*Teuflische Schrift*" genannt werden sind immer die gleichen. Ihr bloßer Anblick läßt die in Trance Befindlichen in Krämpfe oder Ekstase verfallen; sie glauben Geister zu sehen und Satanas, der Genius der Irrtümer, verwandelt sich ihnen in einen Engel des Lichts. Um sich zu zeigen, verlangen diese vermeintlichen Geister ihnen sympatische, durch Näherung der Geschlechter erzeugte Erregungen; man muß Hände und Füße aufeinander legen, muß sich gegenseitig ins Gesicht blasen, und oft folgen obszöne Ekstasen. Die so Eingeweihten hängen leidenschaftlich an dieser Trunkenheit, halten sich für Auserlesene Gottes und behandeln den Gehorsam zur Hierarchie mit Fanatismus. Es sind die Nachfolger der Rasse *Kains* aus Indien, sind Hatchichims und Fakire. Warnungen werden sie nicht wecken, und eigenwillig werden sie umkommen.

Die griechischen Priester brauchten zur Heilung ähnlicher Kranker eine Art Homöopathie; sie erschreckten sie durch Steigerung des Übels zu einer einzigen Krise und durch den Schlaf in der Höhle des Trophonius. Auf diesen Schlaf bereitete man sich durch Fasten, Reinigungsopfer und Wachen vor. Dann stieg man in die Höhle hinab, in der man allein und ohne Licht eingeschlossen wurde. Berauschende, denen der Hundsgrotte bei Neapel ähnliche Gase strömten hier aus und schlugen den Geisterseher zu Boden. Dann hatte er entsetzliche, durch den Beginn des Scheintods verursachte Träume, er wurde rechtzeitig befreit und auf einem Dreifuß bebend, blaß und mit gesträubten Haaren, während er vor dem völligen Erwachen prophezeite, fortgetragen. Diese Prüfungen hatte bei den in Trance Befindlichen eine solche Erschütterung des Nervensystems zur Folge, daß sie sich nur mit Schauder erinnerten und von Beschwörungen und Visionen nie mehr zu sprechen wagten. Manche konnten sich danach nie mehr freuen oder lachen, und ihr trauriger Eindruck wurde sprichwörtlich, da man von düsteren Menschen sagte: „*Er hat in der Höhle des Trophonius geschlafen.*"

Nicht in den philosophischen Werken sondern im religiösen Symbolismus der Alten muß man die Spuren der Weisheit suchen und ihre Mysterien wiederfinden. Die Ägyptischen Priester wußten mehr als wir um die Gesetze des Lebens und der Wissenschaft. Sie vermochten die Handlung durch die Reaktion zu mäßigen oder zu bestärken und sehen die Wirkungen ihrer angestellten Ursachen mit Leichtigkeit voraus. Die Säulen *Seths*, *Hermes'*, *Salomons*, des *Herkules* sind in den magischen Überlieferungen des universalen Gesetzes vom Gleichgewicht symbolisiert, die Erkenntnis desselben führte die Eingeweihten zu jener der universalen Bewegung und des Mittelpunktes des Lebens, der Wärme und des Lichts. Deshalb wurde in den heiligen Kalendern Ägyptens, in denen jeder Monat unter dem Schutz von drei Dekanaten oder Genien von zehn Tagen stand, das erste Dekanat des Zeichens Löwe durch einen siebenstrahligen Menschenkopf mit einem großen Skorpionschwanz und dem Zeichen des Schützen unter dem Kinn dargestellt. Über diesem Kopf steht der Name TAO, die Figur nannte man Khnubis, ein ägyptisches Wort, das Gold und Licht bedeutet. In den Heiligtümern Ägyptens erfuhren

Thales und *Pythagoras* von der Drehung von der Sonne um die Erde, aber sie verbreiteten dieses Wissen nicht, da sie damit das große Tempelgeheimnis, das doppelte Gesetz von Anziehung und Ausstrahlung, von Festigkeit und Bewegung, die das Grundgesetz der Schöpfung und der stete Antrieb zum Leben sind,hätten offenbaren müssen. Deshalb macht sich der christliche Schriftsteller *Lactantius*, als er von dieser magischen Überlieferung und von der Wirkung ohne Ursache sprechen hörte, über die verträumten Theurgisten, welche die Erde sich drehen lassen und uns Gegenbewohner geben, die, wie er meint, den Kopf nach unten und die Füße nach oben tragen müßten, während wir doch erhobenen Hauptes gehen, weidlich lustig. Und dann, fügt *Lactantius* mit seiner naiven Kinder- und Unwissenden-Logik hinzu, würden diese Leute nicht auf der Erde bleiben, sondern mit dem Kopf zuerst in den unteren Himmel fallen. So schlossen die Philosophen, während die Priester ohne eine Entgegnung oder auch nur ein Lächeln über diesen Irrtum in schöpferischen Hieroglyphen all die Dogmen und Poesien, die Geheimnisse der Wahrheit schrieben.

In ihrer Allegorie von der Hölle hatten die griechischen Hierophanten die großen Geheimnisse der Magie verborgen. Dort sind vier Ströme wie im indischen Paradies, zwischen denen sich ein fünfter siebenmal windet: Kozytus, der Fluß der Seufzer und Schmerzen, Lethe, der des Vergessens, einer mit hemmungslos flutenden Wassern, der alles mit sich reißt und sich in entgegengesetzter Richtung mit einem Strom des Feuers fortwälzt. Diese beiden geheimnisvollen Flüsse, Acheron und Phlegeton, das negative und positive Fluidum, wechseln ewig miteinander. Phlegeton hitzt und läßt die schwarzkalten Fluten des Acheron rauschen, und diese bedecken die flüssigen Flammen des Phlegetons mit dichten Nebelschwaden. Aus diesen Qualmen kommen Tausende von Larven und Lemuren. Körperschemen, die gelebt und noch nicht gelebt haben; aber ob sie am Fluß der Schmerzen getrunken oder nicht, alle lechzen nach dem Strome der Vergessenheit, dessen schlafbringende Wasser ihnen Jugend und Schönheit zurückgeben werden. Nur die Weisen suchen nie zu vergessen; denn ihre Erinnerungen schon sind Lohn. So sind sie allein unsterblich, da nur sie das Bewußtsein der Unsterblichkeit haben.

Die Martern der Unterwelt sind wahrhaft göttliche Schilderungen der Laster und ihrer ewigen Buße. Die Gier des Tantalos, die Ruhmsucht des Sysiphos werden, da sie nie befriedigt werden können, nie aussterben. *Tantalos* dürstet im Wasser, *Sysiphos* wälzt auf einem Bergesgipfel ein Piedestal, das ihm zum Sitz dienen soll, aber immer auf ihn zurückfällt und ihn mit sich in den Abgrund reißt. *Ixion*, der zügellos verliebte, wird, da er die Himmelskönigin vergewaltigen wollte, von höllischen Furien gepeitscht. Nicht an seinem Verbrechen konnte er sich freuen, nur ein Phantom hielten seine Arme. Vielleicht schien dieses Phantom seinem Wahnsinn nachzugeben und ihn zu lieben, als er sich aber am Sakrileg befriedigte, loderte die Liebe in Haß auf.

Nicht über dem Grabe, im Leben muß man die Mysterien des Todes suchen. Segen und Fluch zeigen sich hier unten — auch die Welt hat Himmel und Hölle. Hier unten wird Tugend und Laster immer gleich belohnt und bestraft. Der Reichtum, das Werkzeug des Guten und Bösen scheint den Schlechten oft wahllos gegeben, so daß sie an ihre Straflosigkeit glauben könnten. Aber wehe den Ungerechten, die den goldenen Schlüssel besitzen, nur zu Grab und Hölle öffnet er ihnen.

Alle wirklich Weisen erkannten den unendlichen Nutzen von Arbeit und Schmerz. Das Leid, sagt ein deutscher Dichter, ist der Schäferhund des Menschenhirten. Lerne leiden und sterben, das ist die große Übung für die Ewigkeit, ist das Noviziat der Unsterblichkeit.

So ist der moralische Sinn von *Dantes „Göttlicher Kömodie"* schon zur Zeit *Platos* im allegorischen Bild von Cebes angedeutet. Dieses Bild, dessen Beschreibung uns erhalten ist, das mehrere Maler des Mittelalters nach derselben rekonstruierten, ist gleicherweise ein philosophisches und magisches Denkmal. Es ist eine sehr vollkommene Synthese und die kühnste Darstellung des großen Arkanums, das, enthüllt, Himmel und Erde umwälzen würde. Gewiß erwartet niemand von uns eine Erklärung hierzu. Wer es findet, weiß, daß es in seinem Wesen unerklärlich ist, und dem den Tod bringt, der es sich erschließt oder es enthüllt.

Dieses Geheimnis ist das Königtum des Weisen, die Krone des Eingeweihten, den wir in der Allegorie von Cebes den Gipfel der Prüfungen herabsteigen sehen. Es macht ihn zum Herrn über Gold und Licht, die im Grund dasselbe sind. Er hat das Problem der Quadrate des Kreises gelöst, lenkt die fortdauernde Bewegung und besitzt den Stein der Weisen. Die Adepten werden mich verstehen, es gibt weder Unterbrechungen in der Arbeit der Natur, noch eine Lücke in ihrem Werk. Die himmlischen Harmonien entsprechen denen der Erde, und das Leben der Ewigkeit vollendet seine Evolutionen nach denselben Gesetzen wie das Leben eines Tages. Gott hat alles nach Maß, Zahl und Gewicht geordnet, lehrt die Bibel, und diese lichtvolle Lehre verkündet auch *Platon*. Im „*Phädon*" läßt er *Sokrates* in einer den kabbalistischen Überlieferungen entsprechenden Weise über die Bestimmung der Seele reden. Durch Prüfungen geläuterte Geister befreien sich vom Gesetz der

Schwere und damit von der Atmosphäre der Tränen; die andern kriechen doch in die Finsternis und erscheinen so den verbrecherischen und schwachen Menschen. Der vom Elend des materiellen Lebens Befreite kehrt nicht zurück, um Laster und Irrtümer zu sehen oder sich an ihnen zu beteiligen: es ist wahrhaftig an einem Mal genug.

Die Sorgfalt der Totenverhüllung der Alten spricht klar gegen die Nekromantie und immer wurden die Schänder der Grabesruhe für gottlos gehalten. Die Toten auf die Erde zurückrufen, hieße sie zweimal sterben lassen; die Furcht vor dem Unbeerdigtbleiben war in den frommen Menschen der alten Kulte groß, da ihr Leichnam von den Strygen entweiht und zur Hexerei gebraucht werden könnte. Nach dem Tod gehört die Seele Gott, der Leib der Allmutter Erde. Wehe dem Schänder dieser Zufluchtsstätten. War das Heiligtum des Grabes gestört worden, so wurden den erzürnten Geistern Opfer dargebracht, ein tiefsinniger Brauch. Wäre es einem Menschen tatsächlich erlaubt, die in der Finsternis nach dem Licht strebenden Geister an sich zu locken, so schüfe er sich rückwärtslaufende Kinder, die er mit seinem Blut und seiner Seele nähren müßte. Die Nekromanten schaffen Vampire, und wir können nicht beklagen, wenn sie von den Toten zerschunden sterben.

IV. Kapitel.

MAGIE DES ÖFFENTLICHEN KULTES.

Aberglaube — magische Orthodoxie — Abtrünnigkeit der Laien — Erscheinungen und Verkörperungen von Göttern — Teiresias und Kalchas — Homers Zauberer — die Sybillen und ihre Verse — Ursprung der Magie und der Kunst des Kartenlegens.

Ideen schaffen Formen, und umgekehrt geben Formen die Ideen wieder und bringen sie wieder hervor. Die Gefühle werden durch Assoziation in einer Vereinigung Gleichgestimmter gesteigert, so daß alle durch die Begeisterung aller angeregt werden. Wenn daher dieser oder jener Mann des Volkes sich über das Gerechte und Schöne besonders leicht täuscht, wird die Volksmenge dem Erhabenen mit nicht weniger großemÜberschwang Beifall zollen.

Die von den alten Magiern beobachteten beiden großen Naturgesetze ließen sie die Notwendigkeit des öffentlichen Kultes verstehen, des einzigartig bindenden, ganz wie die Religion hierarchischen und symbolischen, wie die Wahrheit strahlenden, wie die Natur abwechslungsreichen, wie der Himmel überstirnten, wie die Erde duftenden Kultes, den später *Moses* begründen und *Salomo* in seinem ganzen Glanz verwirklichen sollte, und der, noch einmal umgeformt, heute in der Hauptstadt des heiligen Petrus, in Rom, thront.

Immer hat die Menschheit nur eine Religion und einen Kult gehabt. Dieses universale Licht hat unbestimmte Bilder, trügerische Reflexe und Schatten, aber nach den Nächten des Irrtums sehen wir es immer wieder einzig und rein, wie die Sonne erstrahlen.

Die Pracht des Kultes ist das Leben der Religion. Wollte Christus arme Stellvertreter, so will seine erhabene Göttlichkeit nicht armselige Altäre. Die Protestanten haben den Kult als Lehre nicht verstanden, daß man der Einbildung der Masse keinen ärmlichen und elenden Gott geben darf. Diese Gebetshäuser, die Rathäusern ähneln, diese Prediger, die wie Gerichtsdiener und Kommissare aussehen, behandeln sie die Religion nicht notwendigerweise als eine Formalität und Gott als Friedensrichter? Sollten die Engländer, die zu Hause soviel Geld verschwenden, aber vorgeben die Bibel über alles zu lieben, sich nicht die unerhörte Pracht des Salomonischen Tempels herstellen und ihre Kirchen kahl und öde finden? Die Dürre ihres Herzens läßt ihren Kult so verdörren. Und wie sollten mit solch einem Kult eine Magie, Blendung und Tränen ihre Herzen wieder zum Leben erwachen?

Orthodoxie ist der absolute Charakter der Magie. Erscheint die Wahrheit in der Welt, so erhalten die Magier durch den Stern der Weisheit die Kunde und eilen zur Anbetung des göttlichen Kindes der Zukunft herbei. Durch die Einsicht der Hierarchie und die Übung des Gehorsams erhält man die Weihe, und ein wahrhaft Eingeweihter wird nie Sektierer sein.

Die orthodoxen Überlieferungen brachte *Abraham* aus Chaldäa, sie herrschten zur Zeit *Josephs* mit der Kenntnis vom wahren Gott in Ägypten. *Kung Tse* wollte sie in China einführen, aber unter dem Götzen anbetenden Kult des *Fô* herrscht hier der dumme Mystizismus Indiens. *Moses* brachte die Orthodoxie aus Ägypten wie *Abraham* aus Chaldäa, und die geheimen Überlieferungen der Kabbala enthalten eine vollkommene Theologie, die der unsrigen in allem von Priestern und Gelehrten schon dargeboten Erhabenen gleicht, aber in einer Einheit und einem noch unfaßbaren Licht!

Der Sohar, das größte der heiligen Bücher erschließt alle Tiefen und erhellt alle Dunkelheiten alter Mythologien und ursprünglich im Heiligtum verborgener Erkenntnisse. Man muß das Geheimnis dieses Schlüssels kennen, um sich seiner bedienen zu können; aber selbst für die scharfsinnigsten, in das Geheimnis nicht eingeweihten Geister ist der Sohar unverständlich, ja unlesbar.

Hoffentlich werden viele unserer aufmerksamen Leser dieses Geheimnis von selbst finden, um dann dieses Buch mit seinen Erklärungen so vieler Mysterien zu entziffern und zu lesen.

Da Weihe als notwendige Folge der Hierarchie das Grundgesetz der magischen Werke ist, entschlossen sich die Laien nach ihrem vergeblichen Versuch das Heiligtum aufzubrechen, zum Bau von Altar gegen Altar und zur Entgegnung auf das absichtliche Schweigen der Orthodoxie, das Schisma zu verbreiten. Schreckliche Gerichte bildeten sich um die Magier: Zauberer und Strygen machten sie für ihr Verbrechen verantwortlich; sie sollten Menschenblut trinken und kleine Kinder essen. Die Rache dünkelhafter Unwissenheit gegen die schweigsame Weisheit hatte jederzeit Erfolg, so daß ihr Gebrauch anhielt. Hat doch ein schamloser in, was weiß ich, welchen Pamphlet gedruckt, er habe den Verfasser dieses Werkes mit eigenen Ohren sagen hören, das Blut der Reichen käme zur Ernährung des gierigen Volkes in Blutwurst. Je größer die Verleumdung, desto stärker ist ihr Eindruck auf die Dummen.

Die Ankläger der Magie begingen selbst die Frevel ihrer Angeklagten und überließen sich der hemmungslosen Raserei schamloser Zauberkünste. Es bedurfte nur des Gerichts, die Götter selbst stiegen sichtbar vom Himmel um die Orgien zu autorisieren. Die wahnsinnigen Kreise angeblich Erleuchteter stiegen bis zu Bacchanten empor, die *Orpheus* ermordet hatten. Ein mystischer und luxuriöser Pantheismus vermehrte seitdem alle fanatischen und heimlich verborgenen Kreise, in denen widerliche Gemeinschaft und Mord sich mit Ekstase und Gebet vermischte. Die verhängnisvollen Bestimmungen dieses aufreibenden und zerströrenden Dogmas berichtet eine der schönsten griechischen Mythologien. Thyrennische Seeräuber überraschten den schlafenden Bacchos und brachten ihn auf ihr Schiff. Da sie den Gott der Inspiration noch für ihren Sklaven halten, verwandelt sich plötzlich ihr Schiff auf offenem Meer, die Masten werden zu Weinstöcken, die Taue zu Reben, überall kommen tanzende Satyrn mit Luchsen und Panthern vor. Schwindel ergreift die Mannschaft, die sich in Böcke verwandelt sieht, und stürzt ins Meer. Bacchos landet in Böotien und geht nach Theben, der Stadt der Einweihung, wo er die Macht in *Pantheus* Hand findet. *Pantheus* will *Bacchos* gefangen setzen aber das Gefängnis öffnet sich, und derGefangene erstrahlt als Sieger. *Pantheus* wird rasend, und die zu *Bacchantinnen* gewordenen Töchter des *Kadmos* zerreißen ihn im Glauben einen jungen Stier zu opfern in Stücke.

Der Pantheismus kann tatsächlich keine Synthese sein und muß von den das Wissen verkörpernden Töchter des *Kadmos* zerrissen werden.

Nach *Orpheus*, *Kadmos*, *Oedipus* und *Amphiaraos* sind *Teiresias* und *Kalchas* die großen, sagenhaften Gestalten des magischen Priestertums in Griechenland, aber *Teiresias* ist unverständig oder treulos. Einst findet er zwei miteinander verschlungene Schlangen, und da er sie in Streit glaubt, trennt er sie durch Stockschläge: Er hat das Stabsymbol nicht verstanden, trennen will er die Kräfte der Natur, will Wissen von Glauben, Intelligenz von Liebe, Mann von Frau reißen. Er sieht sie nur als Kämpfer, glaubt sie als Gegner und verwundet sie, da er sie trennt. So hat er selbst sein Gleichgewicht verloren. Wechselweise wird er Mann und Frau sein, nie vollkommen; denn die Heirat ist ihm untersagt. Hier sind alle Mysterien des universalen Gleichgewichts und des Schöpfungsgesetzes offenbart. Der menschliche Androgyn zeugt; Mann und Frau getrennt sind unfruchtbar, wie Religion ohne Wissenschaft, Intelligenz ohne Liebe, Milde ohne Kraft, Erbarmen ohne Gerechtigkeit und umgekehrt. Harmonie erwächst der Analogie der Gegensätze; man muß sie unterscheiden, um sie zu vereinen, darf sie aber nicht trennen, um unter ihnen zu wählen. Der Mensch, sagt man, schwankt immer zwischen schwarz und weiß und täuscht sich immer. Dem muß so sein, denn die Sichtbare, wirkliche Gestalt geht aus der Vereinigung, nicht Vermischung von schwarz und weiß hervor. So vereinen sich alle Gegensätze der Natur und der sie trennen will, verfällt der Strafe des *Teiresias*. Andere sagen, er sei blind geworden, weil er die nackte *Athene* überrascht, also die Mysterien entweiht habe: eine andere Allegorie für dasselbe Symbol.

Zweifellos läßt *Homer* den Schatten des *Teiresias* wegen der Entweihung der Mysterien in den kimmerischen Finsternissen umherirren und zeigt ihn uns mit den Larven und unglücklichen Schatten herbeikommen, die ihren Durst im Blut zu löschen suchen, während *Odysseus* mit ganz anderen furchtbaren magischen Zeremonien als den Grimassen unserer Medien und den unschuldigen Papierchen unserer Nekromanten die Geister um Rat fragt.

Das Priestertum ist bei *Homer* fast stumm. *Kalchas* ist weder ein beherrschender Pontifex noch ein gewaltiger Hierophant. Scheinbar im Dienste der Könige fürchtet er deren Zorn und wagt *Agamemnon* nur unangenehme Wahrheiten zu sagen, nachdem er zuvor *Achill* um Schutz angefleht hatte. Er sät Zwietracht unter den Führern und verursacht den Untergang des Heeres. *Homer* will Griechenland an diesen tiefen Lehren die Wichtigkeit der Unabhängigkeit der Diener Gottes von irdischen Einflüssen zeigen. Das Priestertum darf nur vom höchsten Pontifikat abhängen, und der Hohe Priester, dem eine einzige Krone in seiner Tiara fehlt, ist ohnmächtig; als irdischer König muß er gleichberechtigt mit den Herrschern der Erde sein, König durch Einsicht und Weisheit und durch seine göttliche Mission. Solange es ein solches Priestertum nicht gibt, will der weise *Homer* sagen, fehlt ein Glied im Gleichgewicht der Reiche.

Der wahrsagende *Theoklimenes* der Odyssee spielt die Rolle eines Schönredners, er vergillt den Bewerbern der *Penelope* ihre wenig wohlwollende Gastlichkeit durch eine unnötige Warnung, um sich dann klugerweise vor dem Lärm zurückzuziehen.

Es ist ein weiter Weg von der Rolle dieser Verkünder guten und bösen Geschicks bis zu jener der im Heiligtum wohnenden Sybillen, wo sie unsichtbar waren, und denen man sich nur zitternd nahte. Die neuen Circen wichen nur der Kühnheit: Mit Geschick oder Kraft mußte man in ihre Schlupfwinkel eindringen, sie an den Haaren packen, mit dem Schwert bedrohen und bis zum verhängnisvollen Dreifuß schleppen. Dann wurden sie abwechselnd rot und blaß und stießen erschaudernd, mit gesträubten Haaren zusammenhanglose Worte aus, dann entflohen sie wie Wahnsinnige, schrieben Worte auf Baumblätter, die zusammengestellt prophetische Verse bilden sollten, warfen die Blätter in den Wind, schlossen sich wieder in ihre Schlupfwinkel und antworteten nicht mehr, wenn man sie von neuem zu rufen suchte.

Das Orakel hatte genau so viel verschiedene Bedeutungen als Zusammenstellungen der Blätter möglich waren. Hätten die Blätter Hieroglyphen getragen, die Zahl der Auslegungen hätte sich vergrößert, und man hätte das Schicksal dadurch um Rat fragen können, daß man die Blätter auf gut Glück gezogen hätte. Das taten denn auch die Geomanten, die aus Zahlen und willkürlich zusammengestellten geometrischen Figuren weissagten. Die heutigen Adepten des Kartenschlagens tun nichts anderes, wenn sie sich großer magischer Tarot-Alphabete bedienen, deren Wert sie nicht kennen. Bei solchem Vorgehen sucht nur das Schicksal die Zeichen aus, die den Ausdeuter inspirieren sollen, und ohne die Fähigkeit besonderer Intuition und des zweiten Gesichts werden die durch die Zusammenstellung der heiligen Buchstaben bezeichneten Sätze und die durch das Zusammentreffen von Bildern gegebenen Erklärungen zufällig weissagen. Aber das Zusammenstellen ist nichts, man muß sie lesen können. Richtiges Kartenschlagen heißt die Geister wirklich, ohne Schwarzkunst und Opfer um Rat fragen: Voraussetzung ist also ein gutes Medium. So ist die Auslegung also gefährlich, und wir raten niemandem dazu. Ist die Erinnerung an unser Elend für unser gegenwärtiges Leiden nicht schwer genug, muß man sie noch mit der drückenden Angst vor der Zukunft beladen und alle Tage im Voraus die Katastrophen erdulden, denen wir doch nicht entgehen?

V. Kapitel.

MYSTERIEN DER JUNGFRÄULICHKEIT.

Der Hellenismus in Rom — Einrichtungen des Numa — die Vestalinnen — Allegorien des heiligen Feuers — religiöse Tragweite der Geschichte von Lukretia — Mysterien der guten Göttin — Kult des Herdes und des Mutterlandes — die Priester- und Auguren-Kollegien — Bemerkung zum magischen Kalender der Römer.

Das römische war nur eine Umbildung des griechischen Reiches. Italien war Groß-Griechenland, und als der Hellenismus seine Dogmen und Mysterien vollrundete, mußte an die Erziehung der Wolfskinder gedacht werden: Rom war schon auf der Welt.

Besonders charakteristisch ist die den Römern von *Numa* gegebene Einweihung, da der typische, der Frau gegebene Einfluß nach ägyptischem Vorbild war, welches die höchste Gottheit unter dem Namen Isis verehrte.

Bei den Griechen ist *Jacchos*, der Besieger Indiens, der strahlende Androgyn mit den Hörnern *Ammons*, der Gott der Einweihung, der Allgott, der die Opferschale hält und den Wein des universalen Lebens in sie einströmen läßt, *Jacchos*, der Sohn des Blitzes und Bezwinger von Tigern und Löwen, vulgär aber haben die Bacchantinnen *Orpheus* in Stücke gerissen, *Jacchos*, in Rom *Bacchos*, wird nur noch Gott der Trunkenheit, und *Numa* erbittet seine Eingebungen von der weisen, verschwiegenen *Egeria*, der Göttin des Mysteriums und der Einsamkeit. Diese gefundenen Wildkindern, die nur durch Frauenraub Gatten werden konnten, mußten eine Mutter bekommen. Durch Vaterland und Familie muß Roms Zukunft gesichert werden. So erkannte *Numa* und lernte von *Egeria* die Verehrung der

Göttermutter. Er erbaut ihr einen sphärischen Tempel, dessen Kuppel ein Feuer hütet, das nie verlöschen soll. Dieses Feuer wurde von vier Jungfrauen, den Vestalinnen, unterhalten, die außergewöhnliche Ehren empfingen, wenn sie treu waren, bei Verfehlung ihrer Würde aber auch ungewöhnlich hart bestraft wurden. Die Jungfrauenehre ist die der Mutter, und nur durch ihre Möglichkeit und ihren Adel hat die Familie Bestand. Hier hört die antike Knechtschaft und orientale Sklavenstellung der Frau auf, sie ist häusliche Gottheit, Hüterin des Feuers, Ehre des Vaters und Gattin. Rom wurde zum Heiligtum der Sitten und hierdurch zur Beherrscherin der Nationen.

Die magischen Überlieferungen aller Zeiten geben der Jungfräulichkeit etwas Übernatürliches und Göttliches. Die prophetischen Eingebungen suchen Jungfrauen, und der Haß gegen Unschuld und Jungfräulichkeit trieb die Zauberei zum Kinderopfer, deren Blut sie heiligende und sühnende Kraft zuschreibt. Gegen die Lockungen des Geschlechts ankämpfen, heißt sich im Bezwingen des Todes üben, höchste Keuschheit ist die strahlendste Krone des Hierophanten. Sein Leben mit menschlichen Umarmungen ausfüllen, heißt die Wurzeln ins Grab treiben. Keuschheit ist eine unirdische stengellose Blüte, die den einladenden Liebkosungen der Sonne zum Emporsteigen willig folgt und wie ein Vogel entflieht.

Das heilige Feuer der Vestalinnen war das Symbol des Glaubens und keuscher Liebe, war das Zeichen des universalen Agens, dessen elektrische, blitzeschleudernde Form *Numa* hervorbringen und lenken konnte. Nur Sonne oder Blitz konnten bei einer strafbaren Vernachlässigung durch die Vestalinnen das erloschene Feuer wieder entzünden. Zu Beginn eines jeden Jahres wurde es erneuert und geweiht, ein Brauch, den wir heute am Vorabend von Ostern noch üben. Mit Unrecht wird das Christentum angeklagt, das Schönste aus den alten Kulten übernommen zu haben. Das Christentum, diese letzte Form universaler Orthodoxie hat nur ihr Eigentum bewahrt und die gefährlichen Übungen und den irrigen Aberglauben verworfen.

Das heilige Feuer war Sinnbild für Vaterlandsliebe und die Religion des Herdes. Dieser Religion und der Unantastbarkeit des ehelichen Heiligtums hat sich *Lukrezia* geopfert. Sie personifiziert die ganze Größe des alten Rom; hätte sie ihr Andenken der Verleumdung preisgegeben, sie hätte sich zweifellos retten können; aber hoher Ruf ist Adel, der verpflichtet. In Ehrensachen ist ein Skandal bedauernswerter als ein Fehler. *Lukrezia* erhob ihre Frauenehre bis zur Höhe des Priestertums, indem sie, einem Angriff unterlegen, diesen sühnte und bestrafte.

Im Andenken an diese berühmte Römerin wurde die hohe Einweihung in den Kult des Vaterlandes und Herdes ausschließlich den Frauen anvertraut. Hier sollten sie lernen, daß die Frucht wahrer Liebe heldenhafte Hingabe ist. Als wahre Schönheit des Mannes zeigte man ihnen Heldentum und Größe und lehrte, daß eine Frau, fähig, ihren Gatten zu verlassen oder zu verraten, mit einemmal Vergangenheit und Zukunft opfert und ihrer Stirne ein Schandmal aufprägt, das noch durch die Wirkung eines Meineids verstärkt wird. Ein Erlahmen der Liebe gegen den, der die Blüte ihrer Jugend empfing, muß für das Herz der ehrbaren Frau das größte Unglück sein; das offene Bekenntnis gleicht der Leugnung der früheren Unschuld, dem Verzicht auf Redlichkeit des Herzens und Reinheit der Ehre, ist die schwerste und am wenigsten gutzumachende Schmach.

Das war die Lehre Roms; der Magie einer solchen Moral dankt es seine ganze Größe. Mit dem Ende der Heilighaltung seiner Ehe begann auch sein Verfall.

An der Wahrheit, daß zur Zeit des *Juvenal* die Mysterien der guten Göttin solche der Unzucht waren, darf ein wenig gezweifelt werden; denn, da nur Frauen zugelassen waren, hätten sie diese wohl selbst angezeigt? Angenommen, es sei wahr, da nach der Regierung von *Nero* und *Domitian* alles möglich war, können wir anderes als das Ende der moralischen Herrschaft der Göttermutter und das Übergehen derselben an den volkstümlicheren, mehr universalen und reineren Kult von Maria, der Muttergottes schließen?

Numa, der in die magischen Gesetze eingeweiht war und die magnetischen Einflüsse des Gemeinschaftslebens kannte, bildete Priester- und Auguren-Collegien und gab ihnen Regeln, es war die erste Idee der Klöster, der Großmächte der Religion. Schon lange bildeten die Propheten in Juda sympathische Kreise zur Übung gemeinsamer Versenkung und gemeinsamen Gebetes. Nun scheinen die Überlieferungen Judas von *Numa* gekannt, Flaminen und Salier, (gallische Priester) begeisterten sich wie David vor der Arche durch Bewegungen und Tänze: *Numa* errichtete zum Wettbewerb mit *Delphi* keine neuen Orakelstätten, aber er lehrte seine Priester die Kunst der Auguren, d. h. er gab ihnen eine gewisse Theorie der Ahnungen und des durch geheime Naturgesetze bestimmten zweiten Gesichts. Wir verachten heute die Kunst der Haruspices und Auguren, weil wir das tiefe Wissen vom Licht, den universalen Entsprechungen und ihrer Spiegelungen verloren haben. In seiner entzückenden Erzählung „*Zadig*“ zeichnet *Voltaire* spielerisch ein Wissen ganz natürlicher, aber deshalb nicht weniger wunderbarer Wahrsagung, denn sie setzt eine ganz außergewöhnliche Beobachtung und eine Reihe von Ableitungen voraus, die gemeinhin der beschränkten Logik des Alltagsmenschen entgehen. Von *Parmenides*, *Pythagoras*' Lehrer, erzählt man, er habe nach dem Genuß von Quellwasser ein nahes Erdbeben vorausgesagt: das ist durchaus nicht seltsam, der Geruch von Erdharz und Schwefel verriet dem Philosophen die Arbeit im Erdinnern. Vielleicht war das Wasser auch nur ungewöhnlich bewegt. Wie dem auch sei, wir sehen die Strenge des Winters aus dem Flug der Zugvögel, und gewisse atmosphärische Einflüsse könnten durch Einblick in die Atmungs- und Verdauungsorgane der Tiere ermittelt werden. Oft haben die physikalischen Störungen der Atmosphäre moralische Ursachen. Revolutionen spiegeln sich in gewaltigen Stürmen wieder, der Atem der Völker bewegt den Himmel. Der Erfolg folgt den elektrischen Strömungen, und die Farben des lebendigen Lichts spiegeln die Bewegung des Blitzes. „*Es liegt etwas in der Luft*," sagt der prophetische Instinkt des Volkes. Haruspex und Augur lernten die Zeichen, die das Licht überall zieht und die Merkmale astraler Strömungen und Umwälzungen lesen. Sie wußten, warum die Vögel einzeln oder in Scharen, durch welche Einflüsse sie nach Norden, Süden, Osten oder Westen fliegen. Wir, die wir über die Auguren lachen, wissen hiervon nichts mehr. Es ist so billig sich lustig zu machen, und so schwer gut zu beobachten.

Weil wir alles, was wir nicht wissen, leugnen und herabsetzen, haben geistvolle Männer wie *Fontenelle* und Gelehrte wie *Kircher* so voreilig über die alten Orakel geschrieben. Alles ist Taschenspielerei in den Augen dieser großen Köpfe. Sie erfinden Maschinen-Statuen, verborgene Sprachrohre, im Tempelsockel eingebaute Echos. Weshalb immer das Heiligtum verleugnen? Muß es immer nur Schurken unter den Priestern gegeben haben? Sollten unter den Hierophanten der *Ceres* oder des *Apoll* nicht auch ehrenwerte und überzeugte Männer gewesen sein? So täuschte man also diese, wie die andern? Wer aber betrog sie durch Jahrhunderte hindurch, ohne sich zu verraten; denn die Betrüger sind nicht unsterblich. Erfahrungen haben erwiesen, daß Gedanken sich übertragen, sich in Schrift übersetzen und sich einprägen allein durch die Kraft des astralen Lichts. Noch immer schreiben geheimnisvoll Hände auf unsere Mauern wie beim Festmahl des *Belsazar*. Erinnern wir uns des weisen Ausspruchs eines Gelehrten, den man gewiß weder des Fanatismus noch der Leichtgläubigkeit anklagen kann, — *Arago* sagte: *Wer außerhalb der reinen Mathematik das Wort „unmöglich" ausspricht, dem fehlt es an Weisheit.*

Der religiöse Kalender des *Numa* entspricht dem der Magier, er setzt sich aus einer Reihe von Festen und Mysterien zusammen, welche die ganze Geheimlehre der Eingeweihten wiedergibt und die öffentlichen Kulthandlungen den universalen Naturgesetzen anpaßt. Die Einteilung der Tage und Monate ist bei seiner christlichen Erneuerung dieselbe geblieben. Wie die Römer des *Numa* heiligen wir noch durch Fasten die der Erinnerung an Geburt und Tod geweihten Tage; aber der Tag der Venus ist uns durch das Sühnopfer auf dem Kalvarienberg geheiligt. Der düstere Tag des Saturn ist der, an dem unser Fleisch gewordener Gott im Grab ruht, aber er wird auferstehen, und das uns versprochene Leben wird die Sichel des Kronos abstumpfen. Der Monat, den die Römer Maia weihten, der Nymphe der Jugend und der Blumen, der den Erstlingen des Jahres lächelnden Mutter, wird von uns Maria, der mystischen Rose, der Lilie der Reinheit, der himmlischen Mutter des Erlösers geweiht. So sind unsere religiösen Gebräuche alt wie die Welt, unsere Feste gleichen denen unserer Väter, und der Heiland der Christen ist nicht zur Unterdrückung der symbolischen und religiösen Schönheiten der alten Einweihung gekommen. Er ist, wie er selbst gelegentlich des biblischen Gesetzes der Israeliten sagt, gekommen, um alles zu verwirklichen und alles zu erfüllen.

VI. Kapitel.

ABERGLAUBE.

Übersicht: — Sein Ursprung; seine Dauer — der Aberglaube der Magie — griechischer und römischer Aberglaube — Voraussagungen, Träume, Bezauberungen, Faszinationen — der böse Blick — die Hexereien — Verhexungen.

Aberglaube ist eine religiöse Form, die verlorene Ideen überlebt. Alles hat als Daseinsbedingungen eine nicht mehr gekannte oder verwandelte Wahrheit. Sein lateinischer Name „*superstes*“ bedeutet das, was überlebt; er ist der materielle Rest alten Wissens oder Meinens.

Die mehr instinktiv handelnde als denkende Menge klammert sich durch Formen an Ideen, lernt nur schwer um. Der Kampf gegen den Aberglauben scheint dem Volk ein solcher gegen die Religion selbst. Deshalb wollte der *hl. Gregor*, einer der größten Päpste, keine Unterdrückung der Volksgebräuche. „*Reinigt die Tempel*,“ schrieb er an seine Missionare, „*aber zerstört sie nicht; denn solange das Volk seine alten Gebetsorte erhalten sieht, wird es aus Gewohnheit zu ihnen pilgern, und ihr gewinnt sie leichter dem Kult des wahren Gottes.*“

„*Die Bretonen*,“ sagt der hl. Papst wieder, „*opfern an gewissen Festtagen, laßt ihnen die Feste, unterdrückt ihre Opfer nicht; laßt ihnen die Freude an ihren Festen, aber macht sie nach und nach sorgsam aus heidnischen zu christlichen.*“

Die Religion behielt fast die gleichen Namen der frommen Gewohnheiten, die sie durch heilige Mysterien ersetzte. So feierten die Alten alljährlich ein Festmahl, die Charistie; hierzu luden sie die Seelen ihrer Verstorbenen ein und bekundeten so ihren Glauben an das universale und unsterbliche Leben. Die Eucharistie, d. h. die Charistie im höchsten Sinne, hat die Charistie ersetzt, und an

Ostern vereinigen wir uns mit all unseren Freunden auf Erden und im Himmel. Weit davon entfernt, durch ähnliches Vorgehen den alten Aberglauben zu begünstigen, gab das Christentum den überlebenden Zeichen des universalen Glaubens Seele und Leben. Die der Religion so nahestehende Magie, diese Wissenschaft der Natur, weiht die Menschen in die Geheimnisse der Göttlichkeit ein. Sie lebt noch ganz in den hieroglyphischen Zeichen und teilweise in den lebenden Überlieferungen, dem zurückgebliebenen Aberglauben.

So ist beispielsweise die Beobachtung von Zahlen und Tagen eine unbewußte Rückerinnerung an das ursprünglich magische Dogma. Der der Venus heilige Freitag galt bei den Alten infolge seiner Erinnerung an Geburt und Tod als unheilbringend. Bei den Juden wurde an diesen Tagen nichts begonnen, aber die ganze Wochenarbeit zu Ende geführt, weil er dem Sabbat, dem Tag der gebotenen Ruhe, voraufging. Die auf den vollen Zwölf-Zyklus folgende Dreizehn versinnbildlicht den Tod nach den Arbeiten des Lebens. Der auf den Tod fallende jüdische Glaubensartikel ist der dreizehnte. Infolge der Gliederung der Familie *Josephs* in zwei Stämme waren am ersten Osterfest Israels im gelobten Land dreizehn Gäste; d. h. dreizehn Stämme zur Verteilung der Ernte Kanaans. *Benjamins*, also des Jüngsten Stamm wurde ausgelöscht, daher die Überlieferung vom baldigen Tod des Jüngsten, wenn dreizehn am Tische sitzen.

Die Magier enthielten sich des Fleisches gewisser Tiere und aßen kein Blut. *Moses* erhob diesen Grundsatz zur Vorschrift, und bezüglich des Blutes sagte er, die Seele des Tieres sei mit ihm vereinigt, und man dürfe sich nicht von Tierseelen nähren. Diese im Blut zurückbleibenden tierischen Seelen sind wie ein Phosphor des geronnenen und verdorbenen astralen Lichts und können zahlreiche Krankheiten verursachen. Das Blut erstickter Tiere wird schlecht verdaut und gibt Empfänglichkeit für Schlagfluß und Spuk. Das Fleisch fleischfressender Tiere ist wegen der wilden Instinkte, mit denen es belebt war, und wegen der Zersetzung und des Zerfalls, die es schon aufgenommen hatte, ungesund.

„*Die mit Gewalt von ihrem Leib getrennte tierische Seele,*“ sagt *Porphyr*, „*entfernt sich nicht von demselben, sondern bleibt wie die Seele des Menschen, der ein gewaltsames Ende fand, ihrem Körper nahe. Tötet man also ein Tier, dann hält sich die Seele gern in der Nähe des Körpers, den sie nur gezwungen verließ, auf. Nichts kann sie entfernen, sie wird durch Sympathie zurückgehalten. Mehrere hat man bei ihren Leibern seufzend gesehen. Auch die Menschenseelen bleiben ihrem noch unbestatteten Körper nahe. Diese gebrauchen die Magier für ihre Operationen und zwingen sie zum Gehorsam, wenn sie ganz oder teilweise Herr über den toten Körper sind. Die Theosophen, die über diese Geheimnisse unterrichtet sind, die Sympathien der Tierseele für den getrennten Körper und ihr Vergnügen der Annäherung an diesen kennen, haben den Gebrauch gewissen Fleisches mit Recht verboten, damit wir nicht von fremden Seelen verunreinigt werden.*“

Porphyr fügt hinzu: durch den Genuß von Raben-, Maulwurf- und Sperberherzen könne man Prophet werden. Hier verfällt der alexandrinische Theurgist in die Rezepte des *kleinen Albert;* aber nur ein falscher Weg konnte ihn so schnell zum Aberglauben führen, da sein Ausgangspunkt die Wissenschaft ist.

Zur Erklärung der geheimen Eigenheit der Tiere sagten die Alten, die Götter hätten bei ihrem Kampf mit den Riesen verschiedene Gestalt angenommen, um sich zu verbergen, und aus Vergnügen kehrten sie manchmal in diese zurück, so verwandelt sich *Diana* in eine Wölfin, die Sonne in einen Stier, Löwen, Drachen und Sperber, *Hekade* in ein Pferd, eine Wölfin oder Hündin. Nach mehreren Theosophen wurde Proserpina Phärebate genannt, weil sie sich von Turteltauben nähre. Turteltauben wurden von den Priesterinnen gewöhnlich Maja geopfert, der Proserpina der Erde, der Tochter der blonden *Ceres*, der Mutter des Menschengeschlechts. Die Eingeweihten von Eleusis müssen sich der Hausvögel, Fische,Bohnen, Pfirsiche und Äpfel enthalten, nie berühren sie eine Frau im Wochenbett oder eine Schwangere. *Porphyr*, dem wir diese Einzelheiten entnehmen, fügt noch folgenden Satz hinzu: „*Wer auch immer die Wissenschaft der Visionen studiert hat, weiß, daß man sich aller Vögel enthalten soll, will man vom Joch des Irdischen befreit werden und einen Platz bei den Göttern des Himmels finden.*“ Den Grund hierfür sagt er nicht.

Nach *Eurypides* enthielten sich die in den Geheimkult des *Zeus* Eingeweihten allen Fleisches. So wendet sich sein Priesterchor an König *Minos:*

„Sohn aus Tyrins, du Phönizier,
Sproß Europens und des großen Zeus,
König Kretas, des berühmten, vielstädtigen,
Vor dich treten wir, verlassen der Götter Tempel,
Die aus dem Holz der Eiche und Zypresse erbaut,
Mit schwerem Eisen gefügten!
Wir führen ein reines Leben. –

Seit ich Priester des Zeus,
Meid' ich des Bacchos nächtiges Mahl,
Kein blutiges Fleisch dient mir zur Speise,
Nur Kerzen weih ich der Mutter der Götter,
Kurete bin ich, weißgekleidet;
Der Menschenwiege, der Menschen Grab,
Fern halt ich mich beiden.
Nichts dient mir zur Speise,
Was bewegt vom Hauche des Lebens.“

Fischfleisch ist phosphoreszierend und deshalb aphroditisch. Die Bohnen erhitzen und verursachen Dämpfe. Auch in der merkwürdigsten Enthaltsamkeit liegt ein tiefer Sinn ohne jeden

Aberglauben. Gewisse Zusammenstellungen der Speisen widersprechen der Harmonie der Natur. „*Koch nicht das Zicklein in seiner Muttermilch*," sagt *Moses*. Als Allegorie eine rührende, bezüglich der Hygiene weise Vorschrift.

Die Griechen glauben weniger an Wahrsagungen als die Römer; Nattern, die Opfergaben kosteten, galten ihnen als gutes Omen. Wandten sie sich rechts oder links, war die Bedeutung günstig oder ungünstig. Das Nießen hatte Vorbedeutung, auch gewisse andere, lärmende, natürliche, aber weniger anständige Vorgänge als das Nießen wurden beobachtet. In der Hymne an *Hermes* erzählt *Homer*, daß *Apoll*, zu dem der Gott der Diebe als kleines Kind kam, um seine Rinder zu rauben, das Kind nahm und schüttelte, damit es den Diebstahl gestehe.

Hermes befällt ein fremdseltsames Wunder,
Aus seinen Lenden, den erzürnten, bricht das Orakel.
Bis zu Apoll aufsteigen die Dünste
Und grimmigen Worts wirft er zur Erde das Kind.
Wohl trug er im Sinn das Ende der Wand'rung,
Aufbrach er, zum Kind mit den Worten gewendet:

Mutiger du, Sohn der Maya, der schöngestalteten,
Und des großen Zeus, du Schöner, Umgarnter.
Sicher könnte ich finden, abenteuernd
Die Spur meiner Rinder in deinem Orakel,
Immer hieltest du mich aber nur in Erwartung.

(Hymnen des Homer, Uebersetzung nach Salomon Certon, pag. 50.)

Bei den Römern war alles Vorbedeutung: der Kiesel, an den der Fuß stieß, der Ruf der Lerche, das Gebell des Hundes, ein zerbrochenes Gefäß, die alte Frau, die man als erste sah, ein Tier, dem man begegnete. Diese nichtige Furcht hatte als Grundlage dieses große magische Wissen der Wahrsagung, die kein Anzeichen vernachlässigt, und die mit einer vom Volk nicht beachteten Wirkung auf eine Reihe miteinander verknüpfter Ursachen sich gründet. So weiß sie beispielsweise, daß die atmosphärischen Einflüsse, die den Hund bellen lassen, für gewisse Kranke tödlich sind, daß die Gegenwart und das Kreisen von Raben verlassene Leichen anzeigen: Dies hat immer eine dunkle Vorbedeutung. Raben besuchen am liebsten Stätten des Mordes und der Hinrichtung. Das Vorüberziehen gewisser Vögel zeigt strenge Winter an. Andere künden durch kreischende Schreie Stürme auf dem Meere vorher. Was das Wissen sondert, greift die Unwissenheit auf, um es zu verallgemeinern. Ersteres findet immer nützliche Warnungen, letztere wird von allem beunruhigt und jagt sich selbst Furcht ein.

Die Römer waren auch große Traumdeuter; diese Kunst hängt mit der Erkenntnis des vitalen Lichts und mit der Einsicht in seine Richtung und Spiegelung zusammen. In der transzendentalen Mathematik Erfahrene wissen genau, daß es kein Bild ohne Licht gibt, sei es direkt gespiegelt oder gebrochen. Aus der Richtung des Strahls, dessen Widerschein sie immer an der Brechung erkennen; werden sie durch genaue Berechnung den Lichtherd finden, dessen universale oder relative Kraft sie schätzen. Sie vermögen auch den gesunden oder kranken Zustand des Sehorgans festzustellen, sei es innen oder außen, dem sie die Unförmigkeit oder scheinbare Richtigkeit der Bilder zuschreiben. Jenen sind Träume Offenbarungen. Der Traum ist ein Schein der Unsterblichkeit in diesem Tod aller Nächte, den wir Schlaf nennen. Im Traum leben wir ein universales Leben ohne Bewußtsein von Gut und Böse, von Zeit oder Raum. Wir fliegen über Bäume, tanzen überm Wasser, wir hauchen über Gefängnisse und sie öffnen sich, oder wir sind schwer, traurig, verfolgt, gefesselt, je nach dem Zustand unserer Gesundheit oder dem unseres Gewissens. Zweifellos ist solche Beobachtung nützlich, was aber vermögen die daraus zu schließen, die weder wissen noch lernen wollen.

Den alten Weisen war die allmächtige Tat der Harmonie, die Seele zu entflammen und sie als Herrin der Sinne einzusetzen, wohl bekannt, aber was sie zur Beruhigung gebrauchen, dient den Zauberern zur Erregung und zum Rausch. Die Zauberinnen Thessaliens und Roms waren überzeugt, der Mond werde durch ihre barbarischen Verse vom Himmel gerissen und falle ganz bleich und blutend zur Erde. Die Eintönigkeit ihres Rezitierens, die Striche mit dem Zauberstab, ihre Drehungen um den Kreis magnetisierten sie, reizten sie auf und führten sie nach und nach zum Wahnsinn, zur Ekstase und Katalepsie. Dann träumten sie im hellen Wachsein, sahen Gräber sich öffnen, die Luft sich mit Scharen von Dämonen erfüllen und den Mond vom Himmel fallen.

Das astralische Licht ist die lebendige Seele der Erde, eine materielle und verhängnisvolle in ihren Wirkungen und Bewegungen durch die ewigen Gesetze des Gleichgewichts genötigte Seele. Dieses alle Körper umgebende undurchdringende Licht kann ihre Schwere aufheben und sie um einen stark ansaugenden Mittelpunkt sich drehen lassen. Noch nicht genug erforschte und sich immer wiederholende Erscheinungen haben die Wahrheit dieser Theorie bewiesen. Diesem Naturgesetz muß man die magischen Wirbel zuteilen, in deren Mitte sich die Zauberer stellten. Es ist das Geheimnis der von gewissen Reptilien auf die Vögel und von negativen und ansaugenden auf sensitive Naturen ausgeübten Faszinationen. Medien sind gemeinhin kranke Wesen, in denen eine Leere entsteht, und die dasLicht anziehen wie Strudelbecher das Wasser. So können die schwersten Körper hochgehoben und von der Strömung emporgerissen werden. Diese negativen und schlecht ausgeglichenen Naturen, deren fluidaler Körper unförmig ist, werfen ihre Anziehungskraft in die Ferne und bilden in der Luft ergänzende und phantastische Glieder. Wenn das berühmte Medium *Home* körperliche Hände um sich erscheinen läßt, sind seine eigenen Hände eiskalt und tot. Man könnte die Medien für phänomenale Wesen halten, in denen der Tod sichtbar gegen das Leben kämpft. Genau so sind die Meister der Faszination, die Schicksalsdeuter, die Menschen mit dem bösen Blick und Hexenmeister zu beurteilen. Es sind freiwillige oder unfreiwillige Vampire; sie ziehen das ihnen fehlende Leben an sich und stören so das Gleichgewicht des Lichts. Handeln sie mit Willen, so sind sie strafbare Übeltäter, handeln sie unfreiwillig, so sind sie gefährliche Kranke, deren Nähe empfindliche und nervöse Personen meiden müssen.

Porphyr erzählt aus dem Leben *Plotins:*

„*Unter den Berufsphilosophen war ein Alexandriner, namens Olympios. Er war einige Zeit Schüler des Ammonios und behandelte Plotin mit Verachtung, da er berühmter sein wollte. Er machte magische Übungen, um ihm zu schaden, merkte aber bald, daß alles auf ihn zurückfiel, und gab seinen Freunden gegenüber zu, Plotin müsse eine sehr starke Seele haben, da sie auf seine Feinde ihre schlechten Pläne zurückschleudere. Plotin fühlte die feindliche Handlung des Olympios und sagte manchmal: ‚eben hat Olympios Krämpfe.‘ Da jener nun wiederholt beobachtete, daß er selbst die Plotin zugedachten Leiden dulden mußte, stellte er seine Verfolgung ein.*“

Gleichgewicht ist das größte Gesetz des vitalen Lichts: Schleudern wir es heftig von uns, so wird es von gleichmäßigeren Naturen als wir zurückgeworfen und fällt auf uns selbst ebenso stark zurück. Wehe denen, die mit natürlichen Kräften Mißbrauch treiben! Die Natur ist gerecht und ihre Rückwirkungen sind furchtbar.

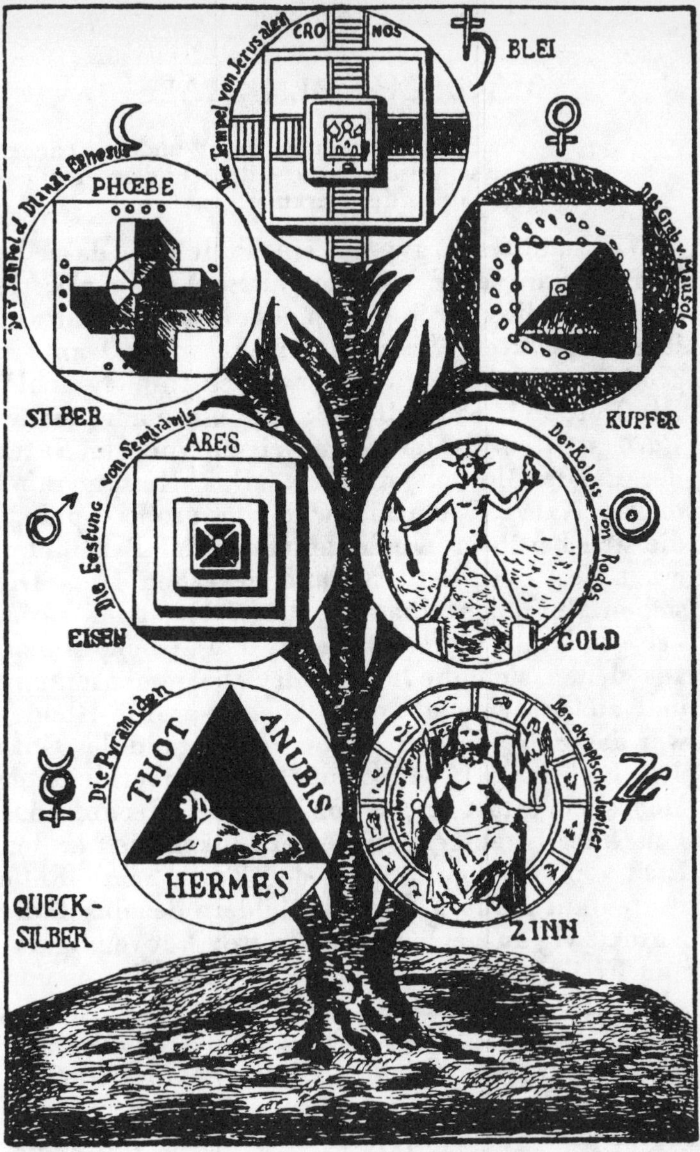

Die sieben Weltwunder.

VII. Kapitel.

MAGISCHE DENKMALE.

Die Pyramiden — die sieben Wunder — Theben und seine sieben Tore — der Schild des Achill — die Säulen des Herkules.

Wir nannten Ägypten ein Pantakel, dasselbe könnte man von der ganzen alten Welt sagen. Je sorgsamer die Hierophanten auf die Geheimhaltung ihres absoluten Wissens bedacht waren, um so größer und vielgestaltiger wurden ihre Symbole. Die Pyramiden mit dreieckiger und quadratischer Basis stellten ihre auf dem Wissen von der Natur beruhende Metaphysik dar. Das Hauptsymbol dieser Naturerkenntnis war die große Sphinx, die sich bei ihrer Wache am Fuße der Pyramiden ein tiefes Bett in den Sand gegraben hat. Die sieben Monumentalbauten, die Weltwunder waren der gewaltige Kommentar zu den sieben Linien, aus denen sich die Pyramiden zusammensetzten, und zu den sieben Toren Thebens. Auf Rhodos war das Pantakel der Sonne. Hier stand der Gott des Lichts und der Sonne in goldverkleideter Menschengestalt und erhob in seiner Rechten das Feuer der Intelligenz, in seiner Linken hielt er den Pfeil der Bewegung und der Tat. Seine Füße ruhten auf Mauern, den Sinnbildern der durch die Natur ewig ausgeglichenen Kräfte: Notwendigkeit und Freiheit, Aktivum und Passivum, Festes und Flüssiges, den Säulen des *Herkules*.

In Ephesus stand das Pantakel des Mondes, der Ehrentempel der *Diana*. Dieser Tempel war ein Sinnbild des Universums, ein Dom über einem Kreuz mit quadratischem Säulengang mit kreisrunder Umfassung wie der Schild des *Achill*.

Das Grabmal des *Mausolos* war das Pantakel der keuschen eheschützenden *Aphrodite*. Es hatte eine Lingamform. Seine Umfassung war kreisrund, der Bau quadratisch. In der Mitte des Quadrats erhob sich eine abgestumpfte Pyramide, die einen Wagen mit vier kreuzweise bespannten Rossen trug.

Die Pyramiden waren das Pantakel des *Hermes* oder *Merkur*.

Der olympische Zeus war das Pantakel des *Zeus*. Die Mauern Babylons und die Festung der Semiramis waren das Pantakel des *Mars*.

Der Tempel *Salomons*, dieses universale und absolute Pantakel, das alle andern verschlingen sollte, war dem Heidentum das furchtbarste Pantakel des *Saturn*.

Die siebenfache Philosophie der Einweihung bei den Alten kann folgendermaßen zusammengefaßt werden:

Die drei Grundgesetze waren diese:

1. DAS SEIN IST DAS SEIN.

In der Philosophie: Einheit von Idee und Sein oder Wahrheit; in der Religion: das oberste Gesetz, der Vater.

2. DAS SEIN IST WIRKLICH.

In der Philosophie: Einheit von Wissen und Sein oder Wirklichkeit; in der Religion: der Logos *Platons*, der Demiurgos, das Wort.

3. DAS SEIN IST LOGISCH.

In der Philosophie: Einheit von Vernunft und Wirklichkeit, in der Religion: die Vorsehung, die göttliche Tat der Verwirklichung des Guten; wechselseitige Liebe des Guten und Wahren, der heilige Geist des Christentums.

Die vier Elementarformen waren der Ausdruck der zwei Grundgesetze: Widerstand und Bewegung; die widerstandleistende Trägheit oder das Feste, das wandelnde Leben oder das Flüssige, allgemeiner: Stoff und Geist; Stoff, das zur passiven Bejahung gestellte Nichts, Geist, das Prinzip der absoluten Notwendigkeit in der Wahrheit. Die negative

Wirkung des stofflichen Nichts auf den Geist, das schlechte Prinzip; die positive Wirkung des Geistes durch die Fülle von Schöpfung und Licht, das gute Prinzip. Diesen beiden Begriffen entspricht einerseits die Menschheit, andererseits das vernünftig sühnende in Sünde, d. h. wegen seiner stofflichen Zeugung im Nichts empfangene Leben der Menschheit.

Das war die Lehre der geheimen Einweihung, ist die wunderbare Synthese, die der Hauch des Christentums neu belebt, sein Haus erhellt, sein Dogma vergöttlicht und in seinen Sakramenten verwirklicht hat.

Die Synthese, die unter dem verhüllenden Schleier verborgen ist, welche die Menschheit zur rechten Zeit in ihrer ganzen ursprünglichen Schönheit und mütterlichen Fruchtbarkeit wiederfinden wird.

DRITTES BUCH

Synthese und göttliche Verwirklichung des Magiertums durch die christliche Offenbarung

ג GHIMMEL.

I. Kapitel.

CHRISTUS VON DEN JUDEN DER MAGIE ANGEKLAGT.

Die unbekannte Seite des Christentums — Parabel des Talmud und des Sepher Toldos-Jeschut — Evangelium und Apokalypse des hl. Johannes — die Johanniter — die von St. Paulus verbrannten Bücher der Magie — Aufhebung der Orakel — Verwandlung des natürlichen Wunders in Mirakel und der Wahrsagung in Prophetie.

In den ersten Teilen des Johannesevangeliums steht ein Wort, das die katholische Kirche niemals ohne Kniebeugen ausspricht: „*Das Wort ist Fleisch geworden.*"

In diesem Wort ist die ganze christliche Offenbarung enthalten, daher gibt der *hl. Johannes* als Kriterium der Rechtgläubigkeit das Bekenntnis zu *Jesus Ghristus* im Fleisch, d. h. in sichtbarer und menschlicher Wirklichkeit.

Ezechiel, der tiefste Kabbalist der alten Propheten, hat in seinen Visionen die Pantakel und Hieroglyphen der Weisheit lebendig ausgemalt. Räder läßt er in Räder greifen, mit lebenden Augen umstellt er die Sphären, die vier geheimnisvollen Tiere gehen mit schlagenden Flügeln. Dann sieht er nur noch eine mit verdorrten Knochen bedeckte Ebene; er ruft, und die Gestalten kehren wieder, Fleisch umkleidet die Knochen. Traurige, kalte und leblose Schönheit ist um die dem Tod Entrissenen. So waren Lehren und Mythen der alten Welt, als ein Hauch der Barmherzigkeit vom Himmel wehte. Jetzt belebten sich erstorbene Formen, an Stelle der philosophischen Träume traten wahrhaft Weise; das Wort ward Fleisch und wurde lebendig, nichts mehr war Abstraktion, alles war Wirklichkeit. Der durch Werke bewiesene Glaube ersetzte die nur von Fabeln ausgehenden Hypothesen. Die Magie wandelte sich in Heiligkeit, Wunder wurden Mirakel, und die durch die alte Einweihung ausgeschlossene Masse wurde zu König- und Priestertum der Tugend berufen.

Verwirklichung ist das Wesen der christlichen Religion. So gibt auch ein Dogma den offensichtlichsten Allegorien einen Körper. Noch heute zeigt man in Jerusalem das Haus des schlechten Reichen, und sorgfältiges Forschen würde vielleicht auch noch die Lampe der törichten Jungfrauen finden. Diese naive Gläubigkeit ist nicht gefährlich und beweist nur die verwirklichende Kraft des christlichen Glaubens.

Die Juden beschuldigen ihn der Verstofflichungen des Glaubens und der Idealisierung irdischer Dinge. Im „*Dogma und Ritual der hohen Magie*" wiesen wir auf die tiefsinnige Parabel des *Sepher Toltos-Jeschut*, welcher diese Beschuldigung beweist. Sie erzählen im Talmud, *Jesus Ben Sabta* oder der Sohn der Geschiedenen habe in Ägypten die gewöhnlichen Mysterien studiert, in Israel einen falschen Eckstein errichtet und das Volk zum Götzendienst verführt. Sie erkennen an, daß das israelitische Priestertum unrecht tat, ihn mit beiden Händen zu verfluchen. Bei dieser Gelegenheit findet man im Talmud die schöne Vorschrift, die eines Tages Israel dem Christentum näherbringen wird: „*Verfluchet nie mit beiden Händen, damit auch eine zum Vergeben und Segnen bleibe.*"

Das jüdische Priestertum behandelt den friedliebenden Meister ungerecht, der seine Jünger zum Gehorsam gegen die bestehende Hierarchie ermahnte: „*Sie sitzen auf Moses Stuhl*," sagte der Heiland, „*tut was sie sagen, aber nicht was sie tun.*" Ein andermal gebot der Meister zehn Aussätzigen, sich den Priestern zu zeigen, und als sie hinkamen, wurden sie geheilt. Rührende Entsagung des göttlichen Wundertäters, seinen Todfeinden läßt er die Ehre seiner Wunder!

Wenn sie übrigens Christus anklagten, einen falschen Eckstein gesetzt zu haben, wußten sie etwa um den wahren? Dieser Eckstein, kubische Stein, symbolischer Name für dieselbe Sache, dieser Grundstein des kabbalistischen Tempels mit viereckiger Basis und dreieckigem Gipfel wie die Pyramiden, kannten ihn die Juden zur Zeit der Pharisäer denn noch? Wenn sie *Jesum* als Neuerer anklagten, bekundeten sie damit nicht, daß sie ihre Vorfahren vergessen hatten? War nicht das von *Abraham* mit Freudenzittern gesehene Licht für die untreuen Kinder *Moses* erloschen, als Jesus es wieder fand und in neuem Glanze erstrahen ließ? Ein Vergleich der geheimnisvollen Lehren des Sepher Jezirah und Sohar mit der Apokalypse des *hl. Johannes* ergibt dies mit Sicherheit. Dann wird man das Christentum, weit davon entfernt jüdischeKetzerei zu sein, als wahre, orthodoxe Überlieferung des Judentums und die Pharisäer und Schriftgelehrten als Ketzer erkennen.

Dann ist die christliche Rechtgläubigkeit durch den Anhang der Welt und das Aufhören von Priestertum und ewigem Opfer bei den Juden, den sichersten Merkmalen wahrer Religion, erwiesen. Das Judentum ohne Tempel und Hohepriester ist nur noch ein Widerspruch. Menschen sind Juden geblieben, Tempel und Altar wurden christlich.

In den apokryphen Evangelien findet man eine schöne, allegorische Darstellung des Prüfsteins für die Echtheit des Christentums, die in der Offensichtlichkeit der Verwirklichung liegt. Einige Kinder spielten und kneteten Vögel aus Ton. Der kleine *Jesus* spielte mit. Jeder der kleinen Künstler lobte ausschließlich seine Arbeit. Jesus schwieg, als er seine Vögel aber fertig hatte, rief er in die

Hände klatschend „*fliegt*", und sie flogen davon. So zeigten sich christliche Einrichtungen der alten Welt überlegen. Sie sind gestorben, aber das Christentum ist wahr.

Als vollkommener, wirklicher und lebendiger Ausdruck der Kabbala, der ursprünglichen Überlieferung ist das Christentum noch unbekannt. Deshalb ist auch das kabbalistische und prophetische Buch der Offenbarung noch nicht erklärt.

Ohne die kabbalistischen Schlüssel ist es tatsächlich unerklärlich, da es unbegreiflich ist.

Lange erhielten die *Johanniter*, Jünger des *hl. Johannes* die traditionellen Erklärungen dieses prophetischen Epos. Aber die Gnostiker kamen, um alles zu verwirren und alles zu verlieren, was wir noch erklären werden.

Die Apostelgeschichte erzählt, daß der *hl. Paulus* in Ephesus alle Bücher über „*seltsame Dinge*" habe zusammenbringen und öffentlich verbrennen lassen. Zweifellos handelt es sich hierbei um Bücher der Goëtie und Nekromantie. Dieser Verlust ist bedauerlich, denn auch die Bücher können aus Strahlen der Wahrheit und für die Wissenschaft wertvollen Lehren hervorgehen.

Es ist allgemein bekannt, daß mit *Jesu* Geburt die Orakel der ganzen Welt aufhörten, und eine Stimme über das Meer rief: „*Der große Pan ist tot!*" Über diese Behauptung erzürnt, erklärte ein heidnischer Schriftsteller, nicht die Orakel seien stumm, sondern niemand frage sie mehr um Rat. Solches Richtigstellen ist kostbar, wir finden aber eine solche Rechtfertigung der Wahrheit besser entsprechend als die vermeintliche Verleumdung.

Dasselbe gilt von der Verachtung der Zauberei, da die wahren Wunder hervortraten. Wenn die höheren Naturgesetze der wahren moralischen

Kraft gehorchen, dann werden die Wunder übernatürlich wie die sie hervorrufenden Kräfte. Durch diese Theorie wird Gottes Macht um nichts geschmälert. Das astrale Licht, das dem überlegenen Licht der Gnade gehorcht, ist für uns wirklich die allegorische Schlange, die besiegt ihren Kopf unter den Fuß der Himmelskönigin legt.

II. Kapitel.

WAHRHEITSBEWEIS FÜR DAS CHRISTENTUM DURCH DIE MAGIE.

Das Zeugnis der Magie für die Wahrheit des Christentums — der Geist der Nächstenliebe, der Vernunft und des Glaubens — Eitelkeit und Lächerlichkeit der Widersprüche — der Grund zur Verdammung der Magie durch die Autorität des christlichen Priestertums.

Als Wissenschaft vom universalen Gleichgewicht mit der absoluten Forderung: Wahrheit — Wirklichkeit — Vernunft des Seins, gibt die Magie Rechenschaft über alle Widersprüche und versöhnt alle sich selbst widersprechenden Tatsachen durch das Grundgesetz aller Synthesen: „*Harmonie geht aus der Analogie der Gegensätze hervor.*"

Für den Eingeweihten dieser Wissenschaft kann die Religion nicht in Frage gestellt werden, da sie besteht. Wirkliches bestreitet man nicht.

Das Sein ist das Sein. אהיה אשר אהיה

Den scheinbaren Gegensatz zwischen Glauben und Vernunft schafft die Kraft des einen wie des andern, da sie so in ihrem bestimmten und getrennten Machtbereich erhalten werden, und die positive Seite der einen die negative der anderen befürchtet: also Harmonie durch Analogie der Gegensätze. Alle Irrtümer und religiösen Wirren entsprangen daraus, daß die Unkenntnis dieses Gesetzes aus der Religion eine Philosophie, aus der Philosophie eine Religion machen wollte; Glaubenssachen versuchte man dem wissenschaftlichen Verfahren zu unterwerfen, ebenso lächerlich, als wollte man die Wissenschaft unter den Gehorsam des Glaubens zwingen. Der Theologe hat ebensowenig das Recht, einen mathematischen Widersinn zu bestätigen oder die Darstellung eines Theorems zu verneinen, als der

Wissenschaftler namens der Wissenschaft für oder gegen die Mysterien des Dogmas eintreten kann.

Fragt die Akademie der Wissenschaft nach der mathematischen Wahrheit der göttlichen Dreieinigkeit, oder ob sie durch ein wissenschaftliches Mittel die unbefleckte Empfängnis der Gottesmutter Maria beweisen kann? Die Akademie wird sich mit Recht weigern: die Gelehrten haben damit nichts zu tun, denn das sind Fragen des Glaubens.

Man streitet sich nicht um einen Glaubensartikel, sondern glaubt oder glaubt nicht; aber eben weil es sich der wissenschaftlichen Prüfung entzieht, deshalb ist es Glaube.

Wenn *Graf de Maistre* versichert, man werde einst über unsere Dummheit erstaunt sein, so ist dies zweifellos eine Anspielung auf die angeblich großen Geister, die jeden Tag sagen:

Ich glaube, sobald ein wissenschaftlicher Beweis für die Wahrheit des Dogmas vorliegt.

Das heißt, ich werde glauben, wenn ich nichts mehr zu glauben habe, und das Dogma als solches vernichtet und zum wissenschaftlichen Theorem geworden ist.

Mit anderen Worten: ich werde nur an eine mir erklärte, bewiesene, erläuterte, festgelegte, kurz, gemachte Unendlichkeit glauben.

Nur wenn ihr Nichtvorhandensein sicher ist, werde ich an die Unendlichkeit glauben.

An den ungeheuren Ozean werde ich glauben, wenn ich ihn vor mir in Flaschen gefüllt sehe.

Aber, gute Leute, an das Bewiesene glauben, ist nicht Glauben sondern Wissen.

Würde man euch umgekehrt sagen, der Papst habe bestimmt, daß 2×2 nicht 4 und das Hypotenusenquadrat nicht gleich den beiden Seitenquadraten eines rechtwinkligen Dreiecks ist, so würdet ihr mit Recht antworten: Der Papst hat dies nicht bestimmt, weil er es nicht festlegen kann.

Das geht ihn nichts an, er soll seine Hände davon lassen.

„Sehr schön“, rief ein Schüler *Rousseaus*, „die Kirche befiehlt uns der Mathematik entgegengesetzte Dinge zu glauben.

Die Mathematiker lehren, das Ganze sei größer als ein Teil. Als Jesus Christus mit seinen Jüngern das Abendmahl nahm, mußte er seinen ganzen Leib in seine Hand nehmen, und *„er hat seinen Kopf in seinen Mund genommen*“. (Dieser erbärmliche Witz steht wörtlich bei Rousseau.)

Die Antwort ist leicht: der Sophist verwechselt hier Glauben mit Wissen, natürliche mit übernatürlicher oder göttlicher Ordnung.

Wenn die Religion weiß, daß unser Erlöser zwei natürliche Körper derselben Gestalt und Größe hatte, und daß der eine den andern aß, dann würde sich die Wissenschaft mit Recht wehren.

So aber sagt die Religion, daß der Leib des Meisters göttlich und sakramental unter dem Zeichen oder dem natürlichen Schein eines Stückchens Brot enthalten war. Nochmal, hier heißt es glauben oder nicht glauben; wer aber mit Vernunftgründen kommen oder wissenschaftlich bestreiten will, der muß als Dummkopf gelten.

Die wissenschaftliche Wahrheit beweist exakte Darstellung, die religiöse Wahrheit beweist Einmütigkeit im Glauben und Heiligkeit im Handeln.

Der hat das Recht, Sünden zu vergeben, sagt das Evangelium, der dem Lahmen sagen kann: „*Stehe auf und wandle.*“

Die Religion ist wahr, wenn sie die höchste Moral verwirklicht.

Der Beweis des Glaubens sind die Werke.

Hat das Christentum eine unermeßliche Menschengemeinde aufgestellt, welche die Hierarchie als Grundsatz, Gehorsam als Regel und Nächstenliebe als Gesetz hat? So kann man die Wissenschaft fragen.

Antwortet die Wissenschaft nach historischen Dokumenten: Ja, aber sie haben gegen die Nächstenliebe gefehlt.

So antworten wir mit euren Worten, kann man den Vertretern der Wissenschaft sagen. Da man gegen sie fehlen kann, so gebt ihr die Nächstenliebe zu?

Nächstenliebe, das große Wort, das vor dem Christentum nicht war, die große Sache, da sie die ganze, wahre Religion ist!

Ist der Geist der Nächstenliebe nicht der auf Erden sichtbar gewordene göttliche Geist?

Zeigte dieser Geist sein Vorhanden nicht in Taten, Einrichtungen, Denkmälern und unsterblichen Werken?

Wir verstehen wahrhaftig nicht, wie ein Ungläubiger mit Treu und Glauben beim Anblick einer Schwester vom Orden des hl. Vinzens von Paul nicht Lust zum Niederknien und zum Beten bekommen sollte!

Der Geist der Nächstenliebe ist Gott, Unsterblichkeit der Seele, Hierarchie, Gehorsam, Vergebung für Unrecht, Einfachheit und Reinheit des Glaubens.

Die abgetrennten Sekten sind in Ihrem Grund vom Tod bedroht, da sie durch ihre Absonderung an der Nächstenliebe gefehlt haben und im einfachsten Menschenverstand den Glauben durch Vernunft ergründen wollten.

In diesen Sekten ist das Dogma absurd, weil es sozusagen vernünftig ist. Dann muß es wissenschaftliches Theorem oder nichts sein. In der Religion ist der Buchstabe tot und allein der Geist lebendig. Um welch andern Geist kann es sich handeln als den der Nächstenliebe?

Der Glaube, der Berge versetzt und Qualen duldet, Edelmut, der gibt, Beredsamkeit, die mit Menschen- und Engelzungen redet, alles ist nichts ohne Nächstenliebe, sagt der *hl. Paulus*.

Wissenschaft kann ohnmächtig werden, Prophezeiungen können aufhören, die Nächstenliebe ist ewig, setzt derselbe Apostel hinzu.

Die Nächstenliebe und ihre Werke sind die Wirklichkeit der Religion: wahre Vernunft widersetzt sich nie der Wirklichkeit, denn die Wirklichkeit ist der Beweis des Seins, und dieses ist Wahrheit.

So reicht die Philosophie der Religion die Hand, ohne je in ihren Bereich eingreifen zu wollen, und unter dieser Bedingung segnet, ermutigt und erhellt die Religion die Philosophie mit ihrem Glanz der Nächstenliebe.

Nächstenliebe ist im Traume der Eingeweihten Griechenlands das geheimnisvolle Band, um Eros und Anteros zu versöhnen. Sie ist die Krönung der Tempelpforte *Salomons*, welche die beiden Säulen Jakin und Boaz einen sollte; sie ist die wechselseitige Garantie von Recht und Pflicht, Autorität und Freiheit, Stärke und Schwäche, Volk und Regierung, Mann und Frau. Sie ist das göttliche Gefühl, das Menschenweisheit beleben muß; sie ist das Absolute des Guten wie der Grundsatz:

SEIN — WIRKLICHKEIT — VERNUNFT

das Absolute des Wahren. Diese Erläuterungen waren zur Erklärung jenes schönen Symbols von der Anbetung der Magier an der Krippe des Heilands notwendig. Es sind drei, ein Weißer, ein Brauner und ein Schwarzer; sie opfern Gold, Weihrauch und Myrrhen. Die Versöhnung wird durch die doppelte Dreiheit ausgedrückt, es entspricht also genau unserer obigen Erklärung.

Das von den Magiern erwartete Christentum war die Folge ihrer geheimen Lehre; aber bei seiner Geburt sollte dieser Benjamin des alten Israels seine Mutter töten.

Die Magie vom Licht, die des wahren *Zoroaster*, des *Melchisedech* und *Abraham* mußte dem großen

Verwirklicher weichen. In einer Welt göttlicher Wunder konnten natürliche Wunder nur noch ein Ärgernis sein; die magische hatte sich in religiöse Orthodoxie verwandelt. Andersgläubige konnten nur noch Erleuchtete oder Zauberer sein. Selbst der Name Magie durfte nur noch im bösen Sinn genommen werden. Unter diesem Fluch werden wir die magischen Erscheinungen durch die Zeiten verfolgen.

Der erste Ketzer, den die kirchliche Überlieferung nennt, war *Simon Magus*, ein Hexenmeister, von dem die Legende eine große Anzahl von Wundern berichtet. Seine Geschichte gehört uns von Rechts wegen, und wir wollen versuchen, sie unter den volkstümlichen Fabeln wiederzufinden.

Simon war Jude von Geburt, und sein Geburtsort soll der Marktflecken Gitton in Samaria sein. Sein Lehrer in der Magie war ein Sektenanhänger Namens *Doritheus*, der sich als Gottgesandten und den von den Propheten verkündeten Messias ausgab. Simon lernte von seinem Lehrer nicht nur die Wahrsagekunst, sondern auch gewisse natürliche Geheimnisse der wirklichen Geheimlehre der Magier; er besaß die Kenntnis vom astralen Feuer, und zog es in großen Mengen an sich, was ihn unangreifbar und feuerfest zu machen schien. Er konnte sich auch in die Luft erheben und darin schweben, alles Dinge, die ohne jedes Wissen durch natürliche Zufälle, durch vom astralen Licht trunkene Enthusiasten hervorgerufen wurden, wie die Verzückten von St. Medard, eine Erscheinung, die sich heute in den Ekstasen der Medien wiederholt. Er magnetisierte, die an ihn glaubten, aus der Ferne und erschien ihnen in verschiedenen Gestalten. Er brachte Bilder und lebendige Spiegelungen hervor, so daß er phantastische und vermeintliche Bäume im offenen Feld erscheinen ließ, die alle Welt zu sehen glaubte. Diese natürlich unbeseelten Dinge bewegten sich um ihn wie die

Möbel um den Amerikaner *Home*, und wollte er ein Haus betreten oder verlassen, so krachten oft die Türen, bewegten und öffneten sich von selbst.

Simon vollbrachte diese Wunder vor den Vornehmen und dem Volk von Samaria; man übertrieb sie noch, und der Zauberer galt als göttliches Wesen. Da er zu dieser Macht nur durch seine Vernunft zerstörenden Erregungen gelangen konnte, hielt er sich bald selbst für einen außergewöhnlichen Menschen, maßte sich göttliche Ehren an und dachte heimlich daran, sich die Anbetung der ganzen Welt zu verschaffen.

Seine Krisen oder Ekstasen veränderten seinen Körper auffallend. Bald sah man ihn blaß, welk, zerbrochen, einem sterbenden Greis gleich, bald belebte das lichtvolle Fluidum sein Blut, seine Augen strahlten, die Haut seines Gesichtes straffte sich und wurde schmiegsam, er schien plötzlich neugeboren und verjüngt. Die Orientalen behaupteten in ihrer Sucht, das Merkwürdige noch zu übertreiben, ihn vom Kind- zum Greisenalter verfallen gesehn zu haben, aus dem er nach Belieben wieder zur Jugend zurückkehrte. Schließlich sprach man nur noch von seinen Wundern, und er wurde zum Idol von Samaria und seiner Umgebung.

Wunderanbeter verlangen aber immer nach Neuem und das zu oft Bewunderte ermüdet sie schnell. Als der heilige Apostel *Philippus* nach Samaria kam, um das Evangelium zu predigen, bildete sich ein neuer Strom der Begeisterung und *Simon* verlor sein ganzes Ansehen. Er selbst fühlte sich von seiner Krankheit verlassen und betrachtete dies als Schwäche. Er glaubte sich vom weiseren Magier überwunden und entschloß sich, den Aposteln zu folgen um ihr Geheimnis zu erforschen, ihnen abzulocken oder abzukaufen.

Simon war sicher nicht in die hohe Magie eingeweiht; sie hätte ihm gesagt, daß nur ein Weiser und Heiliger ohne Schaden über die geheimen Kräfte der Natur verfügen und sie lenken nur ein unwissender Narr mit diesen furchtbaren Waffen spielen kann, und daß ein schneller und schrecklicher Tod den Schänder des Heiligtums der Natur erwartet.

Simon verzehrte der unlöschbare Durst Trunkener. Von seinem Schwindel befreit, glaubte er das Glück verloren zu haben. Krank von vergangener Trunkenheit, rechnete er darauf, sich durch neue Berauschungen zu heilen. Aus der Rolle eines Gottes kehrt man nur schwer in die gewöhnlicher Sterblicher zurück. Das Verlorene zurückzuholen, unterwarf sich *Simon* der ganzen Härte der apostolischen Bußübungen. Er wachte, betete, fastete, aber die Wunderkräfte blieben verloren.

Zuguterletzt sagte er sich, es müsse unter Juden doch eine Verständigung möglich sein, und bot dem *hl. Petrus* Geld an. Der Apostelfürst jagte ihn jedoch mit Abscheu davon. *Simon*, der so gerne die Opfergaben seiner Anhänger einsteckte, verstand nun nichts mehr. Er verließ möglichst schnell die Gesellschaft dieser so uneigennützigen Menschen und kaufte mit dem vom *hl. Petrus* zurückgewiesenen Geld eine Sklavin namens *Helene*.

Mystische Verirrungen stehen der Ausschweifung immer sehr nahe. *Simon* verliebte sich besinnungslos in seine Sklavin. Die Leidenschaft schwächte und erregte ihn und gab ihm seine Starrsucht und seine krankhaften Erscheinungen, die er seine Macht und Wunder nannte, wieder. Eine ganze Mythologie voll magischer Rückerinnerungen mit erotischen Träumen vermischt erstand in seinem Hirn. Da begann er wie die Apostel zu reisen, wobei er *Helene* mitnahm, dogmatisierte und ließ sich von seinen Anhängern bezahlen.

Nach *Simon* war das erste Erscheinen Gottes ein vollkommenes Licht mit einer unmittelbaren Spiegelung. Diese Sonne der Seelen war er, und sein Widerschein war *Helene*, die er nun nach der griechischen Göttin des Mondes *Selene* nannte.

Nun war die Mondgöttin im Anfang der Zeiten auf die von *Simon* in seinen Träumen angedeutete Erde herabgestiegen. Hier wurde sie, vom Sonnengedanken befruchtet, Mutter und gebar die Engel, die sie ohne ihres Vaters Erwähnung zu tun, allein erzog.

Die Engel erhoben sich gegen sie und bannten sie in einen irdischen Körper.

So war *Simon*, das Licht Gottes, gezwungen seinerseits sich zu verkörpern, um seine *Helene* zurückzuholen.

Hier mußte er den Tod besiegen und, umgeben von der Triumphschar seiner Auserwählten, seine *Helene* lebend durch die Luft entführen. Die übrigen Menschen müßten unter der ewigen Tyrannei der Engel auf der Erde zurückbleiben.

So bestätigte dieser Ketzer als Fälscher des Christentums im umgekehrten Sinn die Herrschaft der Anarchie und des Bösen. Er ließ die Welt von Dämonen schaffen oder wenigstens vollenden, zerstörte Ordnung und Hierarchie, um sich mit seiner Konkubine allein zu Weg, Wahrheit und Leben zu machen. Dies war das Dogma des Antichrist, das mit *Simon* nicht starb, sondern sich bis auf unsere Tage erhielt. Das Christentum behauptet, sogar als Vorläufer der furchtbarsten Schrecken habe er seine Augenblicksherrschaft und seine Erfolge.

Simon ließ sich heilig nennen, und durch ein seltsames Zusammentreffen hieß das Haupt einer modernen gnostischen Sekte, in welcher der ganze gefühlsmäßige Mystizismus des ersten Ketzers wiederauflebte, der Entdecker der „*freien Frau*" auch *Saint-Simon*. Kainismus könnte man all die falschen Enthüllungen aus dieser unreinen Quelle nennen, welche die Dogmen des Fluchs und des Hasses gegen die universale Harmonie und soziale Ordnung, die ungezügelten Leidenschaften mit keuscher und hingebungsvoller Liebe, die Prostituierte mit der Mutter, *Helene*, *Simons* Kebsweib, mit *Maria*, der Mutter des Heilands vertauschen.

Simon, nun wieder eine Persönlichkeit, begab sich nach Rom, wo *Nero*, begierig auf seine außerordentlichen Schauspiele, ihn gerne aufnahm.

Der erleuchtete Jude setzte den gekrönten Narren durch ein in unseren Schaubuden bekanntes Taschenspielerkunststückchen in Erstaunen. Er ließ sich den Kopf abschneiden, worauf er den Kaiser begrüßte mit dem Kopf auf den Schultern, ließ Möbel laufen, Türen sich öffnen, gebärdete sich wie ein *Medium* und wurde zum Zauberer der Orgien des *Nero* und der Feste von Trymalcion.

Zum Schutz der Juden Roms vor der Lehre *Simons* soll sich der *hl. Petrus* nach der Legende in die Hauptstadt der Welt begeben haben. *Nero* erfuhr durch seine Spione bald die Ankunft eines neuen israelitischen Zauberers, der seinem Hexenmeister den Krieg erklären wolle. Er beschloß die beiden zusammenzubringen und sich an ihrem Streit zu ergötzen. *Petronius* und *Tigelinus* waren vielleicht bei diesem Fest.

„*Der Friede sei mit Euch!*“ sagte der Apostelfürst bei seinem Eintritt.

„*Nur deinem Frieden gilt es*,“ antwortete *Simon*, „*denn der Krieg klärt die Wahrheit. Friede zwischen Gegnern ist Sieg des einen, Niederlage des andern.*“

Der *hl. Petrus*: „*Warum verwirfst du den Frieden? Die Laster der Menschen zeugen den Krieg, der Friede ist der stete Begleiter der Tugend.*“

„*Tugend ist Kraft und Geschicklichkeit*,“ sagte *Simon*. „*Ich trotze dem Feuer, erhebe mich in die Luft, belebe die Pflanzen und verwandle Brot in Stein. Was aber kannst du?*“

„Ich bete für dich," war *St. Petrus* Antwort, *„damit du nicht als Opfer deiner Zaubereien endest."*

„Behalte deine Gebete, denn ich werde früher als sie im Himmel sein."

Damit stürzte er sich aus einem Fenster und erhob sich in die Luft. Wir vermögen nicht zu beurteilen, ob er einen ärostatischen Apparat unter seinen langen Gewändern verbarg, oder ob er es durch eine Erregung des astralen Lichts wie die Schwärmer um den Diakon *Paris* vollbrachte. Währenddessen lag *Petrus* auf seinen Knien im Gebet. Plötzlich schreit *Simon* auf und fällt. Man hob ihn mit zerbrochenen Gliedern auf. *Nero* ließ *Petrus*, der ihm weniger belustigend als *Simon* schien, einkerkern. Jener starb an den Folgen des Sturzes. Diese ganze den Volkserzählungen jener Zeit entsprungene Geschichte, wurde vielleicht zu Unrecht den apogryphen Legenden zugeteilt. Sie ist deshalb nicht weniger beachtenswert und sollte erhalten werden.

Die Sekte *Simons* verlosch nicht mit ihm. Sein Schüler *Menander* wurde sein Nachfolger. Dieser begnügte sich mit der Rolle des Propheten. Taufte er seine Neubekehrten, so fiel sichtbares Feuer auf das Wasser. Er versprach ihnen durch dieses magische Bad Unsterblichkeit der Seele und des Körpers. Noch zur Zeit des *hl. Justinus* gab es Menandriner, die fest an ihre Unsterblichkeit glaubten. Der Tod der Einen enttäuschte die Anderen keineswegs; denn der Tote wurde sofort exkommuniziert und als falscher Bruder ausgegeben. Die Menandriner betrachteten den Tod als eine wahrhaftige Himmelfahrt und ergänzten ihre unsterbliche Schlachtreihe immer wieder durch neue Bekehrte. Wer die Ausmaße menschlicher Torheit kennt, wird nicht erstaunt sein, daß es sogar noch in diesem Jahre 1858 fanatische Anhänger der menandrinischen Sekte in Amerika und Frankreich gibt.

So sehr auch die mit dem Namen *Simon* verbundenen Eigenschaften eines Magiers die Christen von der Magie abschreckte, so dauert die Verehrung der magischen Könige, die zur Anbetung des in der Krippe liegenden Heilandes herbeigeeilt waren, doch an.

Öffentliche Disputation zwischen den hl. Petrus und Paulus und Simon Magus. Aufstieg und Fall des Simon Magus.
(Nach einem Stich des XV. Jahrhunderts.)

III. Kapitel.

VOM TEUFEL.

Sein Ursprung — sein Wesen nach Wissenschaft und Glauben — Pracht und Werke — die Besessenen des Evangeliums — Der wahre Name des Teufels nach der Kabbala und den Bekenntnissen der Besessenen — höllische Genealogie — der Sabbatsbock — die alte Schlange und der falsche Luzifer.

Indem das Christentum den Gottesbegriff als reinste und absoluteste Liebe definiert, so erklärt es ebenso eindeutig den Gott entgegenwirkenden Geist. Er ist der Geist des Widerspruchs und des Hasses. Dieser Geist ist aber nicht persönlich oder etwa als schwarzer Gott aufzufassen, er ist vielmehr eine allen verirrten Geistern gemeinsame Verderbtheit. „*Ich heiße Legion*," sagt er im Evangelium, „*denn wir sind eine Masse.*"

Die aufkeimende Intelligenz kann mit dem Morgenstern verglichen werden, und wenn sie freiwillig nach einem kurzen Aufblitzen ins Dunkel fällt, kann man die Ausruf des Isaias an den König von Babylon auf sie anwenden: „*Wie bist du vom Himmel gefallen, schöner Luzifer, du leuchtender Morgenstern*?" Sollte aber deshalb der morgendliche Stern göttlicher Einsicht zur Höllenfackel geworden sein? Trägt etwa der Engel der Wirren und Dunkel mit Recht den Namen „*Licht-Träger*"? Wir denken nicht daran, es sei denn, man verstehe wie wir und nach den magischen Überlieferungen unter Hölle das durch Satan personifizierte und in der alten Schlange dargestellte, zentrale Feuer. Es umschließt die ganze Erde, verschlingt alles von ihr Hervorgebrachte und beißt sich wie Kronos Schlange in den eigenen Schwanz. Es ist das astrale Licht, von dem der Herr zu *Kain* sagt: „*Wenn du Böses tust, so wird die Sünde alsbald vor*

deiner Türe sein, d. h. sie wird sich all deiner Sinne bemächtigen; ich aber habe dich der Lüsternheit des Todes unterworfen, es ist an dir, ihn zu bezwingen."

Die königliche, ja beinahe göttliche Personifikation Satans ist ein Irrtum, der auf den falschen *Zaratuschtra* auf das Dogma der nachfolgenden, materialistischen Magier Persiens zurückgeht. Sie hatten die beiden Pole der intellektuellen Welt in Götter verwandelt und hatten die passive zu einer der aktiven entgegengesetzte Kraft gemacht. Denselben gefährlichen Irrtum sahen wir schon in der indischen Mythologie.

Ahriman oder *Schiva* ist der Vater des Dämon nach den abergläubigen Legendenerzählern, und deshalb sagte der Heiland: „*Der Teufel ist Lügner wie sein Vater.*"

Die Kirche hält sich in dieser Frage an die Texte des Evangeliums und hat niemals dogmatische Entscheidungen über den Teufel als Gegenstand gefällt. Gute Christen vermeiden es ihn zu nennen, und religiöse Moralisten empfehlen ihren Anhängern sich nicht mit ihm zu beschäftigen, sondern ihm zu widerstehen und nur an Gott zu denken.

Der weisen, priesterlichen Zurückhaltung gehört unsere ganze Bewunderung. Was sollte man auch der intellektuellen Finsternis und der dunkelsten Herzensnacht das Licht des Dogmas leihen? Der Geist, der uns dem Gottschauen entreißen will, muß unbekannt bleiben!

Wir wollen wie die *Kirche* tun und stellennur fest, was die Geheimlehre der in das verborgene Wissen Eingeweihten über diesen Gegenstand war.

Sie lehrten, das große magische Agens, das als treibende Kraft des Lichts und als Sammelplatz aller Formen mit Recht Luzifer genannt werde, stelle eine in der ganzen Schöpfung verbreitete, vermittelnde Kraft dar, die zum Erschaffen und Vernichten diene. *Adams* Fall sei ein erotischer Rausch gewesen, der sein Geschlecht zum Sklaven dieses verhängnisvollen Lichts gemacht habe. Jede Liebesleidenschaft, welche die Sinne erfaßt, ist ein Wirbel dieses Lichtes, der uns in den Abgrund des Todes reißen wolle. Wahnsinn, Halluzinationen Visionen, Ekstasen seien eine sehr gefährliche Steigerung dieses inneren Phosphors. Dieses Licht habe die Natur des Feuers, dessen sinnvolle Anwendung erwärmt und belebt, dessen Steigerung verbrennt, auflöst und vernichtet.

Der Mensch sei zur unbeschränkten Macht über dieses Licht berufen, mittels dessen er sich seine Unsterblichkeit erwerben könne, gleichzeitig sei er aber auch in Gefahr, von ihm berauscht, aufgesogen und damit notwendigerweise zerstört zu werden.

Dieses so verzehrende, rachsüchtige und verhängnisvolle Licht sei das Höllenfeuer, die legendäre Schlange. Der es erfüllende, verwirrende Irrtum sei das Heulen und Zähneknirschen der verirrten, von ihm aufgesogenen Seelen, das Phantom des Lebens, das von ihnen weicht und ihre Buße zu verhöhnen scheint, all das sei der Teufel oder Satan.

Die vom Taumel im astralen Licht schlecht gelenkten Handlungen, die Trugbilder des Vergnügens, Reichtums und Ruhms, von denen die Halluzinationen voll sind, seien die Pracht und die Werke der Hölle.

Pater *Hilarion Tissot* hält alle von Halluzinationen und Delirien begleiteten nervösen Erkrankungen für Teufelsbesessenheit und hatte vom kabbalistischen Gesichtspunkt aus vollkommen recht. Alles, was unsere Seele der Zufälligkeit des Taumels im astralen Licht ausliefert, ist wahrhaft höllisch, da der Himmel die ewige Herrschaft der Ordnung, Intelligenz und Freiheit ist.

Die Besessenen des Evangeliums flohen vor Jesus Christus, die Orakel schwiegen vor den

Aposteln, und die an Halluzinationen Erkrankten haben immer einen unbezwinglichen Widerwillen vor Eingeweihten und Weisen gezeigt.

Das Aufhören der Orakel und der Besessenheit war ein Beweis des Triumphs menschlicher Freiheit über die Zufälligkeit. Wenn sich von neuem astrale Krankheiten zeigen, so sind dies traurige Anzeichen der Seelenschwäche der Menschen. Immer folgen diesen Erscheinungen verhängnisvolle Erschütterungen. Die Zuckungen hielten bis zur französischen Revolution an, und die Fanatiker von St. Medard haben das blutige Unglück vorausgesagt.

Der mit allen Fragen der teuflischen Magie gründlich vertraute, berühmte Kriminalist *Torreblanca* beschreibt bei der Schilderung der Teufelswerke aufs genaueste alle Erscheinungen astraler Steigerungen.

Hier einige Nummern aus der Übersicht zum XV. Kapitel: seiner: „*Magie operatrice*“:

1. Uns in Irrtum zu bringen, ist die fortwährende Bemühung des Dämons.

2. Durch Erregung der Einbildung, deren Natur er nicht zu ändern vermag, täuscht der Dämon die Sinne.

3. Aus den Erscheinungen, die den Blick des Menschen auf sich ziehen, entsteht im Begriffsvermögen ein Bildkörper; solange diese Einbildung anhält, begleiten ihn die Erscheinungen.

4. Der Dämon zerstört durch Störung der Lebenstätigkeit das Gleichgewicht der Einbildung, sei es durch Krankheit oder wechselnde Gesundheit.

5. u. 6. Ist das Gleichgewicht der Einbildung und Vernunft durch eine krankhafte Ursache gestört, so träumt man in Wachen und sieht das Unwirkliche als Wirklichkeit.

7. Das richtige Sehen hört durch Störung der geistigen Aufnahmefähigkeit von Bildern auf.

8. u. 9. Beispiele von Krankheiten bei denen man die Gegenstände doppelt sieht usw.

10. Visionen entsteigen uns und sind Spiegelungen unseres eigenen Bildes.

11. Die Alten kannten zwei Krankheiten, deren eine sie Frenesie (*φρενιτις*), die andere Korybantismus (*Κορυβαντιασμος*) nannten. Die eine läßt eingebildete Formen sehen, die andere läßt Stimmen und Töne hören, die nicht da sind usw.

Nach diesen übrigens sehr bemerkenswerten Behauptungen schrieb also *Torreblanca* die Krankheiten dem Dämon zu und verstand unter dem Dämon die Krankheit selbst. Wir würden ihm gerne recht geben, wenn dies die dogmatische Autorität erlaubte.

Zur Natur des astralen Lichts gehören die andauernden Bemühungen die Wesen aufzulösen und aufzusaugen. Seine fortgesetzten Strömungen höhlen wie Wasser aus, als lösende Kraft des Feuers verzehrt es wie dieses.

Instinkte dieser Kraft sind der sie beherrschende Geist der Verderbtheit und die Liebe zur Zerstörung der Wesen. Sie sind auch ein Erlebnis von Leiden der Seele, die nur ein dürftiges Leben lebt und sich von den Zerrungen des Widerspruchs zerrissen fühlt. Sie sehnt sich nur nach einem Ende, fürchtet aber den einsamen Tod und möchte deshalb die ganze Schöpfung mit sich zerstören.

Diese astrale Perversität zeigt sich gemeinhin im Haß gegen Kinder. Eine unbekannte Kraft treibt gewisse Kranke zum Kindermord, herrische Stimmen heischen ihren Tod. Der Arzt *Brierre de Boismont* führt schreckliche Beispiele dieses Wahnes an, die uns an die Verbrechen von *Papavoine* und *Henriette Cornier* erinnern („*Geschichte der Halluzinationen*,“ zweite Auflage, 1853). Die an astraler Perversität Kranken sind böswillig und leiden an der Freude der andern. Vor allem wollen sie nichts von Hoffnung wissen. Oft finden sie die herzzerreißensten und verzweifeltsten Worte, selbst wenn sie trösten wollen; denn das Leben ist ihnen eine Qual und der Tod ein Schrecken.

Astrale Perversität und Liebe zum Sterben lassen sie die Werke der Zeugung mißbrauchen, verleiten sie zur Verderbnis ihres Gebrauchs, zu ihrer Entstellung durch lästerlichen Spott und schamlosen Witz. Unzucht ist Verlästerung des Lebens.

Jedes Laster hat sich in einem schwarzen Götzen oder Dämon personifiziert, der das negative und mißstaltete Bild der lebenspendenden Göttlichkeit ist. Es sind die Götzenbilder des Todes.

Moloch ist das kinderverschlingende Verhängnis.

Satan und Nisroch sind die Götzen von Haß, Mißgeschick und Verzweiflung.

Astarte, Lilith, Nahama, Astaroth sind Götzenbilder der Ausschweifung und Fehlgeburt.

Adramelech ist der Gott des Mords.

Belial des ewigen Aufruhrs und der Anarchie. Finstere Begriffe einer verlöschenden Vernunft, die feige zu ihrem Henker um ein Ende ihres Todeskampfes betet.

Der wahre Name Satans, sagen die Kabbalisten ist der des umgekehrten Jehovah; er ist kein schwarzer Gott, sondern die Verneinung Gottes. Der Teufel ist die Personifikation des Atheismus oder Götzendienstes.

Für die Eingeweihten ist es keine Person, sondern eine zum Guten erschaffene Kraft, die dem Bösen dienen kann. Er ist das Werkzeug der Freiheit. Diese Kraft, der die physische Zeugung zugehört, stellen sie als den mythologischen und gehörnten Gott *Pan* dar. Hierher kam der Bock des Sabbat, der Bruder der alten Schlange und der „*Licht-Träger*“ oder „*Phosphor*“, aus dem die Dichter den falschen Luzifer der Legenden machten.

IV. Kapitel.

VON DEN LETZTEN HEIDEN.

Appolanius von Tyana, sein Leben und seine Wunder — Julians Versuche den alten Kult zu galvanisieren — seine Beschwörungen — Jamblichus und Maximus von Ephesus — Anfang der geheimen Gesellschaften und verbotenen Ausübungen der Magie.

Unverletzliche Ordnung und seine Vorsehung in den Harmonien der Natur ist das ewige Wunder Gottes. Das Wunderbare ist Unregelmäßigkeit und darf nur der Ohnmacht der Geschöpfe zugeschrieben werden. Das göttliche Wunder ist eine durch die Vorsehung verursachte Reaktion zur Wiederherstellung der gestörten Ordnung. Bei der Heilung gab Jesus den Besessenen Ruhe und machte ihren wunderbaren Taten ein Ende; als die Apostel die Erregungen der Python-Priesterinnen beschwichtigten, beendeten sie die Wahrsagung. Der Geist des Irrtums ist ein Geist der Unruhe und des Umsturzes. Der Geist der Wahrheit bringt überall Ruhe und Frieden.

Das war die kulturelle Tat des werdenden Christentums. Aber die Leidenschaften der Verwirrung ließen ihm nicht kampflos die Palme eines leichten Ruhmes. Der erlöschende Polytheismus forderte Kräfte von der Magie der alten Heiligtümer; den Mysterien des Evangeliums stellte man die von Eleusis entgegen. *Apolonius von Tyana* wurde mit dem Heiland der Welt verglichen; *Philostratos* schuf eine Legende dieses neuen Gottes. Dann kam Kaiser *Julian*, der angebetet worden wäre, hätte der sein Leben endende Speer nicht auch zugleich der Kaiservergötterung ein Ende bereitet. Die gewaltsame und verspätete Wiedergeburt einer toten Religion in ihren Formen war eine wahrhafte Fehlgeburt, und *Julian* mußte mit dem welken Kinde, daß er der Welt geben wollte, untergehen.

Trotzdem waren *Apollonius* und *Julian* zwei große und seltsame Figuren und ihre Geschichte ist eine Epoche in den Annalen der Magie.

Allegorische Erzählungen waren zu jener Zeit an der Tagesordnung; die Meister verkörperten ihre Lehren in sich, und ihre eingeweihten Schüler schrieben Fabeln, in denen die Geheimnisse der Einweihung enthalten waren.

Die Geschichte des *Apollonius* bei *Philostrat* ist dem Buchstaben nach absurd, will man nach den durch die Wissenschaft gegebenen Größen ihre Symbole prüfen. Sie ist als eine Art heidnisches Evangelium den Evangelien des Christentums gegenübergestellt, ist eine ganze Geheimlehre, die uns zur Erklärung und zum Wiederaufbau gegeben ist.

So ist das erste Kapitel des dritten Buches des *Philostrates* der Beschreibung des *Hyphasis* gewidmet, eines wunderbaren Flusses, der in einer Ebene entspringt und sich in unerreichbaren Fernen verliert. Der *Hyphasis* stellt das magische Wissen dar, dessen oberste Grundsätze einfach, deren Folgerungen aber nur sehr schwer abzuleiten sind. Unfruchtbar sind die Ehen, sagt *Philostrat*, sind sie nicht mit dem Balsam der am *Hyphasis* wachsende Bäume geweiht.

Die Fische dieses Flusses sind der Venus geweiht: sie haben einen blauen Kamm, bunte Schuppen und einen goldenen Schwanz, den sie nach Belieben heben können. In diesem Fluß lebt auch ein einem weißen Wurm ähnliches Tier. Schmilzt man dieses Insekt, so erhält man ein feuriges Öl, das man nur in Glas aufbewahren kann. Nur dem Könige wird das Tier gefangen, weil eine Kraft in ihm wohnt, die Mauern umzustürzen vermag. Wird sein Fett an die Luft gebracht, so entzündet es sich zu einem Brand, den nichts in der Welt löschen kann.

Unter den Fischen des *Hyphasis* versteht *Apollonius* die universale Gestaltung, die auf der einen Seite blau, in der Mitte vielfarben und an der anderen Seite golden ist, wie uns neuerdings die magnetischen Erfahrungen erkennen ließen. Der weiße Wurm des *Hyphasis* ist das astrale, durch dreifaches Feuer verdichtete Licht. Es löst sich in ein Öl, die universale Medizin auf. Man kann dieses Öl nur in Glas aufbewahren, weil das wenig poröse Glas kein Leiter für das astrale Licht ist. Dieses Geheimnis ist nur dem König, d. h. dem Eingeweihten des höchsten Grades vorbehalten; denn es handelt sich um eine Kraft, die fähig ist Städte zu zerstören. Die großen Geheimnisse werden hier mit höchster Klarheit geschildert.

Im folgenden Kapitel spricht *Philostrat* von den Einhörnern. Aus ihren Hörnern, sagt er, mache man Becher, aus denen man zum Schutz gegen jedes Gift trinken müsse. Das einzige Horn des Einhorns stellt die hierarchische Einheit dar, daher sind diese Becher nach *Damis*, sagt *Philostrat*, auch den Königen vorbehalten. „*Glücklich*,“ sagt *Apollonius*, „*wer sich nur immer durch den Trank aus einem solchen Glase berauschen könnte!*“

Damis erzählt auch, *Apollonius* habe eine bis zum Schoß weiße und vom Schoß nach oben schwarze Frau gefunden. Seine Schüler waren über dieses Naturwunder sehr erschrocken, *Appollo nius* aber kannte sie, reichte ihr die Hand und sagte „*Es ist die Venus der Juden, und ihre beiden Farben sind die des von den Ägyptern angebeteten Apisstieres.*“ Diese weiß und schwarze Frau ist das magische Wissen, dessen weiße Glieder, d. h. erschaffenen Formen ihr schwarzes Haupt, die höchste, den Menschen unbekannte Ursache enthüllen. *Philostratos* und *Damis* wußten dies wohl, und in diesen Sinnbildern legten sie voll Verschwiegenheit die Lehre des *Apollonius* nieder. Die Kapitel V, VI, VII, VIII und X des dritten Buches vom „*Leben des Apollonius*" des *Philostratos* enthalten das Geheimnis des großen Werkes. Es handelt von Drachen, die den Zugang zum Palast der Weisen verteidigen, und zwar gibt es drei Arten von Drachen, die des Moores, der Ebene und des Gebirges. Das Gebirge ist der Schwefel das Moor der Merkur, die Ebene das Salz der Philosophen. Die Drachen der Ebene haben auf ihrem Rücken der Säge ähnliche Zacken, die Säurekraft des Salzes. Die Bergdrachen haben Schuppen von goldener Farbe, einen goldenen Bart und ihr Springen bringt ein dem Klirren von Kupfer ähnliches Geräusch hervor. In ihrem Kopf tragen sie einen wunderkräftigen Stein. Sie spielen am Ufer des Roten Meeres und werden mit einem von goldenen Buchstaben bestickten Stoff gefangen. Auf diese Zauberbuchstaben legen sie ihren Kopf, schlafen ein, und mit einem Beil schlägt man ihnen dann den Kopf ab. Wer erkennt hier nicht den philosophischen Stein, das rote Magisterium und das berühmte durch die goldenen Buchstaben ausgedrückte „*regimen ignis*" oder die Herrschaft des Feuers. Unter dem Namen „*Zwingburg*" der Weisen beschreibt dann *Philostrat* den Athanor. Es ist ein stets von Nebeln umwallter, sich auf der Südseite öffnender Hügel. Er enthällt einen vier Fuß breiten Schacht, aus dem azurblauer Dampf emporsteigt, der in der Sonnenwärme alle Regenbogenfarben entfaltet. Der Schachtgrund ist mit arsenikrotem Sand bestreut, in der Nähe des Schachtes ist ein Feuerbecken, dem eine rauch- und duftlose Flamme entsteigt, die niemals höher noch tiefer als der Beckenrand ist. Dort stehen auch zwei schwarze Steinbehälter, von denen der eine den Regen, der andere den Wind enthält. Ist die Trockenheit übermäßig, so öffnet man das Regenbecken, und die aufsteigenden Wolken befeuchten das ganze Land. Genauer kann man das geheime Feuer der Philosophen, ihr „*Marien-Bad*" nicht mehr beschreiben. Hieraus sieht man, daß die alten Alchymisten bei ihrem großen Werk Elektrizität, Magnetismus und Dampfkraft anwandten.

Dann spricht *Philostratos* vom philosophischen Stein, den er verschiedenlich „*Stein*" oder „*Licht*" nennt. „*Keinem Profanen ist es erlaubt, ihn zu suchen; denn er verschwindet, wenn man ihn nicht kunstgerecht zu nehmen weiß. Die Weisen allein vermögen mit gewissen Worten und Riten den ‚Pantarbos' zu finden, das ist der Name dieses Steines, der nachts das brennende und funkelnde Aussehen des Feuers hat, am Tage aber blendet. Dieses Licht ist ein überfeiner Stoff von wunderbarer Kraft; denn es zieht alles in der Nähe Befindliche an.*" (*Philostratos* „*Leben des Apollonius von Tyana*", III. Buch, Kapitel 46.)

Nach diesen Geheimlehren des *Apollonius* ist der philosophische Stein also nichts anderes als ein aus verdichtetem und um einen Mittelpunkt fixierten, astralen Licht gebildeter universaler Magnet. Er ist ein künstlicher Phosphor, über dessen Existenz so viel Allegorien und Überlieferungen nicht mehr im Zweifel lassen, und in welchem sich alle Kräfte der schöpferischen Weltwärme vereinen.

Das ganze von *Philostratos* beschriebene Leben des *Apollonius* ist nach dem Assyrer *Damis* ein Gewebe von Fabeln und Parabeln. So war es Mode, die verborgene Lehre der großen Weihepriester zu beschreiben. Man darf sich also über den Gehalt an Fabeln in dieser Erzählung nicht wundern, aber in der Allegorie dieser Fabeln muß man das verborgene Wissen der Hierophanten zu finden und verstehen suchen.

Trotz seines großen Wissens und seiner glänzenden Kräfte führte *Apollonius* die hierarchische

Schule der Magier nicht fort. Seine Einweihung kam aus Indien, und zu seiner Begeisterung gab er sich den entnervenden Übungen der Brahmanen hin. Er predigte offen Aufruhr und Königsmord, und war ein großer irregegangener Charakter.

Die Figur des Kaisers *Julian* erscheint uns poetischer und schöner als die des *Apollonius*. *Julian* setzte auf den Thron der Welt den ganzen Ernst der Weisen. Er wollte den jungen Saft des Christentums in den Körper des gealterten Hellenismus überleiten. Ein edler Narr, wurde er durch seine übergroße Liebe zu den Götterbildern seiner Väter und den Erinnerungen seines Vaterlandes schuldig. Zum Gegengewicht gegen die verwirklichende Macht des christlichen Dogmas nahm *Julian*, *Jamblichus* und *Maximus* von Ephesus folgend, die schwarze Magie zu Hilfe und versenkte sich in dunkle Beschwörungen. Seine Götter, denen er Jugend und Schönheit wiedergeben wollte, erschienen ihm alt und grau, beunruhigt von Licht und Leben und bereit, vor dem Kreuzeszeichen zu fliehen.

Für immer war es mit dem Hellenismus zu Ende, der Galliläer hatte gesiegt. *Julian* starb als Held ohne ihm fälschlich unterschobene Lästerungen gegen seinen Sieger. Seine uns von *Ammianus Marcellinus* ausführlich berichteten letzten Augenblicke waren die eines Kriegers und Philosophen. Lange hallte der Fluch des christlichen Priestertums über seinem Grabe, und doch hat der Heiland, der edle Seelen so sehr lieben muß, nicht weniger interessanten und weniger edelmütigen Gegnern als *Julian* vergeben.

Nach dem Tode dieses Kaisers wurde auch der Götzendienst und die Magie mit einer gleichen universalen Verdammung geschlagen. Damals entstanden die geheimen Gesellschaften der Adepten, auf welche dann die Gnostiker und Manichäer zurückgehen. Es sind verborgene Gemeinschaften mit einer aus Wahrheit und Irrtum gemischten Überlieferung, die sich aber unter dem Siegel eines furchtbaren Schwures als das große Geheimnis der alten Allmacht und die immer getäuschten Hoffnungen der vergangenen Kulte und eines untergegangenen Priestertums durch die Zeit fortsetzte.

V. Kapitel.

LEGENDEN.

Die Legende des hl. Cyprianus und der hl. Justina — Predigt des hl. Cyprianus — der goldene Esel des Apuleius — die Fabel der Psyche — die Prozession der Isis — seltsamer Aberglaube des hl. Augustinus — Philosophie der Kirchenväter.

Die seltsamen Erzählungen der „*legenda aurea*," gehen bei all ihrem Märchenreiz doch auf das früheste Christentum zurück. Es sind mehr Gleichnisse als Geschichten. Ihr Stil ist wie der der Evangelien einfach und orientalisch, und ihre Überlieferung beweist die Erfindung einer Art Mytologie, um die kabbalistischen Mysterien der Johanneischen Einweihung zu verbergen. Die „*goldene Legende*" ist ein christlicher, ganz in Allegorien und Fabeln geschriebener Talmud. Unter diesem neuen Gesichtspunkt und Kraft ihres Alters betrachtet wird sie zu einem Buch von höchster Wichtigkeit und größtem Interesse.

EineErzählung dieserMysterien erfülltenLegende, schildert den Streit von Magie und reifendem Christentum in sehr dramatischer und ergreifender Weise. Sie klingt wie eine frühe Skizze der „*Märtyrerin*" von Chateaubriand vermischt mit Goethes „*Faust*".

Justina war eine schöne heidnische Jungfrau, Tochter eines Götzenpriesters. Ihr Fenster sah auf einen Hof neben der Kirche der Christen; jeden Tag hörte sie einen Diakon mit reiner, andächtiger Stimme laut die heiligen Evangelien lesen. Dieses unbekannte Wort rührte und bewegte so sehr ihr Herz, daß sie eines Abends, von ihrer Mutter um ihre Nachdenklichkeit gefragt, dieser auf den Knien anvertraute: „*Mutter, segne mich oder verzeihe mir, ich bin Christin!*"

Die Mutter weinte, umarmte ihre Tochter und teilte ihrem Mann das soeben Gehörte mit.

Beide schliefen ein und träumten denselben Traum. Göttliches Licht fiel auf sie herab, und eine sanfte Stimme sprach: „*Kommet her zu mir, alle, die ihr mühselig und beladen seid, ich will euch erquicken. Kommt ihr Lieben meines Vaters, ich will euch das Königreich geben, das euch von Anbeginn der Welt bereitet ist!*"

Der Morgen kam, und Vater und Mutter segneten ihre Tochter. Alle drei trugen sich als Katechumenen ein und nach den üblichen Prüfungen wurden sie zur hl. Taufe zugelassen.

Justina ging hell und strahlend zwischen Mutter und Vater aus der Kirche zurück, als zwei in Mäntel Verhüllte an ihr wie *Faust* und *Mephisto* an *Gretchen* vorübergingen. Es waren *Cyprianus* der Magier und sein Schüler *Acladius*. Die beiden Männer blieben von dieser Erscheinung gebannt stehen. *Justina* kehrte ohne sie zu sehen mit ihrer Familie in ihr Haus zurück.

Die Szene wechselt, wir sind im Laboratorium des *Cyprianus*, Kreise sind gezogen, ein erwürgtes Opfer verzuckt neben einem rauchenden Kohlenbecken. Vor dem Magier erscheint der Geist der Finsternis.

— Du hast mich gerufen, sprich! Was willst du?

— Ich liebe eine Jungfrau!

— Verführe sie.

— Sie ist Christin.

— Zeige sie an.

— Ich will sie besitzen und nicht verlieren; vermagst du etwas für mich?

— Ich habe *Eva* verführt, die unschuldig war und jeden Tag mit Gott sprach. Wenn deine Jungfrau Christin ist, dann bedenke, daß ich Jesus-Christus kreuzigen ließ.

— Gut, du wirst sie mir ausliefern?

— Nimm diese Salbe, bestreiche damit die Schwelle. Das übrige überlasse mir.

Nun sieht man *Justina* in ihrem keuschen Kämmerchen schlafen, während *Cyprianus* an der Tür gotteslästerliche Worte murmelt und entsetzliche Riten vollzieht. Satanas schlüpft auf die Decke des jungenMädchens und gibt ihr wollüstige, mit dem Bild des *Cyprianus* erfüllte Träume, so daß sie ihm am Ausgang der Kirche zu begegnen glaubt. Sie aber betrachtet ihn, hört und sagt ihm Dinge, die ihr Herz mit Besorgnis erfüllen. Sie erwacht, macht das Kreuzzeichen. Der Dämon verschwindet, und der an der Tür stehende Verführer wacht die ganze Nacht vergebens.

Am folgenden Tag wiederholt er seine Beschwörungen und macht seinem höllischen Komplizen bittere Vorwürfe, der auch seine Ohnmacht zugibt. *Cyprianus* verjagt ihn voll Schande und ruft einen Dämon höherer Ordnung. Dieser versucht *Justina* in den Gestalten eines schönen Knaben oder Mädchens zu betören. Fast unterliegt sie auch, aber ihr guter Engel steht ihr bei. Mit dem Kreuzzeichen verjagt sie den Bösen. *Cyprianus* ruft nun den König der Hölle. Satan kommt selbst. Er schlägt *Justina* mit allen Plagen *Hiobs*, verbreitet eine furchtbare Pest in Antiochien und läßt durch Orakel verkünden, daß die Pest nur aufhöre, wenn *Justina* die erzürnte Liebe und *Venus* besänftige. *Justina* betet öffentlich für das Volk und die Pest weicht. Satanas ist besiegt, *Cyprianus* zwingt ihn die Allmacht des Kreuzzeichens gelten zu lassen und gibt sich selbst diesem Zeichen hin. Er schwört der Magie ab, ist Christ, wird Bischof und findet *Justina* in einem Kloster. Nun lieben sie sich mit der reinen und dauerhaften Liebe himmlischer Nächstenliebe. Sie werden verfolgt, gemeinsam ergriffen, erleiden am gleichen Tag ihren Tod und feiern im Schoße Gottes ihre mystische und ewige Hochzeit.

In der Legende ist *Cyprianus* Bischof von Antiochia während die Kirchengeschichte ihn als Bischof von Karthago kennt. Doch dies hat wenig zu sagen. Der eine ist eine dichterische Gestalt, der andere Kirchenvater und Märtyrer.

In alten Zauberbüchern findet man ein dem legendären hl. *Cyprianus* zugeschriebenes Gebet, das vielleicht vom hl. Bischof Karthagos stammt. Seine dunklen, bilderreichen Ausdrücke lassen vielleicht vermuten, daß *Cyprianus* sich vor seinem Christentum den furchtbaren Übungen der schwarzen Magie gewidmet habe. Hier die Übersetzung:

„*Ich, Cyprianus, Diener unseres Herrn Jesus-Christus habe Gott, den allmächtigen Vater gebeten und habe gesagt: Du bist der starke Gott, mein allmächtiger Gott, der du im großen Licht wohnest. Du bist heilig und lobenswert, und seit alter Zeit hast du die Schlechtigkeit deines Dieners gesehen und die Frevel, in die mich des Teufels Tücke gelockt hatte. Deinen wahren Namen, ich kannte ihn nicht. Mitten durch die Schafe ging ich und sah keinen Hirten. Nicht gab der Regen seine Wasser der Erde, fruchtlos war der Baum, und die kreisenden Frauen wurden nicht entbunden. Ich band, aber lößte nicht, ich band die Fische des Meeres, und sie waren nicht frei, ich band die Pfade des Meeres und hielt viel Übel zurück, aber jetzt, Herr Jesus Christus, mein Gott, habe ich deinen hl.Namen erkannt, habe ihn geliebt, und ich habe mich mit ganzem Herzen, mit ganzer Seele, mit meinem ganzen Leibe habe ich mich bekehrt und habe mich abgewendet von der Unzahl meiner Sünden, um in deiner Liebe und nach deiner Weisung, die mein Glaube und mein Gebet sind, zu wandeln. Du bist das Wort der Wahrheit, das einzige Wort des Vaters, und ich beschwöre dich, zerreiße jetzt die Wolkenfesseln, laß herabfallen auf deine Kinder deinen Regen, der wie Milch wohltut, löse die Flüße und befreie die Geschöpfe, die schwimmenden und fliegenden. Und ich beschwöre dich, zerreiße alle Ketten und Fesseln durch die Kraft deines hl. Namens.*"

Dieses Gebet ist offensichtlich sehr alt und enthält sehr beachtenswerte Erinnerngen an die anfänglichen Formen der christlichen Esoterik in den ersten Jahrhunderten.

Die der sagenhaften Legende der allegorischen Heiligen gegebene Bezeichnung „*aurea*" oder „*golden*" umschreibt ihr Wesen zur Genüge. Das Gold ist in den Augen der Eingeweihten verdicktes Licht, goldene Zahlen sind die hl. Zahlen der Kabbala, goldene Sprüche des Pythagoras die Moralunterweisungen dieses Philsophen und aus demselben Grund heißt ein geheimnisvolles Buch des *Apuleius*, in dem ein Esel eine große Rolle spielt: „*Der goldene Esel.*"

Die Heiden beschuldigten die Christen einen Esel anzubeten, und sie hatten diese Beleidigung nicht erfunden, sie kommt durch die Juden *Samarias*. Diese stellten die kabbalistischen Größen für die Gleichheit durch ägyptische Symbole dar, so die Intelligenz durch das Bild des magischen unter dem Namen *Rempham* angebeteten Sternes, die Weisheit durch *Anubis*, dessen Namen sie in *Nibbas* umwandelten, und den volkstümlichen Glauben oder die Leichtgläubigkeit in dem Bild des *Thartac*, einem Gott, der mit einem Buch, einem Mantel und einem Eselskopf dargestellt wird. Nach den Gelehrten *Samarias* war das Christentum die Herrschaft des *Thartac*. Blinder Glaube und alltägliche Leichtgläubigkeit waren in universalen Orakeln begründet und der Intelligenz und Weisheit vorgezogen. Deshalb beschwerten sie sich bei den Heiden, wenn sie von diesen hörten, daß sie mitdenChristen verwechselt wurden, und baten sie, man möge sie nicht mit den ausschließlichen Anbetern des Eselskopfes in einen Topf werfen.

Diese angebliche Offenbarung reizte die Philosophen zum Lachen, und *Tertullian* erzählt von einer in seiner Zeit ausgestellten römischen Karrikatur, auf der *Thartac* in seinem ganzen Glanz dargestellt war, mit der Inschrift: „*Eselskopf, Gott der Christen*". Ein Bild, das sogar *Tertullian*, der doch sagte: *credo, quia absurdum*, zum Lachen brachte.

„*Der goldene Esel*" des *Apuleius* ist die geheime Legende über *Thartac*. Sie ist ein magisches Epos und eine Satire auf das Christentum, zu dem sich der Verfasser zweiffellos einige Zeit bekannt hatte. Dies scheint wenigstens die Allegorie von seiner Verwandlung in einen Esel anzudeuten.

Hier der Inhalt des Buches von *Apuleius*. Er reist in Thessalien, dem Land der Zauberei, genießt die Gastfreundschaft eines Menschen, dessen Frau Hexe ist, verführt die Dienerin dieser Frau und glaubt hiermit an die Geheimnisse der Herrin zu gelangen. Die Dienerin will ihrem Geliebten auch eine Mischung übergeben, mit der die Zauberin sich in einen Vogel verwandelt, täuscht sich aber in der Schachtel und *Apuleius* sieht sich in einen Esel verwandelt.

Das ungeschickte Liebchen rät ihm nun Rosen zu essen, damit er seine frühere Gestalt wieder erhalte. Die Rose ist die Blume der Einweihung. Wo aber findet man nachts Rosen! Er muß bis zum folgenden Tag warten. Die Dienerin führt den Esel in den Stall, Diebe brechen ein, rauben und führen den Esel weg. Nun gibt es keine Rosen mehr für den Esel. Die Gärtner jagen ihn mit Stockhieben.

Während seiner langen und traurigen Gefangenschaft hört er die wundersame symbolische Geschichte der *Psyche*, die der seinen so sehr gleicht. Wie *Psyche* die Geheimnisse der Liebe, wollte *Apuleius* jene der Magie erlisten, sie verlor die Liebe, er die menschliche Gestalt. Sie ist unstet, vertrieben, dem Zorn der *Venus* ausgeliefert, er ist Sklave der Diebe. *Psyche* aber soll nach ihrem Gang durch die Hölle zum Himmel emporsteigen, des *Apuleius* werden sich die Götter erbarmen. Im Traum verspricht ihm *Isis*, ihr durch eine Offenbarung verständigter Priester werde ihm am nahen Feste Rosen geben. Das Fest kommt. *Apuleius* gibt nun in der Schilderung der Prozession der *Isis* eine für die Wissenschaft sehr wertvolle Beschreibung, in der man den Schlüssel zu den ägyptischen Mysterien findet. Zuerst kommen verkleidete Männer, die absonderliche Tiere tragen, ein Bild der vulgären Fabeln, dann folgen blumenstreuende Frauen mit Spiegeln auf den Schultern, welche das Bild der großen Göttlichkeit spiegeln. So gehen die Männer voran und formulieren Dogmen, welche die Frauen, ohne es zu wissen, in ihrem mütterlichen Instinkt als erhabene Wahrheiten verschönern und zurückgeben. Dann folgen Frauen und Männer mit Lichtern, die Verbindung der zwei Geschlechter, das zeugende Aktivum und Passivum der Weisheit und des Lebens.

Nach dem Licht kommt die in jungen Musikern versinnbildlichte Harmonie, dann die Götterbilder in der Dreizahl, gefolgt vom großen *Hierophanten*, der nicht das Bild, sondern das Symbol der *Isis*, eine goldene von einem Stab überragte Kugel trägt.

Lucius Apuleius sieht in der Hand des großen Priesters Rosen. Er nähert sich, und man stößt ihn nicht zurück, er ißt die Rosen und wird wieder Mensch.

Das alles ist gelehrt geschrieben, untermischt mit bald heroischen, bald lustigen Episoden, wie es dem Esel und *Lucius* entspricht. *Apuleius* ist zugleich der Rabbelais und der Swedenborg der alten, untergehenden Welt.

VI. Kapitel.

KABBALISTISCHE GEMÄLDE UND HEILIGE SINNBILDER.

Esoterik der ursprünglichen Kirche — kabbalistische Gemälde und heilige Sinnbilder der ersten Jahrhunderte — die wahren und falschen Gnostiker — Entweihung der Gnosis — unreine Riten und Gotteslästerungen — die von Sektierern als Kult gestiftete schwarze Magie — Montanus und seine Prophetinnen — die Dogmen des falschen Zarathuschtra im Arianismus wiederholt — Verlust der wahren kabbalistischen Überlieferungen.

Nach der ausdrücklichen Anweisung des Heilands übergab die ursprüngliche Kirche ihre heiligsten Mysterien nicht der Entweihung der Masse. Nur nach allmählich vorschreitenden Weihen wurde man zu Taufe und Kommunion zugelassen. Die hl. Bücher, die nur von den Priestern ganz gelesen und überhaupt nur von ihnen erklärt werden durften, wurden verborgen gehalten. Die Bilder waren wenig zahlreich und wenig deutlich. Sogar das Antlitz des Heilands vermied man zu zeichnen. Die Katakomben-Gemälde sind größtenteils kabbalistische Sinnbilder: das Kreuz Edens mit den vier Strömen, aus denen Hirsche trinken, der geheimnisvolle Fisch des *Jonas*, den oft eine zweiköpfige Schlange ersetzte, ein aus einer Truhe, die jener des *Osiris* gleicht, steigender Mensch. Die Gnosis mußte später all dies Allegorien verwerfen, da sie bei ihrer Verstofflichung und Entweihung der heiligen kabbalistischen Überlieferungen diese nicht verstand.

Der Name „*Gnostiker*“ wurde nicht immer von der Kirche verworfen. Die sich auf die Überlieferung des hl. *Johannes* stützenden Kirchenväter bezeichneten mit diesem Namen oft den vollkommenen Christen. Man findet ihn beim hl. *Irenäus* und beim hl. *Clemens* von Alexandrien. Wir reden hier nicht vom großen *Synesius*, der ein vollkommener Kabbalist, aber ein zweifelhafter Rechtgläubiger war.

Die falschen Gnostiker waren alle Rebellen gegen die hierarchische Ordnung, die durch Verallgemeinerung das Wissen gleich machen, Intelligenz durch Visionen, hierarchische Religion durch persönlichen Fanatismus, vor allem christliche Nüchternheit und Gesetzesgehorsam, die Mütter der keuschen Ehen und der erhaltenden Mäßigkeit durch mystische Übersteiltheit der sinnlichen Leidenschaften ersetzen wollten.

Exstase durch physische Mittel herbeizuführen und die Heiligkeit durch Somnambulismus zu ersetzen war immer das Bestreben dieser kainitischen Sekten, die die schwarze Magie Indiens weiterführten. Die Kirche mußte sie hart verwerfen, wollte sie ihre Mission erfüllen. Nur der Schaden am Getreide ist zu bedauern, wenn man sein Unkraut mit Feuer und Schwert auszurotten sucht.

Durch Steigerung der Ausschweifung bemühten sich die Gnostiker, Feinde von Zeugung und Familie, Unfruchtbarkeit hervorzurufen. Sie sagten, sie wollten die Materie vergeistigen, verstofflichten aber auf die empörendste Weise den Geist. Ihre Theologie kannte nur *Aeonen* und wollüstige Umarmungen. Wie die Brahmanen beteten sie den Tod in der Gestalt des *Lingham* an, ihre Schöpfung ist eine unendliche Onanie und ihre Erlösung ewige Mißgeburt.

In ihrer Hoffnung, der Hierarchie durch Wunder sich zu überheben — als ob Wunder außerhalb der Hierarchie anderes als Unordnung und Schurkerei bewiesen — wurden die Gnostiker nach *Simon Magnus* die großen Wundertäter. Den wahren Kult ersetzten sie durch unreine Riten der schwarzen Magie, den Abendmahlwein durch Blut und das friedliche und reine Mahl des himmlischen Lammes durch eine Gemeinschaft von Menschenfressern. *Marcos*, ein Schüler des *Valentinus* las die Messe mit zwei Kelchen. In den kleineren goß er Wein, sprach eine magische Formel, und den größeren sah man sich mit einer blutigen, brodelnd aufsteigenden Flüssigkeit füllen. Der Laie *Marcos* wollte hierdurch ein ihm von Gott verliehenes, wunderbares Priestertum beweisen. Alle seine Schüler forderte er auf, vor seinen Augen dasselbe Wunder zu tun. Frauen besonders hatten Erfolg wie er und verfielen dann in Krämpfe und Ekstase. *Marcos* hauchte sie dann an und teilte ihnen seinen Wahn mit, in dem er sie aufforderte, um seinetwillen und durch den Geist der Religion alle Zurückhaltung und Scham zu vergessen.

Die Einführung der Frau in das Priestertum war immer der Traum der falschen Gnostiker. Durch diese Gleichsetzung der Geschlechter brachten sie Aufruhr in die Familie und gaben der Gesellschaft einen Stein des Anstoßes. Das wahre Priestertum der Frau ist Mütterlichkeit, und der Kult dieser Religion des Herdes ist Schamhaftigkeit. Die Gnostiker verstanden dies nicht oder nur zu gut, und durch ihre Führung der religiösen Mutterinstinkte rissen sie die Schranke ihrer zügellosen Leidenschaft nieder.

Doch nicht alle predigten die traurige Freiheit der Schamlosigkeit. Einige, wie die Montanisten, dagegen übertrieben die Moral, um sie unausführbar zu machen. *Montanus*, dessen strenge Lehren das ungewöhnliche und das Paradoxe liebende Genie *Tertullian* verführten, gab sich mit seinen Prophetinnen *Priscilla* und *Maximilla* — heute würde man sie Somnambule nennen — der ganzen Raserei von Unzucht und Ekstase hin. Die natürliche Strafe für diese Ekstase blieb nicht aus, sie endeten durch Tobsucht und Selbstmord.

Die Lehre der Anhänger des *Marcos* war eine gemeine und verstofflichte Kabbala. Sie behaupteten, Gott habe alles mit den Buchstaben des Alphabets erschaffen, diese Buchstaben seien ebensoviele göttliche Ausstrahlungen, da sie die selbstschöpferische Kraft der Wesen besäßen, die Worte seien allmächtig und vollbrächten wesentlich und wirklich Wunder. All dies hat einen wahren Kern, dieser aber war nicht der der Anhänger des *Marcos*. Durch Halluzinationen vermehrten sie das Wirkliche und glaubten sich unsichtbar zu machen, da sie sich im somnambulen Zustande geistig dorthin versetzten, wohin sie wollten. Für die falschen Mystiker muß das Leben sich oft mit dem Traum mischen, bis dann der Traum siegt und die Wirklichkeit unterliegt: die völlige Herrschaft des Wahnsinns.

Die Einbildung, die als natürliche Aufgabe die Bilder der Formen hervorbringt, kann bei außergewöhnlichen Erregungen auch selbst Formen schaffen, wie die Phänomene von widernatürlicher Schwangerschaft und einer Anzahl ähnlicher Tatsachen beweisen. Die Wissenschaft würde diese besser erforschen, als sie hartnäckig zu leugnen.

Das sind die Gesetzlosen, von der Kirche mit Recht als „*teuflische Wunder*" gebrandmarkten Schöpfungen, es waren die Wunder *Simons*, der *Menantriner* und des *Marcos*.

Noch heute läßt der falsche Gnostiker *Vintras*, der tatsächlich in London Zuflucht fand, in leeren Bechern und auf entweihten Hostien Blut erscheinen.

Dieser Unglückliche fällt dann wie *Marcos* in Ekstase und prophezeit den Zusammenbruch der Hierarchie und den nahen Sieg eines angeblichen ganz mit Visionen, freier Ausdehnung und Liebe erfüllten Priestertums. Es gibt nichts neues unter der Sonne.

Nach dem vielgestaltigen Pantheismus der Gnostiker kam der Dualismus des *Manes*. So bildete sich in einem religiösen Dogma die falsche Einweihung der Pseudomagier Persiens. Das personifizierte Böse wurde Gott neben Gott selbst. Es gab einen König des Lichts und einen der Finsternis. Auf diese Zeit muß man die dunkle Idee von der Herrschaft und Allgegenwart Satans zurückführen, der wir uns mit allen Kräften widersetzen. Wir verneinen noch bejahen hier die Überlieferung vom Fall der Engel und verlassen uns wie in allen Glaubensdingen auf die oberste und unfehlbare Entscheidung der heiligen, katholischen, apostolischen und römischen Kirche. Aber hätten die gefallenen Engel vor ihrem Fall ein Oberhaupt gehabt, so hätte dieser Fall sie in eine völlige Anarchie, die allein durch die unbeugsame göttliche Gerechtigkeit hätte gemildert werden können, stürzen müssen. Von der Göttlichkeit, dem Prinzip der Stärke getrennt und schuldiger als die anderen könnte der Fürst der rebellischen Engel nur der letzte und unfähigste der Verworfenen sein.

Gibt es also eine Naturkraft welche gottvergessene Wesen zu Sünde und Tod zieht, dann wäre diese Kraft, die gefallenen Geistern wohl als Werkzeug dienen kann, das astrale Licht. Wir kommen auf diese Idee zurück, und viel liegt uns an ihrer völligen Erklärung, damit man auch ihre ganze Tragweite und Orthodoxie erkenne.

Diese Enthüllung eines der großen okkulten Geheimnisse wird die ganze Gefahr der Beschwörungen, seltsamen Experimente, des mißbrauchten Magnetismus, des Tischrückens und alles Wunderbaren und Halluzinanten verständlich machen.

Arius hatte den Erfolg des *Manichäismus* durch seine Zwitterschöpfung eines von Gott selbst verschiedenen Gottes-Sohnes vorbereitet. Das heißt den Dualismus in Gott voraussetzen, heißt Ungleichheit im Absoluten, Niedrigkeit in der höchsten Macht zugeben. Die Möglichkeit eines Streites, seine Notwendigkeit zwischen Vater und Sohn, damit die Ungleicheit zwischen zwei Gliedern des göttlichen Syllogismus mußte notwendig zu einem negativen Schluß führen. Das Wort Gottes mußte alos gut oder böse sein? Gott oder Teufel? Das war die unermeßliche Tragweite eines dem griechischen Wort *ομουσιος* hinzugefügten Doppellauts, um daraus *ομοιουσιος* zu machen. Durch die Erklärung der „*Wesenseinheit*" von Vater und Sohn rettet das Konsil von Nicäa die Welt. Wer nicht versteht, daß die Grundgesetze tatsächlich das Gleichgewicht des Universums bilden, kann dies nicht verstehen.

Gnosis, Arianismus, Manichäismus waren aus der falsch verstandenen Kabbala hervorgegangen. Die Kirche mußte den Gläubigen das so gefährliche Studium dieser Wissenschaft verbieten, deren Schlüssel das höchste Priestertum für sich allein zurückbehalten mußte. Die kabbalistische Überlieferung scheint tatsächlich von den Päpsten wenigstens bis zu Leo III. bewahrt worden zu sein, dem man ein geheimes Ritual zuschreibt, das er dem Kaiser Karl dem Großen gegeben habe, und das alles, selbst die geheimsten Charaktere der Schlüssel *Salomonis* enthalten soll. Dieses kleine Buch das verborgen bleiben sollte, später aber verbreitet wurde, mußte von der Kirche verdammt werden und verfiel dem Bereich der schwarzen Magie. Man kennt es noch unter dem Namen „*Enchiridion*" Leos III., und ich besitze ein sehr seltenes und sehr merkwürdiges Exemplar davon. Der Verlust der kabbalistischen Schlüssel konnte nicht dem der Unfehlbarkeit der immer vom hl. Geist unterstützten Kirche nach sich ziehen, aber er bereitete große Dunkelheit über die Exegese und machte die großen Bilder der Prophezeiungen *Ezechiels* und der Apokalypse des hl. *Johannes* völlig unverständlich.

Daß doch die rechtmäßigen Nachfolger des hl. *Petrus* die Huldigung dieser Bücher wieder annehmen und die Arbeiten des Demütigsten ihrer Kinder segnen möchten, das einen Schlüssel der Erkenntnis gefunden zu haben glaubt und ihn zu dessen Füßen niederlegen möchte, dem es allein zusteht den Schatz der Erkenntnis und des Glaubens zu öffnen und zu schließen.

VII. Kapitel.

PHILOSOPHEN DER ALEXANDRINISCHFN SCHULE.

Letzte Kämpfe und endgültige Vereinigung der alten Weihe mit dem triumphierenden Christentum — Hypathia und Synesios — der hl. Dionysios Areopagita.

Die schon dem Erlöschen nahe Schule *Platons* goß ein helles Licht über Alexandrien aus; aber das nach drei Jahrhunderte langen Kämpfen siegreiche Christentum hatte schon alles Wahre und Beständige der alten Lehren in sich aufgesogen. Die letzten Gegner der neuen Religion glaubten den Gang des Lebens dadurch aufzuhalten, daß sie Mumien galvanisierten. Der Kampf war schon nicht mehr ernst und die Heiden der alexandrinischen Schule arbeiteten gegen ihren Willen und unbewußt an dem heiligen Bau, den die Jünger Jesu von Nazareth zur Beherrschung aller Zeitalter errichteten.

Ammonius, *Sakkas*, *Plotin*, *Porphyr*, *Proklus* sind große Namen für Wissenschaft und Tugend. Ihre Theologie war erhaben, ihre Lehre moralisch, ihre Sitten streng. Aber die größte und rührendste Gestalt dieser Zeit, der strahlendste Stern dieses Gestirns war *Hypathia*, die Tochter *Theons*, dieses keusche und gelehrte Mädchen, das seine Einsicht und seine Tugenden zur Taufe führen mußten, das aber den Martertod für die Gewissensfreiheit starb, als man es dazu zwingen wollte.

Aus ihrer Schule ging *Synesios von Kyrene*, der spätere Bischof von Ptolemais, einer der gelehrtesten Philosophen und größten Dichter des Christentums der ersten Jahrhunderte hervor. Er war es, der schrieb:

„*Das Volk lacht immer über Leichtfaßliches, es braucht den Betrug.*“

Als man ihn zum Bischof machen wollte, sagte er in einem an seine Freunde gerichteten Brief:

„*Ein Freund der Weisheit, welcher der Wahrheit in die Augen sieht, muß sie verkleiden, um sie der Menge schmackhaft zu machen. Es ist eine große Ähnlichkeit zwischen Licht und Wahrheit wie zwischen unseren Augen und den gewöhnlichen Einsichten. Ein zu helles Licht muß das Auge blenden, und das schattige Dämmerlicht ist dem noch schwachen Gesichtssinn dienlicher, deshalb scheinen mir die Fiktionen für das Volk notwendig und die Wahrheit denjenigen verhängnisvoll, die ihren ganzen Glanz noch nicht ertragen können. Wenn die priesterlichen Gesetze Zurückhaltung im Urteil und die Allegorie der Sprache zulassen, könnte ich die mir zugedachte Würde annehmen, vorausgesetzt, daß ich zu Hause Philosoph und draußen Erzähler von Parabeln und Apologien sein darf ... Was könnten auch die geile Menge und die erhabene Weisheit gemeinsam haben! Die Wahrheit muß geheim bleiben, und nur eine ihrer unvollkommenen Vernunft gemäße Lehre taugt der Menge.*“

Synesios tat Unrecht, derart zu schreiben. Was gibt es für den mit einer öffentlichen Lehre Betrauten Unglücklicheres, als einen Hintergedanken sehen zu lassen? Nach ähnlichen Unbedachtsamkeiten werden viele auch heute noch nachschwätzen: „*Eine Religion für das Volk ist nötig!*“ Aber was ist das Volk, wenn es sich um Einsicht und Moral handelt?

Das bedeutendste Werk des *Synesios* ist seine „*Abhandlung über die Träume.*“ In ihm entwickelt er rein kabbalistische Lehren und erhebt sich als Theosoph zu einer Höhe, die seinen Stil dunkel und ihn der Ketzerei verdächtig machte; aber er hatte weder den Eigensinn noch den Fanatismus eines Ketzers. Er lebte und starb im Frieden mit der Kirche, indem er seine Zweifel frei bekannte, sich aber der hierarchischen Autorität unterwarf. Sein Klerus und sein Volk verlangten nicht mehr.

Nach *Synesios* beweist der Zustand des Traumes die Besonderheit und Unstofflichkeit der Seele, die sich je nach Wunsch und Neigung einen Himmel, Landschaften, lichtdurchflutete Paläste oder düstere Höhlen schafft. Nach den Träumen kann man den moralischen Fortschritt beurteilen; denn in diesem Zustand ist der freie Wille aufgehoben, und die Phantasie gibt sich ganz den sie beherrschenden Trieben hin. Die Bilder entstehen dann als Spiegelungen oder Schatten eines Gedankens. Ahnungen erhalten Gestalt, Erinnerungen mischen sich mit Hoffnungen. Das Buch der Träume ist bald in glänzenden, bald dunklen Lettern geschrieben aber man kann gewisse Regeln finden, — sie zu entziffern und zu lesen.

Hieronymus Cardanus schrieb einen langen Kommentar über des *Synesios* „*Abhandlung über die Träume*“ und hat diese in gewisser Hinsicht durch ein Wörterbuch aller Träume mit ihrer Erklärung vervollständigt. Diese Arbeit hat nichts mit den lächerlichen Büchelchen der Trödelbuchhandlungen gemein, sondern gehört wirklich in die ernste Bibliothek des okkulten Wissens.

Einige Kritiker haben *Synesios* die äußerst merkwürdigen Bücher, die unter dem Namen des *hl. Dionysios Areopagita* gehen, zugeschrieben. Jetzt werden sie allgemein als apogryph erkannt und in die schöne Epoche der alexandrinischen Schule eingereiht. Diese Bücher, deren letzte Erhabenheit ohne Einweihung in die Geheimnisse der hohen Kabbala unverständlich ist, sind das wahre Denkmal der Eroberung dieses Wissens durch das Christentum. Die hauptsächlichsten Abhandlungen sind jene über die göttlichen Namen, die Hierarchie im Himmel und über die Hierarchie in der Kirche. Die Abhandlung über die göttlichen Namen erklärt durch ihre Vereinfachung alle Mysterien der rabbinischen Theologie. Gott, sagt der Verfasser, ist das unendliche und unbestimmbare, vollkommen einheitliche und unaussprechliche Prinzip, aber wir nennen es mit Namen, die unser Streben zu dieser göttlichen Vollendung ausdrücken. Die Gesamtheit dieser Namen, ihre Beziehungen zu den Zahlen bilden das Höchste im menschlichen Denken, und die Theologie ist weniger die Wissenschaft von Gott als die unserer erhabensten Bemühungen. Der Verfasser baut dann auf der ursprünglichen Zahlenleiter alle Abstufungen der immer von der Dreiheit beherrschten geistigen Hierarchie auf. Die Ordnung der Engel gliedert sich in drei und jede Ordnung hat drei Chöre; das Modell, auf dem sich auch die Hierarchie auf Erden erheben muß. Die Kirche ist der vollkommenste Typus: es gibt Kirchenfürsten, Bischöfe und einfache Priester. Zu den Fürsten zählt man die Kardinal-Bischöfe, Kardinal-Priester und Kardinal-Diakone, zu den Bischöfen Erzbischöfe, Bischöfe und Weihprälaten, zu den Priestern den Kurat, den gewöhnlichen Pfarrer und den Diakon. Man steigt in dieser heiligen Hierarchie auf drei vorbereitenden Stufen empor als Sub-Diakon, Angehöriger niederen Grades und Priesterstand. Die Funktionen aller dieser Ordnungen entsprechen denen der Engel und Heiligen und müssen die dreifachen göttlichen Namen für jede drei der Personen lobpreisen, da man in jeder der göttlichen Personen die ganze Dreieinigkeit anbetet. Diese übersinnliche Theologie war die der ursprünglichen Kirche und vielfach wurde sie dem *hl. Dionysios Areopagita* nur nach einer Überlieferung zugeschrieben, die auf die Zeit der Apostel und des *hl. Dionysios* zurückgeht, wie die rabbinischen Redaktoren des Sepher Jezirah diesen Abraham zuschrieben, weil er die Ursprünge der in der Familie dieses Patriarchen vom Vater zum Sohn vererbten Überlieferung enthält. Wie dem auch sei, die Bücher des *hl. Dionysius*, des Areopagiten, sind für die Wissenschaft kostbar. Sie heiligen die Einheit der Einweihung in der alten Welt mit der Verwirklichung des Christentum, indem sie eine vollkommene Intelligenz der erhabensten Philosophie mit der vollständigsten und unwiderleglichsten Orthodoxie verbinden.

Die hermetische Magie.
(Aus einem alten Manuskript.)

VIERTES BUCH

Magie und Kultur.

ד Daleth.

I. Kapitel.

MAGIE BEI DEN BARBAREN.

Die phantastische Welt der Zauberer — Wundertaten und während der ersten christlichen Jahrhunderte besiegte Ungeheuer — das magische Gallien — Geheimphilosophie der Druiden — ihre Theogonie und ihre Riten, Beschwörungen und Opfer-Mission und Einfluß der Eubagen (gallische Priester) — Ursprung des französischen Patriotismus — okkulte Medizin.

Die schwarze Magie wich vor dem Christentum, Rom stand unter dem Zeichen des Kreuzes, und die Wunder flüchteten in die Schatten, die barbarische Provinzen um den neuen Glanz Roms bildeten. Aus einer Unzahl seltsamer Erscheinungen eine unter Kaiser *Hadrian* bestätigte:

In Tralles in Asien hatte sich die junge vornehme Korintherin *Philinium*, Tochter des *Demostrates* und der *Charito* in einen jungen Menschen aus niederem Stande, *Machates*, verliebt. Da nun *Philinium* eine Adlige, einzige Tochter und reiche Erbin, *Machates* aber ein Mann aus dem Volke war und ein Gasthaus hielt (diese Version findet sich bei *Phlegon* nicht, sondern stammt von französischen Dämonographen), war eine Heirat unmöglich. Die Leidenschaft trieb *Philinium* aus dem Elternhaus zu *Machates*. Ihr illegitimer Verkehr dauerte sechs Monate. Dann wurde sie von ihren Eltern entdeckt, ergriffen und streng bewacht. Man wollte sogar das Land verlassen und *Philinium* nach Korinth bringen. Nach der Trennung von ihrem Geliebten wurde das junge Mädchen aber immer schwächer, wurde von abzehrender Krankheit ergriffen, sie lachte und schlief nicht mehr, verweigerte alle Nahrung und starb schließlich.

Die Eltern reisten nicht ab, sondern kauften ein Grabgewölbc und bestatteten das Mädchen darin mit den herrlichsten Gewändern. Dieses Grab lag in einem abgeschlossenen Platz der Familie, den niemand betrat, da die Heiden am Grabe nicht beteten.

Machates wußte von all dem nichts, aus Furcht vor öffentlichem Aufsehen war von den Eltern alles im Geheimen betrieben worden. Als *Machates* in der Nacht nach *Philiniens* Begräbnis zur Ruhe gehen wollte, öffnete sich langsam seine Tür und er erkannte *Philinium*,die ihn prächtig geschmückt aber blaß und kalt aus schreckstarren Augen anblickte.

Machates riß sie in seine Arme, bestürmte sie mit Fragen und Liebkosungen, unter denen sie die Nacht zubrachten. Doch vor Tagesgrauen erhob sich *Philinium* neben dem tiefschlafenden Geliebten und verschwand.

Das Mädchen hatte eine alte Amme, die sie zärtlich geliebt hatte und nun heftig beweinte. Vielleicht wußte sie um die Verirrung der armen Toten, und seit der Beerdigung ihrer Heißgeliebten schlief sie nicht mehr, erhob sich nachts oft in einer Art Fieberwahn und strich um *Machates*' Wohnung. Einige Tage nach dem eben Berichteten schlich die Alte in tiefer Nachtstunde am Hause des *Machates* vorbei und sah sein Zimmer erleuchtet. Sie ging hin und sah durch den Türspalt *Philinium* neben ihrem Geliebten sitzen, ihn wortlos betrachtend und sich seinen Liebkosungen hingebend.

Die arme, ganz verstörte Frau eilte zu ihrer Herrin, um ihr das soeben Erschaute zu berichten. Die Mutter hielt sie zuerst für eine Geisterseherin und wahnsinnig, ließ sich aber doch bewegen und folgte ihr zum Hause des *Machates*. Angekommen, fand sie alles dunkel, klopfte an die Tür, und da niemand öffnete, erkannte sie durch den Türspalt im mondhellen Zimmer die Kleider ihrer Tochter und unterschied im Schatten des Alkoven deutlich die Gestalt zweier Schlafenden.

Entsetzen erfaßte die Mutter. Zitternd kehrte sie nach Hause zurück. Sie hatte nicht den Mut, zum Grab der Tochter zu gehen und verbrachte den Rest der Nacht in Tränen und Erregung.

Am Morgen suchte sie *Machates* auf und fragte ihn vorsichtig aus. Der junge Mann gestand, *Philinium* komme jede Nacht zu ihm. „*Warum willst du sie mir verweigern;*" fragte er die Mutter, „*vor den Göttern sind wir vermählt,*" und zeigte ihr, eine Truhe öffnend, Ring und Gürtel ihrer Tochter. „*Sie gab sie mir in der letzten Nacht,*" setzte er hinzu, „*und schwor mir, immer nur mir anzugehören, versuche also keine Trennung mehr, da gegenseitiges Versprechen uns vereint.*"

„*Willst du sie denn im Grabe aufsuchen?*" antwortete die Mutter. „*Philinium ist schon vier Tage tot, und zweifellos betrügt dich eine Stryge oder Zauberin in ihrer Gestalt; Bräutigam der Toten bist du, morgen werden deine Haare erbleichen und übermorgen wird man dich beerdigen, so rächen die Götter die Ehre einer beleidigten Familie.*"

Machates erbebte und erblaßte bei dieser Rede und fürchtete das Spielzeug höllischer Mächte gewesen zu sein. Er bat *Charito*, am gleichen Abend ihren Mann herzubringen, er wolle sie im Nebenraum verbergen und ihnen beim Erscheinen des Geistes ein Zeichen geben.

Sie kamen, und zur gewohnten Stunde trat *Philinium* bei *Machates* ein, der angekleidet und scheinbar schlafend im Bett lag.

Das Mädchen entkleidete sich und setzt sich neben ihn. *Machates* gibt das Zeichen, *Demostrates* und *Charito* treten mit brennenden Fackeln ein und stoßen einen Schrei aus, da sie ihre Tochter erkennen.

Da hebt *Philinium* den Kopf, richtet sich ganz im Bett auf und ruft mit hohler, furchtbarer Stimme: „*Oh Ihr, mein Vater, meine Mutter, was ward ihr eifersüchtig um mein Glück, was verfolgt ihr mich über das Grab hinaus. Meine Liebe hatte schon die Götter der Unterwelt besiegt, des Todes Macht war gebrochen, noch drei Tage, und wieder hätte ich gelebt. Eure grausame Neugier aber macht das Wunder der Natur zuschanden, so tötet ihr mich zum zweitenmal.*“ .....

Mit diesen Worten fiel sie leblos auf das Bett. Sofort verfielen ihre Züge, Leichengeruch durchzog das Zimmer, übrig waren nur noch die Reste eines vor fünf Tagen verstorbenen Mädchens.

Am nächsten Tage versetzte die Nachricht von diesem Wunder die ganze Stadt in Aufregung. Im Zirkus wurde die ganze Begebenheit öffentlich erzählt. Die Menge drang in das Grabgewölbe *Philiniums*. An Stelle des Mädchens fand man einen eisernen Ring und einen goldenen Becher, die ihr *Machates* geschenkt hatte. Die Tote lag im Zimmer des Gasthauses. *Machates* war verschwunden.

Die Wahrsager, um Rat befragt, befahlen, den Leichnam außerhalb der Stadtmauern zu begraben. Man opferte den Furien und dem irdischen Merkur, beschwor die Götter der Schatten und brachte dem *Jupiter hospitalis* Opfer dar.

Phlegon, ein Freigelassener *Hadrians*, erzählt als Augenzeuge diese Ereignisse in einem besonderen Brief und fügt hinzu, daß er nur mit seiner ganzen Autorität die erregte Stadt beruhigen konnte. Seinen Bericht schließt er mit folgenden Worten: „*Wenn du es für richtig hältst, den Kaiser hiervon zu benachrichtigen, so teile es mir mit, damit ich einige Zeugen suche.*“

Die Geschichte ist also als wahr erwiesen. Ein großer deutscher Dichter hat sie unter dem Titel „*Die Braut von Korinth*“ in einer Ballade behandelt, die alle auswendig kennen. Er setzt voraus, daß die Eltern des Mädchens Christen waren, womit er dann einen starken dichterischen Gegensatz zwischen menschlichen Leidenschaften und den Pflichten der Religion herauszuarbeiten vermag. Die Dämonographen des Mittelalters hätten nicht unterlassen, die Auferstehung oder den Scheintod des Mädchens als teuflische Besessenheit zu erklären. Wir sehen unsererseits darin eine von Hellsehen begleitete hysterische Lethargie. Die Eltern töteten *Philinium*, indem sie sie weckten, und die öffentliche Meinung übertrieb alle Umstände.

Der irdische Merkur, dem die Wahrsager opfern ließen, ist das personifizierte astrale Licht. Es ist das fluidale Genie der Erde, ein denjenigen verhängnisvolles Genie, die es reizen, ohne es lenken zu können; es ist der Herd des physischen Lebens und der magnetische Sammelplatz des Todes.

Diese blinde Kraft, welche die Macht des Christentums ketten und in die Tiefen oder den Mittelpunkt der Erde zurückstoßen wollte, wuchs in ihren letzten Krämpfen und Anstrengungen bei den Barbaren zu ungeheuerlichen Mißgeburten aus. Es gibt kaum eine Gegend, wo die Verkünder des Evangeliums nicht Tiere von scheußlicher Gestalt, Verkörperungen des verzuckenden Götzendienstes zu bekämpfen hatten. Die Drachen von Tarascon waren nicht nur Allegorie. Sicher erzeugt moralische Zerrüttung physische Verzerrung und verwirklicht in gewisser Hinsicht jene furchtbaren Gestalten, welche die Überlieferung den Dämonen verleiht. Stammen die fossilen Knochen, auf Grund deren die Wissenschaft eines *Cuvier* gigantische Ungetüme wiederherstellte, wirklich alle aus einem vor unserer Schöpfung liegenden Zeitalter? Ist der von *Regulus* mit Kriegsmaschinen angegriffene riesige Drache, den man nach *Titus Livius* und *Plinius* an den Ufern des Flusses Bragada fand, nur eine Allegorie? Seine einhundertundzwanzig Fuß lange Haut wurde nach Rom gebracht und dort bis zur Zeit des Krieges gegen Numantia aufbewahrt. Es ist eine zu allgemeine Überlieferung bei den Alten, daß die erzürnten Götter Ungeheuer auf die Erde schicken, als daß sie nicht durch Tatsachen belegt wäre. Die diesbezüglichen Erzählungen gehören weniger oft der Mythologie als der Geschichte an.

In allen Erinnerungen, die uns von den Barbaren aus der Zeit ihrer Kultivierung durch das Christentum erhalten sind, finden wir neben den letzten Resten der hohen magischen, früher fast allgemein verbreiteten Initiation auch Beweise für die Verdunkelung der ursprünglichen Offenbarung und für die Entwertung des Symbolismus in jenen Zeiten. Überall herrschen an Stelle der Magier Zauberer, Wahrsager und Hexenmeister, über der Vergötterung der Menschen hatte man den höchsten Gott vergessen. Rom war seinen Provinzen mit diesem Beispiel vorangegangen, und die Apotheose *Cäsars* hatte der Welt die Religion der Blut-Götter gelehrt. *Arminius* oder *Hermann*, der *Augustus* um die Legionen des *Varus* weinen ließ, beteten die Germanen unter dem Namen *Irminsul* an und brachten ihm Menschenopfer dar. Die Gallier gaben *Brennus* die Eigenschaften des Taranis und Teutates, und verbrannten zu seiner Ehre mit Römern gefüllte Riesensäulen aus Weidengeflecht. Überall herrschte der Materialismus; denn nichts anderes ist der Götzendienst, und der Unglaube ist in seiner Feigheit immer grausam.

Die göttliche Vorsehung, die Gallien das sehr christliche Frankreich werden ließ, hatte hier das Licht der ewigen Wahrheiten aufleuchten lassen. Die ersten Druiden waren wahre Kinder der Magier, ihre Einweihung stammte aus Ägypten und Chaldäa, den reinen Quellen der ursprünglichen Kabbala. Sie beteten die Dreieinigkeit an unter dem Namen Isis oder Ilesus, der höchsten Harmonie, Belen oder Bel, der Adonai entsprechende Namen für den assyrischen Gott, und Camul oder Camaël, der in der Kabbala die göttliche Gerechtigkeit verkörpert. Unter dieser Dreiheit glaubten sie eine göttliche Spiegelung ebenfalls aus drei Strahlen: zunächst Teutates oder Teut, der Thoth der Ägypter, das Wort oder die geformte Intelligenz, dann Kraft und Schönheit, deren Namen mit ihren Symbolen wechseln. Sie vervollständigten endlich die heilige Sieben durch ein geheimnisvolles Bild, daß den Fortschritt des Dogmas und seine künftigen Verwirklichungen darstellte: es war ein verschleiertes Mädchen mit einem Kind auf dem Arm. Das Bild weihten sie *„Der Jungfrau, die Mutter werden wird"*. In Chartres fand man eine Druiden-Statue dieser Art mit der Inschrift:

VIRGINI PARITURAE.

Die alten Druiden lebten in strenger Enthaltsamkeit, bewahrten tiefstes Schweigen über ihre Mysterien, studierten die natürlichen Wissenschaften und nahmen neue Adepten nur nach langwierigen Prüfungen unter sich auf. In Autun hatten sie eine berühmte Schule, deren Waffen nach *Saint Foix* heute noch in dieser Stadt sind: in azurblauem Feld liegen zwei Schlangen aus Silber, die von einer mit ihren grünen Eicheln geschmückten Eichenmistel überragt werden. Zum Unterschied von anderen Misteln gibt das Wappen der Eichenmistel Eicheln, aber nur der Eichenzweig trägt diese. Die Mistel ist ein Schmarotzer und trägt nicht Früchte wie ihr Nährbaum.

Die Druiden bauten keine Tempel, sie hielten ihre religiösen Riten auf den Dolmen oder in Hainen ab. Man fragt sich noch, mittels welcher Maschinen sie die kolossalen Steine zu ihren Altären aufrichten konnten, die sich noch düster und geheimnisvoll unter dem Wolkenhimmel Armorikas erheben. Die alten Heiligtümer enthielten uns nicht überlieferte Geheimnisse.

Die Druiden lehrten: die Seele der Vorfahren hefte sich an die Kinder, ihr Ruhm mache sie glücklich, quälen würde sie ihre Schande; die Schutzgeister verbänden sich Bäumen und Steinen des Vaterlandes. Der für sein Land gefallene Krieger habe all seine Fehler gesühnt, und seine Aufgabe würdig erfüllt, er wird zum Genius und übt nun die Macht der Götter aus. Daher gehörte die Vaterlandsliebe bei den Galliern zur Religion. Selbst Frauen und Kinder bewaffneten sich, wenn es galt, einen Einfall zurückzuschlagen, und eine *Jeanne d'Arc*, eine *Jeanne Hachette* von *Beauvais* führten nur die Überlieferung dieser edeln Töchter der Gallier fort.

Die Magie der Erinnerung verbindet mit dem Boden des Vaterlandes.

Die Druiden waren Priester und Ärzte; sie heilten mit Magnetismus und verbanden ihren fluidalen Einfluß Amuletten. Die Eichenmistel und das Schlangenei waren ihre Universalheilmittel, weil diese Substanzen das astrale Licht ganz besonders anziehen. Die Feierlichkeit bei der Mistelernte zog das Volksvertrauen auf dieses Gewächs und magnetisierte es mit starken Strömen. Daher vollbrachte sie wunderbare Heilungen, zumal wenn die Eubagen sie mit Beschwörungen und Zauber anwandten. Nicht zu sehr wollen wir unsere Väter der Leichtgläubigkeit zeihen, vielleicht wußten sie, was wir nicht mehr wissen.

Eines Tages wird man die aufsaugenden Eigenschaften der Eichenmistel durch den Fortschritt im Magnetismus erkennen. Man wird dann das Geheimnis dieser schwammigen Gewächse kennen, die die unnütze Pracht der Pflanzen aufsaugen und sich mit Farbe und Saft überladen. Champignons, Trüffel, Galläpfel, die verschiedenen Mistelarten werden von einer neuen Medizin kraft ihres Alters mit Einsicht gebraucht werden. Man wird nicht mehr über *Paracelsus* lachen, der das *Hirnschädelmoos* auf den Schädeln der Gehängten sammelte. Man darf aber nur mit der Wissenschaft gehen, sie geht nur zurück, um rüstiger auszuschreiten.

II. Kapitel.

EINFLUSS DER FRAUEN.

Einfluß der Frauen bei den Galliern — die Jungfrauen der Insel Sayne — die Magierin Valleda — die Spinnerin Bertha — Melusine — Elfen und Feen — die heilige Chlothilde und die hl. Genoveva — die Zauberin Fredegunde.

Da die Vorsehung der Frau die so ernste und süße Pflicht der Mütterlichkeit auferlegte, gab sie ihr auch ein Recht auf Schutz und Achtung des Mannes. Von Natur selbst den Folgen ihrer Triebe als ihrem Leben unterworfen, führt sie ihre Gebieter mit den Ketten der Liebe. Je mehr sie den ihre Ehre bildenden und beschützenden Gesetzen ergeben ist, um so stärker ist sie, und um so größer ist ihre Achtung im Heiligtum der Familie. Auflehnung kommt bei ihr dem Verzicht gleich, ihre Emanzipation predigen, heißt ihr zur Scheidung raten und sie der Unfruchtbarkeit und Verachtung weihen.

Nur das Christentum hat durch seinen Ruf zur Jungfräulichkeit und zum Ruhm des Opfers die Frau rechtlich emanzipieren können. *Numa* hatte in seiner Einsetzung der Vestalinnen dieses Mysterium vorausgeahnt, die Druiden aber gingen den Christen voran, da sie auf die Eingebungen der Jungfrauen hörten und die Priesterin der Insel Sayne beinahe göttlich verehrten.

Nicht durch Koketterie und Laster herrschten die Frauen in Gallien, sondern durch ihren Rat. Ohne ihren Rat beschloß man weder Friede noch Krieg. So wurden Herd und Familie durch die Mutter verteidigt, und der durch die mütterliche Liebe zum Vaterland gemilderte Nationalstolz war gerecht.

Chateaubriand verleumdete *Valleda*, wenn er sie der Liebe des *Eudoros* unterliegen lies: *Valleda* lebte und starb als Jungfrau. Sie war schon alt, da die Römer in Gallien einfielen. Sie war eine Art Pythia, die bei großer Feierlichkeit wahrsagte, deren Orakel man ehrfurchtsvoll sammelte. Sie war in ein langes, schwarzes, ärmelloses Gewand gekleidet, ihr Haupt bedeckte ein weißer Schleier, der bis auf die Füße herabfiel. Sie trug einen Kranz von Eisenkraut und am Gürtel eine goldene Sichel. Ihr Szepter hatte die Form einer Spindel, am rechten Fuß trug sie eine Art Sandale, am linken einen Schnabelschuh. Später hielt man die Statuen der *Valleda* für jene der *Bertha* mit dem langen Fuß. Die große Priesterin trug die Insignien der Schutzgöttin der Druiden, der *Hertha* oder *Wertha*, der jungen gallischen Isis, der Himmelskönigin und Jungfrau, die gebären sollte: sie wurde mit dem einen Fuß auf der Erde, mit dem andern auf dem Wasser dargestellt; denn sie war die Herrin der Einweihung und obwaltete über die universale Erkenntnis der Dinge. Der Fuß auf dem Wasser wurde gewöhnlich von einer der alten Isisbarke ähnlichen Barke oder Muschel getragen. Sie hielt die Spindel der Parzen halb weiß, halb schwarz umsponnen, da sie allen Formen und Symbolen beim Weben des Gewandes der Ideen vorwaltet. Man gab ihr auch die allegorische Sirenengestalt halb Frau, halb Fisch, oder den Oberleib eines schönen Mädchens mit zwei schlangenförmigen Beinen, um Wechsel und fortdauernde Bewegung aller Dinge und die analoge Verbindung der Gegensätze in der Erscheinung aller verborgenen Naturkräfte zu zeigen. In letzterer Gestalt hatte *Hertha* den Namen *Melusine* oder *Melosina* (Musikerin, Sängerin), d. h. die Harmonie offenbarende „*Sirene*". Dies ist der Ursprung von Bildern und Legenden der Königin *Bertha* und der Fee *Melusine*. Letztere zeigte sich, wie man sagt, im XI. Jahrhundert einem Herrn *de Lusignan*. Sie wird von ihm geliebt und verspricht ihn unter der Bedingung glücklich zu machen, daß er die Geheimnisse ihres Daseins nicht zu erspähen versuche. Der Edelmann gelobt es, aber Eifersucht macht ihn neugierig und eidbrüchig. Er belauscht *Melusine* und überrascht sie bei ihrer Verwandlung; denn einmal wöchentlich bekommt sie ihre Schlangenbeine. Er stößt einen Schrei aus, dem ein noch verzweifelterer und schrecklicherer antwortet. *Melusine* ist verschwunden, aber sie kommt wieder und stößt vor jedem Todesfall im Hause *Lusignan* klägliche Jammerlaute aus.

Diese Legende ist der Fabel von Psyche nachgebildet und bezieht sich wie diese auf die falschen Weihen oder die Profanation der Mysterien der Religion und der Liebe. Die Erzählung ist den Überlieferungen der alten Barden entnommen und geht eindeutig auf die gelehrte Schule der Druiden zurück. Das XI. Jahrhundert hat sie aufgegriffen und in Mode gebracht. Sie bestand aber schon lange.

Die Eingebung scheint in Frankreich besonders den Frauen zu liegen; „*Elfen*“ und „*Feen*“ sind die Vorläufer der Heiligen und fast alle französischen Heiligen haben etwas Feenhaftes in ihrer Legende. Die *hl. Chlothilde* hat uns zu Christen gemacht, die *hl. Genoveva* als Franzosen erhalten, indem sie durch die Macht ihrer Tugend und ihres Glaubens den drohenden Einfall *Attilas* fernhielt. *Jeanne d'Arc* . . . nun, sie hat mehr aus der Familie der Feen als aus der Hierarchie der Heiligen. Wie *Hypathia* starb sie als Opfer wunderbarer Naturgaben und als Märtyrerin ihres edeln Charakters. Die *hl. Chlothilde* wirkt in unseren Provinzen noch immer Wunder. Wir haben in Andelys sich die Pilgermenge um einen Teich drängen sehen, in den man alljährlich die Statue der Heiligen taucht. Der erste Kranke der danach ins

Wasser steigt, wird wenigstens nach dem lauten Volksvertrauen unmittelbar geheilt. *Chlothilde* war eine tatkräftige Frau und eine große Königin; deshalb wurde sie mit den durchbohrendsten Schmerzen geprüft. Nach der Taufe starb ihr erster Sohn, und sein Tod wurde als Ergebnis eines Fluches gedeutet; der zweite wurde krank und starb. . . Der Charakter der Heiligen beugte sich nicht, und da *Sikamber* einst mehr als menschlichen Mut brauchte, dachte er an *Chlothildens* Gott. Nachdem sie ein großes Königreich bekehrt und gewissermaßen gegründet hatte, sah sie als Witwe, wie sozusagen unter ihren Augen die beiden Kinder *Chlodomers* erwürgt wurden. Durch solche Schmerzen werden die Königinnen der Erde der Himmelskönigin ähnlich.

Zu der großen und glänzenden Gestalt *Chlothildens* sehen wir als häßlichen Gegensatz in der Geschichte die unheilschwangere Figur *Fredegundens*, einer Frau, deren Blick Fluch ist, der fürstenmordenden Zauberin. *Fredegunde* beschuldigt ihre Nebenbuhlerinnen absichtlich der Magie und läßt sie in den ihr allein gebührenden Todesstrafen sterben. *Chilperich* verblieb ein Sohn seiner ersten Frau. Der junge Prinz *Chlowis* verliebte sich in ein Mädchen aus dem Volke, dessen Mutter als Zauberin galt. Man beschuldigte Mutter und Tochter, den Verstand *Chlowis* getrübt und die beiden Kinder *Fredegundes* durch magische Behexung getötet zu haben. Die beiden unglücklichen Frauen wurden festgenommen. *Klodswinda*, das junge Mädchen, wurde mit Ruten geschlagen, man schnitt ihr schönes Haar ab und *Fredegunde* selbst nagelte sie an des jungen Prinzen Tür. Dann stellte man *Klodswinda* vor Gericht. Ihre einfachen und sicheren Antworten setzten die Richter in Erstaunen: einer riet, erzählt ein Chronist, sie der Probe vom kochenden Wasser zu unterwerfen. Ein geweihter Ring wurde in eine Schale über einem großen Feuer geworfen, und die weißgekleidete Angeklagte mußte nach Beichte und Abendmahl ihren Arm in das Becken tauchen und den Ring suchen. Nach der Unbeweglichkeit der Züge *Klodswindas* glaubten alle schon an ein Wunder aber ein Schrei der Verdammnis und des Entsetzens durchschnitt die Luft, als das unglückliche Kind seinen furchtbar verbrannten Arm herauszog. Nun bat sie um die Erlaubnis, sprechen zu dürfen, und sagte zu ihren Richtern: „*Als Beweis meiner Unschuld verlangt ihr ein Wunder von Gott. Gott will nicht, daß man ihn versucht, und hebt nicht nach Menschenlaunen Naturgesetze auf. Er gibt denen Kraft, die an ihn glauben, und heute hat er für mich ein größeres Wunder getan, als das er euch weigerte. Dieses Wasser hat mich verbrüht, meinen ganzen Arm habe ich hineingesteckt und den Ring herausgeholt. Ich habe weder geschrien, noch bin ich erblaßt oder unter der furchtbaren Tortur ohnmächtig geworden. Wäre ich eine Hexe, wie ihr sagt, hätte ich Zauber gebraucht, um nicht zu verbrennen, ich bin eben Christin und Gott hat mir Gnade erwiesen, dies durch meine Standhaftigkeit in den Martern zu beweisen.*" Solche Logik ist nichts für eine so barbarische Zeit. *Klodswinda* wurde in den Kerker zurückgebracht, um ihr Todesurteil zu erwarten, aber Gott hatte Mitleid mit ihr und rief sie zu sich, sagt die Chronik, der wir diese Einzelteile entnahmen. Sollte es nur eine Legende sein, so ist sie schön genug, erhalten zu bleiben.

Fredegunde verlor eines ihrer Opfer, aber die beiden andern entkamen ihr nicht. Die Mutter *Klodswindas* wurde gefoltert und gab unter dem Übermaß der Qualen alles zu, was man wollte, selbst die Schuld ihrer Tochter und die Mitwisserschaft von *Chlowis*. *Fredegunde* erlangte mit diesen Geständnissen von dem wilden und dummen *Chilperich* den Verzicht auf seinen Sohn. Der junge Prinz wurde festgenommen und im Gefängnis erdolcht. *Fredegunde* verbreitete, er habe durch Selbstmord seinen Gewissensbissen entgehen wollen. Der Leichnam des unglücklichen *Chlowis* wurde mit dem Dolch in der Wunde vor seinen Vater geschleppt. *Chilperich* sah diesem Schauspiel kalt zu; er war völlig im Bann *Fredegundes*, die ihn frech mit den Palastwachen betrog. Man scheute sich so wenig, daß der König gegen seinen Willen selbst Zeuge seiner Schande wurde. Anstatt die Königin und ihren Komplizen auf der Stelle zu töten, ging er wortlos auf die Jagd. Er hätte vielleicht aus Furcht vor dem Verlust *Fredegundes* diese Beleidigung klaglos ertragen, aber diese Frau schämte sich für ihn, ließ ihm die Ehre, als glaube man seinem Zorn, um einen Vorwand zu seiner Ermordung zu haben. Mit Verbrechen und Schändlichkeiten hatte er sie gesättigt, nun ließ sie ihn aus Ekel töten.

Fredegunde, die Frauen als Hexen verbrennen ließ, die nur deshalb schuldig waren, weil sie ihr mißfielen, übte sich selbst in der schwarzen Magie und beschützte die, die sie für wirkliche Zauberer hielt. Der Bischof von Verdun, *Agerich*, hatte eine Wahrsagerin gefangen nehmen lassen, die mit dem Wiederfinden verlorener Gegenstände und der Anzeige von Dieben viel Geld verdiente. Wahrscheinlich war es eine Somnambule. Man beschwor diese Frau, aber als der Teufel erklärte, er würde nicht weichen, solange man ihn gefesselt hielt, ließ man die Wahrsagerin ohne Bewachung in einer Kirche, so würde er sicher ausfahren. Man ging in die Falle: aber wer ausfuhr, war die Frau. Sie floh zu *Fredegunde*, die sie in ihrem Palast verbarg, Teufelsbeschwörungen und wahrscheinlich dem Flammentod unterwarf. So handelte sie in ihrer Freude am Bösen diesmal irrtümlich gut.

III. Kapitel.

SALISCHE GESETZE GEGEN DIE ZAUBERER.

Verfügungen des Salischen Gesetzes gegen die Zauberer — eine dem Talmud ähnliche Stelle — Entscheidung der Konzilien — Karl Martell der Magie angeklagt — der Kabbalist Zedechias — epidemische Visionen zur Zeit Pippins des Kurzen — Luftschlösser und Luftschiffe — Sylphen vor Gericht gestellt und dazu verdammt, nicht wieder zu erscheinen.

Unter den Königen Frankreichs vom ersten Stamm zog das Verbrechen der Magie den Tod nur bei den Großen nach sich, und es gab solche, die es sich zum Ruhm rechneten, für ein Verbrechen zu sterben, das sie über die Alltagsmenschen erhob und selbst den Herrschern furchtbar machte. So erklärte der Heerführer *Mummol*, den *Fredegunde* foltern ließ, er habe nicht gelitten, und forderte selbst die furchtbarsten Strafen heraus, an denen er auch starb, indem er seinen Henkern Trotz bot, die ihn, von solcher Standhaftigkeit besiegt, in gewisser Hinsicht gnädig behandelten.

In den Salischen Gesetzen, die *Sigebert* dem *Pharomond* zuschreibt, und deren Verkündung er im Jahre 424 vermutet, findet man folgende Bestimmungen:

„Wenn jemand einen anderen offen ‚Hereburg' oder ‚Strioport' nennt — das ist der Name dessen, der das kupferne Gefäß an die Zauberorte der Strygen trägt — und kann ihn des nicht überführen, soll er zu einer Geldbuße von siebentausendfünfhundert Denaren oder einhundertachtzig und einem halben Sous verurteilt werden."

„Wenn jemand eine freie Frau ‚Stryge' oder ‚Dirne' schilt, ohne Beweis seines Schimpfs, soll er zweitausendfünfhundert Denare oder zweiundsechzig und einen halben Sous büßen."

„So eine Stryge einen Menschen verschlungen hat und wird des überführt, so soll sie achttausend Denare oder zweihundert Sous bezahlen."

Danach war in jener Zeit die Menschenfresserei möglich und das Menschenfleisch nicht teuer.

Für Verleumdung eines Menschen zahlte man einhundertsiebenundachtzig und einen halben Sous, für zwölfeinhalb Sous mehr konnte man ihn erwürgen und auffressen; das war gründlicher und vollständiger.

Diese seltsame Gesetzgebung erinnert uns an eine nicht weniger merkwürdige Stelle des Talmud, die der berühmte Rabbi *Jechiel* auf seltsame Weise einer ungenannten, aber zweifellos der Königin *Blanche* erzählt; denn der Rabbi *Jechiel* lebte zur Zeit *Ludwigs des Heiligen*.

Es handelt sich um die Antworten auf die Einwände eines getauften Juden, namens *Douin*, der bei der Taufe den Vornamen *Nikolaus* erhalten hatte. Nach mehreren Diskussionen über die Texte des Talmud kam man zu folgender Stelle:

„Wer Moloch Blut seiner Kinder geopfert hat, soll des Todes sterben." Das ist das Gesetz *Moses*.

Der Talmud fügt in Kommentarform hinzu: *„Wer nicht nur Blut, sondern alles Blut und Fleisch seiner Kinder dem Moloch als Opfer gebracht hat, fällt nicht unter dieses Gesetz und bleibt straflos."*

Beim Lesen dieser unbegreiflichen Überlegung schrie alles laut auf; die einen lachten vor Mitleid, die andern erschauerten vor Abscheu.

Mit Mühe gelang es Rabbi *Jechiel* endlich, daß man, wenn auch mit Ungunst, auf ihn hörte.

„Die Todesstrafe ist bei uns," so sagte *Jechiel*, *„keine Rache, sondern Sühne und somit Versöhnung."*

„Alle, die durch das Gesetz Israels sterben, sterben im Frieden Israels. Mit dem Tod erhalten sie Vergebung und schlafen mit unseren Vätern. Kein Fluch folgt ihnen ins Grab, sie leben in der Unsterblichkeit des Hauses Jakob."

„Der Tod ist so eine erhabene Gnade, Heilung einer vergifteten Wunde durch das Eisen; aber nicht bei Unheilbaren greifen wir zum Eisen, unser Recht versagt bei jenen, die sich mit der Schwere ihres Verbrechens von uns trennten."

„Jene sind tot, und es ist nicht an uns, die Strafe ihrer Verdammnis auf Erden abzukürzen; sie gehören dem Zorn Gottes."

„Der Mensch hat nur das Recht zu töten, um zu heilen; deshalb töten wir die Unheilbaren nicht."

„Der Familienvater züchtigt nur seine Kinder, vor Fremden verschließt er einfach seine Tür."

„Die großen Schuldigen, für welche unser Gesetz keine Strafe mehr hat, sind durch eben die Tat selbst verdammt, und diese Verdammung ist eine härtere Strafe als der Tod selbst."

Die Antwort *Jechiels* ist wunderbar, und man fühlt in ihr den ganzen Hauch patriarchalen Geistes des alten Israel. Die Juden sind wahrlich unsere Väter in der Erkenntnis, und hätten wir versucht, sie zu verstehen, anstatt sie zu verfolgen, sie wären heute unserem Glauben zweifellos weniger fern.

Diese Überlieferung des Talmud beweist, wie alt der Glaube an die Unsterblichkeit der Seele bei den Juden ist. Was anders ist die Wiederaufnahme des Schuldigen in die Familie Israels als ein Protest gegen den Tod und ein erhabener Glaubensakt für die Fortdauer des Lebens? *Graf Joseph de Maistre* verstand diese Lehre sehr gut, da er die heutige Mission des Henkers zu einer Art außergewöhnlichen Priestertums erhob. Die Todesstrafe fleht, sagt dieser große Schriftsteller, und das Blutvergießen ist immer ein Opfer. Wäre die Todesstrafe nicht höchste Lossprechung, sie könnte nur Erpressung zum Mord sein. Der seine Strafe erduldende Mensch erfüllt seine ganze Buße und geht durch den Tod in die unsterbliche Gemeinschaft der Kinder Gottes.

Die Salischen Gesetze waren die eines noch barbarischen Volkes, wo alles wie im Krieg durch Lösegeld zurückgekauft wurde. Die Sklaverei bestand noch, und das Menschenleben hatte nur bestreitbaren und relativen Wert. Man kann immer alles zum Verkauf Berechtigte kaufen, und schuldet nur für Vernichtung eines geldwerten Gegenstandes Geld.

Die einzig starke Gesetzgebung war in jener Zeit die der Kirche, daher verordneten die Konzilien gegen Strygen und Giftmischer, die sich nun Zauberer nannten, die härtesten Strafen. Das Konzil von Agda, 506, im Bas-Languedoc exkommunizierte sie. Das erste Konzil von Orleans, 511, verbietet ausdrücklich Wahrsagerei. Das Konzil von Narbonne, 589, schlägt die Zauberer mit hoffnungsloser Exkommunikation und gebietet, sie zu Sklaven zu machen und sie zu Gunsten der Armen zu verkaufen. Dasselbe Konzil befiehlt die „Teufelsliebhaber" öffentlich auszupeitschen, gemeint sind zweifellos die sich mit ihm abgeben, ihn fürchten, anrufen und ihm einen Teil göttlicher Macht zuschreiben. Wir beglückwünschen die Schüler des Grafen *Mirville* aufrichtig, daß sie in jener Zeit nicht gelebt haben.

Während dieser Ereignisse in Frankreich gründete ein Ekstatiker im Orient eine Religion und ein Kaiserreich. War *Mohammed* Schurke oder halluziniert? Für die Muselmanen ist er noch Prophet, und für die Gelehrten, die gründlichen Kenner der arabischen Sprache wird der Koran immer ein Meisterwerk sein.

Mahommed war ein ungelehrter Mensch, ein einfacher Schafhirte, und er schuf das vollkommenste Sprachdenkmal seines Landes. Seine Erfolge konnten als Orakel gelten, und die kriegerische Begeisterung seiner Nachfolger bedrohte einen Augenblick die Freiheit der ganzen Welt; aber alle Kräfte Asiens sollten eines Tages an der eisernen Faust *Karl Marteel* zerbrechen. Dieser rasche Krieger betete kaum, wenn er kämpfen mußte; fehlte ihm Geld, so nahm er es in Klöstern und Kirchen, selbst kirchliche Pfründen gab er seinen Soldaten. Gott konnte nach klerikaler Ansicht seine Waffen nicht segnen, und seine Siege wurden der Magie zugeschrieben. Dieser Fürst hatte die religiöse Meinung so sehr gegen sich aufgebracht, daß eine so ehrwürdige Persönlichkeit wie der hl. Bischof *Eucherius* von Orleans ihn zur Hölle fahren sah. Der hl. Bischof hörte in der Ekstase von einem Engel, der ihn im Geiste durch die höheren Regionen führte, daß die Heiligen, deren Kirchen *Karl Martel* beraubt oder entweiht hatte, ihm den Eintritt in den Himmel untersagt, seinen Leichnam aus dem Grabe vertrieben und in des Abgrunds Tiefen gestürzt hätten. *Eucherius* berichtete diese Offenbarung *Bonifazius*, dem Bischof von Mainz, und Fulrad, dem Erzkaplan *Pippins des Kurzen*. Man öffnete das Grab *Karl Martels*, der Leichnam war verschwunden, der Stein geschwärzt und wie verbrannt, stinkender Rauch strömte heraus und eine riesige Schlange kroch hervor. *Bonifazius* sandte an *Pippin den Kurzen* und *Karlmann* das Protokoll über die Ausgrabung oder Öffnung des Grabes ihres Vaters mit der Mahnung, selbst die hl. Dinge zu achten. War aber die Schändung eines Heldengrabes, auf einen Traum hin, etwa Ehrfurcht, nur um der Hölle diese durch den Tod so rasch und gründlich besorgte Arbeit zuzuschreiben?

Unter der Regierung *Pippins des Kurzen* zeigten sich sehr seltsame Erscheinungen in Frankreich öffentlich. Die Luft war voll menschlicher Gestalten, der Himmel spiegelte Täuschungen von Palästen, Gärten, bewegten Fluten, Schiffen mit windgeblähten Segeln, von Heeren in Schlachtenordnung. Die Atmosphäre glich einem großen

Traum. Alle konnten die Einzelheiten dieser fantastischen Gemälde sehen und unterscheiden. War es eine Massenerkrankung an Visionen oder eine atmosphärische Störung, die Bilder in die verdichtete Luft zeichnete? War es nicht vielmehr eine universale Halluzination, hervorgerufen durch irgend ein berauschendes in der Luft sich pestartig verbreitendes Prinzip? Die das Volk ergreifende Verzweiflung läßt die letztere Vermutung noch wahrscheinlicher erscheinen. In der Luft glaubte man Zauberer zu unterscheiden, die mit vollen Händen unheilvolles Pulver und Gift ausstreuten. Unfruchtbarkeit befiel das Land, die Tiere starben, auch auf die Menschen griff die Sterblichkeit über.

Man verbreitete eine Fabel, die in ihrer völligen Extravaganz um so mehr Erfolg hatte. Es gab damals einen berühmten Kabbalisten *Zedechias*, der eine Schule okkulter Wissenschaften hatte, aber nicht die Kabbala, sondern anziehende Hypothesen vortrug, zu denen die Kabbala Veranlassung geben konnte, und die den exoterischen Teil dieser der Allgemeinheit immer verborgenen Wissenschaft bildet. *Zedechias* ergötzte also die Geister mit der Mythologie dieser sagenhaften Kabbala. Er erzählte, wie *Adam*, der erste, anfangs in einem fast geistigen Zustand erschaffene Mensch über unserer Atmosphäre wohnte, wo das Licht für ihn und nach seinem Wunsch die wunderbarsten Pflanzen hervorbrachte. Dort bedienten ihn Wesen von höchster Schönheit, die nach dem Bild von Mann und Frau als deren lebendige Spiegelungen geschaffen waren und aus der reinsten Substanz der Elemente bestanden: es waren Sylphen, Salamander, Wassernixen und Gnomen. Im Zustand der Unschuld herrschte *Adam* über Gnomen und Wassernixen, aber nur durch Vermittlung der Sylphen und Salamander, da nur diese sich bis zum Paradiese der Luft erheben konnten.

Nichts glich dem Glück des ursprünglichen, von Sylphen bedienten Paares. Diese sterblichen Geister hatten eine unglaubliche Geschicklichkeit, das Licht in tausend verschiedensten Formen zu gestalten, zu weben und blühen zu lassen, die auch die blühendste und fruchtbarste Einbildung nicht begreifen kann. Das sogenannte irdische Paradies ruhte auf der Atmosphäre der Erde und war ein Tummelplatz von Zauberspielen. *Adam* und *Eva* schliefen in Palästen aus Perlen und Saphiren, Rosen blüten um sie und breiteten sich als Teppiche unter ihren Füßen, in Perlmutterkähnen wurden sie von Schwänen über das Wasser gezogen, die Vögel plauderten in köstlicher Musik mit ihnen und die Blumen neigten sich ihnen liebkosend. Alles verloren sie mit ihrem Sturz auf die Erde durch den Sündenfall sie wurden in ihren stofflichen Körpern mit Tierhäuten umkleidet, von denen die Bibel spricht. Nackt und allein fanden sie sich auf einer Erde, die ihren Gedankenlaunen nicht mehr gehorchte, sogar das Leben in Eden vergaßen sie und sahen es nur als Traum in ihren Träumen. Nun erstrecken sich über der Atmosphäre immer die paradiesischen Regionen allein von Sylphen und Salamandern bewohnt, die sich als Wächter menschlichen Machtbereichs fühlen, wie traurige Diener im Schloß eines Herrn zurückbleiben, auf dessen Heimkehr sie nicht mehr hoffen.

Von diesen wunderbaren Erfindungen waren die Einbildungen voll, da die Luftspigelungen am Himmel und die Menschengestalten in den Wolken erschienen. Nun gab es keinen Zweifel mehr, die Sylphen und Salamander des *Zedechias* suchten ihre alten Herren; man vermengte sie den Träumen und viele glaubten von Luftgeistern entführt zu werden. Man sprach nur noch von Reisen in das Land der Luftgeister wie man heute von lebenden Möbeln und fluidalen Erscheinungen spricht. Die besten Köpfe werden von diesem Wahn ergriffen so daß die Kirche schließlich eingreifen mußte. Die Kirche liebt die der Menge vorgesetzten übernatürlichen Mitteilungen nicht sonderlich, da ähnliche Offenbarungen die der Aurorität geschuldete Achtung zerstören und die hierarchische Kette der Lehre nicht dem Geist der Ordnung und des Lichts zuteilen würden. Die Wolkenphantome wurden als höllischeIllusionen bewiesen, und das Volk nahm in seiner Suche nach einem Halt in gewisser Weise das Kreuz gegen die Zauberer. Die öffentliche Torheit endete in einer Wahnsinnskrise. Unbekannte, denen man auf dem Land begegnete, wurden angeklagt, vom Himmel gestiegen zu sein, und erbarmungslos getötet. Mehrere Tobsüchtige gestanden, von Dämonen oder Sylphen entführt worden zu sein, andere, die hiermit schon geprahlt, wollten oder konnten es nicht mehr leugnen; man verbrannte sie, warf sie ins Wasser, ja es ist kaum glaublich, wie viele so im ganzen Königreich umkamen, sagt *Garinet* in seiner „*Geschichte der Magie in Frankreich*" (1818). So ist meist das Ende der Dramen, in denen Unwissenheit und Angst die ersten Rollen spielen.

Diese visionären Epidemien wiederholen sich unter den folgenden Herrschern und *Karls des Großen* Allmacht mußte die öffentliche Bewegung beruhigen. Ein inzwischen von *Ludwig dem Frommen* erneuertes Edikt verbot den Sylphen bei schwersten Strafen sich zu zeigen. In Ermangelung von Sylphen ließ man die Strafen diejenigen treffen die sie gesehen haben wollten, bis man sie schließlich nicht mehr sah. Die Luftschiffe kehrten in den Hafen des Vergessens heim, und niemand behauptete mehr im Himmel gereist zu sein. Anderer Volkswahn ersetzte diesen und der romanhafte Glanz der Herrschaft *Karl des Großen* gab den Legendenschreibern Stoff genug zum Glauben und Wundererzählen.

IV. Kapitel.

LEGENDEN UM KARL DEN GROSSEN.

Rolands verzaubertes Schwert und magisches Horn — das „Enchiridion" Leos III. — der Sabbat — Geheim- oder Femegericht — Verfügung der Kapitelherrn gegen die Zauberer — die fahrende Ritterschaft.

Karl der Große ist der wahre Fürst der Zauberspiele und Feenpracht, seine Herrschaft gleicht einem feierlichen und glänzenden Ruhepunkt zwischen Barbarei und Mittelalter, ist eine Erscheinung an Macht und Größe, die an den magischen Pomp des salomonischen Reiches gemahnt, ist Wiederauferstehung und Prophezeiung. In ihr ersteht das römische Weltreich in seinem ganzen Glanz wieder, indem es die gallischen und fränkischen Ursprünge überspringt; in ihr zeigt sich aber auch, wie in einem durch Vordeutung heraufbeschworenen und verwirklichten Vorbild im Voraus das vollkommene Herrschertum der Zeitalter gereifter Kultur, das vom Priestertum gekrönte und seinen Thron auf den Altar stützende Reich.

Mit *Karl dem Großen* beginnt die Ära des Ritterstandes und das wunderbare Epos der Romane. Die Chroniken aus der Herrscherzeit dieses Fürsten gleichen alle der Geschichte der vier Söhne des Zauberers *Avmon* oder *Oberon*. Sprechende Vögel führen das in Wäldern verirrte Frankenheer auf den rechten Weg zurück, eherne Riesen entsteigen der Meeresmitte und zeigen dem Kaiser die offenen Wege nach dem Orient. *Roland*, der erste der Paladine, besitzt ein magisches, wie ein Christ getauftes Schwert, „*Durendart*". Der tapfere Held spricht mit seinem Schwert, das ihn zu verstehen scheint, nichts leistet der Kraft dieses übernatürlichen Schwertes Widerstand. *Roland* besitzt auch ein elfenbeinern Horn von solch kunstvoller Arbeit, daß der geringste Hauch noch im Umkreis von 20 Meilen zu hören ist und die Gebirge erzittern läßt. Als *Roland* bei Roncesvalles unterliegt, eher zermürbt als besiegt, erhebt er sich noch einmal wie ein Riese unter einer Sintflut von Bäumen und rollenden Felsen, stößt in sein Horn und die Sarazenen ergreifen die Flucht. Der mehr als 10 Meilen ferne *Karl der Große* hört *Rolands* Horn und will ihm zu Hilfe eilen, aber *Ganeluns* Verrat hindert ihn daran. Als *Roland* sich verlassen sieht, umarmt er zum letztenmal sein Schwert „*Durendart*" und versucht es unter dem Aufwand seiner ganzen Kraft an einem Felsblock zu zerschlagen, damit es nicht den Ungläubigen in die Hände falle. Der Fels wird gespalten, aber *Durendart* ist nicht einmal schartig. Roland stößt es in seine Brust und stirbt mit einem solch stolzen und hochgemuten Gesicht, daß sich die Sarazenen ihm nicht zu nahen wagen, zitternd schleudern sie noch einen Hagel Pfeile auf den schon toten Helden.

Karl der Große, der dem Papsttum einen Thron gab und ein Weltreich von ihm empfing, ist die gewaltigste Persönlichkeit unserer Geschichte.

Wir sprachen schon vom „*Enchiridion*", das neben den schönsten christlichen Gebeten die verborgensten Zeichen der Kabbala enthält. Die Überlieferung schreibt dies kleine Buch *Leo III.* zu, der es als das seltenste aller Geschenke *Karl dem Großen* gegeben haben soll. Der unumschränkte aber würdige Besitzer dieses Buches sollte Herr der Welt sein. Diese Überlieferung ist vielleicht nicht zu verachten. Sie setzt voraus:

1. Die Existenz einer ursprünglichen und universalen Offenbarung, die alle Geheimnisse der Natur erklärt und sie mit den Mysterien der Gnade in Einklang bringt, die Vernunft und Glauben

miteinander versöhnt, die beiden durch ihr zwiefaches Licht die Intelligenz erleuchtenden Kinder Gottes,

2. Die immer wiederkehrende Notwendigkeit, diese Offenbarung aus Furcht vor Mißbrauch und falscher Auslegung vor der Menge geheimzuhalten, welche die Vernunftkräfte gegen den Glauben oder den Glauben gegen die Vernunft ausspielt um den Verstand irrezuführen, den der Alltagsmensch nie richtig versteht.

3. Die Existenz einer geheimen Überlieferung, die den obersten Priestern und den Weltherrschern die Kenntnis dieser Mysterien vorbehält.

4. Die Fortdauer gewisser Zeichen und Pantakel, die diese Mysterien in hieroglyphischer und nur den wahren Adepten bekannter Weise ausdrücken.

Das *Enchiridion* wird so zu einer Sammlung allegorischer Gebete, die die Schlüssel zu den wunderbarsten Pantakeln der Kabbala enthalten.

Wir beschreiben hier die Figur der wichtigsten Pantakel des *Enchiridion*.

Das *erste*, die Deckelpressung, stellt ein umgekehrtes gleichseitiges Dreieck dar, das in einem doppelten Kreis steht. Auf das Dreieck sind die beiden Worte אלהים, Elohim und צבאות Sabaoth, das den Gott der Heerscharen, das Gleichgewicht der Naturkräfte und die Harmonie der Zahlen bedeutet, in Form des prophetischen Tau eingeschrieben. An den drei Dreieckseiten stehen die drei großen Namen יהוה, Jehova, אדני, Adonai, אלכא, Agla; über dem Namen Jehova steht lateinisch formatio, über Adonai reformatio und über Agla transformatio. So ist die Schöpfung dem Vater, die Erlösung oder Erneuerung dem Sohn, die Heiligung oder Umbildung dem Heiligen Geist nach den mathematischen Gesezten der Aktion und Reaktion und des Gleichgewichts zugeteilt. Jehova ist die Entstehung oder Bildung des Dogmas durch die Grundbedeutung der vier Buchstaben des hl. Tetragramms. Adonai ist die Verwirklichung dieses Dogmas in Menschengestalt, im sichtbaren Herrn, der Gottessohn oder der vollkommene Mensch ist. Agla drückt, wie wir schon ausführlich genug erklärt haben, die Synthese des ganzen Dogmas und der ganzen kabbalistischen Weisheit aus, indem es durch die den wunderbaren Namen bildenden Hieroglyphen das dreifache Geheimnis des großen Werkes anzeigt.

Das ‚*zweite Pantakel*‘ ist ein Kopf mit dreifachem Gesicht, mit einer Tiara gekrönt und aus einem Gefäß voll Wasser steigend. Die in die Mysterien des Sohar Eingeweihten werden die Allegorie dieses Kopfes verstehen.

Das ‚*dritte*‘ ist ein doppeltes, den Stern *Salomons* bildendes Dreieck.

Das ‚*vierte*‘ ist das magische Schwert mit folgender Aufschrift: „*Deo duce, comite ferro*,“ ein Emblem des großen Arkanums und der Allmacht des Eingeweihten.

Das ‚*fünfte*‘ ist das Problem der Menschengestalt des Heilands, das durch die Zahl 40 gelöst ist, die theologische Zahl der Sephiroth, vervielfacht mit der der natürlichen Verwirklichungen.

Das ‚*sechste*‘ ist das Pantakel des Geistes, durch Knochen dargestellt, die zwei F und zwei Tau: T bilden.

Das ‚*siebente*‘ und wichtigste ist das große magische Monogramm, das die Clavigula Salamonis, das Tetragramm, das Zeichen labarum und das höchste Wort der Adepten erklärt (siehe *Dogma und Ritual der Hohen Magie*, Erklärung der Figuren, Band 1). Dieses Zeichen wird gelesen, indem man die Seite wie ein Rad dreht, und wird gesprochen *Rota Tarot* oder *Tora* (siehe *Wilhelm Postel: Clavis absconditorum a constitutione mundi*).

Der Buchstabe A wird in diesem Zeichen oft durch seine Zahl eins ersetzt.

In diesem Zeichen findet man auch Bild und Wert der vier hieroglyphischen Sinnbilder des Tarot: Stab, Schlange, Schwert und Münze. Diese vier Grundhieroglyphen befinden sich auf allen hl. Denkmälern der Ägypter, und *Homer* hat sie in seiner Beschreibung des Schildes von *Achill* dargestellt, und zwar in derselben Reihenfolge wie die Autoren des *Enchiridion*.

Wollte man aber diese Erklärungen mit den nötigen Beweisen stützen, so würden sie uns von unserem Gegenstand ablenken und eine ganz besondere Arbeit verlangen, die wir eines Tages zu leisten und veröffentlichen gedenken.

Das Schwert oder der Dolch des „*Enchiridion*" scheint das Geheimsymbol des Femetribunals gewesen zu sein. Das Schwert hat die Form eines Kreuzes, es ist verborgen und wie in eine Legende gehüllt. Gott allein lenkt es, und wer damit tötet, ist niemand Rechenschaft für seine Schläge schuldig. Furchtbare Drohung, nicht weniger schreckliches Vorrecht! Der Dolch der Feme erreichte die Schuldigen, deren Verbrechen oft unbekannt blieben, in der Dunkelheit. Auf welche Tatsachen stützt sich diese schreckliche Rechtsprechung? Hier gilt es, auch von der Geschichte unaufgeklärte Schatten zu durchdringen und von Traditionen und Legenden Licht zu fordern, das uns die Wissenschaft nicht gibt.

Die Femerichter bildeten eine geheime Gemeinschaft, die im Interesse der Ordnung und Regierung den geheimen anarchistischen und revolutionären Gemeinschaften entgegengesetzt war.

Aberglaube ist hartnäckig, und das entartete Druidentum hatte im wilden Norden tiefe Wurzeln geschlagen. Die häufigen Empörungen der Sachsen weisen auf einen immer gärenden Fanatismus, und die moralische Kraft vermochte ihn nicht zu unterdrücken. Alle überwundenen Kulte, das römische Heidentum, der germanische Götzendienst, der jüdische Groll, alle verbanden sich gegen das siegreiche Christentum. In nächtlichen Versammlungen besiegelten die Verschworenen ihre Verbindungen mit dem Blut von Menschenopfern. Ein pantheistisches Götzenbild mit Ziegenhörnern und scheußlicher Gestalt führte den Vorsitz bei diesen Festen, die man „*Festmähler des Hasses*" nennen könnte. Kurz, der „*Sabbat*" wurde noch in Wäldern und Einöden der noch wilden Provinzen gefeiert. Die Adepten begaben sich verkleidet und unkenntlich dorthin. Die Versammelten löschten ihre Lichter und gingen vor Tag auseinander. Überall waren Schuldige, und nirgends konnte man sie fassen. *Karl der Große* beschloß sie mit ihren eigenen Waffen zu schlagen.

In dieser Zeit verschworen sich dann noch Lehnstyrannen mit Sektierern gegen die gesetzliche Gewalt. Die Zauberinnen waren Dirnen der Schlösser und die in den Sabbat eingeweihten Banditen teilten mit den Edelleuten die blutige Beute ihrer Raubzüge. Die Lehnsgerichte wurden dem Meistbietenden verkauft, und die öffentlichen Abgaben lagen in ihrer drückenden Last nur auf den Schwachen und Armen.

Karl der Große schickte ergebene, mit einem geheimen Auftrag betraute Verwalter nach Westfalen, die schlimmste Gegend. Diese Boten zogen die am schwersten Unterdrückten und Gerechtigkeitliebenden an sich und verbanden sich durch Schwur und gegenseitige Überwachung mit ihnen, ob sie nun aus dem Volke oder dem Adel stammten. Sie enthüllten dann ihren Miteingeweihten ihre kaiserliche Vollmacht und errichteten das Femegericht.

Es war eine geheime Polizei mit Recht über Leben und Tod. Das geheimnisvolle dieser Gerichte, die Schnelligkeit der Vollstreckung, all das befremdete die Einbildung der noch barbarischen Völker. Die hl. Feme nahm überwältigende Formen an. Man erschauerte bei den Erzählungen vom Erscheinen maskierter Männer, von Aufforderungen, die an die Türe der Edeln sogar inmitten ihrer Wachen und Orgien geschlagen wurden, von Banditenführern, die mit dem furchtbaren kreuzförmigen Dolch in der Brust tot aufgefunden wurden. Auf einem Zettel am Dolch stand das Urteil der hl. Feme.

Dieser Gerichtshof wandte die phantastischsten Formen an: der an einen genau bezeichneten Kreuzweg befohlene Schuldige wurde dort von einem schwarzen Mann ergriffen, bekam die Augen verbunden und wurde schweigend weggeschleppt; es geschah immer des Abends zu vorgerückter Stunde, da das Urteil nur um Mitternacht gefällt wurde. Der Verbrecher wurde in den weiten unterirdischen Saal geführt, wo ihn eine einzige Stimme verhörte. Dann wurde ihm die Binde abgenommen, der unterirdische Saal war in all seinen ungeheuren Tiefen erleuchtet, und man sah in Schwarz gekleidete, maskierte Richter. Es gab nicht immer Todesurteile, da man die Entwicklung der Ereignisse genau kannte, ohne daß jemals ein Richter etwas verraten hätte; denn der Tod würde den Verräter sofort ereilt haben. In der Anzahl ihrer Zusammensetzung glichen diese Versammlungen oft einem Heer der Vernichtung. Eines Nachts führte der Kaiser Sigismund selbst den Vorsitz der hl. Feme und mehr als tausend Freirichter umgaben ihn.

Jm Jahre 1400 hatte Deutschland hunderttausend Freirichter. Menschen mit schlechtem Gewissen fürchteten Freunde und Verwandte. „*Wenn der Herzog Adolf von Schleswig zum Besuch kommt,*“ sagte eines Tages *Wilhelm von Braunschweig*, „*so müßte ich ihn gefangen setzen, wenn ich nicht gehenkt werden will.*“

Ein Fürst derselben Familie, der Herzog *Friedrich von Braunschweig*, der kurze Zeit Kaiser war, hatte sich geweigert einer Ladung der Feme Folge zu leisten. Er ging nur noch bis zu den Zähnen bewaffnet und umgeben von seiner Leibwache aus. Aber eines Tages entfernte er sich etwas von seinen Leuten und mußte einen Teil seiner Rüstung ablegen, zurück kam er nicht mehr. Seine Leute suchten den kleinen Wald, in den er sich allein zurückgezogen hatte, ab und fanden den Unglücklichen, in den letzten Zügen, den Dolch der Feme im Kreuz, an dem der Urteilszettel hing. Man spähte nach allen Seiten und sah einen maskierten Mann sich in feierlicher Haltung entfernen . . . niemand wagte ihn zu verfolgen.

Im „*Reichstheater*" von Müller ist das in den alten Archiven Westfalens gefundene Gesetzbuch des Freigerichts abgedruckt. Hier der Titel dieses alten Dokumentes: „*Kodex und Statuten des hl. Geheimgerichts* der Freigrafen und Freirichter von Westfalen, so im Jahre 772 von Karl dem Großen sind aufgestellt und im Jahre 1404 von König Robert sind verbessert worden, der in mehreren Punkten Veränderungen und Erweiterungen gefertigt hat, welche die Rechtsprechung bei den Gerichtshöfen der Erleuchteten erforderte, nachdem er sie von neuem mit seiner Autorität belehnt hatte."

Eine Warnung auf der Vorderseite verbietet jedem Profanen bei Todesstrafe, einen Blick in das Buch zu werfen.

Der hier den Ordensbrüdern des Gerichts gegebene Titel „Erleuchtete" enthüllt ihre ganze Mission. Sie mußten den Anbetern der Finsternis im Dunkel folgen, geheimnisvoll umgaben sie jene, die sich gegen die Gesellschaft unter dem Schutz des Geheimnisses verschworen. Aber sie waren Geheimsoldaten des Lichts, jedes verbrecherische Komplott mußten sie aufklären, das bedeutet, das plötzliche Licht, das den Gerichtshof bei der Urteilsfällung erfüllt.

Die öffentlichen, gesetzlichen Verfügungen unter *Karl dem Großen* autorisieren diesen hl. Krieg gegen die Tyrannen der Nacht. Aus den einzelnen Kapiteln kann man die Strafen für Zauberer, Wahrsager, Hexenmeister, Teufelsbeschwörer, Giftmischer von Liebestränken ersehen.

Dieselben Gesetze verbieten ausdrücklich die Luft zu trüben, Stürme zu erregen, Zeichen oder Talismane zu machen, Flüche auszusprechen, Menschen noch Vieh zu behexen. Zauberer, Astrologen, Wahrsager, Schwarzkünstler und okkulte Mathematiker sind wie Giftmischer, Diebe und Mörder verrucht und wie diese zu bestrafen. Erinnert man sich an die furchtbaren Riten der schwarzen Magie und ihre Opfer von hingeschlachteten Kindern,so wird einem diese Strenge begreiflich erscheinen. Bei solch vielseitiger und strenger Unterdrückung muß die Gefahr groß gewesen sein.

Eine auf die gleichen Quellen wie die hl. Feme zurückgehende andere Einrichtung waren die „*fahrenden Ritter*". Sie waren eine Art Freirichter, die sich bei allen Ungerechtigkeiten der Burgvögte und aller Schlechtigkeit der Schwarzkünstler auf Gott und ihre Lanze beriefen. Es waren bewaffnete Glaubensboten, die, nachdem sie sich mit dem Kreuzeszeichen versehen hatten, alle Ungläubigen niederschlugen. So verdienten sie sich das Andenken einer edeln Frau und heiligten die Liebe durch das Martyrium eines hingebungsvollen Lebens. Wie fern sind wir nun schon von den heidnischen Kurtisanen, denen man Sklaven opferte, und für welche die Eroberer der Welt Städte niederbrannten. Die christlichen Edelfrauen verlangten andere Opfer. Man muß sein Leben für Schwache und Unterdrückte aufs Spiel gesetzt, Gefangene befreit und die Entweiher heiliger Neigungen bestraft haben, dann werden diese schönen, weisen Damen mit den Wappen geschmückten Röcken, den zarten, blassen Händen, diese lebendigen, wie Lilien stolzen Madonnen, die mit dem Gebetbuch unterm Arm und dem Paternoster am Gürtel aus der Kirche kommen, ihren gold- und silberbestickten Schleier lösen und ihn dem vor ihnen knieenden Ritter als Schärpe geben, der sie, zu Gott aufblickend, anbetet.

Wir wollen nicht mehr an die Irrungen Evas denken, sie sind tausendfach vergeben und ausgeglichen durch diese unauslöschliche Grazie dieser vornehmen Marientöchter.

V. Kapitel.

MAGIER.

Exkommunikation König Roberts — der hl. Ludwig und der Rabbi Jechiel — die magische Lampe und der verzauberte Nagel — Albertus Magnus und seine Wunder — der Menschenautomat — der Stab des hl. Thomas von Aquin.

Das Grunddogma der hohen Wissenschaft, welches das ewige Gesetz des Gleichgewichts heiligt, hat seine ganze Verwirklichung in der Einrichtung der christlichen Welt erlangt. Papst und Kaiser stützten als lebendige Säulen das Gebäude der Kultur.

Das Kaiserreich hatte sich gespalten, da es den schwachen Händen *Ludwigs des Frommen* und *Karls des Kahlen* entglitt. Die den Zufällen der Eroberung oder Intrigue ausgelieferte irdische Macht verlor ihre Einheit mit Rom. Oft mußte der Papst als Großrichter eingreifen, um auf seine Gefahr und Kosten die Vermessenheit und Kühnheit entzweiter Fürsten zu unterdrücken.

Die Exkommunikation war damals eine furchtbare Strafe; denn sie war durch die universalen Glaubenslehren geheiligt und brachte durch eine geheimnisvolle Wirkung dieser magnetischen Kette der Verdammnis Erscheinungen hervor, welche die Menge erschreckten. So zog sich *Robert der Fromme* diese schreckliche Strafe durch eine illegitime Heirat zu. Er wurde Vater eines gräßlichen Kindes mit den Formen der Dämonen, die das Mittelalter so völlig und lächerlich unförmig darzustellen wußte. Diese traurige Frucht einer nicht anerkannten Verbindung bezeugen zum mindesten die Gewissenqualen und Schrekkensträume der Mutter. *Robert* sah darin einen Beweis für den Zorn Gottes und unterwarf sich dem päpstlichen Urteil. Er verzichtete auf eine von der Kirche als Blutschande gebrandmarkte Ehe, verließ *Bertha* um *Constance de Provence* zu heiraten, wobei er in den verdächtigen Sitten und dem hochfahrenden Charakter der neuen Gattin eine zweite Züchtigung des Himmels sehen konnte.

Die Chronisten jener Tage scheinen die Teufelsgeschichte sehr geliebt zu haben und zeigen beim Erzählen mehr Leichtgläubigkeit als Geschmack. Aller Spuk der Mönche, die krankhaften Träume der Nonnen werden als wirkliche Erscheinungen angesehen. Es sind geschmacklose Spiegelfechtereien, dumme Anreden, unmögliche Verwandlungen, deren der künstlerische Schwung Callots oder Cyranos de Bergerac fehlt, um amüsant zu sein. Von der Regierung *Roberts des Frommen* bis zu *Ludwig dem Frommen* erscheint uns nichts erzählenswert.

In der Regierung des *hl. Ludwig* lebte der berühmte Rabbi *Jechiel*, der große Kabbalist und bemerkenswerte Physiker. Alle Erzählungen von seiner Lampe und seinem magischen Nagel beweisen, daß er die Elektrizität erfunden oder wenigstens ihre hauptsächlichsten Anwendungen gekannt hatte; denn diese mit der Magie gleichaltrige Kenntnis übertrug sich wie einer der Schlüssel der hohen Initiation.

Kam die Nacht, so erschien ein glänzender Stern in der Wohnung *Jechiels*. Das Licht war so hell, daß man es ohne geblendet zu werden nicht ertragen konnte und strahlte in den Farben des Regenbogens. Nie sah man es schwächer werden noch erlöschen, und man wußte, daß es weder mit Öl noch einem damals bekannten Brennstoff genährt wurde.

Versuchte jemand zudringlich oder neugierig mit schlechter Absicht bei *Jechiel* einzudringen und schleuderte den Türklopfer beharrlich hin und her, so klopfte der Rabbi in seinem Zimmer auf einen Nagel, und zu gleicher Zeit sprang aus dem Nagelkopf und dem Türklopfer ein bläulicher Funken, der den Unbesonnenen derart schüttelte, daß er erbärmlich schrie und die Erde unter sich gespalten glaubte. Eines Tages drängte sich eine feindliche Menge murrend und drohend vor seine Tür. Sie hielten sich gegenseitig, um der Bewegung und dem vermeindlichen Erdbeben zu widerstehen. Der Kühnste schwang den Türklopfer gewaltig. *Jechiel* berührte seinen Nagel, und im gleichen Augenblick fielen die Angreifer übereinander und flohen schreiend, als ob sie verbrannt wären. Sie glaubten sicher gefühlt zu haben wie die Erde sie bis zu den Knien verschlang, und wußten nicht, wie sie fortgekommen waren. Aber um keinen Preis wären sie zurückgekehrt und hätten noch einmal an des Zauberers Tür geklopft. *Jechiel* verschaffte sich durch Verbreitung des Schreckens seine Ruhe.

Der *hl. Ludwig*, ein großer Katholik und nicht weniger großerKönig, wollte*Jechiel* kennen lernen. Er berief ihn an seinen Hof, unterhielt sich öfter mit ihm, war von seinen Erklärungen völlig befriedigt, beschützte ihn gegen seine Feinde und hörte, solange er lebte, nicht auf, ihm Achtung zu erzeigen und ihm Gutes zu tun.

Zur selben Zeit lebte *Albertus Magnus*, der beim Volk noch als Großmeister aller Magier gilt. Die Chronisten versicherten, er habe den lapis philosophorum besessen und habe nach dreißigjähriger Arbeit das Problem des Menschenautomaten gelöst, d. h. er habe einen künstlichen, lebenden, sprechenden und alle Fragen beantwortenden Menschen mit solcher Genauigkeit und Feinheit hergestellt, daß der *hl. Thomas von Aquin* ihn aus Ärger, daß er ihn nicht zum Schweigen bringen konnte, mit einem Stockhieb erschlagen habe. So die Volkssage, sehen wir, was sie bedeutet.

Das Geheimnis der Erschaffung des Menschen

und seines ersten Erscheinens auf Erden hat von je jene seltsamen Forscher nach den Geheimnissen der Natur stark beschäftigt. Der Mensch erscheint als letzter in der fossilen Welt, und die Schöpfungstage des Moses behaupten mit ihrem Zeugnis einer Aufeinanderfolge von Abschnitten, daß diese Tage lange Zeitepochen waren. Wie also bildete sich die Menschheit heraus? Die Genesis erzählt uns, Gott habe den ersten Menschen aus dem Schlamm der Erde gemacht und habe ihm das Leben eingehaucht. Wir bezweifeln keinen Augenblick die Wahrheit dieser Behauptung. Fern liegt uns die ketzerische und menschliche Idee eines mit seinen Händen den Ton formenden Gottes. Gott hat keine Hände, er ist reiner Geist und läßt seine Schöpfungen durch die gleichen Kräfte auseinander hervorgehen, die er der Natur gibt. Wenn der Herr *Adam* aus dem Erdschlamm hervorzog, so haben wir dies so zu verstehen, daß der Mensch aus der Erde unter Gottes Einfluß aber auf ganz natürliche Weise hervorging. Der Name *Adam* bedeutet im hebräischen rote Erde. Was kann diese sein? Das nun suchten die Alchymisten im Stein der Weisen, der ihnen in seinem Geheimnis der Metallverwandlung nur ein gleichgültiges und nebensächliches Ergebnis neben dem universalen Geheimnis des Lebens war. Sie suchten den Mittelpunkt der Verwandlung, in dem Licht zu Stoff wird und sich zu Erde verdichtet, die in sich das Prinzip der Bewegung und des Lebens enthält, die Verallgemeinerung der Erscheinung, die das Blut durch Schaffung unzähliger, wie die Erde magnetischer und wie die Tiere lebendiger Kügelchen rot färbt. Für die Jünger des *Hermes* waren die Metalle das Blut der Erde, die wie das Blut des Menschen gemäß der Arbeit des Lichts von weiß zu schwarz und von schwarz zu rot übergehen. Dieses Fluidum durch Wärme in Bewegung zu bringen, ihm mittels Elektrizität die färbende

Fruchtbarkeit des Lichts zu geben, war die erste Stufe der Arbeit der Weisen. Aber das Ende war schwieriger und erhabener. Es galt die adamische Erde, die das geronnene Erdblut ist, und der erhabene Traum der Philosophen war, das Werk des Prometheus zu vollenden, indem sie die Arbeit Gottes nachmachten, d. h. indem sie einen Menschen als Kind aus dem Wissen entstehen lassen, wie *Adam* das Kind göttlicher Allmacht war. Dieser Traum war vielleicht wahnsinnig, aber er war schön.

Die schwarze Magie beschäftigte sich in ihrer steten Nachäffung der Magie des Lichts und ihrer steten Verdrehung derselben auch viel mit dem Menschenautomaten, der ihr ein Werkzeug ihrer Leidenschaften und Orakel der Hölle sein sollte. Dazu müßte man die Natur nötigen und eine Art von verdichteter, menschlicher Schlechtigkeit ganz angefüllten Pilz, eine lebendige Verwirklichung aller Verbrechen erhalten. So sucht man die Alraunwurzel unter den Galgen der Gehenkten. Man ließ sie von einem an die Wurzel gebundenen Hund, dem man einen tötlichen Hieb versetzt hatte, ausreißen. Das war die Arbeit seiner Todeskrämpfe, die Seele des Hundes ging dann in die Pflanze ein und zog die des Gehenkten mit sich. Doch genug des Schrecklichen und Abscheulichen. Die nach solcher Weisheit Gierenden mögen das auf dem Land unter dem Namen „*kleiner Albert*" volkstümliche Zauberbuch befragen. Sie werden darin finden, wie man die Alraunwurzel auch in Hahnengestalt mit einem Menschenkopf machen kann. Die Dummheit all dieser Rezepte liegt im Wettstreit mit der Unsauberkeit, und man kann die Natur ohne gleichzeitige Umgehung aller Vernunftgesetze nicht willkürlich schänden.

Albertus Magnus war weder Kinder- noch Gottesmörder, beging weder das Verbrechen des Tantalus, noch jenes des Prometheus, aber er hatte die rein scholastische, auf den „*Kategorien*“ des *Aristoteles* und den „*Sentenzen*“ des *Petrus Lombardus* beruhende Theologie, die Logik des Vernunftschlusses, die statt zu durchdenken Beweise anführt und durch Wortgrübeleien auf alles eine Antwort findet, vollends ersonnen und nach allen Seiten gewappnet. Es war weniger Theologie als ein philosophisches Automatentum, das durch eine Feder antwortet und seine Thesen wie ein Räderwerk abrollt. Es war weniger das menschlich Wahre als der gleichförmige Schrei einer Maschine, das leblose Wort eines Menschenautomaten, verhängnisvolle Präzision der Mechanik an Stelle freier Anwendung vernünftiger Notwendigkeiten. Der *hl. Thomas von Aquin* zerhieb mit einem Schlag von vornherein dies ganze Gerüst übereinandergetürmter Worte und verkündete die ewige Herrschaft der Vernunft durch den schon oft zitierten, erhabenen Ausspruch: „*Eine Sache ist nicht recht, weil Gott sie will, sondern Gott will, sie, weil sie recht ist.*“ Die nächste Folge dieses Ausspruchs war: „*Eine Sache ist nicht wahr, weil Aristoteles es gesagt hat, sondern Aristoteles kann sie vernünftigerweise nur sagen, wenn sie wahr ist. Sucht also zunächst Wahrheit und Gerechtigkeit, und die Weisheit des Aristoteles wird euch dazu gegeben werden.*“

Der von der Scholastik künstlich wiederbelebte *Aristoteles* war der wahre Menschenautomat des *Albertus Magnus*, und der Schulmeisterstock des *hl. Thomas von Aquin* war die Lehre der „*Summa theologica*“, des Meisterwerkes an Kraft und Vernunft, das man in unseren Theologieschulen noch studieren muß, will man ernstlich zu gesunden und kraftvollen Studien zurückkehren.

Unter der Übertragung des Steins der Weisen vom *hl. Dominikus* auf *Albertus Magnus* und von diesem auf den *hl. Thomas von Aquin* kann also nur die philosophische und religiöse Basis jener

Zeit verstanden werden. Hätte der *hl. Dominikus* das große Werk zu vollbringen gewußt, er hätte Rom die Weltherrschaft gekauft, die er für die Kirche so heftig wünschte, er hätte das Feuer, das so viele Ketzer verbrannte zum Erhitzen seiner Schmelztiegel benutzt. Der *hl. Thomas von Aquin* verwandelte durch seine Berührung alles in Gold, aber nur, wenn man das Gold als Sinnbild der Wahrheit erkennt. Bei dieser Gelegenheit noch einige Worte über die „*hermetische Wissenschaft*", die von den ersten christlichen Jahrhunderten an von *Ostanes*, *Romarius*, der Königin *Cleopatra*, den Arabern *Geber*, *Alfarabius* und *Salmana*, *Morienus* und *Aristeus* gepflegt wurde. Dieses Wissen kann absolut genommen, die verwirklichende Kabbala oder die Magie der Taten genannt werden. Es bot drei analoge Grade: die „*religiöse*", „*philosophische*" und „*physische*" Verwirklichung. Die religiöse Verwirklichung ist die dauerhafte Gründung von Herrschaft und Priestertum, die philosophische Verwirklichung ist die Darlegung einer absoluten Lehre und einer hierarchischen Belehrung, die physische Verwirklichung ist die Entdeckung und Anwendung des Schöpfergesetzes im Mikrokosmos oder der kleinen Welt, das unaufhörlich das große Universum bevölkert. Dieses Gesetz ist das der mit der Substanz verbundenen Bewegung, des Festen mit dem Flüchtigen, des Feuchten mit dem Trokkenen. Diese Bewegung hat als Ursprung den göttlichen Impuls und als Werkzeug das universale Licht, ätherisch im Unendlichen, astral in Sternen und Planeten, metallisch, spezifisch oder quecksilberhaft in den Metallen, vegetabil in den Pflanzen, vital in den Tieren, magnetisch oder persönlich im Menschen.

Dieses Licht ist die Quinta essentia des *Paracelsus*, das sich in allen geschaffenen Substanzen im ruhenden und strahlenden Zustand befindet. Diese Quinta essentia ist das wahre Lebenselixier, welches durch

Bearbeitung aus der Erde, durch Einverleibung, Läuterung, Erhöhung und Synthese aus den Metallen, durch Destillation und Kochen aus den Pflanzen, durch Abziehen aus den Tieren, durch Zeugung aus dem Menschen, durch Atmung aus der Luft gezogen wird. Das veranlaßte *Aristeus* zu sagen, man müsse Luft von Luft nehmen, *Khunrath*, man müsse das lebendige Quecksilber vom vollkommenen durch den Androgyn gebildeten Menschen nehmen, fast alle, man müsse aus den Metallen die metallische Medizin nehmen, und diese Medizin, im Grund für alle Gebiete dieselbe, sei abgestuft und gesondert nach Formen und Arten. Die Anwendung dieser Medizin soll eine dreifache sein: durch Sympathie, Abstoßung oder durch Gleichgewicht. Die abgestufte Quintessenz war nur ein Hilfsmittel der Stärken. Die Medizin jeden Reiches mußte aus dem gleichen Reich unter Hinzufügung des herrschenden erdigen oder metallischen und des lebenden synthetischen Quecksilbers oder des menschlichen Magnetimus genommen werden.

Dies sind kurz und schnell zusammengefaßt die Begriffe der wie die Kabbala weiten und tiefen, wie die Magie geheimnisvollen, wie die exakten Wissenschaften wirklichen, aber durch oft betrogene Lüsternheit falscher Adepten und die Dunkelheit, in die wahre Weise ihre Theorien und Arbeiten hüllten, verschrieenen Wissenschaft.

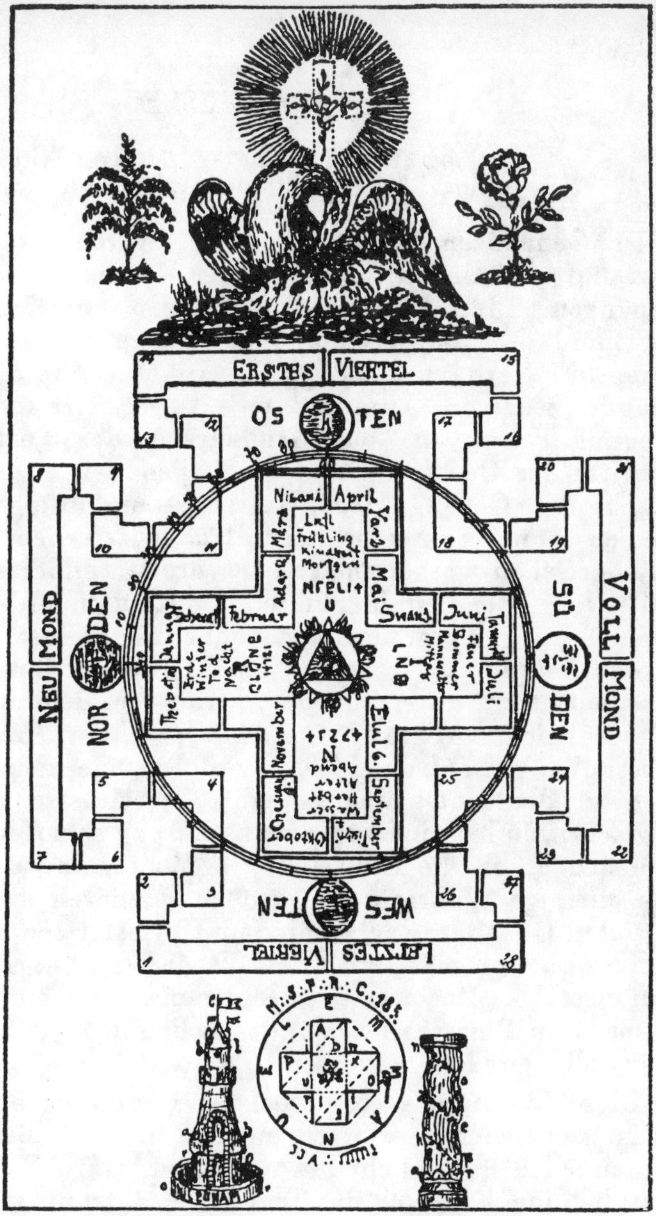

Das philosopische Kreuz
oder der Plan des dritten von Ezechiel propezeiten Tempels, den die Templer errichten wollten.

VI. Kapitel.

BERÜHMTE PROZESSE.

Drei berühmte Prozesse — die Tempelritter, Jeanne d'Arc und Gille de Laval, Herr de Raiz.

Die Gemeinschaften der alten Welt waren durch den materialistischen Egoismus der Kasten untergegangen. Diese hatten durch ihre Unbeweglichkeit und die Einpferchung der Massen in hoffnungslose Verdammnis die gefesselte Macht in die Hände weniger Ausgewählter dieser Kreisbewegung gelegt, die das Grundgesetz des Fortschritts der Bewegung und des Lebens ist. Eine Macht ohne Gegengewicht, Wettstreit, und infolgedessen ohne Kontrolle war den priesterlichen Königreichen verhängnisvoll geworden; andererseits waren die Republiken, die ja nur aufeinander eifersüchtige Tyrannen sind, ohne hierarchische Pflicht und sanktionierte Macht durch ihren Freiheitsstreit untergegangen. Zur Vermeidung dieser beiden Abgründe kamen die christlichen Hierophanten auf die Idee, eine durch feierlichen Schwur der Entsagung geweihte, durch strenge Vorschriften beschützte Gemeinschaft zu schaffen, die sich durch die Einweihung ergänzte, und die als alleinige Wahrerin den großen religiösen und sozialen Geheimnissen Könige und Priester schaffen sollte, ohne sich selbst dem Verderb der Macht auszusetzen. Das war das Geheimnis des Königtums Jesu Christi, das, ohne von dieser Welt zu sein, alle Großen beherrschen sollte.

Diese Idee führte so oft bei der Gründung der religiösen Orden zum Streit mit den uralten geistlichen oder bürgerlichen Autoritäten. Ihre Verwirklichung war auch der Traum der abtrünnigen Sekten der Gnostiker oder Erleuchteten, die ihren Glauben auf die ursprünglichen Überlieferungen des Christentums durch den *hl. Johannes* zurückzuführen behaupteten. Sie wurde schließlich zu einer Gefahr für Kirche und Gesellschaft, als ein reicher und entschlossener, in die geheimnisvollen Lehren der Kabbala eingeweihter Orden sich gegen die rechtmäßige Autorität der erhaltenden Prinzipien der Hierarchie aufzulehnen begann und die ganze Welt mit einer ungeheuren Revolution bedrohte.

Die Templer, deren Geschichte so wenig bekannt ist, waren diese furchtbaren Verschwörer, und es ist endlich an der Zeit das Geheimnis ihres Falls zu lüften, um das Andenken *Clemens V.* und *Philipps des Schönen* frei zu sprechen.

Im Jahre 1118 weihten sich neun Kreuzritter, unter ihnen *Geoffroi de Saint-Omer* und *Hugues de Payens*, der Religion und leisteten in die Hand des Patriarchen von Konstantinopel, ein seit *Photius* schon immer offen oder geheim gegen Rom feindlicher Sitz, ihren Eid. Das offen bekannte Ziel der Templer war der Schutz der Besucher der heiligen Orte, ihr geheimes Ziel galt dem Wiederaufbau des salomonischen Tempels nach dem prophetischen Vorbild *Ezechiels.*

Dieser von den jüdischen Mystikern der ersten Jahrhunderte vorausgesagte Wiederaufbau war der geheime Traum der orientalen Patriarchen. Der wiedererrichtete und dem katholischen Kult geweihte salomonische Tempel sollte zur Metropole des Universums werden. Der Orient würde über den Okzident siegen, und die Patriarchen von Konstantinopel würden sich des Papsttums bemächtigen.

Zur Erklärung des Namens „*Templer*" behaupten die Geschichtsschreiber, *Bautoin II.*, König von Jerusalem, habe diesem militärischen Orden ein Haus in der Nähe des salomonischen Tempels gegeben. Aber sie machten sich hier eines gewaltigen Anachronismus schuldig; denn in jener Zeit gab es nicht nur keinen salomonischen Tempel, sondern es war auch vom zweiten, von Zorobabel auf den Ruinen des ersten erbauten Tempels kein Stein auf dem andern geblieben, und es war daher schwer, den Platz genau zu bezeichnen.

Daraus ergibt sich der Schluß, daß das den Templern von *Baudoin* geschenkte Haus nicht beim Tempel *Salomos*, sondern bei dem Grundstück gelegen war, auf dem die geheimen und bewaffneten Sendlinge des orientalen Patriarchen den Wiederaufbau beabsichtigten.

Das biblische Vorbild waren den Templern die kriegerischen Maurer Zorobabels, welche in der einen Hand das Schwert hatten und in der andern mit der Kelle arbeiteten. Schwert und Kelle waren deshalb Isignien der Templer, welche sich später, wie man sehen wird, unter dem Namen „*Freimaurer*" verbargen. Die vierfache und die dreieckigen, zu Kreuzform zusammengestellten Klingen der Templer bilden ein als „*Kreuz des Orients*" bekanntes kabbalistisches Pantakel.

Bei Gründung seines Ordens war der geheime Gedanken des *Hugues von Payens* sicher nicht dem Ehrgeiz der Patriarchen von Konstantinopel zu dienen. In jener Zeit gab es im Orient eine Sekte christlicher Johanniter, die behaupteten allein in die wahren Mysterien der Religion des Erlösers eingeweiht zu sein. Sie behaupteten, die wirkliche Geschichte Jesu Christi zu kennen und bei teilweiser Annahme jüdischer Überlieferungen und talmudischer Erzählungen lehrten sie, die in den Evangelien erzählten Tatsachen seien nur Allegorien, zu denen der *hl. Johannes* den Schlüssel mit den Worten gebe „*Man müsse die Welt mit Büchern anfüllen, wolle man über Reden und Taten Jesu Christi schreiben*," Worte, die nach ihnen nur eine lächerliche Übertreibung wären, handelte es sich nicht um eine Allegorie und Legende, die man bis ins Unendliche ausspinnen und verändern könne.

Hier Erzählungen der Johanniter über die historischen und wirklichen Tatsachen:

Eine junge Nazarenerin, *Miriam*, die Braut eines jungen Stammesgenossen, *Jochanan*, wurde von einem gewissen, in den Kleidern und mit dem Namen ihres Verlobten in ihr Zimmer gedrungenen *Pandira* oder *Panther* überrascht und gewaltsam mißbraucht. *Jochanan* ging im Bewußtsein seiner Schande von ihr, ohne sie bloßzustellen, da sie tatsächlich unschuldig war. Das Mädchen gebar einen Sohn und nannte ihn *Joshuah* oder *Jesus*.

Dieser Knabe wurde von einem Rabbi *Joseph* an Sohnes statt angenommen und nach Ägypten gebracht. Dort wurde er in die Geheimwissenschaften eingeweiht, und die Osiris-Priester, die in ihm die den Adepten seit langem versprochene, wahre Fleischwerdung des Horus erkannten, weihten ihn zum obersten Priester der universalen Religion.

Joshuah und *Joseph* kehrten nach Judäa zurück, wo Wissen und Tugend des jungen Mannes bald Neid und Haß der Priester erregten, die ihm eines Tages seine illegitime Geburt vorwarfen. *Joshuah*, der seine Mutter liebte und verehrte, fragte seinen Lehrer und erfuhr die Geschichte vom Verbrechen *Pandiras* und dem Unglück *Miriams*. Seine erste Erregung ließ ihn auf einem Hochzeitsfest seine Mutter öffentlich verleugnen, indem er sagte: „*Weib, was habe ich mit dir zu schaffen?*" Als er aber einsah, daß eine Frau nicht büßen könne, was sie nicht hindern konnte, rief er aus: „*Meine Mutter ist sündelos und hat ihre Unschuld nicht verloren, Jungfrau und Mutter ist sie, ihr sei doppelte Ehre! Ich meinerseits habe keinen Vater auf Erden. Ich bin der Sohn Gottes und der Menschheit!*"

Wir wollen diese für christliche Herzen betrübliche Feststellung nicht fortsetzen, es mag genug sein, daß die Johanniter so weit gingen, den heiligen Evangelisten *Johannes* für diese angebliche Überlieferung verantwortlich zu machen und ihm die Gründung ihrer geheimen Kirche zuzuschreiben.

Die Oberpriester dieser Sekte nahmen den Titel „*Christ*" an und behaupteten seit dem *hl. Johannes* einander durch ununterbrochene Übertragung der Macht zu folgen. Der zur Zeit der Gründer des Templerordens im Besitz dieser eingebildeten Privilegien war, nannte sich Theoklet. Er kannte *Hugues de Payens* und weihte ihn in die Mysterien und Hoffnungen seiner angeblichen Kirche ein. Er riß ihn durch Ideen von einem unfehlbaren Priestertum und erhabenen Königtum hin und bestimmte ihn schließlich zu seinem Nachfolger.

So wurde der Orden der Templer von seiner Gründung an von Schisma und Verschwörung gegen die Könige angesteckt.

Diese Strebungen wurden von einem tiefen Geheimnis verhüllt und der Orden bekannte sich nach außen zur strengsten Rechtgläubigkeit. Nur die Führer kannten den Weg, die übrigen folgten ohne Mißtrauen.

Einfluß und Reichtum zu erringen, dann zu intriguieren und wenn nötig für die Verbreitung des johannitischen Dogmas zu kämpfen, waren Ziel, und die den eingeweihten Brüdern vorgeschlagenen Mittel. „*Seht,*" sagte man ihnen, „*wie heute um Papsttum und die wetteifernden Monarchien gefeilscht wird, wie sie verkauft und bestochen und wie sie sich morgen vielleicht gegenseitig vernichten werden. All das wird das Erbe des Tempels, bald wird uns die Welt um Herrscher und Päpste bitten. Wir werden das Gleichgewicht des Universums, die Arbeiter des Herrn der Welt sein.*"

Die Templer hatten zwei Lehren, eine verborgene und für die Meister aufbewahrte, die des „*Johannitertums*," und eine andere öffentliche, die „*römisch-katholische*" Lehre. So täuschten sie ihre Gegner, die sie zu verdrängen wünschten. Das Johannitertum derAdepten war die bald zu einem mystischen Pantheismus und bis zur Götzendienerei der Natur und zum Haß gegen jedes geoffenbarte Dogma ausgearbeitete Kabbala der Gnostiker. Um besser vorwärts zu kommen und sich Anhänger zu schaffen hingen sie der Trauer um vergangene und den Hoffnungen neuer Kulte nach, indem sie allen Gewissensfreiheit und eine neue Rechtsgläubigkeit versprachen, eine Zusammenfassung aller verfolgten Glaubensrichtungen. Sie gingen sogar bis zur Anerkennung des pantheistischen Symbolismus und der schwarzmagischen Großmeister, und zur Erleichterung ihrer Lossagung von der Kirche, die sie schon zum voraus verdammt hatte, erwiesen sie dem scheußlichen Götzenbild des *Baphomet* göttliche Ehre, wie die abtrünnigen Stämme früher die goldenen Kälber von Dan und Bethel angebetet hatten.

Vor kurzem entdeckte Denkmäler und bis auf das XIII. Jahrhundert zurückgehende kostbare Dokumente beweisen unsere obigen Darlegungen mehr als genug. Noch andere Beweise sind in den Annalen und unter den Symbolen der okkulten Freimaurer verborgen.

In ihrem eigenen anarchistischen weil ketzerischen Prinzip zu Tode getroffen, hatte der Templerorden ein großes Werk ersonnen, daß er bei seinem Mangel an Demut und persönlicher Enthaltsamkeit nicht zu Ende führen konnte. Die Tempelherren verstanden in ihrer Ungelehrsamkeit und ihrer starken Handhabung des Schwertes nicht die Meinung, diese Königin der Welt zu lenken, geschweige denn zu fesseln. *Hugues de Payens* fehlte jener Scharfblick, der später den militärischen Gründer einer den Königen nicht weniger gefährlichen Miliz auszeichnete.

Ihr Losungswort war, reich werden um die Welt zu kaufen. Sie wurden es, und im Jahre 1312 besaßen sie allein in Europa neuntausend Feudalgüter. Der Reichtum wurde ihr Verderben; sie wurden unverschämt und ließen ihre Verachtung für die religiösen und sozialen Einrichtungen, die sie stürzen wollten, durchblicken. Man kennt den Ausspruch des *Richard Löwenherz* zu einem Priester, dem er große Vertraulichkeiten erlaubte; „*Sire, ihr habt drei sehr teure Töchter, die ihr loszuwerden versuchen solltet: Ehrgeiz, Habgier und Unzucht. — Wahr, sagte der König, so laß sie uns verheiraten. Den Ehrgeiz gebe ich den Templern, die Habgier den Mönchen und die Unzucht den Bischöfen. Des Einverständnisses aller Parteien bin ich sicher!*“

Ihr Ehrgeiz wurde den Templern zum Verhängnis. Man durchschaute ihre Absichten zu sehr und kam ihnen zuvor. Papst *Clemens V.* und König *Philipp der Schöne* gaben Europa einen Wink, und die wie in einem zu feinmaschigen Netz eingesponnenen Templer wurden gefangen, entwaffnet und in den Kerker geworfen. Nie wurde ein Staatsstreich mit größerer Einheit durchgeführt. Die Welt war völlig starr, und man erwartete die seltsamen Enthüllungen eines Prozesses, der durch die Zeiten so viel Widerhall finden sollte.

Es war unmöglich, dem Volk den Verschwörungsplan der Templer preiszugeben, man hätte damit die Menge in die Geheimnisse der Meister eingeweiht. Man stellte die Anklage auf Magie, Angeber und Zeugen gab es genug: Die Templer bespiehen bei ihrer Aufnahme den Kruzifixus, leugneten Gott, gaben dem Großmeister schamlose Küsse, beteten einen Kopf aus Kupfer mit Karfunkelaugen an, unterhielten sich mit einer schwarzen Katze und paarten sich mit Teufelinnen. Furchtlos setzte man diese Dinge auf ihre Anklageakten. Man kennt das Ende dieses Dramas und den Flammentod *Jaques de Molais* und seiner Gefährten. Aber vor seinem Tode organisierte und stiftete das Oberhaupt des Tempels die „*okkulte Freimaurerei*". Aus seines Kerkers Tiefen schuf der Großmeister vier Hauptlogen in Neapel für den Osten, in Edinburg für den Westen, in Stockholm für den Norden und in Paris für den Süden. Papst und König endeten bald auf merkwürdige und unerwartete Art. *Squin de Florian*, der Hauptverleumder des Ordens wurde ermordet. Durch das Zerbrechen des Tempelschwertes hatte man einen Dolch gemacht, und ihre verfluchten Kellen mauerten nur noch Grabgewölbe.

Lassen wir sie im Dunkel, wo sie sich rachesinnend verbargen. Kommt die große Revolution, so mögen wir sie an ihren Zeichen und Werken erkennen.

Der größte Prozeß der Magie in der Geschichte nach dem der Templer ist der gegen eine Jungfrau, ja fast eine Heilige. Man klagt die Kirche an, in diesem Prozeß dem niederträchtigen Rachegefühl einer besiegten Partei Vorschub geleistet zu haben, und fragt sich angstvoll, welchem Fluch des hl. Stuhls die Mörder der *Jeanne d'Arc* verfielen. Sagen wir also zunächst denen, die es nicht wissen, daß *Pierre Cauchon*, der nichtswürdige Bischof von Beauvais, plötzlich durch Gotteshand starb und nach seinem Tod von Papst *Calixtus IV.* exkommuniziert wurde, und daß sein Gebein aus der hl. Erde herausgerissen und auf den Schindanger geworfen wurde. Also nicht die Kirche hat die Jungfrau von Orleans verurteilt und verdammt, sondern ein abtrünniger, schlechter Priester.

Karl VII., der dieses edle Mädchen seinen Henkern überließ, wurde seitdem von der Hand einer rächenden Vorsehung verfolgt. Er starb aus Furcht von seinem eigenen Sohn vergiftet zu werden Hungers. Furcht ist die Strafe der Niederträchtigen.

Dieser König hatte für eine Kurtisane gelebt und für sie das Königreich vergeudet, das ihm eine Jungfrau rettete. Von unseren Nationaldichtern wurden die Kurtisane und die Jungfrau besungen, *Jeanne d'Arc* von Voltaire, *Agnes Sorel* von *Beranger*. *Jeanne* war unschuldig gestorben, aber die Gesetze gegen die Magie erreichten und bestraften wenig später einen großen Verbrecher. Es war einer der tapfersten Hauptleute *Karls VII.*, aber seine dem Staat geleisteten Dienste vermögen die Unzahl und Schwere seiner Verbrechen nicht auszugleichen.

Die Erzählungen von Menschen- und Kinderfressern wurden verwirklicht und durch die Handlungen dieses phantastischen Verbrechers überboten, und seine Geschichte ist als die des „*Blaubart*" im Gedächtnis der Kinder geblieben.

Nach seinem Porträt im Marschallsaal des Museums von Versailles hatte *Gilles de Laval, Herr de Raiz* tatsächlich einen so schwarzen Bart, daß er blau schien. Er war Marschall der Bretagne, tapfer, weil er Franzose, stolz, weil er reich, und Zauberer, weil er wahnsinnig war.

Die Zerrüttung der geistigen Kräfte des Herrn *de Raiz* zeigte sich zuerst in prunkvollen Andachtsübungen und übertriebener Prachtliebe. Er ging nur noch hinter Kreuz und Fahne, seine Kapläne waren mit Gold bedeckt und die Prälaten aufgeputzt, eine ganze Schar von kleinen, immer reich gekleidete Pagen oder Chorknaben umgab ihn. Täglich wurde einer dieser Knaben zum Marschall befohlen, aber seine Kameraden sahen ihn nicht zurückkommen. Ein neu Angekommener ersetzte den Verschwundenen, und streng war den Knaben jede Frage nach dem Schicksal der Verschwundenen oder eine Unterhaltung über sie verboten.

Der Marschall ließ diese Knaben armen Eltern nehmen, die man mit Versprechen blendete und die versprechen mußten, sich nie mehr um ihre Kinder zu kümmern, denen der Herr bereits, wie er sagte, eine glänzende Zukunft verschaffte.

So geschah es:

Die Frömmigkeit war nur Maske und Freipaß für niederträchtige Handlungen.

Der durch seine wahnsinnige Verschwendung ruinierte Marschall wollte sich um jeden Preis Reichtum verschaffen. Die Alchymie hatte seine letzte Quelle erschöpft, bald fehlten ihm seine Wucheranleihen; er beschloß nun die letzten Experimente der schwarzen Magie zu erproben und durch höllische Mittel Gold zu erlangen.

Ein abgefallener Priester der Diözese Saint-Malo, der Florentiner Prelati und sein Verwalter *Sille* waren seine Vertrauten und Mitwisser.

Er hatte ein junges Mädchen aus hohem Hause geheiratet und hielt es in seinem Schloß Machecoul sozusagen eingesperrt; dieses Schloß hatte ein vermauertes Türmchen. Es drohe einzustürzen, sagte er, und niemand wagte sich dahin.

Da Frau *de Raiz* des Nachts von ihrem Gemahl oft allein gelassen wurde, hatte sie rötliche Lichter in diesen Turm kommen und ihn verlassen sehen.

Sie wagte in ihrem Schrecken vor dem absonderlichen und düsteren Charakter ihres Gatten nicht danach zu fragen.

Nach dem feierlichen Empfang der Kommunion in seiner Kapelle nahm der Marschall von der Schloßherrin von Machecoul Abschied und erklärte ihr seine Abreise nach dem heiligen Lande. Die arme, seit einigen Monaten schwangere Frau fragte nicht weiter, so sehr zitterte sie vor ihm. Der Marschall erlaubte ihr, ihre Schwester kommen zu lassen, damit sie während seiner Abwesenheit eine Gefährtin habe. Frau *de Raiz* benützte diese Erlaubnis und ließ ihre Schwester holen. *Gilles de Laval* bestieg sein Pferd und ritt davon.

Frau *de Raiz* vertraute ihre Beunruhigungen und Ängste ihrer Schwester an. Was ging im Schloß vor? Warum war Herr *de Raiz* so düster? Woher seine häufige Abwesenheit? Was wurde aus den täglich verschwindenden Knaben? Was sollten die nächtlichen Lichter im vermauerten Turm? Diese Fragen trieben die Neugier der beiden Frauen aufs höchste.

Doch was tun? Der Marschall hatte ausdrücklich verboten, daß man sich dem gefährlichen Turm nahe, und vor der Abreise hatte er dies Verbot förmlich wiederholt.

Er mußte eine geheime Tür haben. Diese suchten Frau *de Raiz* und ihre Schwester *Anna*, alle unteren Schloßsäle, Winkel um Winkel, Stein um Stein wurden durchforscht. Endlich gab in der Kapelle hinter dem Altar ein unter einem Wirrwarr von Skulpturen verborgener kupferner Knopf dem Druck der Hand nach, ein Stein wich zurück, und die beiden bebenden Neugierigen konnten die ersten Stufen einer Treppe erblicken.

Diese Treppe führte die beiden Frauen in den verbotenen Turm.

Im ersten Stock fanden sie eine Art Kapelle mit umgestürztem Kreuz und schwarzen Kerzen. Auf dem Altar stand eine scheußliche, zweifellos einen Dämon darstellende Figur.

Im zweiten Stock waren Öfen, Retorten, Kolben, Kohlen und ein Gebläse.

Im dritten war das Zimmer dunkel. Man atmete eine fade, stinkende Luft, welche die beiden jungen Besucherinnen zum Rückzug zwang. Frau *de Raiz* stürzte ein angestoßenes Gefäß um und fühlte Kleid und Füße von einer dicken, unbekannten Flüssigkeit naß werden. Im Licht fand sie sich ganz mit Blut besudelt.

Ihre Schwester *Anna* wollte fliehen, aber die Neugier von Frau *de Raiz* war stärker als Furcht und Schreck. Sie stieg herab, nahm die Lampe aus der höllischen Kapelle und stieg wieder in das Zimmer des dritten Stocks hinauf: ein entsetzliches Bild bot sich ihrem Blick.

Mit Blut gefüllte, mit Daten versehene Kupferkessel standen längs der Wände und mitten im Raum auf schwarzem Marmortisch lag der Leichnam eines kürzlich ermordeten Knaben.

Eines der Becken war von Frau *de Raiz* umgestoßen und ein schwarzes Blut hatte sich über den wurmstichigen, schlechtgefegten Boden ergossen.

Die beiden Frauen waren halb tot vor Schreck und Frau *de Raiz* wollte mit Gewalt die Zeugen ihrer Indiskretion beseitigen. Sie holte Wasser und Schwamm, um den Boden aufzuwaschen, aber der Fleck wurde nur größer und das Schwarz ging in Blutrot über. . . . Da, großer Lärm im Schloß, die Leute rufen Frau *de Raiz*, und man unterscheidet deutlich die furchtbaren Worte: „*Der Herr kommt zurück!*“ Die beiden Frauen stürzen zur Treppe, doch im selben Augenblick hören sie in der Teufelskapelle großen Lärm von Schritten und Stimmen. Die Schwester *Anna* flieht auf die Zinne des Turms, Frau *de Raiz* steigt bebend herab und sieht sich ihrem Gemahl in Begleitung des abgefallenen Priesters und Prelatis gegenüber.

Gilles de Laval ergreift seine Frau am Arm und zieht sie wortlos in die Teufelskapelle. Hierauf sagt Prelati zum Marschall: „*Ihr seht, es muß sein; das Opfer kam von selbst.*“ — „*Es sei,*“ antwortete der Marschall, „*beginnt die schwarze Messe!*“

Der abgefallene Priester wendet sich zum Altar, Herr *de Raiz* öffnete ein kleines im Altar angebrachtes Fach, entnimmt ihm ein großes Messer, setzt sich wieder neben seine fast ohnmächtige Frau, die auf einer Bank an der Mauer der Kapelle liegt. Die gottlose Handlung beginnt.

Herr *de Raiz* schlug nämlich nicht den Weg nach Jerusalem, sondern den nach Nantes ein, wo Prelati wohnte. Wie ein Wahnsinniger trat er bei diesem Schurken ein und drohte ihn umzubringen, wenn er ihm nicht das Mittel verrate, durch das er die Erfüllung seines lange gehegten Wunsches vom Teufel erlangen könne. Um Aufschub zu gewinnen schilderte ihm Prelati die Furchtbarkeit der absoluten Bedingungen des Teufels, und sagte, der Marschall müsse vor allem sein letztes Kind opfern, das mit Gewalt dem Mutterschoß entrissen werden müsse. *Gilles de Laval* hatte nichts geantwortet, war sofort mit dem Florentiner Zauberer und dem Priester, seinem Vertrauten, nach Marchecoul zurückgekehrt und hatte seine Frau in dem vermauerten Turm gefunden. Das Weitere ist bekannt.

Währenddessen hatte man die Schwester *Anna* auf der Plattform des Turmes vergessen. Sie wagte nicht herabzusteigen, hatte ihren Schleier gelöst und gab damit zufällig Zeichen der Verzweiflung, auf die zwei von einigen Bewaffneten gefolgte Ritter, die sich dem Schloß näherten, antworteten. Es waren ihre beiden Brüder, die auf die Kunde von der angeblichen Palästinafahrt des Herrn *de Laval* zu ihrer Schwester eilen wollten, um sie zu trösten. Lärmend betraten sie den Schloßhof, da unterbrach *Gille de Laval* die furchtbare Zeremonie und sagte zu seiner Frau: „*Madame, ich begnadige Euch; wenn Ihr meinen Anordnungen folgt, wird hiervon nicht mehr die Rede sein.*“

„*Begebt Euch auf Euer Zimmer, zieht Euch um und folgt mir zum Ehrensaal, wo ich Eure Brüder empfangen werde. Sagt Ihr ihnen aber ein Wort oder erregt ihren Verdacht, so führe ich Euch nach ihrem Weggang hierher zurück, und wir werden die schwarze Messe dort wieder aufnehmen, wo wir stehen blieben, d. h. Ihr müßt als Opfer sterben.*“

Dann steht er auf, führt seine Frau bis zur Tür ihres Zimmers und begibt sich zum Empfang der beiden Edelleute und ihres Gefolges in den Ehrensaal. Er entschuldigte seine Frau, die sich zur Begrüßung ihrer Brüder bereit mache.

Wenige Augenblicke später erscheint Frau *de Raiz* blaß wie eine Tote. *Gilles de Laval* starrt sie mit herrischem Blick unausgesetzt an. „*Seid Ihr krank, meine Schwester?*" — „*Nein, es sind die Beschwerden der Schwangerschaft.*" ... Und leise fügt die arme Frau hinzu: „*Er will mich töten, rettet mich.*" Im gleichen Augenblick stürzt die Schwester *Anna*, der es gelungen war, den Turm zu verlassen, in den Saal und schreit: „*Nehmt uns mit, rettet uns; dieser Mensch ist ein Mörder!*" und zeigt auf *Gilles de Laval.*

Der Marschall ruft seine Leute zu Hilfe, die Begleitung der beiden Brüder deckt die beiden Frauen, man greift zum Schwert. Da aber die Leute des Herrn *de Raiz* seinen Wahnsinn sehen, entwaffnen sie ihn, statt ihm zu gehorchen. Währenddessen erreichen Frau *de Raiz*, ihre Schwester und ihre Brüder die Zugbrücke und verlassen das Schloß.

Am andern Tag läßt Herzog *Johann* Machecoul umzingeln, und *Gilles de Laval*, der auf seine Mannen nicht mehr rechnet, ergibt sich ohne Widerstand. Das Parlament der Bretagne erließ einen Haftbefehl gegen ihn als Mörder. Die Richter der Kirche wollten ihn als Ketzer, Sodomiten und Zauberer richten. Stimmen, die aus Furcht lange geschwiegen hatten, wurden von allen Seiten laut, um die verschwundenen Kinder zurückzufordern. Allgemein waren Trauer und Klagen in der ganzen Provinz. Man durchsuchte die Schlösser Machecoul und Chantocé und fand die Reste von mehr als zweihundert Kinderskeletten, die andern waren verbrannt und vollständig vernichtet.

Gilles de Laval erschien höchst arrogant vor seinen Richtern und antwortete auf die gewohnheitsmäßige Frage, wer er sei: „*Ich bin Gilles de Laval, Marschall der Bretagne, Herr de Raiz, de Machecoul, de Chantocé und vieler anderer Orte. Und Ihr, Frager, wer seid Ihr?*“ — „*Wir sind Eure Richter, Verwalter der Kirche.*“ — „*Ihr, meine Richter! Ich kenne Euch, meine Herren, Pfründenwucherer seid Ihr und Lüstlinge, um des Teufels Freuden verkauft Ihr Euren Gott. Sprecht doch nicht von einem Gericht über mich; denn bin ich schuldig, dann seid Ihr meine Anstifter und Mitschuldigen, Ihr, die Ihr mir das gute Beispiel schuldetet.*“ — „*Laßt ab von Euren Beleidigungen und antwortet uns!*“ — „*Lieber gehängt werden, als Euch antworten. Daß Euch der Präsident der Bretagne nur solche Dinge wissen läßt. Nun seid Ihr wohl nach dem Unterricht neugierig, um es nachher toller noch als bis jetzt zu treiben.*“

Bei der Drohung mit der Folter verging aber dieser unverschämte Hochmut. Vor dem Bischof von Saint-Brieuc und dem Präsidenten *Pierre de l'Hopital* gestand er seine Morde und Gotteslästerungen. Als Grund zum Blutbad an den Kindern gab er eine verruchte Wollust an, die er bei ihrem Todeskrampf empfinde. Der Präsident schien an der Wahrheit zu zweifeln und fragte den Marschall von neuem. — „*Ach!*“ sagte dieser rauh, „*Ihr quält mich und Euch damit unnötig.*“ — „*Ich quäle Euch keineswegs,*“ entgegnete der Präsident, „*Eure Erklärung genügt mir nicht, und ich möchte gern die reine Wahrheit von Euch wissen.*“ Der Marschall antwortete ihm: „*Einen andern als den bereits gesagten Grund und eine andere Absicht hatte ich nicht; was wollt Ihr mehr, habe ich nicht genug gestanden, um zehntausend Menschen hinrichten zu lassen.*“

Gilles de Raiz wollte nicht sagen, daß er im Blut der erwürgten Kinder den Stein der Weisen gesucht habe. Gier trieb ihn zu dieser ungeheuerlichen Ausschweifung. Er glaubte den Nekromanten, daß die universal wirkende Lebenskraft durch die verbundene Wirkung und Gegenwirkung der Schändung der Natur und des Mordes gerinnen müsse. Er sammelte dann das Häutchen auf dem erkaltenden Blut, unterzog es mehreren Gährungsprozessen und behandelte das Ergebnis im philosophischen Ei des Athanor mit Salz-, Schwefel- und Quecksilberverbindungen. Zweifellos hatte er das Rezept in einigen alten jüdischen Zauberbüchern gefunden, die, wären sie bekannt geworden, zur Vernichtung der Juden auf der ganzen Welt genügt hätten.

Die israelitischen Zauberer waren überzeugt, daß der menschliche Zeugungsakt durch die Entwicklung der Sympathie auf die dem menschlichen Magnetismus unterworfenen Wesen das astrale Licht anziehe und gerinnen lasse. Durch diesen Glauben waren sie zu diesen Abschweifungen gelangt, die ihnen nach dem Astrologen *Gaffrael von Philon* an einer Stelle vorgeworfen wurden. Ihre Bäume ließen sie durch Frauen pfropfen, die das Pfropfreis einführten, während ein Mann auf ihnen sich naturschändenden Handlungen hingab. Immer begegnet man den gleichen Schrecken, wenn es sich um schwarze Magie handelt, und der Geist der Finsternis ist wenig erfinderisch.

Gilles de Laval wurde auf der Magdalenenwiese bei Nantes lebendig verbrannt. Er bekam die Erlaubnis mit seinem ganzen Prunk in den Tod zu gehen, als ob er den Prunk und die Habgier, die ihn so ganz erniedrigt und verdorben hatten, der ganzen Schmach seiner Todesstrafe hätte weihen wollen.

VII. Kapitel.

TEUFELSABERGLAUBEN.

Erscheinungen — Besessenheit — Prozesse gegen Halluzinierte — volkstümliche Dummheiten und Grausamkeiten — etwas über die scheinbar unerklärlichen Phänomene.

Wir haben die Nüchternheit im Urteil der Kirche bezüglich des Genius des Bösen gezeigt. Sie lehrt ihn nicht zu fürchten und empfiehlt ihren Kindern, sich weder mit ihm zu beschäftigen noch je seinen Namen auszusprechen. In den dunklen Zeiten des Mittelalters gab die Neigung krankhafter Einbildungen und schwacher Köpfe diesem nur das Vergessens Wesen, das Licht und Wahrheit ewig verkennt, eine ungeheure Wichtigkeit und die drohendsten Formen.

Diese scheinbare Verwirklichung des Phantoms der Perversität wurde gleichsam zu einer Verkörperung menschlicher Torheit. Der Teufel, wurde zum Spuk der Klöster, der Menschengeist versetzte sich selbst in Furcht, und das scheinbar vernünftige Wesen erzitterte vor seinem eigenen Hirngespinst. Ein schwarzes, unförmiges Ungeheuer schien seine Fledermausflügel zwischen Himmel und Erde gedehnt zu haben, um Jugend und Leben an der Hingabe an die Versprechen der Sonne und die friedlichen Heiterkeiten der Sterne zu hindern. Diese Harpyie des Aberglaubens verpestete alles mit ihrem Atem, steckte alles mit ihrer Berührung an. Man konnte weder essen noch trinken, ohne zu fürchten die Eier dieser Schlange zu schlucken, die Schönheit wagte man nicht zu sehen, da sie vielleicht nur eine Illusion dieses Ungeheuers war, lachte man, so glaubte man das Gespött des ewigen Quälgeistes als furchtbares Echo zu hören, weinte man, so schien er der Tränen zu spotten. Der Teufel schien Gott als Gefangenen im Himmel zu halten und den Erdenmenschen Gotteslästerung und Verzweiflung aufzubürden.

Aberglaube führt schnell zu Albernheit und Wahnsinn. Nichts ist erbärmlicher und langweiliger als eine Reihe Geschichten von Teufelserscheinungen, mit denen die volkstümlichen Geschichtsschreiber der Magie ihre Sammlungen überladen haben. *Petrus Venerabilis* sieht den Teufel im Abort einen Kopf aufspießen, ein anderer Chronist erkennt ihn in der Gestalt einer Katze, die einem Hund glich und wie ein Affe tanzte, einem Herrn *de Corasse* stand ein Kobold namens *Orthon* zur Verfügung, der ihm in Gestalt einer außergewöhnlich mageren und abgezehrten Sau erschien. Meister *Guillaume Edeline*, Prior von Saint-Germain des Prés, erklärte ihn gesehen zu haben „*unter Gestalt und Ansehen eines Schafes, das er dann brutal als Zeichen der Ehrerbietung und Achtung unter den Schwanz zu küssen schien.*“

Unglückliche, alte Frauen beschuldigten sich seiner Umarmungen. Der Marschall *Trivulce* starb aus Furcht, indem er gegen die Teufel, die sein Zimmer zu erfüllen schienen, hieb und stach. Zu Hunderten verbrannte man die unglücklichen Idioten und Wahnsinnigen, die ihren Verkehr mit dem Bösen gestanden, es war nur noch vom Succubus und Incubus die Rede. Richter sammelten ernsthaft Enthüllungen, die man den Ärzten hätte überlassen sollen, die öffentliche Meinung übte einen unwiderstehlichen Einfluß auf sie aus, und Nachsicht mit den Zauberern hätte sie der ganzen Wut des Volkes ausgeliefert. Die Verfolgung der Wahnsinnigen machte den Wahnsinn ansteckend, und die Irrsinnigen zerrissen sich gegenseitig. Man kämpfte bis zum Tod, verbrannte bei kleinem Feuer und tauchte die vom öffentlichen Aufruhr der Magie angeklagten Unglücklichen in gefrorenes Wasser, um sie zu Aufhebung ihres getanen Zaubers zu zwingen, und die Gerichtsbarkeit trat nur dazwischen um das von der blinden Volkswut begonnene Werk auf dem Scheiterhaufen zu vollenden.

Mit der Erzählung der Geschichte des *Gilles de Laval* haben wir hinreichend die schwarze Magie als wirkliches, ja vielleicht als das größte aller Verbrechen erwiesen. Das Unglück jener Zeit aber war, daß man die Kranken mit Verbrechern verwechselte, und daß man die bestrafte, die man mit Geduld und Sorgfalt hätte pflegen müssen.

Wo beginnt, wo endet die Verantwortlichkeit der Menschen? Dieses Problem sollte die tugendhaften Ausleger menschlicher Gerechtigkeit oft beschäftigen. *Caligula*, der Sohn des *Germanicus*, scheint alle Tugenden seines Vaters geerbt zu haben. Ein Gift, das man ihn nehmen läßt, verwirrt seinen Geist und macht ihn zum Schrecken der Welt. War er wirklich schuldig, oder muß man sich nicht für seine Verbrechen einzig an die niederträchtigen Römer halten, die ihm gehorchten anstatt ihn einzusperren?

Der schon erwähnte Pater *Hilarion Tissot* geht noch weiter als wir und will jede Einwilligung zum Verbrechen als Wahnsinn angesehen haben; leider erklärt er Wahnsinn immer als Besessenheit vom bösen Geist. Wir könnten den guten Mönch fragen, was er von einem Familienvater hielte, der einem zu jeder bösen Tat als fähig bekannten Nichtsnutz zuerst seine Tür verschließe, ihm aber doch das Recht ließe, seine kleinen Kinder zu besuchen, zu beraten, zu nehmen und zu belästigen. Als wahre Christen wollen wir doch gelten lassen, daß der Teufel, was er auch sei, nur die sich ihm freiwillig Hingebenden plagt. Und diese sind für all seine möglichen Einflüsterungen verantwortlich, wie der Trunkene für alle Zerrüttungen, denen er sich in seiner Trunkenheit hingibt, verantwortlich sein muß.

Trunkenheit ist zeitweiser Wahnsinn und Wahnsinn andauernde Trunkenheit, die Ursache der einen wie der andern ist eine phosphorische Stockung der Gehirnnerven, die unser lichtes Gleichgewicht zerstört und die Seele ihres Präzisionsinstrumentes beraubt. Die geistige und persönliche Seele gleicht dann dem in Windeln gewickelten und in seiner Wiege aus Erdharz den Wassern des Nils überlassenen *Moses*. Sie wird von der fluidischen und stofflichen Weltseele fortgetragen, dem geheimnisvollen Wasser über dem der Atem der Elohim schwebte, als das göttliche Wort jene leuchtenden Worte sprach: „*Es werde Licht!*“

Die Seele der Welt ist eine immerdar nach Gleichgewicht strebende Kraft. Der Wille muß über die Kraft oder die Kraft über den Willen erhaben sein. Alles unvollkommene Leben quält sie wie eine Ungeheuerlichkeit, und sie ist immer bemüht die intellektuellen Mißgeburten wieder in sich aufzusaugen. Deshalb fühlen Wahnsinnige und Halluzinierte einen unwiderstehlichen Trieb zu Zerstörung und Tod. Vernichtung scheint ihnen kostbar, und nicht nur sie wollten sterben, sondern wären glücklich auch die andern sterben zu sehen. Sie fühlen das Leben entfliehen, das Gewissen brennen und sie zur Verzweiflung treiben. Ihr Dasein ist nichts als Gefühl vom Tod, ist Höllenqual.

Der eine hört eine herrische Stimme, die ihm befiehlt, seinen Sohn in der Wiege zu töten, er kämpft, weint, flieht und ergreift endlich eine Axt und tötet das Kind. Ein anderer — diese Geschichte ereignete sich erst kürzlich — wird von Stimmen verfolgt, die Herzen verlangen, erschlägt seine Angehörigen, reißt ihnen die Brust auf und zernagt ihre halb herausgerissenen Herzen. Wer immer vorsätzlich eine schlechte Tat begeht, zahlt der Zerstörung Handgeld und kann nicht voraussehen, zu welchem Ende dieser gefährliche Handel ihn treibt.

Wesen ist Stoff und Leben. Leben offenbart sich durch Bewegung, und diese lebt durch Gleichgewicht fort; ist also das Gesetz der Unsterblichkeit. Gewissen ist Gefühl für das Gleichgewicht, und Gleichgewicht ist Folgerichtigkeit und Gerechtigkeit. Jede nicht tödliche Übertreibung wird durch eine gegenteilige Übersteilung korrigiert. Das ist das ewige Gesetz der Rückwirkung: fällt die Übertreibung aber aus jedem Gleichgewicht, so verliert sie sich in äußerste Finsternis und wird ewiger Tod.

Die Seele der Erde reißt alles, was ihr nicht durch die von der Vernunft ausgeglichenen Kräfte widersteht, in den Schwindel astraler Bewegung. Bei jeder Erscheinung unvollkommenen und mißformten Lebens läßt sie ihre Kräfte zuströmen, um sie zu zerstören, wie die Lebensgeister auch zur Heilung von Wunden in Fülle da sind. Daher die athmosphärischen Störungen bei gewissen Kranken, daher die fluidalen Bewegungen, das Drehen der Möbel, das Aufhängen, Steinwerfen, die Luftspannungen, die in Entfernungen das fühlbare und greifbare Bild von Händen oder Füßen des Besessenen erscheinen lassen. Die Natur müht sich um einen Krebsschaden, den sie ausrotten, eine Wunde, die sie schließen, eine Art Vampir, dessen Tod sie vollenden will, um ihn dem Leben wiederzugeben.

Spontane Bewegungen unbeweglicher Gegenstände können nur von einer Arbeit von Kräften herrühren, welche die Erde magnetisieren. Ein Geist, d. h. ein Gedanke hebt nichts ohne Hebel. Wäre es anders, die fast unendliche Arbeit der Natur zur Schaffung und Vervollkommnung der Organe wäre gegenstandslos. Könnte der von den Sinnen losgelöste Geist den Stoff nach Belieben zum Gehorsam zwingen, so würden sich uns die großen Toten zunächst durch harmonische und regelmäßige Bewegungen offenbaren. Stattdessen sehen wir immer nur unzusammenhängende und fieberhafte Bewegungen um kranke, intelligente und launische Wesen entstehen. Diese Wesen sind aus der Ordnung gebrachte Magnete, welche die Seele der Erde schwärmen lassen. Liegt aber die Erdseele infolge des Ausbruchs dieser mißgestalteten Wesen im Fieberwahn, so leidet sie selbst an einer Krise, die in gewaltigen Erregungen endet.

Gewisse ernst genommene Menschen haben wirklich sehr viel Kindisches in sich. So schreibt z. B. der *Marquis de Mirville* dem Teufel alle unerklärlichen Erscheinungen zu. Aber, mein lieber Herr, hätte der Teufel die Macht, die natürliche Ordnung zu verkehren, würde er nicht gleich alles umstürzen? Bei dem ihm zugeschriebenen Charakter würde er sich nicht von Zweifeln zurückhalten lassen. — Oh! werden Sie sagen, die Macht Gottes leistet ihm Widerstand! — Langsam: die Macht Gottes leistet ihm Widerstand oder nicht. Tut sie es, so kann der Teufel nichts machen, wenn nicht, dann ist der Teufel Herr. . . . Herr *de Mirville* wird uns sagen, Gott lasse es ein wenig zu. Richtig genug, um die armen Menschen zu täuschen, um ihre bekanntlich so schon festen Gehirne zu stören. Dann ist der Teufel der Herr, und Gott wäre . . . Wir wollen es nicht zu Ende denken: weiter gehen, hieße Gott lästern.

Man will die Harmonien des Seins nicht genug verstehen, die sich der Reihe nach verteilen, wie jener berühmte Wahnsinnige bei Fournier so treffend sagte. Durch das Wort wirkt der Geist auf die Geister. Der Stoff empfängt die Eindrücke des Geistes und vereint sich mit ihm mittels eines vollkommenen Organismus. Die Harmonie in den Formen stimmt mit der Harmonie in den Ideen überein, der gemeinsame Mittler ist das Licht, das Licht, welches Geist und Leben, Synthese der Farben, Zusammenklang der Schatten, Harmonie der Formen ist, das Licht, dessen Schwingungen lebendige Mathematik sind. Die Finsternis aber und ihre phantastischen Spiegelungen, die phosphoreszierenden Irrungen des Schlafes, die verlorenen Worte des Fieberwahns, all das schafft, verwirklicht, kurz, existiert nicht; es sind Vorhimmel des Lebens, sind Dämpfe astraler Trunkenheit, sind nervöse Blendungen ermüdeter Augen. Solchem Schein folgen, heißt in eine Sackgasse rennen; solche Enthüllungen glauben, heißt den Tod anbeten: die Natur selbst sagt es euch.

Die „Drehtafeln" schreiben nur Zusammenhanglosigkeiten und Beleidigungen, sie sind das niederträchtigste Echo des Gedankens, die absurdesten und anarchistischsten Träume, Worte, deren sich der niederste Pöbel als Ausdruck seiner Verachtung bedient. Wir haben eben ein Buch des Baron *von Guldenstubbe* gelesen, der behauptet, mit der andern Welt brieflich zu verkehren. Er hat Antworten, und was für Antworten erhalten! Schamlose Zeichnungen, hoffnungslose Hieroglyphen und die griechische Inschrift *πνεῦμα θάνατος* der tote Atem, oder besser übersetzt *„der Geist des Todes"*. Hier der letzte Satz der phänomenalen Offenbarungen der amerikanischen Lehre: *„Wenn man sie nicht von der priesterlichen Autorität trennt, und wenn man sie unabhängig machen will,"* von der Kontrolle der Hierarchie. Wir leugnen weder die Wirklichkeit, noch die Bedeutung der Phänomene, noch den guten Glauben der Gläubigen; aber wir müssen sie über die Gefahren unterrichten, denen sie sich aussetzen, wenn sie nicht den der Kirche hierarchisch und göttlich verliehenen Geist der Weisheit all den dunkeln und unordentlichen Mitteilungen vorziehen, in denen die Erdseele wie eine Maschine die Spiegelungen der Intelligenz und die Träume des Verstandes zurückwirft.

FÜNFTES BUCH

Adepten und Priestertum

ה He

Zwei okkulte Siegel

das des großen Werkes und das der schwarzen Magie (nach dem Zauberbuch des Honarius).

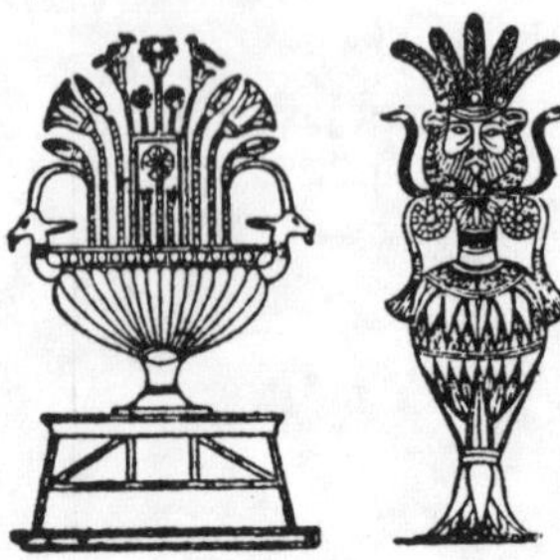

Ursprüngliche ägyptische Tarotkarten

die Zwei und das Aß der Schale.

1. Kapitel.

DER MAGIE ANGEKLAGTE PRIESTER UND PÄPSTE.

Papst Sylvester II. und die angebliche Päpstin Johanna – Unverschämte Behauptungen von Martinus Polonus und Platin – Der vermutliche Verfasser des Zauberbuches von Honorius – Analyse dieses Zauberbuches.

Nach den Entweihungen und Gottlosigkeiten der Gnostiker hatte die Kirche, wie schon gesagt, die Magie verworfen. Seit dem Prozeß gegen die Templer, der den Bruch vollständig machte, gezwungen sich im Dunkel zu verbergen und hier über die Rache nachzudenken, verfluchte die Magie nun ihrerseits die Kirche.

Klüger als die öffentlich Altar gegen Altar stellenden und sich so der Verdammnis und dem Scheiterhaufen weihenden Ketzer, verbargen die Adepten Rachegefühl und Lehre. In ihrem Wissen um die Wichtigkeit der öffentlichen Meinung verbanden sie sich durch einen furchtbaren Schwur und wandten das sie selbst verfolgende dumpfe Gemurmel gegen ihre Ankläger und Richter, indem sie dem Volk das Priestertum als Schule der schwarzen Magie darstellten.

Solange der Mensch Überzeugung und Glauben nicht auf die unerschütterliche Basis der Vernunft gründet, begeistert er sich unseligerweise für Wahrheit wie Lüge, und auf beiden Seiten sind die Rückwirkungen grausam. Wer vermag diesen Krieg zu beenden? Nur der da sagt: „Vergeltet nicht Böses mit Bösem, sondern beherrscht das Böse, indem ihr Gutes tut."

Man hat das katholische Priestertum der Verfolgungswut beschuldigt, während seine Mission die eines guten Samariters sei, und deshalb sei es den erbarmungslosen Leviten gefolgt, die ohne

Mitleid für den armen Verwundeten ihren Weg nach Jericho gehen. Indem sie Menschenfreundlichkeit üben, beweisen sie ihre göttliche Weihe. Es ist höchste Ungerechtigkeit, das Priestertum der Verbrechen gewisser Menschen anzuklagen, die ihm unglücklicherweise angehörten. Wer er auch sei, jeder Mensch kann schlecht sein: ein wahrer Priester ist immer barmherzig.

Nach der gegenseitigen Meinung der falschen Adepten war das christliche Priestertum seit der Verdammung der Gnostiker von Nichtigkeit und Bestechlichkeit befleckt. „Was ist denn eine Hierarchie," sagten sie, „deren Gewissen keine Stufungen mehr zuläßt?" Gleiche Unkenntnis der Mysterien und gleich blinder Glauben treiben die ersten Häupter und die letzten Diener des Heiligtums zum gleichen Fanatismus oder zur gleichen Scheinheiligkeit. Blinde sind Blindenführer. Die Oberhand unter Gleichen ist nur noch ein Ergebnis von Intrigue und Zufall. Die Seelenhirten weihen die heiligen Gestalten mit einem carpharnaitischen und groben Glauben; mit Brot treiben sie Taschenspiele und essen Menschenfleisch. Sie sind keine Wundertäter mehr, sondern Zauberer, meinten die Sektierer.

Zur Unterstützung dieser Verleumdung erfanden sie Fabeln. Die Päpste seien seit dem X. Jahrhundert dem Geist der Finsternis ergeben, sagten sie. Der weise *Gerbert*, der unter dem Namen *Sylvester II.* gekrönt wurde, hätte es sterbend gestanden. *Honorius III.*, der Bestätiger des Dominikanerordens und Prediger der Kreuzzüge, sei selbst ein verachtenswerter Nekromant und Verfasser eines seinen Namen tragenden Zauberbuches, das ausschließlich für Priester sei. Man zeigte und erklärte dieses Zauberbuch und versuchte damit das schrecklichste Vorurteil des Volkes jener Zeit gegen den hl. Stuhl zu wenden:

den tödlichen Haß all jener, die zu Recht oder Unrecht öffentlich als Zauberer galten.

Zur Verbreitung dieser Lügen fanden sich mißgünstige oder leichtgläubige Geschichtsschreiber. So wiederholt *Platin*, dieser Skandalchronist des Papsttums, nach *Martinus Polonus* die Verleumdungen gegen *Sylvester II.* Bezieht man sich auf diese Fabel, so wäre *Gerbert* in den mathematischen Wissenschaften und der Kabbala bewandert gewesen, hätte den Teufel beschworen und ihn um Hilfe zu Erlangung der Papstwürde gebeten. Der Teufel habe es ihm auch versprochen und ihm überdies noch seinen Tod in Jerusalem angekündigt, wobei der Zauberer sich schwor, niemals dorthin zu gehen. Als er dann als Papst eines Tages in einer Kirche Roms die Messe las, fühlte er sich schwer krank und erinnerte sich dabei, daß die Kapelle, in der er Gottesdienst hielt „*Zum hl. Kreuz von Jerusalem*" hieß. Er habe verstanden, sich ein Bett in dieser Kapelle aufschlagen lassen, und seinen versammelten Kardinälen seinen Umgang mit Dämonen gestanden. Dann habe er gebeten, daß man ihn nach seinem Tode auf einen neuen Wagen lege und diesen mit zwei jungfräulichen Pferden, einem schwarzen und einem weißen, bespanne. Die Pferde solle man ohne Führer jagen und ihn dort begraben, wo sie stehen blieben. Der Wagen raste also durch Rom und hielt vor der Laterankirche. Man habe dann starkes Geschrei und Seufzen gehört, dann sei Stille eingetreten und man habe die Beisetzung vorgenommen. So endet diese der blauen Bibliothek würdige Legende.

Dieser *Martinus Polonus*, nach dessen Zeugnis *Platin* ähnliche Träumereien erzählt, hatte diese ebenfalls einem gewissen *Galfride* und einem Chronisten *Gervais* entliehen, den *Naudé* als „den größten Fabelschmied und ärgsten Lügner, der jemals eine Feder in die Hand genommen," bezeichnet. Ähnliche Quellen dienten den Protestanten für die schändliche und stark unglaubwürdige Legende einer angeblichen Päpstin *Johanna*, die auch, wie allgemein bekannt, Zauberin war, und der man außerdem Bücher der schwarzen Magie zuschreibt. Beim Durchblättern der Geschichte dieser Päpstin von einem protestantischen Verfasser stießen wir auf zwei sehr merkwürdige Stiche. Nach dem Verfasser sind es zwei alte Bilder der Heldin, in Wirklichkeit aber zwei alte Tarotkarten mit Darstellungen der mit der Tiara gekrönten Isis. Bekanntlich heißt die hieroglyphische Figur der Zahl Zwei im Tarockspiel noch die Päpstin. Es ist eine Frau mit der Tiara, auf der man die Spitzen des zunehmenden Mondes oder die Hörner der Isis bemerkt. Die des protestantischen Buches ist noch merkwürdiger, sie hat langfliegende Haare, ein Sonnenkreuz auf der Brust, sitzt sie zwischen den Säulen des Herkules, und hinter ihr dehnt sich der Ozean mit Lotosblumen, die sich auf der Wasserfläche entfalten. Das zweite Bild stellt die gleiche Göttin mit den Zeichen des höchsten Priestertums und ihrem Sohn *Horus* im Arm dar. Die beiden Bilder sind als kabbalistische Dokumente sehr wertvoll, doch das bedachten die Liebhaber der Päpstin *Johanna* nicht.

Um die Anklage wegen Zauberei gegen *Gerber*, wenn sie überhaupt ernst genommen werden kann, fallen zu lassen, genügt es zu betonen, daß er der gelehrteste Mann seines Jahrhunderts war. Als Erzieher zweier Herrscher verdankte er seine Erhebung der Dankbarkeit eines seiner Schüler. Von Grund aus beherrschte er die Mathematik und verstand vielleicht etwas mehr als seine Zeit von Physik; er war ein Mann von weltumfassender Bildung und großer Geschicklichkeit, was aus der von ihm hinterlassenen Epistel hervorgeht. Er war kein Tadler der Könige wie der furchtbare *Hildebrand*, er unterrichtete die Fürsten lieber als sie zu exkommunizieren. Und da er die Gunst von zwei Königen Frankreichs und drei Kaisern besaß, brauchte er, wie *Naudé* richtig bemerkt, sich nicht dem Teufel zu verschreiben, um nacheinander Erzbischof von Reims und Ravenna und schließlich Papst zu werden. Es ist wahr, er kam soweit trotz seiner Verdienste in einem Jahrhundert, das die großen Politiker für Besessene und die großen Gelehrten für Zauberer hielt. *Gerbert* war nicht nur ein großer Mathematiker und ausgezeichneter Astronom, er zeichnete sich auch in der Mechanik aus und konstruierte nach der Aussage des *William Mahnesbery* in Reims so wunderbare hydraulische Maschinen, daß das Wasser von selbst Symphonien aufführte und die angenehmsten Arien spielte. Nach dem Bericht von *Ditmar* machte er zu Magdeburg eine Uhr, die alle Bewegungen des Himmels und die Stunde des Aufgangs und Untergangs der Sterne anzeigte. Er machte noch, sagt *Naudé*, den wir hier gerne anführen, „jenes eherne Schalengehäuse von solch sinnreicher Arbeit, daß der oben erwähnte *William Mahnesbery* sich selbst täuschte, indem er es auf Magie bezog. Auch sagt *Onupherius*, er habe in der Bibliothek von Farnese ein gelehrtes, von diesem *Gerbert* geschriebenes Buch über Geometrie gelesen. Und ich meinerseits glaube, ohne Stellungnahme zu den Ansichten des *Erfordiensis* und anderer, die ihn zum Erfinder von Uhren und unserer heutigen Arithmetik machen, daß all diese Beweise genug zur Annahme berechtigen, daß all diejenigen, die nie etwas von Kubus, Parallelogramm, Dodekaeder, Almicantharath, Valsagora, Almagrippa, Kathalzem und anderen, den Mathematikern ganz alltäglichen und gebräuchlichen Namen gehört haben, der Meinung waren, er habe hiermit Geister beschworen und so viel seltsame Dinge könnten nicht von einem Menschen ohne außergewöhnliche Begünstigung herrühren, und deshalb müsse er Zauberer sein.“

Wie weit die Unverschämtheit und Gewissenlosigkeit der Chronisten geht, zeigt die Behauptung *Platins*, dieses boshaften, naiven Echos aller römischen Schmähschriften, das Grab *Sylvester II.* sei noch verzaubert, es prophezeihe klagend den nahen Tod jeden Papstes, und beim nahen Ende jeden Papstes höre man die verworfenen Gebeine *Gerberts* seufzen und klagen. Eine Inschrift des Grabmals bezeugt dieses Wunder, fügt der Bibliothekar *Sixtus IV.* unerschütterlich hinzu. Solche Beweise genügen den Geschichtsschreibern als Nachweis der Existenz eines seltsamen historischen Dokumentes. *Platin* war Bibliothekar des Vatikan und schrieb auf Befehl *Sixtus IV.* eine Geschichte der Päpste. Er schrieb in Rom, wo nichts leichter ist als Falschheit oder Richtigkeit dieser Behauptung zu prüfen, und doch hat diese Inschrift nur in der Einbildung der Verfasser bestanden, denen sie *Platin* mit unglaublichem Leichtsinn entlehnt (er sagt, die Päpste sollten sich ihrer versichern, für sie sei die Sache interessant), was gerechter Weise die Verachtung des vornehmen *Naudé* erregt. Folgendes sagt er in seiner „Apologie für die Großen, der Magie angeklagten Menschen“:

„Es ist ein für die Erfahrung ebenso reiner Betrug und offenbare Lüge (die Wunder des Grabes Sylvesters II.), die bis jetzt noch von niemand beobachtet wurde, als in der von Sergius IV. verfaßten Inschrift irgendeine Erwähnung all dieser Fabeln und Berichte enthalten ist; sie ist im Gegenteil einer der schönsten Beweise für das gute Leben und die Rechtlichkeit der Handlungen Sylvesters, die wir besitzen. Es ist schändlich, daß viele Katholiken Anstifter solcher Verleumdungen sind, die *Marianus Scotus*, *Glaber*, *Ditmar*, *Helgandus*, *Lambert* und *Herman Contract* als seine Zeitgenossen durchaus nicht erwähnen.“

Gehen wir nun zum Zauberbuch des *Honorius*:

Dieses gottlose Buch wird *Honorius III.*, einem der eifrigsten Päpste des XIII. Jahrhunderts zugeschrieben. Tatsächlich muß *Honorius III.* von den Nekromanten und Sektierern, die ihn entehren und als Mitschuldigen fassen wollen, gehaßt worden sein. *Census Savelli*, 1216 zum Papst gekrönt, bestätigte den Dominikaner-Orden, der den Albigensern und Waatländern, diesen Kindern der Manichäer und der Zauberer, so verhängnisvoll wurde. Er stellte auch die Franziskaner und Karmeliter ein, predigte einen Kreuzzug, verwaltete weise die Kirche und hinterließ mehrere Dekretalien. Diesen höchst katholischen Papst der schwarzen Magie anklagen, heißt denselben Verdacht über die großen, von ihm eingesetzten Orden verbreiten. Der Teufel konnte damit nur gewinnen.

Einige alte Exemplare des Zauberbuches des *Honorius* tragen den Namen *Honorius II.* anstatt *Honorius III.*; aber es ist unmöglich, einen Zauberer aus diesem gelehrten und eleganten Kardinal *Lambert* zu machen, der sich nach seiner Erhebung zum Papst mit Dichtern, denen er für Elegien bischöfliche Ämter gab, wie *Hildebert*, dem Bischof von Mans, und mit gelehrtenTheologen umgab, wie *Hugues de Saint-Victor*. Indessen ist uns der Name *Honorius II.* ein Lichtstrahl und wird uns zur Auffindung des wahren Verfassers dieses schrecklichen Zauberbuches führen.

Als im Jahre 1061 das Kaiserreich auf das Papsttum argwöhnisch zu werden begann und den priesterlichen Einfluß durch Anstiftung von Erregung und Spaltung zu mißbrauchen suchte, erhoben die Bischöfe der Lombardei auf Antrieb *Gilberts* von Parma Einspruch gegen die Papstwahl *Alexanders II.*, *Anselms* des Bischofs von Lucques. Kaiser *Heinrich IV.* ergriff die Partei der Abtrünnigen und ermächtigte sie mit seiner Unterstützung, einen anderen Papst zu wählen.

Sie wählten einen Intriganten, *Cadulus* oder *Cadalous*, den Bischof von Parma, einen zu allen Verbrechen fähigen, als buhlerischen Simonisten verschrienen Menschen. Dieser *Cadalous* nahm den Namen *Honorius II.* an und zog mit einem Heer gegen Rom. Er wurde geschlagen, von den Bischöfen Deutschlands und Italiens verdammt, erneute dann den Angriff, eroberte einen Teil Roms, trat in den Petersdom, von hier vertrieben, flüchtete er auf das Schloß Saint-Ange, von wo es ihm durch Zahlung eines hohen Lösegeldes gelang sich zurückzuziehen. Damals wagte es Bischof *Othon* von Köln als Gesandter des Kaisers, *Alexander II.* öffentlich eine widerrechtliche Aneignung des hl. Stuhles vorzuwerfen. Doch trat ein Mönch so machtvoll für den legitimen Papst ein, daß *Othon* sich verwirrt abwandte und selbst der Kaiser für seine Eingriffe um Verzeihung bat. So begann *Hildebrand*, der niederschmetternde *Gregor VII.* der Vorsehung, sein Leben. Der Gegenpapst wurde vom Konzil zu Mantua abgesetzt und *Heinrich IV.* erhielt Vergebung. *Cadalous* ging im Dunkel unter und wurde dann wahrscheinlich der große Priester der Zauberer und Abtrünnigen. Er kann also unter dem Namen *Honorius II.* der Verfasser dieses Zauberbuches sein.

Was man über den Charakter dieses Gegenpapstes weiß, rechtfertigt eine solche Annahme nur zu sehr. Kühn gegen die Schwachen, kriecherisch vor den Mächtigen war er ränkesüchtig und ausschweifend, treulos und sittenlos. Die Religion war ihm nur Werkzeug zur Straflosigkeit und Räuberei. Einem solchen Menschen waren die christlichen Tugenden und der Glaube des Klerus nur Hindernisse und Schwierigkeiten. Nach seinem Gutdünken wollte er einen Klerus aus Menschen bilden, die zu allen Verbrechen wie zu allen Gotteslästerungen fähig waren. Dies scheint das Ziel des Autors des Zauberbuches zu sein.

Dieses Zauberbuch ist für den nach Erkenntnis Hungrigen nicht bedeutungslos. Beim ersten Anblick scheint es nur ein Gewebe empörender Absurditäten zu sein; für die Zeichen und Geheimnisse der Kabbala. Eingeweihten ist es ein wirkliches Denkmal menschlicher Verderbtheit. Der Teufel ist darin das Werkzeug der Macht. Sich der menschlichen Leichtgläubigkeit und des sie beherrschenden Schreckbildes zu bedienen, um sie den Launen der Adepten gefügig zu machen, ist das Geheimnis dieses Zauberbuches. Die Finsternis soll dem Auge der Menge nur noch tiefer erscheinen durch die Kerze der Wissenschaft, die gegebenenfalls in den Händen von Waghalsigen zur Fackel der Henker und Mordstifter werden könnte. Ist nicht das Aufzwingen von Glauben und Unterwürfigkeit unter dem eigenen Vorbehalt von Macht und Freiheit der Traum Satans auf Erden? Ist es verwunderlich, wenn die Urheber solcher Verschwörung gegen den allgemeinen gesunden Menschenverstand und gegen die Religion sich noch schmeichelten, gewissermaßen den phantastischen Herrscher aus dem Reiche des Bösen auf der Erde erscheinen lassen und verkörpern zu können?

Die Lehre dieses Zauberbuches ist die des *Simon* und der meisten Gnostiker: das aktive wird durch das passive Prinzip ersetzt. Die Leidenschaft wird der Vernunft vorgezogen, die Sinnlichkeit vergöttert, die Frau vor den Mann gestellt: eine allen antichristlichen mystischen Systemen gemeinsame Tendenz. Diese Lehre wird durch ein an den Anfang des Buches gestelltes Pantakel ausgedrückt. Der Isis-Mond besetzt die Mitte, um den zunehmenden Mond vereinigen sich drei Dreiecke zu einem einzigen. Das Dreieck überragt ein Henkelkreuz mit doppeltem Querbalken. Um das in einem Kreis gezeichnete Dreieck und in dem von den drei Kreissekmenten gebildeten Zwischenraum sieht man auf der einen Seite das Zeichen des Geistes und das kabbalistische, salomonische Siegel, auf der anderen das magische Schwert und den Anfangsbuchstaben des Binar, darüber ein umgekehrtes, die Gestalt des Lingan bildendes Kreuz und den umgedrehten Namen Gottes. אל Um den Kreis liest man folgende Umschrift: *„Gehorchet euren Vorgesetzten und seid ihnen untertan; denn sie achten darauf.“*

Dieses in ein Symbol oder Glaubensbekenntnis übertragene Pantakel folgt wörtlich:

„Das Verhängnis herrscht durch die Mathematik, und es gibt keinen andern Gott als die Natur.“

„Die Dogmen sind das Beiwerk der Priestermacht und für die Menge zur Rechtfertigung des Opfers nötig.“

„Der Eingeweihte steht über der Religion, deren er sich bedient, und sagt gerade das Gegenteil von dem, was er glaubt.“

„Gehorsam hat keine Gründe, er wird auferlegt, er drängt sich auf; die Eingeweihten sind zum Befehlen, die Laien zum Gehorchen da.“

Die Kenner okkulter Wissenschaften wissen, daß die alten Magier ihr Dogma niemals aufschrieben, sondern nur durch symbolische Zeichen der Pantakel formulierten.

Auf der zweiten Seite sieht man zwei kreisrunde magische Siegel. Im ersten ist das Quadrat des Tetragramms mit versetzter Wortfolge und Einschiebung anderer Namen.

Anstatt der Anordnung:

Eieie אהיה
Jehovah יהוה
Adonai אדני
Agla, אגלא

mit der Bedeutung: *„Das absolute Sein ist Jehovah, der Herr in drei Personen, Gott der Hierarchie und* *der Kirche*," hat der Verfasser folgende Ordnung seiner Namen:

Jehovah יהוה
Adonai אדני
D'rar דראר
Eieie, אהיה

was bedeutet *Jehovah*: „*Jehovah, der Herr ist nichts anderes als das schicksalhafte Prinzip der ewigen Wiedergeburt, personifiziert durch diese Wiedergeburt selbst im absoluten Sein.*"

Um das Viereck findet man im Kreis den Namen *Jehovah* aufrecht und umgekehrt, zur linken den Namen *Adonai* und rechts folgende drei Buchstaben: אהד AEV: mit einem Doppelpunkt, was bedeutet: „*Himmel und Hölle sind wechselseitige Spiegel, die Höhe ist wie die Tiefe. Gott ist die Menschheit.*" (Menschheit wird durch die drei Buchstaben A E V, die Anfangsbuchstaben von *Adam* und *Eva* ausgedrückt.)

Auf dem zweiten Siegel liest man den Namen ARARITA אראריתא und darüber ראש RASCH ringsum sechsundzwanzig kabbalistische Zeichen und über dem Siegel zehn hebräische Buchstaben, die folgendermaßen zusammenstehen יבסכהביידי. Das ganze ist eine Formel des Materialismus und Fatalismus, deren Erklärung hier zu lang und vielleicht zu gefahrvoll sein würde.

Dann folgt das Vorwort des Zauberbuches. Wir schreiben es ganz ab:

„Der heilige apostolische Stuhl, dem durch die Worte Jesu Christi zum *hl. Petrus*: ‚*Ich gebe Dir die Schlüssel des himmlischen Königreichs*,' die Schlüssel zum Königreich der Himmel geworden, hat allein die Macht dem Fürsten der Finsternis und seinen Engeln zu befehlen."

„Diese schulden ihm, wie Diener ihrem Herrn, Ehre, Ruhm, Gehorsam kraft jener anderen Worte Jesu Christi an den Satan selbst: ‚*Du kannst nur einem Herrn dienen*'."

„Durch die Schlüsselgewalt ist das Oberhaupt der Kirche zum Herrn der Hölle geworden.“

„Bis zu diesem Tage haben die Päpste allein die Pflicht gehabt, die Geister zu beschwören und ihnen zu befehlen; aber Seine Heiligkeit *Honorius II.* hat in der Fürsorge seines Hirtenamtes Macht und Wissenschaft der Beschwörungen und die Herrschaft über die Geister seinen verehrten Brüdern in Jesu Christo mit den gebräuchlichsten Beschwörungen mitteilen wollen. Alles ist in dieser Bulle enthalten.“

Das ist die Papstwürde der Hölle, das gotteslästerliche Priestertum der Gegenpäpste, das *Dante* durch den heiseren Schrei eines seiner Höllenfürsten brandmarken wollte: „*Pape Satan! pape Satan! alepe!*“ Der legitime Papst soll Fürst des Himmels sein, dem Gegenpapst *Cadalous* genügt es, Herr der Hölle zu sein.

„Sei er Gott des Guten, ich bin der des Bösen;
Getrennt sind wir, gleich ist meine Macht!“

Dann folgt die Bulle des Höllenpapstes.

Das Mysterium der dunklen Beschwörungen wird hier mit erschreckender, unter abergläubischen und gotteslästerlichen Formen verborgener Kenntnis und Lehre dargeboten.

Fasten, Wachen, entweihte Mysterien, allegorische Zeremonien, blutige Opfer werden hier mit böswilliger Kunst zusammengestellt. Die Beschwörungen sind nicht ohne Poesie und nicht ohne schreckgemischte Begeisterung. So will der Verfasser beispielsweise, daß man am Donnerstag der ersten Beschwörungswoche um Mitternacht aufstehe, Weihwasser in sein Zimmer sprengt und eine am Mittwoch vorbereitete gelbe, in Kreuzform durchbohrte Wachskerze anzünde. Im Zitterschein dieser Kerze muß man sich allein in eine Kirche begeben und hier leise die Totenmesse lesen, indem man an Stelle der neunten

Lesung der Frühmetten folgende rhythmische Beschwörung setzt, die wir aus dem Lateinischen übersetzen unter Belassung ihrer seltsamen Form und ihres Refrains, der an die eintönigen Zaubersprüche der Zauberinnen der alten Welt erinnert:

Befreie mich, Herr, von den Schrecken der Hölle,
Von den Schatten des Grabes, befrei' meinen Geist,
In ihren Höllen will ich sie suchen, ohn' Schrecken;
Aufpeitschen soll sie mein Wille zum Gesetz!

Das Licht mir entflammen soll nun die Nacht;
Erhebe dich, Sonne, weiß sei und rein mir, o Mond.
Zu den höllischen Schatten sprech ich ohn' Schrecken,
Aufpeitschen soll sie mein Wille zum Gesetz!

Ihr Antlitz ist schrecklich und fremd ihre Formen,
Wiedergeboren zu Engeln will ich sehn die Dämonen
Zu den namenlos Häßlichen sprech ich ohn' Schrecken,
Aufpeitschen soll sie mein Wille zum Gesetz!

Mein verwirrter Blick nur verzerrt sie zu Schatten;
Nur ich kann geben ihre einstige Schönheit,
Denn zum Boden der Hölle tauch' ich ohn' Schrecken,
Aufpeitschen soll sie mein Wille zum Gesetz!

Nach mehreren anderen Zeremonien kommt die Nacht der Beschwörung. Dann muß man an einen düsteren Ort beim Schein eines von zerbrochenen Kreuzen genährten Feuers mit der Kohle eines Kreuzes einen Kreis ziehen und zugleich eine magische, aus Versen mehrerer Psalmen zusammengestellte Hymne aufsagen. Hier die Übersetzung:

Der König erfreuet sich, Herr, in deiner Macht,
Laß mich vollenden das Werk meiner Geburt!
Daß seien die Schatten des Bösen, die Gespenster der Nacht
Wie Staub so dem peitschenden Winde.

— — — — — — — — — — — — — — — — — —

Herr, es erhellt und erstrahlt die Hölle vor deinem Antlitz,
Dir ist das Ende und dir auch der Anfang,
Jehovah, Sabaoth, Eloim, Eloi,
Helion, Helios, Jodhevah, Saddai!
In seinem Ruhm erhebt sich Juda's Löwe,

Zu vollenden den Sieg kommt er von David dem König!
Ich öffne des gefürchteten Buches Siegel, die sieben;
Wie ein Blatt im Sommer fällt Satan vom Himmel.
Du hast mir gesagt: Weit von dir Hölle und ihre
Qualen!
Nicht werden sie nahen deinen geheiligten Sitzen,
Trotzen werden deine Augen dem Blick des Basilisken
Und furchtlos werden dich deine Füße hintragen über
die Natter,
Ergreife du die Schlange, die lächelnd-gezähmte!
Trinken wirst du ohn' Schaden die furchtbaren Gifte
Eloim, Elohab, Sebaoth, Helios,
Eieie, Eieazereie, o Theos Tsehyros!
Dem Herrn ist die Erde und alles, was auf ihr.
Sich selbst befestigt er sie über gähnendem Abgrund.
Wer denn wird steigen zum Berge des Herrn?
Der Mensch, der fleckenlose und reine im Herzen:
Der nicht gefangen hält in seinen Händen die Wahrheit
Und sie nicht müßig verläßt in seinen Taten,
Der ohn' Hochmut in seiner Seele,
Der nicht schwört lügnerisch' Wort:
Er wird empfangen die Herrschergewalten.
So ist Unendlichkeit menschlichen Werdens,
Das Werden durch Erde und Feuer,
Des Gottsuchers göttliches Werden.
Reißt auf eure Tore, Herrscher der Natur,
Erhebe dich, du Joch des Himmels, zu mir heilige
Scharen!
Seinen Namen gewonnen hat der Könige König.
In seiner Hand hält er Salomos Siegel,
Zerbrochen hat der Meister Satans Gefolgschaft;
An seiner Seite als Sklaven führt er die Knechtschaft
Der Herr allein ist Gott, der Herr allein ist König!
Herr, Ehre sei dir allein, Ehre sei dir, Ehre sei dir!

Glaubt man nicht die düstern Puritaner *Walter Scotts* oder *Victor Hugos* zu hören, die mit ihrem fanatischen Psalmodieren das namenlose Zauberwerk von Faust oder Macbeth begleiten!

In einer an den Schatten des *Nimrod*, des wilden Jägers, der den Turm von Babel anfangen ließ, gerichteten Beschwörung, droht der Adept des *Honorius* diesem alten Verworfenen mit dem festeren Anspannen seiner Ketten und täglich härteren Qualen, wenn er nicht augenblicklich seinem Willen gehorche.

Ist dies nicht der höchste Stolz im Fieberwahn und scheint dieser Gegenpapst, der einen Oberpriester nur als Höllenbeherrscher auffaßt, nicht nach Rache der Verachtung und Verdammnis der Lebendigen zu streben, nach dem widerrechtlich erworbenen und verhängnisvollen Recht, die Toten ewig zu quälen.

II. Kapitel.

ERSCHEINUNG DER HERUMZIEHENDEN ZIGEUNER.

Sitten und Gebräuche der herumziehenden Zigeuner — Sie kommen nach Chapelle bei Paris, wo sie vom Bischof ermahnt und exkommuniziert werden. — Ihre Wissenschaft der Weissagung und ihr Tarot.

Zu Beginn des XV. Jahrhunderts verbreiteten sich in Europa Banden schwarzbrauner, unbekannter Reisender. Von den einen *Böhmen* genannt, weil sie angaben aus Böhmen zu kommen, bei andern unter dem Namen *Ägypter* bekannt, weil ihr Führer den Titel Herzog von Ägypten annahm, übten sie Wahrsagerei, Diebstahl und Raub aus. Es waren herumziehende Banden, die unter selbstgefertigten Zelten im Freien übernachteten. Ihre Religion kannte man nicht. Trotz ihrer zweifelhaften Rechtgläubigkeit gaben sie sich als Christen aus. Sie lebten in Kommunismus und Weibergemeinschaft und bedienten sich zum Wahrsagen einer Reihe seltsamer Zeichen mit den allegorischen Formen und Eigenschaften der Zahlen.

Woher kamen sie? Welcher verwünschten und untergegangenen Welt Trümmer waren sie? Waren sie nach der Meinung des Volksaberglaubens Kinder von Zauberinnen und Dämonen? Welcher sterbende und verratene Heiland hatte sie zu dauerndem Wandern verdammt? War es die Familie des ewigen Juden? War es nicht der Rest der in der Gefangenschaft untergegangenen zehn Stämme Israels, die lange von Gog und Magog in unbekannten Gegenden zurückgehalten wurden? So gingen unruhvoll die Fragen, sah man die geheimnisvollen Fremden vorübergehen, die von einer verschwundenen Kultur nur Laster und Aberglauben bewahrt zu haben schienen. Feinde der Arbeit, achteten sie weder Eigentum noch Familien. Weiber und Kinder hinter sich herziehend störten sie gern den Frieden anständiger Eltern. Hören wir den Chronisten und seine Schilderung ihres ersten Lagers bei Paris:

„Im folgenden Jahr, 1427, am Samstag nach Mitte August, den 17. des Monats, kamen in die Umgegend von Paris zwölf Leute, die sich als Bußprediger ausgaben, ein Herzog, ein Graf und zehn Mann, alle zu Pferd und behaupteten, sehr gute Christen zu sein und aus Unter-Ägypten zu stammen. Sie versicherten, schon einmal Christen gewesen zu sein, als andere Christen sie unterwarfen und zum Christentum bekehrt hatten. Wer sich geweigert habe, sei niedergemacht worden, wer aber keinen Widerstand geleistet habe, sei getauft worden und Herr des Landes geblieben wie vorher, auf das Versprechen hin, gut und treu zu sein und Jesus Christus bis zum Tode Treue zu halten. Sie gaben noch an, einen König und eine Königin zu haben, die durch ihren Übertritt zum Christentum im Lande hätten bleiben können. Weiter erzählten sie: nachdem wir einige Zeit Christen waren, überfielen uns die Sarazenen. Wenig fest in unserem Glauben, ohne Krieg zu ertragen, ohne nach ihrer Pflicht ihr Land zu verteidigen, unterwarf sich eine große Zahl und schwor unserm Herrn ab. Auch sollen nach ihnen der Kaiser von Deutschland, der König von Polen und andere Herrscher nach der Kunde von ihrem schnellen Glaubensverzicht und dem Übertritt zu den Sarazenen herbeigeeilt sein, sie mühelos besiegt und im Lande belassen haben, um sie dem Christentum zurückzugewinnen. Durch Ratsbeschluß habe aber der Kaiser mit den anderen Herrschern beschlossen, daß sie in ihrem Lande niemals Grundbesitz ohne Einwilligung des Papstes erwerben könnten. Deshalb mußten alle nach Rom gehen, und alle, Groß und Klein, seien unter großen Beschwerden der

Kinder dorthin gegangen, hätten ihre Sünden gebeichtet. Der Papst hätte sie gehört und ihnen als Buße auferlegt, sieben Jahre die Welt zu durchziehen, ohne in einem Bett zu liegen. Er habe befohlen, daß jeder Bischof und Geistliche, der den Krummstab trage, ihnen ein für allemal zehn in Tours geprägte Livre als Beisteuer zu ihren Ausgaben geben solle. Er habe ihnen Briefe gegeben, in denen alles erzählt sei, habe ihnen seinen Segen gegeben, und so durchzögen sie nun schon fünf Jahre die Welt.

„Einige Tage später, am Tage des *hl. Jehan Décolace*, also am 29. August kam die Gemeinde, die man in Paris nicht einließ, aber nach Gerechtigkeit in Chapelle-Saint-Denis unterbrachte. Ihre Zahl betrug um einhundertzwanzig Personen, Männer, Weiber und Kinder. Sie versicherten, beim Verlassen ihres Landes tausend bis zwölfhundert gewesen zu sein; die übrigen seien unterwegs mit König und Königin gestorben. Die Überlebenden hofften, noch Güter in dieser Welt zu besitzen; denn der *hl. Petrus* hätte ihnen nach Vollendung ihrer Buße gutes und fruchtbares Land versprochen.

Als sie in Chapelle waren, sah man keine Leute mehr zum Segen von *Landit*, so sehr lief die Menge von St. Denis, Paris und der Umgegend herbei, sie zu sehen. Ihre Kinder, Knaben wie Mädchen, machten Kunststücke, wie man sie besser kaum sehen konnte. Fast alle hatten durchbohrte Ohren, und in jedem Ohr ein oder zwei silberne Ringe. Sie sagten, das sei in ihrem Lande ein Zeichen der Anmut. Sie waren sehr schwarz und ihr Haar war kraus. Die Frauen waren die häßlichsten und schwärzesten, die man je sehen konnte. Alle hatten mit Wunden bedeckte Gesichter, schwarze Haare und als Kleid einen auf der Schulter mit Bindfaden oder einem Stück Tuch zusammengehaltenen Flausch oder Schiavina, darunter einen ärmlichen Mantel oder ein Hemd. Das war ihre ganze Kleidung. Kurz, es waren die armseligsten Geschöpfe, die man je in Frankreich gesehen. Aber trotz ihrer Armut hatten sie unter sich Zauberinnen, die aus den Händen jedem seine Erlebnisse und künftigen Vorfälle sagten und viel Zerwürfnis in den Haushaltungen stifteten. Denn zum Mann sagten sie: „Deine Frau . . . Deine Frau . . . Deine Frau hat dich zum Hahnrei gemacht," und zur Frau: „Dein Mann . . . hat dich . . . zur Sünde verführt!" Und noch schlimmer, sie leerten der Leute Beutel, wenn sie durch magische Kunst, den Feind der Hölle oder durch Geschicklichkeit zu ihnen sprachen, und füllten die ihren. Der Pariser Bürger fügt hinzu: „Ich habe wahrlich drei oder viermal mit ihnen gesprochen, bemerkte aber nie den Verlust eines Sous." Aber das sagten alle Leute, bis der Bischof von Paris auf diese Neuigkeit mit einem geringen Bruder, dem kleinen *Jakobin* dorthin ging. Auf Befehl des Bischofs hielt er eine schöne Predigt und exkommunizierte all die, die ihre Hände gezeigt und daran geglaubt hatten. So wurden sie fortgeschafft, und sie brachen am Tag Unserer lieben Frau, am 8. September, in der Richtung nach Pontoise auf.

Man weiß nicht, ob sie ihre Fahrt nach dem Norden fortsetzten, sicher ist nur, daß die Erinnerung an sie in einem Winkel des Departements du Nord fortlebt.

In einem Wald bei dem Dorfe Hamel ist 500 Fuß von einem Druidendenkmal aus sechs Steinen entfernt ein Brunnen, der „*Hexenküche*" genannt wird. Nach der Überlieferung ruhten und erfrischten sich hier die *Cara maras*, sicher die Caras'mar, die Zigeuner, herumziehenden Zauberer und Wahrsager, die nach den altflandrischen Urkunden das Recht hatten, sich von der Bevölkerung ernähren zu lassen.

Sie haben Paris verlassen, aber andere folgen ihnen, und Frankreich ist von ihnen nicht weniger als andere Länder ausgenutzt. Weder in England noch in Schottland sieht man sie landen, und doch zählte man dort mehr denn Hunderttausend. Dort nennt man sie *seard* oder *caird*, was etwa Künstler oder Handwerker ist. Denn dieses schottische Wort ist von k + r des Sanskrit abgeleitet. Das *Ker-aben* der Zigeuner und das lateinische *cerdo* (Schuhmacher), was sie nicht sind, stammt daher. Werden sie um diese Zeit im Norden Spaniens, wo Christen sich gegen die Herrschaft der Muselmänner schützen, nicht mehr gesehen, so kommt dies zweifellos von ihrer Vorliebe für die Araber im Süden. Unter *Johann II.* werden sie von letzteren wohl unterschieden, ohne allerdings ihre Herkunft zu kennen. Jedenfalls sind sie seit dieser Zeit auf dem ganzen Kontinent bekannt. In Regensburg erschien 1433 eine Schar des König *Sindels*, und 1439 lagerte dieser selbst mit seiner Reserve in Bayern. Er scheint damals von Böhmen gekommen zu sein. Die Bayern nennen sie nämlich *Böhmen*, da sie jene *Ägypter* des Jahres 1433 scheinbar vergessen hatten. Unter dem Namen Böhmen erscheinen sie wieder in Frankreich und bleiben dann bekannt. Man duldet sie wohl oder übel. Die einen durchstreifen Gebirge und suchen in Flüssen nach Gold, andere schmieden Hufeisen und Hundeketten. Diebischer als Wanderburschen dringen sie überall ein, durchstöbern alles, stehlen und lassen alles verschwinden. Einige Wandermüde entschließen sich zu festen Sitzen und graben sich vier bis sechs Fuß breite quadratische Höhlen in die Erde, deren auf zwei Balken in Form eines Y ruhendes Dach sich kaum mehr als zwei Fuß über den Boden erhebt. In diesem Zelt, das man in Frankreich nur noch dem Namen nach kennt, wimmelt in buntem Durcheinander die ganze Familie. In dieser Höhle, mit

Tür und Rauchfang als einzigen Öffnungen schmiedet der Vater, treten die Kinder den Blasebalg, brodelt der Mutter Topf, in dem nur Diebesfrüchte gar werden. An langen Hölzern hängen hier ein paar alte Kleider, Zügel und Tornister. Die ganze Einrichtung besteht aus Amboß, Brecheisen und Hammer. Und hier, behaupte ich, ist das Stelldichein von Liebe und Gläubigkeit. Jungfer und Ritter, Schloßdame und Page, hier öffnen sie durchdringendem Sybillenblick ihre weißen, bloßen Hände. Hier wird Liebe erkauft, Glück verkauft und Lüge bezahlt. Von hier kommen Gaukler und Kartenleger mit dem sterngeschmückten Kleid und der Spitzmütze des Magiers, von hier Landstreicher und Gaunersprache, Straßentänzer und Freudenmädchen. Hier ist das Königreich des Faulenzers, des Trumpfes, der Großzügigkeit und der Freitische. Es sind Leute, die alles tun, um nichts zu tun, wie ein naiver Autor des Mittelalters sagt: und ein ebenso gründlicher als bescheidener Gelehrter *Vaillant* gibt in seiner „*Besonderen Geschichte der Rom-Muni oder Böhmen*“, der wir einige Seiten entnehmen, wenn er ihnen in der priesterlichen Geschichte der alten Welt einen großen Einfluß zuspricht, doch kein schmeichelhaftes Bild hiervon. Er erzählt, wie diese Empörer ursprünglicher Kultur mit einem Fluch auf der Stirn und einem Raub in der Hand zuerst Neugier, dann Verachtung und schließlich den Bann des christlichen Mittelalters herausgefordert haben. Man begreift die Gefährlichkeit dieser Vaterlandslosen, dieser Schmarotzer der ganzen Welt, dieser Beduinen, die Kaiserreiche wie Wüsten durchquerten, dieser unsteten Diebe, die ohne festen Sitz sich überall einschmeichelten. Bald wurden sie dem Volke Zauberer, Dämonen, Künder des Schicksalloses, Kindsräuber, und in all dem steckte etwas Wahres. Man beschuldigte sie geheimer, schrecklicher Mysterien. Bald verallgemeinert sich das

Murren, für alle ungeklärten Morde und alle geheimnisvollen Entführungen werden sie verantwortlich, wie die Griechen von Damos die Juden des Mordes eines derIhren, um sein Blut zu trinken, beschuldigt. Man versichert, sie hätten eine Vorliebe für junge Mädchen und Knaben von 12 bis 15 Jahren. Gewiß ist dies ein sicheres Mittel, um der Jugend Entsetzen einzuflößen und sie von ihnen fern zu halten. Aber das Mittel ist abscheulich; denn Volk und Kind sind nur zu leichtgläubig, und Angst erzeugt Haß, aus dem Verfolgung entsteht. So ist es um sie geschehen! Man vermeidet sie nicht, nein man flieht sie, verweigert ihnen Feuer und Wasser. Europa ist für sie zu Indien, und jeder Christ zu einem Brahmanen gegen sie geworden. Nähert sich in gewissen Ländern ein junges Mädchen mitleidvoll einem von ihnen, um ihm ein Stück Geld zu geben, dann schreit die erschreckte Gouvernante: „Gib acht, mein Kätzchen, es ist ein Katkaon, ein Menschenfresser, der dir heut nacht im Schlaf das Blut aussaugen wird." Und schaudernd prallt das junge Mädchen zurück. Streift beim nahen Vorübergehen der Schatten des Knaben die Wand, an der sie hocken, eine ganze Familie ißt oder sich sonnt, so ruft der Erzieher: „Aus dem Weg, Kind! deinen Schatten werden diese *Strygoï* (*Vampire*) nehmen, und die ganze Ewigkeit wird deine Seele mit ihnen den Sabbat tanzen." So hetzt der Christen Haß Lemuren und Vampire, Kobolde und Menschenfresser gegen sie, und jeder macht über sie seine Glossen. Sollten sie etwa Nachkommen jenes *Mambres* sein, der mit *Moses* im Wundertun zu wetteifern wagte? Sind sie etwa vom König Ägyptens zur Beaufsichtigung der Kinder Israels in der Welt und zur Erschwerung ihres Loses geschickt? Ich möchte glauben, es seien die Henker vom Kindermord, des *Herodes* ruft ein anderer. — Ihr täuscht euch, ein Dritter, sie verstehen kein Wort ägyptisch, ihre Sprache hat viel Hebräisch. Es sind die unreinen Sprößlinge jener verworfenen Rasse, die in den Gräbern schliefen, deren Leichname sie aufgefressen hatten. — Dummheit, Dummheit, schreit ein Vierter, es sind die ungläubigen Juden selbst, die man wegen Brunnenvergiftung 1348 folterte, verbrannte und verjagte, und die zu neuem Beginnen wieder kommen. — Was liegt daran, der Letzte, Ägypter oder Juden, Essener oder Chusiten, Pharaonier oder Kaphtonier, Balistari aus Assyrien oder Philister aus Kanaan, Ketzer sind sie, wie sie in Sachsen und Frankreich selbst gesagt, sie müssen gehenkt und verbrannt werden."

Bald schließt man in dieses Verdammungsurteil jenes seltsame Buch ein, das ihnen zur Schicksalsdeutung und Wahrsagung dient, jene mit unverständlichen Figuren bemalten Pappdeckel, welche, man zweifle nicht daran, die monumentale Zusammenfassung aller Offenbarungen der alten Welt, der Schlüssel der ägyptischen Hieroglyphen, die Schlüssel *Salomons*, die ursprüngliche Schrift von *Henoch* und *Hermes* sind. Hier zeigt der eben angeführte Autor seltsamen Scharfblick. Er spricht vom Tarot als ein Mensch, der ihn noch nicht ganz versteht, aber gründlich studiert hat. Sehen wir was er darüber zu sagen hat.

„Form, Darlegung, Anordnung und Figuren dieser Täfelchen, wie oft sie auch abgeändert sein mögen, sind so offenbar allegorisch, und die Entsprechungen dieser Allegorien zur bürgerlichen, philosophischen und religiösen Anschauung des Altertums sind so groß, daß man sie als Synthese aller Glaubensäußerungen der alten Völker ansehen muß. Aus allem Vorausgehenden geht zur Genüge hervor, daß es sich um eine Ableitung vom Sternbuch, der „Henochia" des *Henoch*, um eine Angleichung an die Form des astralen Rades von *Athor*, die As-taroth handelt: welche, ähnlich dem indischen ot-tara, Polabär oder Arktur des Siebengestirns, die unwiderstehliche Kraft (tarie) ist, auf welche sich die Festigkeit der Welt und das siderale Firmament der Erde stützt; folglich ist sie wie der Polarbär, aus dem der Sonnenwagen, der Wagen *Davids* und *Arthurs* gemacht wurde, das griechische Glück, chinesische Bestimmung, ägyptischer Zufall, Schicksal der Römer, und da die Sterne ohne Unterlaß sich um den Polarbär bewegen, verkünden sie der Erde Recht und Unrecht, Licht und Schatten, Wärme und Kälte, worin Gut und Böse, Liebe und Haß urständen, die Glück und Unglück der Menschen ausmachen.

„Wenn der Ursprung dieses Buches sich soweit im Dunkel der Zeiten verliert, daß man weder Ort noch Zeit seiner Entstehung kennt, so deutet alles auf einen indo-tartarischenUrsprung und auf die mannigfachen Abänderungen durch die alten Völker auf Grund der Färbung ihrer Lehren und der Charaktere ihrer Weisen. Es ist ein Buch ihrer Geheimwissenschaften, vielleicht sogar eines ihrer sibyllinischen Bücher. Wir haben seinen Weg bis zu uns hinreichend gezeigt, haben gesehen, daß es den Römern bekannt gewesen sein muß, und daß es ihnen, als den Erben *Numas* nicht erst in den ersten Zeiten des Kaiserreichs sondern schon früh in der Republik von den aus dem Orient kommenden, in die Mysterien des *Bacchos* eingeweihten, zahlreichen Fremden zugebracht wurde.“

Vaillant erwähnt nicht, daß die vier hieroglyphischen Zeichen des Tarot: Stab, Schale, Schwert und Münze oder Goldreif sich bei *Homer auf* dem Schilde des *Achill* finden, aber er sagt:

„Die Schalen gleichen Kreisen oder Bogen der Zeit, Gefäßen oder Schiffen des Himmels.“

„Die Münzen gleichen Sternen, Gestirnen, Sternbildern, die Schwerter Feuern, Flammen, Strahlen, die Stäbe Schatten, Steinen, Bäumen und Pflanzen.“

„Das Aß der Schale ist das Gefäß des Universums, der Bogen der Himmelswahrheit, das Prinzip der Erde."

„Das Aß der Münze ist die Sonne, das einzige Weltauge, Speise und Grundstoff des Lebens."

„Das Aß des Schwertes ist die Lanze des Mars, Ursprung der Kriege, Unglücksfälle und Siege."

„Das Aß des Stabes ist das Auge der Schlange, der Hirtenstab, der Stachel des Ochsentreibers, die Keule des *Herkules*, Sinnbild des Ackerbaues."

„Die Zwei der Schale ist die Kuh, *Jo* oder *Isis*, der *Apis* oder *Mnevis-Stier*."

„Die Drei der Schale ist *Isis*, Mond, Dame und Königin der Nacht."

„Die Drei der Münze ist *Osiris*, Sonne, Herr und König des Tages."

„Die Neun der Münze ist *Merkur, der Bote*, oder der *Engel Gabriel*."

„Die Neun der Schale ist die *Tragezeit des guten Geschicks*, aus dem das Glück erblüht."

„Dann," sagt uns *Vaillant*, „gibt es eine chinesische Charakterentafel, die in lange, gleich große Vierecke abgeteilt ist, die alle gleich und genau so groß wie Tarotkarten sind. Diese Abteilungen sind in sechs senkrechte Reihen eingeteilt, deren erste fünf je vierzehn, im ganzen also siebzig Felder einschließen, die nur zur Hälfte ausgefüllte sechste enthält nur sieben. Übrigens ist diese Tafel nach der gleichen Siebenerordnung gebildet. Jede volle Reihe hat 2×7, die halbe also sieben. Sie gleicht dem Tarot so sehr, daß die vier Farben des Tarot ihre ersten vier Reihen ausfüllen. Von ihren einundzwanzig Trümpfen füllen vierzehn die fünfte, sieben die sechste Reihe. Diese sechste Reihe mit den sieben Trümpfen ist also die der Werktage der Schöpfung. Nun geht bei den Chinesen diese Tafel auf die ersten Jahre ihres Kaiserreichs, auf das Eintrocknen der Sintflutwasser von IAO zurück. Es läßt also den Schluß zu, daß es ein Original oder eine Kopie des Tarot ist; und jedenfalls ist der Tarot älter als *Moses* und geht auf den Anfang der Jahrhunderte, auf die Vollendung des Zodiak zurück und hat folglich ein Bestehen von 6600 Jahren (alles auf Tarot bezügliche siehe nach bei *Court de Gebelin*, 1. Band, oder im „*Dogma und Ritual der hohen Magie*", II. Bd.).

„Das ist der Tarot der Römer, aus dem die Juden aus Widerspruch die „Torah" oder das Gesetz Jehovahs machten. Weit entfernt vom heutigen Spielzeug war er damals ein ernsthaftes Buch, das Buch der Symbole und Sinnbilder, der Analogien und Beziehungen von Mensch und Gestirn, das Buch des Geschickes, mittels dessen die Zauberer die Schicksalsmysterien enthüllten. Seine Figuren Namen, Zahlen, die aus ihm gezogenen Lose waren für die Christen naturgemäß Werkzeuge einer teuflischen Kunst, eines magischen Werkes. So versteht man auch die Strenge, mit der sie es verwarfen, sobald es ihnen durch Vertrauensbruch, den die Indiskretion der *Sagi* an der öffentlichen Meinung beging, bekannt wurde. Damals wurde der Tarot durch den Schwund des Glaubens an sein Wort zum Spiel, und die Täfelchen änderten sich nach Volksgeschmack und Zeitgeist. Aus diesem Tarotspiel wurden unsere Spielkarten. Ihre Zusammenstellung steht soweit unter dem Tarot, wie das Damespiel unter dem Schach. Zu Unrecht verlegt man also den Ursprung unserer Spielkarten in die Zeit *Karls VI.*; denn von 1332 an schworen die in dem von *Alfons II.*, dem König von Kastilien, gegründeten „Orden des Bandes" Eingeweihten, niemals Karten zu spielen. Unter *Karl V.*, erzählt *Le Sage*, verdammte *Bernhard von Siena* die „Triumphales" genannten Karten zum Feuer, ein Spiel des Triumphs, das man zu Ehren des Siegers Osiris oder Ormuzd, einer der Tarotkarten, spielte. Der König selbst verwarf sie 1369, und der kleine *Jean de Saintre* kam nur deshalb in Gunst, weil er nicht spielte.

„Damals nannte man die Karten in Spanien Naïpes und in Italien noch besser Naïbi, weil die Naibi Teufelsweiber, Sibyllen, Seherinnen sind."

Vaillant, der das obige berichtet, vermutet also Veränderungen und Umgestaltungen des Tarot. Das stimmt für den deutschen Tarock mit chinesischen Figuren, nicht aber für den italienischen, der nur in Einzelheiten abgeändert wurde, und nicht für jenen von Besançon, der noch Spuren der ursprünglichen ägyptischen Hieroglyphen enthält. Im ‚Dogma und Ritual der hohen Magie' haben wir das Unheilvolle der Arbeiten von *Eteilla* und *Alliette* über den Tarot gezeigt. Dieser erleuchtete Friseur vermochte nach dreißigjährigen Berechnungen nur einen unechten Tarot mit verkehrten Schlüsseln zu hilden, dessen Zahlen mit den Zeichen nicht mebr übereinstimmten, kurz, einen Tarot nach *Eteilla*schem Belieben und Intelligenz, der weit von allem Wunderbaren entfernt war.

Wir halten die Zigeuner nicht, wie *Vaillant*, als wahre Besitzer dieses Schlüssels der Initiationen. Zweifellos verdanken sie ihn der Unklugheit oder Untreue eines jüdischen Kabbalisten. Die Zigeuner stammen aus Indien, ihr Geschichtsschreiber hat es mit ziemlicher Wahrscheinlichkeit bewiesen. Nun ist der Tarot, den wir noch besitzen, nämlich der der Zigeuner, von Ägypten über Juda gekommen. Die Schlüssel dieses Tarot beziehen sich auf Buchstaben des hebräischen Alphabets und einige Figuren geben sogar die Formen der Charaktere dieses hl. Alphabets wieder.

Wer also waren die Zigeuner? Das, was der Dichter gesagt hat:

der unreine Rest
einer alten Welt;

es war eine Sekte indischer Gnostiker, die ihr Kommunismus von der ganzen Welt ausschloß. Sie waren, wie sie fast selbst sagten, einem furchtbaren Fluch ausgelieferte Entweiher des großen Geheimnisses. Als eine von einem enthusiastischen Fakir irregeführte Herde, waren sie Weltwanderer geworden und protestierten im Namen eines angeblich natürlichen Rechts, das sie von fast aller Pflicht entband, gegen jede Kultur. Das durch Pflichtbefreiung sich aufdrängende Recht ist Angriff, Plünderung, Raub, ist Kains gegen den Bruder erhobener Arm, und die sich wehrende Gemeinschaft scheint Abels Tod zu rächen.

Im Jahre 1840 beschlossen die Arbeiter des Faubourg Saint-Antoine, müde, wie sie sagten, von den Journalisten betrogen zu werden und nur dem Ehrgeiz der Schönschwätzer als Werkzeug zu dienen, eine Zeitung von reinstem Radikalismus und einer Logik ohne Ausflüchte und Umschweife zu gründen und zu verlegen.

Sie vereinigten sich, berieten, um ihre Lehren entschieden durchzusetzen. Grundlage war ihnen der republikanische Wahlspruch: „Freiheit, Gleichheit" und das Übrige. Freiheit schien ihnen unvereinbar mit der Arbeitspflicht, Gleichheit mit Erwerbsrecht, so beschlossen sie den Kommunismus. Einer gab zu bedenken, daß die Klügsten bei der Teilung den Vorsitz führen und sich den Löwenanteil verschaffen würden. Man beschloß also, niemand solle ein Recht auf intellektuelle Überlegenheit haben. Ein anderer bemerkte, selbst körperliche Schönheit bilde eine Aristokratie, und man beschloß die Gleichheit der Häßlichkeit. Da man die selbst bebaute Scholle liebt, wurde ferner beschlossen, ein wahrer Kommunist könne nicht Bauer, und nur die Welt könne ihm Vaterland und die Menschheit Familie sein. Sie sollten sich zu Zügen ordnen und ewig die Welt durchwandern. Diese Erzählung ist keine Parabel; wir haben die

Beschlußfassenden gekannt, haben ihre „L'Humanitaire“ betitelte Zeitung, die verfolgt und 1841 unterdrückt wurde (siehe die Presseprozesse jener Zeit), gelesen. Hätte diese Zeitung weiterhin bestehen können, hätte die werbende Sekte Anhänger anwerben können, wie es damals der berühmte Geschäftsführer *Cabet* für die ikarische Auswanderung getan, eine neue Zigeunerbande wäre organisiert und das Bettlerhandwerk um einen weiteren Stamm vermehrt worden.

III. Kapitel.

LEGENDE UND GESCHICHTE DES RAIMUNDUS LULLUS.

Seine Arbeiten, seine große Kunst, sein Titel der „erleuchtete Doktor“ – Seine Theorien in der hermetischen Philosophie – Die Magie bei den Arabern – Gedanken des Raimundus Lullus über den Antichrist und über die universale Wissenschaft.

Wie schon erwähnt, verwarf die Kirche aus Haß gegen die Profanationen die Gnostiker. Als *Mohammed* im Orient den Fanatismus gegen den Glauben ins Feld stellte, setzte er der betenden und unwissenden Frömmigkeit kampfbereite Leichtgläubigkeit entgegen. Seine Nachfolger faßten in Europa festen Fuß und drohten bald mit Einfällen. „Die Vorsehung straft uns,“ sagten die Christen, und die Muselmanen antworteten: „Das Fatum ist für uns.“

Die kabbalistischen Juden nahmen aus Furcht vor dem Scheiterhaufen der katholischen Länder ihre Zuflucht zu den Arabern, die für sie Ketzer, aber keine Götzendiener waren. Einige bewundern sie wegen ihrer Kenntnis der Mysterien, und der schon durch seine Kraft siegreiche Islam konnte bald durch die Wissenschaft der das gelehrte Arabien Verachtenden, die sie nur „*Barbaren des Westens*“ nannten, nach dem Sieg streben.

Der Genius Frankreichs hatte den machtvollen Einfällen die Schläge seines furchtbaren Hammers entgegengesetzt. Eine Hand mit eisernen Handschuhen hatte den heraufflutenden mohammedanischen Scharen eine Lienie gezogen, und die laute Stimme des Sieges hatte der Flut entgegengerufen: „*Bis hierher und nicht weiter.*“

Das Genie der Weisheit erweckte *Raimundus Lullus*, der das Erbe *Salomons* für den Heiland, den

Sohn *Davids* zurückforderte, und der zum ersten Male die blindgläubigen Kinder zum Glanz allgemeiner Erkenntnis rief.

Mit welcher Verachtung die falschen Gelehrten und Weisen noch von diesem großen Mann sprechen! Die Volksmeinung hat ihn gerächt! Verliebt wie *Abailard* wird er dargestellt, eingeweiht wie *Faust*, als Alchimist wie *Hermes*, reuig und gelehrt wie der hl. *Hieronymus*, umherirrend wie der ewige Jude, fromm und erleuchtet wie der hl. *Franz von Assisi*, als Märtyrer wie *St. Etienne* und glorreich im Tod wie der Weltheiland selbst.

Zunächst zum Roman, einen der rührendsten und schönsten der uns bekannten: Eines Sonntags des Jahres 1250 ging eine weise und schöne Dame, *Ambrosia di Castello*, eine Genueserin in Palma auf der Insel Majorca zur Kirche.

Ein reich gekleideter Ritter von edlem Aussehen reitet auf der Straße vorüber, sieht die Dame und bleibt wie erschlagen stehen. Sie verschwindet im Torbogen der Kirche. Ganz unbewußt spornt der Ritter sein Pferd und sprengt hinter ihr her unter die aufkreischenden Gläubigen. Groß Geschrei und Aufruhr. Der Ritter wird erkannt, es ist *Raimundus Lullus*, Seneschall und Hausmeier der Inseln. Er hat Frau und Kinder, zwei Knaben, Raimund und Wilhelm, und ein Mädchen Magdalene. *Ambrosia di Castello* ist auch verheiratet und steht außerdem im Ruf größter Ehrbarkeit. So galt *Raimundus Lullus* als großer Verführer, und sein Ritt in die Kirche erregte großes Aufsehen. Die völlig verwirrte *Ambrosia* suchte Rat bei ihrem sicher weisen Gatten; denn er fand nicht, daß sie dadurch gekränkt sei, weil ihre Schönheit einem jungen, glänzenden Herrn den Kopf verdreht habe, riet ihr aber, durch die Torheit, deren Ursache sie war, ihren tollen Anbeter zu heilen. Schon hatte *Raimundus Lullus* seiner Dame zur Entschuldigung geschrieben, „was sie ihm eingeflößt, sei seltsam, übermenschlich, schicksalhaft. Da er um ihre Neigungen zu einem andern wisse, achte er ihre Ehre. Wie vom Blitz getroffen, müsse er sich aufopfern, Opfer darbringen, Wunder vollbringen, er brauche die Buße eines Säulenheiligen und die Heldentaten eines fahrenden Ritters.“ *Ambrosia* antwortete: „Zu Eurer übermenschlichen Liebe bedürfte ich der Unsterblichkeit.“

„Ist die Liebe vollkommen und hochgemut, und wird sie während des ganzen Lebens unseren Geliebten geopfert — und ich wünsche euch ein langes Leben — dann müßte Gott und die Welt mit der Einwilligung in unsere Liebe für uns eine Ewigkeit erschaffen.“

„Es soll ein Lebenselexier geben! Versucht es zu finden, und seid ihr eurer Entdeckung sicher, dann kommt und eilt zu mir.“

„Bis dahin lebt für Frau und Kinder, wie ich für meinen geliebten Gemahl leben werde. Begegnet ihr mir aber auf der Straße, dann kennt mich nicht.“

Dies war sicher ein anmutiger Abschied, der den Liebhaber vertröstete. Er aber faßte ihn anders auf, und von diesem Tage an war aus dem glänzenden Edelmann ein düsterer, ernster Alchymist geworden. Don Juan wurde zu Faust. Jahre vergingen. *Raimundus Lullus* Frau starb und *Ambrosia di Castello* war Witwe. Aber in seiner Beschäftigung mit dem großen Werk schien sie der Alchymist vergessen zu haben.

Eines Tages nun war die Witwe allein. Man meldete ihr *Raimundus Lullus*. Eintrat ein bleicher, fahler Greis, eine mit einem feuerroten Elixier gefüllte Phiole in der Hand. Er wankt näher, sucht sie mit den Augen — und erkennt sie nicht; denn seine Augen kennen nur ein märchenhaft schönes Bild aus der Kirche von Palma. „Ich bin es,“ sagt sie endlich, „was wollt ihr?“ Der Klang dieser Stimme läßt ihn erbeben. Er erkennt sie wieder, glaubt sie noch in ihrer Jugend, fällt ihr zu

Füßen und ruft, ihr die Phiole hinstreckend: „Nehmt und trinkt, es ist das Leben. Dreißig Jahre meines Lebens hängen daran. Ich habe es versucht. Es ist das Elixier der Unsterblichkeit!"

„Was war euer Versuch?" fragt *Ambrosia* mit traurigem Lächeln.

„Vor zwei Monaten habe ich das Elixier getrunken," ruft *Raimundus* aus, „und ich habe seither keine Nahrung zu mir genommen. Der Hunger hat mir die Eingeweide zerrissen, aber nicht gestorben bin ich, nein, ich fühle mich kräftiger und lebendiger denn je."

„Ich glaube euch," antwortete *Ambrosia*, „aber dieses Lebenselixier gibt die Jugend nicht zurück, mein armer Freund! Kommt zu euch!" und sie reicht ihm den Spiegel.

Raimundus Lullus fährt zurück. Dreißig Jahre hatte er in keinen Spiegel gesehen.

„Und ich!" sagt *Ambrosia*, indem sie den Schleier von ihrem weißen Haar nimmt und ihm ihre entblößte, krebszerfressene Brust zeigt, „wollt ihr so etwas unsterblich machen!"

Und als sie seine Bestürzung sah, fuhr sie fort: „Hört! Seit dreißig Jahren liebe ich euch, aber ihr sollt nicht ewig in diesen Greisenkörper verdammt sein, tut auch ihr mir nichts Gleiches. Erzeigt mir Gnade mit dem Tod, den man Leben nennt. Laßt mich hinüber wandern zu neuem Leben. In der ewigen Jugend wollen wir uns erfreuen. Oh, nicht euer Elixier, das nur die Grabesnacht verlängert, ich strebe nach Unsterblichkeit!"

Da wirft *Laimundus Lullus* seine Phiole auf den Boden. Sie zerbricht.

„Ich gebe euch frei," sagt er, „und bleibe für euch gefangen. Lebt ihr in der himmlischen Unsterblichkeit, mich kettet für immer der lebendige Tod der Erde."

Dann entflieht er, sein Gesicht in den Händen, laut aufschluchzend.

Einige Monate später stand ein Franziskaner-Mönch *Ambrosia di Castello* in ihren letzten Augenblicken bei. Es war *Raimundus Lullus.* So endet der Roman; die Legende beginnt.

In dieser Legende wird aus drei oder vier *Raimundus Lullus* verschiedener Zeiten ein einziger Mensch, und der bußfertige Alchymist erhält in ihr ein mehrere Jahrhunderte langes Leben und Verbüßen. Am Tage, da er nach der Natur hätte sterben müssen, erfaßten ihn alle Qualen des Todeskampfes, um dann nach einer erhabenen Krise das Einströmen neuen Lebens zu fühlen und zu sehen, wie der Geier des Prometheus sein Festmahl von neuem begann. Traurig trat der Weltenheiland, der ihm schon die Hand entgegenstreckte, in den sich schließenden Himmel zurück, und *Raimundus Lullus* sah sich wieder auf Erden ohne Hoffnung je sterben zu können.

Er betete und weihte sein Leben guten Werken. Alle Gnaden gewährte ihm Gott, nur nicht den Tod; doch was soll man ohne diese Vervollständigung und Krone aller Gnaden beginnen? Eines Tages ersah er den Baum der Erkenntnis, voll seiner leuchtenden Früchte. Er verstand das Sein und seine Harmonie, erkannte die Kabbala, entwarf die Gundlage einer universalen Wissenschaft und zeichnete sie auf, seit dieser Zeit hieß er nur noch der *erleuchtete Doktor.*

Er war zum Ruhm gekommen, diesem verhängnisvollen Lohn göttlichen Erbarmens, der wegen seiner Berauschung und Vergiftung großen Menschen fast nur nach dem Tode verliehen wird. Aber *Raimundus Lullus*, der ihm durch seinen Tod nicht Platz hätte machen können, lief Gefahr, ihn vor dem eigenen Tod sterben zu sehen, und der Ruhm war ihm nur Hohn auf sein unsterbliches Unglück.

Er konnte Gold machen, konnte die Welt und all ihre Schätze kaufen, den Genuß eines einzigen Grabes vermochte er sich nicht zu schaffen.

Der arme Unsterbliche war er. Er lief umher und flehte um den Tod, den niemand ihm geben konnte.

Mannhaft hatte er die Philosophie der Araber bezwungen, siegreich gegen den Islam gekämpft und hatte alles vom Fanatismus der Ketzer zu fürchten. Alles zu fürchten, vielleicht ist das, etwas zu erhoffen, und er ersehnte den Tod.

Einen der fanatischsten Araber nahm er als Diener und zeigte sich ihm als Geisel der Lehre Mohammeds. Der Araber erdolchte ihn, wie *Raimundus Lullus* erwartet, aber er starb nicht, wie er gehofft, konnte diese Gnade von seinem Mörder nicht erlangen und hatte nur Gewissensbisse statt Befreiung und Friede.

Kaum von seiner Wunde genesen schiffte er sich nach Tunis ein und predigte offen das Christentum; aber aus Bewunderung seines Mutes und Wissens schützt ihn der Bey vor der Volkswut und läßt ihn mit all seinen Büchern auf ein Schiff bringen. *Raimundus Lullus* kehrt um, predigt in Bone Bougie und anderen Städten Afrikas. Die bestürzten Muselmanen wagen nicht Hand an ihn zu legen. So fährt er nach Tunis zurück, versammelt das Volk in den Straßen, verkündet, daß er schon einmal des Landes verwiesen sei, aber zurückkehre, die gottlosen Dogmen Mohammeds zu vernichten und für Jesus Christus zu sterben. Jetzt ist jeder Schutz vergebens, in wahrem Aufruhr verfolgt ihn das rasende Volk, zu heftigerer Reizung flieht er, ist schon von Schlägen zerschmettert, von Blut überströmt, lebt aber immer noch. Endlich stürzt er und wird buchstäblich unter einem Haufen von Steinen begraben.

In der folgenden Nacht fahren zwei genuesische Kaufleute, *Etienne Colon* und *Louis de Pastorga* auf offenem Meer vorüber. Im Hafen von Tunis blitzt helles Licht auf. Sie fahren heran, finden einen leuchtenden Steinhaufen als Ursache und unter diesem den zerschmetterten aber lebendigen *Raimundus Lullus*, nehmen ihn auf ihr Schiff und bringen ihn in sein Vaterland, die Insel Majorca zurück. Aber angesichts solchen Martyriums konnte er seine Seele aushauchen, Gott hatte ihn erlöst, seine Buße war vollbracht.

Das die Odyssee des legendären *Raimundus Lullus*, und nun zur historischen Wirklichkeit:

Raimundus Lullus, der Philosoph und Adept mit dem Beinamen „*der erleuchtete Doktor*", war der Sohn des Seneschals von Majorca. Er war durch seine Liebe zu *Ambrosia di Castello* berühmt. Er stellte nicht das Lebenselexier her, machte aber für *Eduard III*. Gold in England. Es wurde Gold des *Raimundus* genannt, und tatsächlich gibt es noch sehr seltene Stücke desselben, die bei Liebhabern „*Raimundine*" heißen.

Louis Figuier vermutet unter diesen „*Raimundinen*", die unter *Eduard III*. geprägten „*Rosennobel*" und bemerkt vielleicht allzu leichtfertig, die Alchymie des *Raimundus Lullus* sei nur eine Goldfälscherei gewesen, die in einer Zeit der weniger vervollkommneten chemischen Verfahren als der heutigen nur schwer hätte erkannt werden können. Nichtsdestoweniger erkennt dieser Gelehrte die wissenschaftliche Bedeutung des *Raimundus Lullus* an, die er in seinem Werk „*Lehren und Arbeiten der Alchymisten*" folgendermaßen darlegt:

„*Raimundus Lullus*, dessen Genie alle Zweige menschlicher Kenntnis umfasse, und der in seiner „*Ars magna*" ein ganzes, weites, die enzyklopädischen Prinzipien der Wissenschaft seinen Zeit zusammenfassendes System der Philosophie darlegte, hinterließ auch den Chemikern ein nützliches Erbe. Er vervollkommnete und beschrieb sorgfältig verschiedene, in der Chemie sehr gebräuchliche Zusammensetzungen. Ihm verdanken wir die Herstellung des kohlensauren Salzes der Pottasche durch Weinstein und Holzasche, die Rektifikation des Weingeistes, die Bereitung der wesentlichen Öle, das Abtreiben des Silbers und die Präparation des weichen Quecksilbers."

Andere, von der Echtheit des Rosennobel-Geldes überzeugte Gelehrte hielten die Verwandlungen des *Raimundus Lullus* und anderer Adepten nur für Scheidung des Goldes aus den Silberminen, da die praktische Chemie des Mittelalters nur unvollkommene Verfahren hatte. Ferner glaubten sie an eine Reinigung dieses Goldes durch Antimon, das tatsächlich durch eine große Anzahl von hermetischen Symbolen als wesentliches und hauptsächlichstes Element des Projektions-Pulvers bezeichnet wird.

Wir glauben mit ihnen, daß die Chemie im Mittelalter nicht bekannt, und fügen hinzu, daß sie von den Adepten geschaffen wurde, oder vielmehr, daß sie ihre Zeitgenossen einige analytische Verfahren lehrten, während sie die Geheimnisse der Synthese für sich behielten. Bei aller seitherigen Vervollkommnung haben diese Verfahren unsere Gelehrten aber noch nicht zur alten Synthese, kurz, der hermetischen Philosophie geführt.

Raimundus Lullus hat in seinem philosophischen Testament nach Gewohnheit und Pflicht aller Adepten in verhüllter Form alle Prinzipien dieser Erkenntnis niedergelegt. Daher schrieb er einen Schlüssel zu diesem Testament, und dann einen Schlüssel des Schlüssels, einen Testamentszusatz, der uns die wichtigste all seiner alchymistischer Schriften dünkt. Die hier niedergelegten Grundsätze und Verfahren haben nichts mit Verfälschung der Metalle noch mit der Scheidung von Verbindungen zu tun. Es ist eine nach den Prinzipien *Gebers* und *Arnolds de Villanova* für die Praxis und nach den höchsten Begriffen der Kabbala für die Lehre gebildete Theorie. Ernste, durch Ungunst dort nicht entmutigte Geister, wo Unwissenheit oft große Dinge liegen läßt, müssen erst die Nachschrift des *Raimundus Lullus* studieren und kabbalistisch über sie meditieren, um dann nach den größten Genien des Altertums die Suche nach dem Absoluten fortzusetzen.

Das ganze Leben dieses wunderbaren Adepten, des ersten Eingeweihten nach dem *hl. Johannes* war dem hierarchischen Apostolat der Orthodoxie geweiht, und er verbrachte es in frommer Versenkung, in Vorhersagungen und unendlichen, wissenschaftlichen Arbeiten. So gründete er 1276 in Palma ein Franziskaner-Collegium zum Studium der orientalen, besonders der arabischen Sprache, um besonders die Bücher der mohammedanischen Gelehrten zu widerlegen und den Mauren das Christentum zu predigen. *Johann XXI.* bestätigte diese Einrichtung durch ein am 16. der Kalenden des Dezember zu Viterbo, in seinem ersten Pontifikatsjahr gegebenes Sendschreiben.

Von 1293 bis 1311 bittet er den Papst *Nikolaus IV.*, die Könige von Frankreich, Sizilien, Cypern, Majorca mit Erfolg um Errichtung mehrerer Kollegien zum Studium der Sprachen. Überall lehrt er seine große Kunst, eine universale Synthese menschlicher Kenntnisse, die als Ziel eine einzige Menschheitssprache und damit einen einzigen Menschheitsgedanken hat. Er kommt nach Paris und setzt die gelehrten Doktoren in Erstaunen, geht dann nach Spanien, hält sich in Complute auf und gründet hier eine Zentral-Akademie zum Studium der Sprachen und Wissenschaften. Er reformiert mehrere Klöster, reist in Italien und wirbt Soldaten für einen militärischen Orden, für den er auf dem Konzil in Wien, das die Templer verbannte, die Bestätigung erlangt. Die katholische Erkenntnis, die wahre Einweihung des *hl. Johannes* will das Schwert zur Verteidigung des Tempels den ungläubigen Händen entreißen. Die Großen der Erde verspotten ihn und tun doch gegen ihren Willen immer den seinen. Dieser Erleuchtete mit dem Spottnamen Raimundus der Phantast, scheint Papst der Päpste, König der Könige zu sein. Er ist arm wie Hiob, Herrschern gibt er Almosen, man hält ihn für wahnsinnig, und er verwirrt die Geister. Der größte Politiker der Zeit, der Kardinal *Ximenes*, ein ebenso weiter wie ernster Geist, spricht von ihm nur als dem *göttlichen Raimundus Lullus* und dem *sehr erleuchteten Doktor*. Nach *Génébrard* starb er 1314, nach dem Verfasser der Vorrede zu den „*Meditationen des Eremiten Blaquerne*" 1315. Er war achtzig Jahre alt, und das Ende seines arbeitsreichen und heiligen Lebens nahte am Tage des Märtyrerfestes Peter und Paul.

Als Jünger der großen Kabbalisten wollte *Raimundus Lullus* eine universale und absolute Philosophie aufstellen, indem er die Abstraktionen der Systeme durch feststehende Betrachtungen der Wirklichkeit in der Natur und die zweideutigen Worte ersetzte. Den Gelehrtendefinitionen seiner Zeit warf er eine Verlängerung des Streits durch Ungenauigkeiten und Zweideutigkeiten vor. „*Der Mensch ist ein vernünftiges Tier*", sagt *Aristoteles*, worauf man antworten kann, der Mensch ist kein Tier, und er ist selten vernünftig. Noch mehr, „*Tier*" und „*vernünftig*" sind zwei nie inEinklang zu bringende Begriffe. Ein Wahnsinniger wird unseren Ansichten nach kein Mensch sein, usw. *Raimundus Lullus* definiert die Dinge mit ihrem wahren Namen und nicht durch sinnverwandte oder ungefähre Begriffe. Er erklärt die Namen durch die Etymologie. So wird er auf die Frage „Was ist der Mensch?" antworten: „Im allgemeinen bedeutet dieses Wort die menschliche Bedingung, im besonderen bezeichnet es die menschliche Person. Aber was ist die menschliche Person? — Ursprünglich die Person, die Gott gemacht hat, indem er einem aus Erde (Humus) gebildeten Leib Leben einhauchte, tatsächlich bist du, bin ich, ist es Peter, Paul usw. „Als Gegenwehr werden die an wissenschaftlichen Sprachgebrauch Gewöhnten *Raimundus Lullus* erwidern, so etwa könne jeder sagen, und was er daherrede sei kindhaft, auf diese Art wäre jeder gelehrt, und so zöge man den gesunden Menschenverstand der Leute aus dem Volk jeder Belehrung der Akademiker vor. Das will ich gerade, wird *Raimundus Lullus* antworten. Daher stammt der Vorwurf der Kinderei gegen die ganze gelehrte Theorie des *Raimundus Lullus.* Und sie war kindlich wie die Moral dessen, der gesagt hat: „Wenn ihr nicht werdet wie die Kinder, werdet ihr nicht ins Himmelreich kommen." Ist das Himmelreich nicht auch das der Wissenschaft, da alles himmlische Leben der Menschen und Gottes nur Intelligenz und Liebe ist!

Raimundus Lullus wollte die christlich gewordene Kabbala der fatalistischen Magie der Araber, die ägyptische den indischen Überlieferungen und die Magie des Lichts der schwarzen Magie gegenüberstellen. Er behauptete, in den letzten Zeiten würden die Lehren des Antichrist stoffliche Wirklichkeit, und alle Ungeheuerlichkeiten der schlechten Magie würden wiedererstehen. Er bereitete die Geister auf die Wiederkehr des *Henoch* vor, d. h. auf die letzte Offenbarung jener Wissenschaft, deren Schlüssel in den hieroglyphischen Alphabeten des *Henoch* liegen, und deren Vernunft und Glauben versöhnendes Licht der universalen Herrschaft des Christentums des Messias auf Erden voraufgehen wird. Für wahre Kabbalisten und Seher war dieser Mann ein großer Prophet und für die wenigsten, auf die großen Zeichen und hohen Strebungen achtenden Skeptiker ein erhabener Träumer.

Die sieben Planeten und ihre Genien.
(Magie des Paracelsus)

IV. Kapitel.

ALCHYMISTEN.

Flamel — Tritheim — Agrippa — Guillaume Postel und Parcelsus.

Da *Flamel* ausschließlich der Alchymie angehört, werden wir ihn nur wegen des hieroglyphischen Buches von dem *Juden Abraham* erwähnen, in welchem der Schreiber aus der Rue Saint-Jacques-la-Boucherie die absoluten Schlüssel des großen Werkes fand.

Dieses Buch war in seiner Zusammenstellung nach den Schlüsseln des Tarot nur ein hieroglyphisch-hermetischer Kommentar zum Sepher Jezirah. Nach der Beschreibung des *Flamel* finden wir als Blattzahl 21, mit dem Titelblatt 22 und eine Einteilung in drei Siebener mit einem unbeschriebenen Blatt auf jeder siebten Seite.

Wir bemerken, daß die Apokalypse, diese erhabene kabbalistische und prophetische Zusammenfassung aller okulten Figuren, ihre Bilder auch in *drei Septernate* einteilt. Nach jeder derselben entsteht eine Stille am Himmel — eine erstaunliche Übereinstimmung mit dem unbeschriebenen Blatt des mystischen Buches des *Flamel*.

Die Septernate der Apokalyse sind zunächst sieben zu lösende Siegel, d. h. sieben zu erkennende Mysterien und sieben zu überwindende Schwierigkeiten. Sieben Trompeten, d. h. sieben Worte, die zu verstehen, und sieben Schalen, die zu vergießen sind, oder sieben Substanzen zum Verflüchtigen und Befestigen.

Im Buche des *Flamel* trägt das erste siebente Blatt den Stab des über die von den Zauberern Pharaos hervorgebrachten, sich gegenseitig verschlingenden Schlangen siegreichen *Moses*. Diese Figur stimmt mit dem Sieger des Tarot überein, der die weiße und schwarze Sphinx der ägyptischen Magie vor seinen kubischen Wagen spannt.

Diese Figur entspricht dem siebenten Dogma des Symbols von *Maimonides*: Wir haben nur einen Propheten, *Moses*.

Sie versinnbildlicht die Einheit der Erkenntnis und des Werkes.

Sie stellt auch das Quecksilber der Weisen dar, das aus der Scheidung der Mischungen und der wechselseitigen Tätigkeit von Schwefel und Salz der Metalle gebildet wird.

Die Figur der zweiten Siebenheit war eine Darstellung der ehernen Schlange auf dem Kreuz. Das Kreuz gibt die Vereinung des Schwefels und gereinigten Salzes und die Verdichtung des astralen Lichtes wieder. Die Zahl 14 des Tarot zeigt einen Engel, d. h. einen Erdgeist, der die Flüssigkeit eines goldenen und eines silbernen Gefäßes mischt: Dasselbe, nur in anderer Art dargestellte Symbol.

Im letzten Septernat des Buches des *Flamel*, sah man die Wüste, Brunnen und Schlangen sich nach allen Seiten dehnen, ein Bild des Raums und des universalen Lebens. Im Tarot ist der Baum durch die vier Haupthimmelsrichtungen und das Leben durch ein nacktes kreislaufendes Mädchen dargestellt. *Flamel* gibt keine Zahl für Brunnen und Schlangen an. Es können wie im Pentakel Edens vier aus einer Quelle hervorsprudelnde Brunnen mit vier, sieben, neun oder zehn Schlangen sein.

Auf dem vierten Blatt sah man die Zeit bereit, *Merkur* die Füße abzuschneiden, daneben einen blühenden Rosenstrauch mit blauer Wurzel, weißem Stil, roten Blättern und goldenen Blüten. Die Zahl Vier ist die der elementaren Verwirklichung. Die Zeit, der atmosphärische Salpeter, ihre Sichel die aus ihm gewonnene Säure, die das Quecksilber durch Verwandlung in Salz fixiert. Der Rosenstrauch ist das Werk mit seinen drei aufeinanderfolgenden Farben, er ist das Mysterium in Schwarz, Weiß und Rot, welches das Gold treiben und blühen läßt.

Auf dem fünften Blatt — fünf ist die Zahl des großen Mysteriums — sah man am Fuß des blühenden Rosenstrauchs Blinde auf der Suche nach der großen, überall wirkenden Kraft die Erde durchwühlen; besser Unterrichtete wogen verdichteter Luft gleichendes Bleiwasser. Auf der Rückseite sah man Sonne und Mond nahen, um im Blute der Unschuldigen zu baden. Diese Allegorie, das große Geheimnis der hermetischen Kunst, bezieht sich auf jene Kunst, Luft aus Luft zu nehmen, wie *Aristeius* sagt, oder verständlicher, Luft aus Kraft zu gebrauchen, indem man sie mittels des astralen Lichtes ausdehnt, wie man Wasser durch Hitze in Dampf wandelt. Dies geschieht mit Hilfe der Elektrizität, der Magnete und einer gewaltigen, durch Wissen und guten Willen gelenkten Willensprojektion des Ausübenden. Das Blut der Kinder ist dieses essentielle Licht, welches das philosophische Feuer aus den Elementarkörpern zieht und in dem Sonne und Mond sich baden, d. h. das Silber färbt sich darin in Gold und dieses erreicht darin einen Reinheitsgrad, der dabei den Schwefel zu einem wahren Projektionspulver verwandelt.

Wir schreiben hier keine Abhandlung über Alchymie, obgleich diese Wissenschaft wirklich die in die Tat umgesetzte hohe Magie ist, und behalten uns diese Offenbarungen und Wunder für spätere, ausführlichere Spezialwerke vor.

Der Volksmund versichert, *Flamel* sei nicht tot und habe einen Schatz unter dem Turm von Saint-Jacques-la-Boucherie vergraben. Dieser in einer mit sieben Metallplatten umkleideten Cedernholztruhe ruhende Schatz enthält nach den erleuchteten Adepten nichts anderes als das ursprüngliche Exemplar des berühmten Buches des

Juden Abraham mit handschriftlichen Erklärungen des *Flamel* und Proben des Projektionspulvers, die genügten einen Quecksilberozean in Gold zu wandeln.

Nach *Flamel* kamen *Bernhard von Treviso*, *Basilius Valentinus* und andere berühmte Alchymisten. Die zwölf Schlüssel des *Basilius Valentinus* sind zugleich kabbalistisch, magisch und hermetisch. Dann kam 1480 *Johannes Tritheim*, der Lehrer von *Cornelius Agrippa* und der größte dogmatische Magier des Mittelalters. *Tritheim* war als Benediktinerabt von unantastbarer Orthodoxie und regelmäßigster Lebensführung. Er beging nicht wie sein abenteuerlicher Schüler *Agrippa* die Unklugheit offen über die okkulte Philisophie zu schreiben, all seine magischen Arbeiten suchen die Geheimnisse zu verbergen, seine Lehre hat er nach der Gewohnheit wahrer Adepten in einem Pantakel ausgedrückt. Dieses äußerst seltene Pantakel findet sich nur in einigen handschriftlichen Exemplaren der „*Abhandlung über die zweiten Ursachen*". Graf *Alexander Branistki*, ein hochgeistiger und großmütiger polnischer Edler, besitzt ein merkwürdiges Exemplar, das er uns bereitwilligst einsehen ließ.

Dieses Pantakel wird von zwei in einer Basis vereinten Dreiecken gebildet, von denen das eine weiß, das andere schwarz ist. Unter der Spitze des schwarzen liegt ein Wahnsinniger, der mit mühsam erhobenem Kopf und erschrockener Grimasse die Dunkelheit des Dreiecks anstarrt, in dem sein eigenes Bild gespiegelt wird. An der Spitze des weißen Dreiecks lehnt ein als Ritter gekleideter Mann in den besten Jahren und mit sicherem Blick und der Haltung eines starken und friedlichen Befehls. In dem weißen Dreieck sind Charaktere des göttlichen Tetragramms gezogen.

Diese Pantakel könnte man durch folgende Legende erklären: „Der Weise stützt sich auf die

Furcht vor dem wahren Gott, das Sinnlose wird von der Furcht vor einem falschen, nach seinem Bild gemachten Gott zermalmt." Dies ist der natürliche und exosterische Sinn dieses Emblems. Überdenken sie es aber im Ganzen und in jedem seiner Teile, dann werden die Adepten in ihm das letzte Wort der Kabbala, die unaussprechliche Formel des großen Geheimnisses finden: den Unterschied zwischen Wunder und Wunderbarem, das Geheimnis der Erscheinungen, die universale Theorie des Magnetismus und die Erkenntnis aller Mysterien.

Tritheim hat eine Geschichte der Magie in Pantakeln unter *dem* Titel geschrieben: „*Veterum sophorum sigilla et imagines magicae*";dann gibt er in seiner Geheimschrift den Schlüssel zu allen okkulten Schriften und erklärt in verhülltenAusdrücken die wirkliche Wissenschaft der Zauberflüche und Beschwörungen. *Tritheim* ist der Meister in der Magie und wir zögern nicht ihn den Weisesten und gelehrtesten der Adepten zu nennen.

Anders mit *Cornelius Agrippa*, der sein ganzes Leben suchte und weder das wahre Wissen noch den Frieden fand. Seine Bücher sind voll von Gelehrsamkeit und Kühnheit. Er selbst war ein fantastischer und unabhängiger Charakter, galt als abscheulicher Zauberer und wurde von Klerus und Fürsten verfolgt. Endlich schrieb er gegen die Wissenschaften, die ihm das Glück nicht geben konnten, und starb elend und verlassen.

Wir nähern uns der sanften und guten Gestalt des weisen und erhabenen *Postel*, welcher uns durch seine mystische Liebe zu einem alten, erleuchteten Mädchen bekannt ist. In *Postel* steckt jedoch alles andere als ein Jünger der Mutter *Johanna*; aber die Alltagsgeister sind im Herabsetzen zu glücklich, um sich die Mühe des Lernens zu ersparen, als daß sie jemals etwas Besseres in ihm sehen wollten.

Doch jenen wollen wir das Genie *Guillaume Postels* nicht offenbaren.

Postel war der Sohn eines armen Bauern aus der Umgebung von Barenton in der Normandie. Mit Ausdauer und Opfer gelang es ihm, sich zu bilden, und bald war er der gelehrteste Mann seiner Zeit. Armut begleitete ihn ständig und Elend zwang ihn manchmal zum Verkauf seiner Bücher. Voll Ergebung und Milde arbeitete er wie ein Hausknecht um ein Stück Brot, dann kehrte er zum Studium zurück. Er lernte alle Sprachen und Wissenschaften seiner Zeit, entdeckte kostbare, seltene Manuskripte, darunter die apogryphen Evangelien und den Sepher Jezirah. Er weihte sich selbst in die Mysterien der hohen Kabbala ein und wollte in seiner kindlichen Bewunderung für diese absolute Wahrheit die über alle Philosophien hoch erhabene Vernunft aller Welt offenbaren. Er sprach öffentlich die Mysteriensprache und schrieb ein Buch mit dem Titel: „*Der Schlüssel der seit Weltbeginn verborgenen Dinge*". Dieses Buch schickte er den Vätern des Tridentiner Konzils und beschwor sie, den Weg der Versöhnung und der universalen Synthese zu gehen. Niemand verstand ihn. Einige verschrien ihn als Ketzer, die Mäßigsten nannten ihn toll.

Die Dreieinigkeit, sagte er, hat den Menschen nach ihrem Bild und sich ähnlich erschaffen. Der menschliche Körper ist doppelt, und seine dreifache Einheit wird durch die Vereinigung der beiden Hälften gebildet, auch die Menschenseele ist doppelt: sie ist *animus* und *anima*, Geist und Zärtlichkeit; sie hat zwei Geschlechter, das väterliche mit dem Sitz im Kopf, das mütterliche im Herzen. Die vollkommene Sühne muß in der Menschheit dreifach sein: Der Geist muß durch seine Reinheit die Verirrung des Herzens loskaufen, das Herz durch seinen Edelmut die egoistische Verdorrtheit des Geistes tilgen. Das

Christentum ist nur von klügelnden Köpfen verstanden worden, bis zu den Herzen ist es nicht gelangt. Das Wort ist Mensch geworden, aber erst wenn es *Frau* geworden, wird die Welt gerettet sein. Der Muttergenius der Religion wird die Menschen die erhabene Größe des Geistes der Menschenliebe lehren, dann wird Vernunft sich mit Glauben versöhnen; denn sie wird verstehen, erklären und die heiligen Torheiten der Hingabe regieren.

Seht, fährt er fort, woraus die Religion der meisten Christen besteht: aus unwissender, verfolgungswütiger Parteilichkeit, aus abergläubiger, dummer Hartnäckigkeit und vor allem aus Angst, feiger Angst! Und warum? Weil sie keine Frauenherzen haben, weil ihnen die mütterliche, die ganze Religion erklärende Liebe fehlt. Die ihr Gehirn besitzende und ihren Geist fesselnde Macht ist nicht der gute, einzige, langmütige Gott, „es ist der dumme, böse und feige Satanas"; sie haben viel mehr Angst vor dem Teufel als Liebe für Gott. Es sind enge, eisige Stirnen, wie Grabgewölbe über dem toten Herzen. Wird erst Gnade die Herzen wieder erwecken, welches Erwachen für die Geister! Welche Wiedergeburt für die Vernunft! Welcher Sieg für die Wahrheit! Warum bin ich der erste, ja fast der einzige, der so versteht? So komme, komme du mütterlicher Geist, der du mir in Venedig in der Seele einer gotterleuchteten Jungfrau erschienst, und lehre die Frauen der neuen Welt ihre erlösende Mission und ihre Sendung heiliger, geistiger Liebe!

Diese edeln Eingebungen verdankte *Postel* einer frommen Jungfrau *Johanna*, die er in Venedig kennen gelernt hatte. Als geistig Vertrauter dieser auserwählten Seele wurde er in den um sie wogenden Strom mystischer Poesie hineingezogen. Als er ihr die Kommunion reichte, sah er die fünfzigjährige leuchtend und verwandelt, und der alte

Pater gesteht naiv, er hätte ihr keine fünfzehn gegeben. So sehr verwandelte sie die Sympathie ihrer Herzen in seinen Augen. Seltsame Verirrungen der Liebe in zwei reinen Herzen, mystische Hochzeit zweier jungfräulicher, kindlicher Lyriker, himmlische Halluzination! Zum Verständnis dieses alles muß man das Leben der Askese gelebt haben. Sie, als der in ihr lebende Geist Jesu Christi muß die Welt erneuern, sagt der Verzückte.

Dies Licht des Herzens, das aus allen Geistern den häßlichen Schein Satans vertreiben soll, ist nicht nur ein Hirngespinst meiner Träume, ich habe es gesehen, es ist in der Welt erschienen, hat sich in einer Jungfrau verkörpert, und ich habe in ihr die zukünftige Welt begrüßt. Wir analysieren hier *Postel* vielmehr, als ihn zu übersetzen, aber der kurze Abriß, den wir von seinen Gefühlen und seiner Sprache geben: genügt er nicht, um die ganze Bildhaftigkeit zu verstehen, und daß nach der scharfsinnigen Bemerkung des gelehrten Jesuiten *Desbillons*, nichts seinem Denken ferner lag, als, wie man behauptete, eine zweite Inkarnation aus dieser armen barmherzigen Schwester zu machen, die ihn einzig durch den Glanz ihrer demütigen Tugenden verführt hatte? Wir sind der festen Überzeugung, daß Verleumder und Spötter des guten *Postel* der Mutter *Johanna* nicht wert waren.

Die mystischen Beziehungen zwischen *Postel* und der Nonne währten fünf Jahre bis zum Tode Mutter *Johannas*. Sie hatte ihrem Beichtvater versprochen, sich nie von ihm zu trennen und ihm nach ihrer Befreiung von den Ketten des gegenwärtigen Lebens beizustehen. „Sie hat Wort gehalten," sagt *Postel*, „hat mich in Paris besucht, mich mit ihrem Licht erleuchtet, sie hat meine Vernunft mit meinem Glauben ausgesöhnt. Zwei Jahre nach ihrer Himmelfahrt ist ihre Substanz und ihr Geistkörper zu mir herabgestiegen und hat sich fühlbar über meinem Körper ausgebreitet, daß sie, nicht ich in meinem Leib lebt."

Von dieser Zeit an nannte sich *Postel* nur noch der Auferstandene, unterschrieb *Postellus restitutus*, und tatsächlich vollzog sich eine seltsame Erscheinung an ihm; seine weißen Haare wurden wieder schwarz, seine Runzeln verschwanden und Jugendfrische verbreitete sich über sein Gesicht, das durch Entbehrungen und Wachen abgezehrt war. Seine spöttischen Biographen behaupten, er habe sich das Haar gefärbt und sich geschminkt. Nicht genug, ihn zum Narren gemacht zu haben, wollten sie aus dem edeln und großmütigen Charakter noch einen Schwindler und Taschenspieler machen.

Noch weit erstaunlicher als die beredte Unvernunft begeisterter Herzen ist die Dummheit oder der schlechte Glaube skeptischer und kalter Geister, die jene beurteilen.

„Man bildet sich ein, und glaubt, wie ich sehe, noch heute," sagt Pater *Desbillons*, „daß die Wiedergeburt, die nach seiner Vermutung von Mutter *Johanna* ausgegangen sei, die Grundlage seines Systems sei. Dieses System, von dem er niemals, es sei denn einige Jahre vor seinem Tod abgewichen ist, bestand schon ganz, ehe er von Mutter *Johanna* hatte sprechen hören. Er hatte sich in den Kopf gesetzt, das von den Aposteln errichtete evangelische Reich Jesu Christi könnte sich sowohl unter den Christen nur durch den Glanz der Vernunft halten wie bei den Ungläubigen nur durch denselben ausbreiten ... Mit diesem rein persönlichen Grundsatz verband er einen anderen, der die Bestimmung eines Königs von Frankreich zur universalen Monarchie betraf, diesem mußte der Weg durch Eroberung der Herzen und Überzeugung der Geister gewonnen werden, damit es in der Welt nur einen Glauben gäbe, damit Jesus Christus hier durch einen einzigen König, ein Gesetz und einen Glauben herrsche."

Das beweist nach Pater *Desbillons* den Wahnsinn *Postels*.

Wahnsinnig, weil er glaubte, die Religion müsse über die Geister durch höchste Vernunft ihres Dogmas herrschen, die Dauer und Stärke der Monarchie liege in der Bewerbung vom allgemeinen Gedeihen des die Herzen miteinander verbindenden Friedens.

Wahnsinnig, weil er an die Zukunft der Herrschaft dessen glaubte, den wir täglich bitten, sein Reich möge kommen!

Wahnsinnig, weil er an Vernunft und Gerechtigkeit auf Erden glaubte.

Nun gut, sie sagen die Wahrheit; der arme *Postel* war verrückt.

Der Beweis für seinen Wahnsinn war, wie schon gesagt, seine Bitte an die Konzilväter von Trient, sie möchten die ganze Welt segnen und gegen niemanden den Bannfluch schleudern.

Ein anderer Wahn: die Jesuiten wollte er zu seinen Ideen bekehren; die universale Eintracht sollten sie den Menschen, Friede den Herrschern, Vernunft den Priestern und Güte den Weltfürsten predigen.

Der letzte und größte Wahn: er vernachlässigte die irdischen Güter und die Gunst der Großen, lebte immer demütig und ärmlich, besaß niemals etwas außer seiner Wissenschaft und seinen Büchern und strebte immer nur nach Wahrheit und Gerechtigkeit.

Gott gebe der Seele des armen *Guillaume Postel* Friede!

So sanft und gut war er, daß seine geistlichen Obern Mitleid mit ihm hatten und, da sie ihn, wie man später von *La Fontaine* glaubte, für dümmer als schlecht hielten, begnügten sie sich damit, ihn für den Rest seines Lebens in ein Kloster einzuschließen. *Postel* dankte ihnen für die Ruhe seinesLebensabends und starb, indem er alles, was seine Vorgesetzten wollten, widerrief, friedlich. Der Mann der allgemeinen Eintracht konnte kein Rebell sein; er war vor allem der aufrichtigste Katholik und demütigste Christ.

Eines Tages wird man *Postels* Werke finden und mit Erstaunen lesen.

Nun zu einem anderen Toren, *Theophrastus Aureolus Bombastus*, in der magischen Welt unter dem berühmten Namen *Paracelsus* bekannt.

Wir wiederholen nicht, was wir im „*Dogma und Ritual der hohen Magie*" über diesen Meister gesagt haben, wir werden einige Bemerkungen über die okkulte Medizin, deren Erneuerer *Paracelsus* war, hinzufügen.

Diese wahrhaft universale Medizin beruht auf einer unermeßlichen Lehre vom Licht, dem fluidalen oder trinkbaren Gold der Adepten: das Licht, diese schöpferische Kraft, dessen Vibrationen allen Dingen Bewegung und Leben geben, das im universalen Äther ruhende Licht, das um aufsaugende Zentren strahlende, die nach ihrer Sättigung mit Licht ihrerseits Bewegung und Leben ausstrahlen und so schöpferische Strömungen bilden; das in den Sternen sternenhafte, in den Tieren tierische, in den Menschen menschliche Licht; das Licht, das in den Pflanzen lebt, in den Metallen glänzt, alle Formen der Natur hervorbringt und alle durch die Gesetze der universalen Sympathie ausgleicht, dieses Licht bringt die Erscheinung des von *Paracelsus* entdeckten Magnetismur hervor. In seiner Lösung von der eingeatmeten Luft, die durch den Lungendruck wieder ausgestoßen wird, färbt es das Blut. Dort, wo rote, von lebendigem Licht belebte Kügelchen in leicht vergoldetem Fluidum schwimmen, wird das Blut ein wahrhaftes Lebenselixier. Diese Kügelchen sind wahre Samenkörner, bereit alle Formen der Welt anzunehmen, von denen der menschliche Körper der kleine Inbegriff ist. Durch Erneuerung der Geister, die in ihren Nerven kreisen, und des ihre Knochen umhüllenden Fleisches vermögen sie sich zu verfeinern und zu verdichten. Sie strahlen nach außen oder lassen sich vielmehr durch Vergeistigung von Lichtströmungen anziehen und kreisen im astralen Körper, diesem inneren und lichtvollen Leib, den die Einbildung der Ekstatiker derart erweitert, daß ihr Blut manchmal Gegenstände, die ihr astraler Leib durchdringt, aus der Ferne färbt, um sie sich anzugleichen. In einem besonderen Werk über okkulte Medizin werden wir alles hier Gestreifte beweisen, so seltsam und paradox es auch den Männern der Wissenschaft zuerst scheinen möge. Das waren die Grundzüge der Medizin des *Paracelsus*, der durch Sympathie des Lichts heilte und die Medikamente nicht auf den äußeren, stofflichen und völlig passiven Körper, den man, ohne daß er es fühlt, sogar schneiden und zerreißen kann, wenn der astrale Körper sich zurückzieht, sondern auf dieses innere Medium anwandte, auf diesen Körper, den Grundstoff der Empfindungen, deren Quintessenz er durch sympathische Quintessenzen wieder belebte. So heilte er beispielsweise Wunden, indem er zurückwirkende Kräfte auf das verlorene Blut anwandte, dessen physische Seele und gereinigten Lebenssaft er in den Körper zurückschickte. Zur Heilung eines kranken Gliedes bildete er ein solches aus Wachs, an das er durch die Macht seines Willens den Magnetismus des kranken Gliedes heftete. Er behandelte dieses Wachs mit Vitriol Eisen und Feuer und wirkte durch Einbildung und magnetische Verbindung auf den Kranken selbst, dem das Wachsbild Anhang und Ergänzung geworden war. *Paracelsus* kannte DIE MYSTERIEN DES BLUTES, wußte, warum die Baalspriester sich mit dem Messer Schnitte beibrachten, um das

Feuer vom Himmel fallen zu lassen, wußte, warum die Orientalen ihr Blut vor einer Frau vergießen, der sie sinnliche Liebe einflößen wollen, er wußte, wie vergossenes Blut nach Rache oder Erbarmen schreit und die Luft mit Engeln oder Dämonen erfüllt. Das Blut ist wirklich das Werkzeug der Träume, das während des Schlafes in unserem Gehirn Bilder in reicher Fülle entstehen läßt; denn es ist voll astralen Lichts. Die Kügelchen sind zweigeschlechtig, magnetisch und eisern, anziehend und abstoßend. Aus der physischen Seele des Blutes kann man alle Formen und Bilder der Welt hervorgehen lassen .... Lesen wir den Bericht eines geschätzten Reisenden:

„In Baroda, erzählt der Reisende *Tavernier*, haben die Engländer ein sehr schönes Quartier, und ich erinnere mich, daß, da ich eines Tages von Agra nach Surate kam, mit dem englischen Präsidenten sich auch bald Gaukler einstellten, die ihn baten, ihm einige Kunststückchen ihres Berufes zeigen zu dürfen. Neugierig gab er es zu.

Zuerst zündeten sie ein großes Feuer an und brachten eiserne Ketten zum Glühen, die sie um ihre Körper wanden, empfanden scheinbar einigen Schmerz, erlitten aber im Grund keinen Schaden. Dann erbaten sie ein kleines Stück Holz, steckten es in den Boden und fragten einen der Gesellschaft, welche Frucht er haben wolle. Jemand verlangte die Frucht des Mangobaumes, worauf einer der Gaukler sich mit einem Leichentuch bedeckte und sich fünf- bis zehnmal auf die Erde hockte. Neugierig stieg ich in ein Zimmer um die Handlungen des Mannes zu beobachten. Ich sah, daß er sich mit einem Rasiermesser Fleisch unter den Achselhöhlen wegschnitt und das Holz mit seinem Blut einrieb. Erhob er sich, so wuchs das Holz sichtlich. Beim drittenmale kamen Zweige mitKnospen, beim vierten war der Baum belaubt, beim fünftenmal sah man Blüten.

Der englische Präsident hatte damals seinen Geistlichen bei sich, der in Abradabar ein Kind des holländischen Kommandanten taufen sollte, und er war als Pate gebeten; die Holländer hielten nämlich nur an den Orten Pfarrer, in denen Kaufleute und Soldaten zusammen wohnten. Der englische Pfarrer hatte zuerst Einspruch erhoben, er könne nicht zugeben, daß Christen sich solche Schauspiele ansehen. Sobald er gesehen hatte, daß diese Leute in weniger als einer halben Stunde aus einem Stück Holz einen vier oder fünf Fuß hohen Baum mit Blättern und Blüten wie im Frühling hervorgehen ließen, hielt er es für seine Pflicht abzubrechen und sagte laut, er werde niemandem, der diese Dinge noch weiter ansehe, Absolution erteilen. Das zwang den Präsidenten die Gaukler zu entlassen."

Doktor *Clever di Maldigny*, dem wir diese Stelle entnehmen, bedauert, daß die Früchte des Mangobaumes in solch schönem Werden aufgehalten wurden, versucht aber keine Erklärung dieser Erscheinung. Wir halten sie für eine Faszination durch den Magnetismus des strahlenden Lichts des Blutes, die wir bereits erklärt haben, eine Erscheinung von elektrisiertem Magnetismus, die mit der Palingenesie identisch ist und darin besteht, eine lebendige Pflanze in einer Vase entstehen zu lassen, welche die Überreste derselben schon seit langem eingegangenen Pflanze enthält.

Paracelsus kannte diese Geheimnisse und schuf sich durch die Anwendung dieser verborgenen Naturkräfte auf die Medizin ebensoviele Bewunderer als Feinde. *Paracelsus* war weit von der Biederkeit eines *Postel* entfernt, seine Natur war angriffslustig und kriegerisch. Sein Schutzgeist, sagte er, sei im Knauf seines Schwertes und verlasse es nie. Sein Leben war ein ununterbrochener Kampf, er reiste, disputierte, schrieb, lehrte. Er war begieriger nach physikalischen Ergebnissen als nach moralischen Erfolgen, daher war er der Erste der ausübenden Magier und der Letzte der weisen Adepten. Seine Philosophie war ganz Scharfsinn, weshalb er sie selbst auch *philosophia sagax* betitelte. Mehr als irgend jemand sonst hat er geahnt, ohne jemals etwas völlig gewußt zu haben. Nichts gleicht seinen Jntuitionen, wenn nicht die Kühnheit seiner Erläuterungen. Er war der Mann der waghalsigen Versuche, er berauschte sich an seinen Meinungen und seiner Rede; er berauschte sich auch anderweitig, will man seinen Chronisten glauben. Seine hinterlassenen Schriften sind für die Wissenschaft wertvoll, aber man muß sie mit Bedacht lesen. Man kann ihn den *göttlichen Paracelsus* nennen, wenn man das Beiwort im Sinne von Seher gebraucht. Er ist ein Orakel aber kein wahrer Meister. Vor allem groß war er als Arzt; denn er hatte die universale Medizin gefunden: indessen konnte er sein eigenes Leben nicht erhalten und starb noch jung, von seinen Arbeiten und Ausschweifungen erschöpft, einen Namen von fantastischem und zweifelhaftem Ruhm zurücklassend, der sich auf Entdeckungen stützte, aus denen seine Zeitgenossen keinen Nutzen ziehen konnten. Er starb, ohne sein letztes Wort gesprochen zu haben, und ist eine jener geheimnisvollen Figuren, von denen man wie von *Henoch* und dem *hl. Johannes* sagen kann; er ist nicht tot, er wird wieder auf die Erde kommen vor dem Ende der Tage!

V. Kapitel.

BERÜHMTE ZAUBERER UND MAGIER.

Die „Divina Comedia" und der „*Roman der Rose*" — Die Renaissance — Händel Martin Luthers mit dem Teufel — Catharina von Medici — Heinrich III. und Jacques Clément — Die Rosenkreuzer — Heinrich Khunrath — Oswald Crollius — Alchimisten und Magier zu Anfang des XVII. Jahrhunderts.

Zahlreich sind die Kommentare über *Dantes* Werk, aber keines kennen wir, das seinen grundlegenden Charakter bezeichnet. Des großen Ghibellinen Werk ist durch seine Enthüllung der Mysterien eine Kriegserklärung an das Papsttum. *Dantes* Epos ist johannitisch und gnostisch, ist eine kühne Anwendung der Figuren und Zahlen der Kabbala auf die christlichen Dogmen und eine versteckte Verneinung alles Absoluten in diesen Dogmen. Sein Weg durch die übernatürlichen Welten ist jener der Einweihung von Theben und Eleusis. *Virgil* führt und beschützt ihn in den Kreisen des neuen Tartaros, als ob ihm *Virgil*, der zarte und melancholische Künder der Geschichte von *Pollions* Sohn, der illegitime aber wahre Vater des christlichen Epos wäre. Dank dem heidnischen Genius *Virgils* entgeht *Dante* dem Abgrund, über dessen Tor er einen Ausspruch der Verzweiflung gelesen hatte, entgeht ihm dadurch, *daß er seinen Kopf an die Stelle seiner Füße und diese an den Platz seines Kopfes legte*, d. h. daß er dann im Gegenteil vom Dogma zum Licht emporsteigt, indem er sich des Dämons selbst als einer furchtbaren Stufenleiter bedient. Dem Entsetzen entgeht er durch das Entsetzen, dem Furchtbaren durch das Furchtbare. Die Hölle, scheint er zu sagen, ist nur denen eine Sackgasse, die nicht umzukehren vermögen. Den Teufel nimmt er umgekehrt, wenn dieser familiäre Ausdruck hier gestattet ist, und erklärt sich durch seine Kühnheit würdig. Damit übertrifft er schon den Protestantismus, und der Dichter der Feinde Roms hat die Himmelfahrt Faust's auf dem Kopf des besiegten *Mephistopheles* schon geahnt. Bemerken wir noch: die Dantesche Hölle ist nur ein negatives Fegefeuer, und erklären wir uns: sein Fegefeuer scheint sich in seiner Hölle wie in einer Muschel gebildet zu haben. Es ist der Deckel und wie der Ausguß des Abgrundes, und man begreift, daß der florentinische Titan das Fegefeuer mit einem Fußtritt in die Hölle stoßen wollte, da er zum Paradies stieg.

Sein Himmel ist eine Reihe von einem Kreuz durchschnittener kabbalistischer Kreise wie das Pantakel des *Ezechiel.* Im Mittelpunkt des Kreuzes blüht eine Rose, und zum erstenmal sehen wir das Symbol der Rosenkreuzer öffentlich dargestellt und fast vernunftgemäß erklärt.

Wir sagen zum erstenmal; denn *Guillaume de Lorris*, der fünf Jahre vor der Geburt *Alighieris* starb, hatte seinen „*Roman von der Rose*", der ein halbes Jahrhundert später von *Clopinel* fortgesetzt wurde, noch nicht vollendet. Man wird über die Entdeckung erstaunt sein, daß der „*Roman von der Rose*" und die „*Göttliche Komödie*" zwei entgegengesetzte Formen des gleichen Werkes sind: die Einweihung in die Unabhängigkeit des Geistes, die Satire auf alle zeitgenössischen Einrichtungen und die allegorische Formel der großen Geheimnisse der Gesellschaft der Rosenkreuzer.

Diese wichtigen Veröffentlichungen des Okkultismus treffen mit dem Sturz der Templer zusammen, da *Jean de Meung* oder *Clopinel*, ein Zeitgenosse des Danteschen Greisenalters während seiner schönsten Jahre am Hofe *Philipps des Schönen* glänzte. Der *Roman von der Rose* ist das Epos des alten Frankreich, ein tiefes Buch in leichter Form, eine ebenso weise Enthüllung wie die des *Apuleius* über die Mysterien des Okkultismus. Die Rose *Flamels*, die des *Jean de Meungs* und die *Dantes* erblühten auf demselben Rosenstrauch.

Dante besaß zuviel Genie zum Ketzer.

Die großen Menschen geben der Intelligenz eine Bewegung, die in späteren Handlungen hervortritt, deren Eingreifen rühriger Mittelmäßigkeit zuzukommen scheint. *Luther* hat vielleicht *Dante* niemals gelesen und hätte ihn sicher nie verstanden. Indessen stärkte das durch den gewaltigen Dichtergedanken befruchtete Ghibelinnen-Werk langsam das Kaisertum gegen das Papsttum, indem er sich unter verschiedenen Namen durch die Jahrhunderte fortsetzte und Deutschland schließlich protestantisch machte. *Luther* hat die Reformation sicher nicht gemacht, sondern diese hat ihn ergriffen und getrieben. Dieser breitschultrige Mönch war nur hartnäckig und kühn, aber diese Werkzeuge hatten die revolutionären Ideen nötig. *Luther* war der *Danton* der aufwieglerischen Theologie. Abergläubig und verwegen glaubte er sich vom Teufel besessen. Der Teufel diktierte ihm die Argumente gegen die Kirche, ließ ihn widersprechen, unvernünftig reden und vor allem schreiben. Dieser einflüsternde Genius aller Kainskinder verlangte damals nur Tinte, sicher, daß die aus der Feder *Luthers* heraustropfende Tinte bald Ströme von Blut sein würde. *Luther* fühlte dies und haßte den Teufel, da dieser noch Meister war. Eines Tages wirft er ihm wie zur Sättigung sein Tintenfaß an den Kopf. *Luther* mit seinem Tintenfaß erinnert uns an jenen drolligen Königsmöder, der bei der Unterzeichnung des Todesurteils *Karls* I. seine Mitverschworenen mit Tinte beschmierte.

„*Lieber Türke als Papist!*“ war *Luthers* Wahlspruch. Und der Protestantismus ist wie der Islam im Grund nichts anderes als reiner, in konventionellem Kult organisierter Deismus und unterscheidet sich von diesem nur durch Überreste eines schlecht verwischten Katholizismus. Vom Standpunkt der Verneinung des katholischen Dogmas aus betrachtet sind die Protestanten Muselmanen mit mehr Aberglauben und einem Propheten weniger.

Daß die Menschen lieber auf Gott als auf den Teufel verzichten, haben die Ketzer aller Zeiten genügsam bewiesen. *Luthers* bald durch Gesetzlosigkeit gespaltene Jünger hatten nur noch ein Band gemeinsamen Glaubens. Sie glaubten alle an Satan, und da dieses Gespenst sich mit der Entfernung ihres abtrünnigen Geistes von Gott vergrößerte, nahm es bald fürchterliche Ausmaße an. *Carlstadt*, der Erzdiakon von Württemberg, sah eines Tages auf der Kanzel einen schwarzen Mann die Kirche betreten, der sich vor ihn setzte und mit furchtbarer Starrheit während seiner ganzen Predigt anblickte. Er wird unruhig, verläßt die Kanzel, fragt die Anwesenden, aber niemand hat das Phantom gesehen. *Carlstadt* geht ganz entsetzt nach Hause, sein jüngster Sohn kommt ihm entgegen und erzählt, ein schwarzer Mann habe nach ihm gefragt und versprochen in drei Tagen wieder vorzusprechen. Kein Zweifel, der Besucher ist kein anderer als das Gespenst der Vision. Der Schreck treibt ihn in Fieber, er legt sich zu Bett und stirbt vor dem dritten Tage.

Diese armen Sektierer ängstigte ihr Schatten, ihr Gewissen war katholisch geblieben und verdammt unerbittlich. Beim Anschauen des Sternenhimmels auf einem abendlichen Spaziergang mit seiner Frau *Katharina von Bora* sagte Luther mit leiser Stimme: „Du schöner Himmel, den ich nie sehen werde!“—„Wie denn, sagt die Frau, glaubst du an deine Verwerfung?“—„Wer weiß, antwortet *Luther*, ob Gott uns für die Untreue an unseren

Gelübden nicht bestrafen wird?" Hätte ihn *Katharina* in dieser Verzweiflung verlassen und verdammt, der Reformator hätte damals vielleicht, niedergeschmettert durch diese göttliche Warnung die Größe seines Verbrechens erkannt, da er die Kirche, seine erste Gattin verriet, und hätte seine tränenvollen Augen zum Kloster gewandt, das er selbst verlassen. Aber Gott, der dem Hoffärtigen widersteht, fand ihn dieses schmerzvollen Heils nicht würdig. Die gottlose Komödie von *Luthers* Heirat war die Züchtigung der Vorsehung für seinen Hochmut, und im Verfolg seiner Hoffart verließ ihn seine Strafe nicht und machte ihn lächerlich. So starb er zwischen dem Teufel und seiner Frau, von dem einen erschreckt, umarmt von dem anderen.

Verderbtheit und Aberglauben passen zusammen. Das Zeitalter der ausschweifenden verfolgungssüchtigen und leichtgläubigen Renaissance war sicher nicht die Renaissance der Vernunft. *Katharina von Medici* war eine Zauberin, *Karl IX.* holte bei Nekromanten Rat, *Heinrich III.* übte sich in Beschwörungen und der Ausschweifung. Das war die gute Zeit der Astrologen, obwohl man sie ab und zu folterte, um eine Änderung ihrer Deutungen zu erzwingen. Im übrigen gaben sich die Zauberer des Hofes jener Zeit ein wenig mit Vergiftungen ab und verdienten so den Strick. *Trois-Echelles* der Magier *Karls IX.* war Taschenspieler und Schurke. Eines Tages beichtete er dem König, und seine Schandtaten waren keine kleinen Fehler. Der König begnadigte ihn, drohte aber, im Fall der Wiederholung mit dem Strick. *Trois-Echelles* wurde rückfällig und gehängt.

Als die Liga dem schwachen und erbärmlichen *Heinrich III.* den Tod geschworen hatte, wandte sie sich den Zaubereien der schwarzen Magie zu. *Etoile* versichert, das Wachsbild des Königs habe während der Messe der Priester der Liga auf den

Altären gestanden und sei unter einem Gebet von Flüchen und Verwünschungen mit dem Messer durchbohrt worden. Da der König nicht schnell genug starb, wurde er für einen Zauberer gehalten. Pamphlete zirkulierten, auf denen *Heinrich III.* in Versammlungen dargestellt war, in welchen die Verbrechen von Sodom und Gomorrha nur ein Vorspiel zu noch unerhörteren und gräßlicheren Schändlichkeiten waren. Der König sollte unter seinen Günstlingen einen Unbekannten, den Teufel selbst, haben, man entführte junge Mädchen, die dieser Fürst gewaltsam schändete nach Beelzebub. Das Volk glaubte diesen Mähren, und schließlich fand sich ein Fanatiker zur Ausführung der Behexung. *Jacques Clément* hatte Visionen und hörte Stimmen, die den Tod des Königs verlangten. Dieser Haluzinierte lief wie ein Märtyrer zum Königsmord und starb lächelnd wie die Helden der nordischen Mythologie. Skandalchronisten haben behauptet, eine große Dame des Hofs hätte den Magnetismus ihrer Liebkosungen mit den Inspirationen der Einsamkeit des Mönchs vereint. Dieser Geschichte fehlt jede Wahrscheinlichkeit. Die Keuschheit des Mönchs hielt seine Erregungen wach, und hätte er angefangen das Leben der Leidenschaften zu leben, ein unersättlicher Durst nach Lust hätte ihn ergriffen, und er hätte nicht mehr sterben wollen.

Während die Religionskriege die Welt in Blut tauchten, verbreiteten sich in Deutschland die geheimen Gesellschaften des Illuminatenwesens, die Schulen der Theurgie und der hohen Magie. Die älteste derselben scheinen die Rosenkreuzer gewesen zu sein, deren Symbole nach den Allegorien in der Dichtung *Dantes* und nach den Figuren des „*Romans von der Rose*" auf die Zeit von Guelfen und Ghibellinen zurückgehen.

Die Rose, schon immer Sinnbild der Schönheit, Liebe, des Lebens und der Lust, drückt mystisch den geheimen Gedanken aller in der Renaissance geoffenbarten Proteste aus. Sie war das sich gegen die Unterdrückung des Geistes erhebende Fleisch, war die sich wie die Gnade als Tochter Gottes ausgebende Natur, war die sich gegen die Fessel des *Cölibats* wehrende Liebe, das nach Fruchtbarkeit verlangende Leben, sie war die auf eine natürliche, ganz auf Vernunft und Liebe, und die Offenbarung der Seinsharmonien gegründete Religion hoffende Menschheit, deren blühendes und lebendes Symbol den Eingeweihten die Rose war. Die Rose ist tatsächlich ein Pantakel, sie ist kreisrund, die Blätter der Blumenkrone sind herzförmig und stützen sich harmonisch aufeinander. Ihre Farbe stellt die zartesten Schattierungen der ursprünglichen Farben dar, ihr Kelch ist von Purpur und Gold. Wir sahen *Flamel*, oder vielmehr das Buch des Juden *Abraham* das hieroglyphische Zeichen der Vollendung des großen Werkes aus ihr machen. Das ist der Schlüssel des Romans von *Clopinel* und *Guillaume de Lorris*. Die Eroberung der Rose war das der Wissenschaft durch die Einweihung gestellte Problem, während die Religion daran arbeitete, den universalen, ausschließlichen und endgültigen Triumph des Kreuzes vorzubereiten und auszubreiten.

Die Verbindung von Rose und Kreuz war das von der hohen Initiation gestellte Problem und als universale Synthese muß die okkulte Philosophie Rechenschaft von allen Seiensphönomenen ablegen. Die einzig als physiologische Tatsache betrachtete Religion ist die Offenbarung und Befriedigung eines Seelenbedürfnisses. Ihre Existenz ist eine wissenschaftliche Tatsache, sie leugnen, hieße die Menschheit selbst leugnen. Niemand hat sie erfunden, wie die Gesetze und Kulturen hat sie sich durch die Notwendigkeit des moralischen Lebens gebildet. Allein auf diesen philosophischen

Gesichtspunkt gestützt muß die Religion als verhängnisvoll angesehen werden, wenn man sie ganz durch das Fatum erklärt, und als göttlich, gibt man ihr eine erhabene Intelligenz in der Quelle der natürlichen Gesetze. Infolgedessen ist das bezeichnendste Merkmal jeder Religion ihre direkte Abhängigkeit von der Gottheit durch eine übernatürliche Offenbarung, und keine andere Art der Übertragung gibt dem Dogma eine genügende Bestätigung. Hieraus ergibt sich, daß die wahre, natürliche Religion die geoffenbarte Religion ist, d. h. es ist natürlich, nur eine geoffenbarte Religion anzunehmen, da jede wahre Religion Opfer verlangt und der Mensch niemals weder die Macht noch das Recht hat, diese Seinesgleichen außerhalb und überhaupt über die gewöhnlichen Bedingungen der Menschheit hinaus aufzuzwingen.

Von diesem unerbittlich vernünftigen Standpunkt ausgehend, gelangten die Rosenkreuzer zur Achtung gegenüber der herrschenden, hierarchischen und geoffenbarten Religion. Sie konnten folglich nicht mehr Feinde von Papsttum und legitimer Monarchie sein, und wenn sie sich gegen Päpste undKönige verschworen, so nur, weil sie diese persönlich als Abtrünnige der Pflicht und höchste Anstifter der Anarchie betrachteten.

Was ist ein geistlicher oder irdischer Despot anderes als ein gekrönter Anarchist.

Durch solche Überlegung vermag man sich den Protestantismus, ja selbst den Radikalismus gewisser großer Adepten zu erklären, die katholischer als gewisse Päpste und monarchischer als gewisse Könige waren, einiger außergewöhnlicher Adepten wie *HeinrichKhunrath* und der wahrenErleuchteten seiner Schule.

Heinrich Khunrath ist denen wenig bekannt, welche die okkulten Wissenschaften nicht als besonderes Studium betreiben. Er ist ein Meister, und zwar ein solcher erster Größe, ein in jeder Hinsicht des Wissenschaftlichen und Mystischen Titels würdiger Fürst der Rosenkreuzer. Sein Pantakel leuchtet wie das Licht des Sohar, ist weise wie die *Tritheims*, exakt wie die des *Pythagoras*, Offenbarer des großen Werkes wie das Buch des *Abraham* und des *Nikolas Flamel.*

Heinrich Khunrath war Chemiker und Arzt. Er war 1502 geboren und kam als zweiundvierzigjähriger zur hohen theosophischen Einweihung. Sein bedeutendstes Werk, das „*Amphitheatrum der ewigen Weisheit*" wurde 1598 veröffentlicht; denn die von Kaiser *Rudolf* beigefügte Genehmigung trägt das Datum vom 1. Juni desselben Jahres. Obgleich der Verfasser sich zu einem radikalen Protestantismus bekennt, so beansprucht er trotzdem freimütig den Namen eines Katholiken und Rechtgläubigen. Er erklärt, in seinem Besitz einen für die Wissenschaft einzigen und dreifachen Schlüssel zu haben, den er jedoch, wie es sich ziemt, geheim hält. Das Buch ist in sieben Abteilungen geteilt, und er gibt darin sieben Grade der Einweihung in die hohe Philosophie an. Der Text ist ein Kommentar zu den salomonischen Orakeln. Den Schluß des Werkes bilden synoptische Bilder, welche die Synthesen der hohen Magie und der geheimen Kabbala sind, was vielleicht geschrieben oder in Worten veröffentlicht wird. Das Übrige, d. h. der esoterische und unaussprechliche Teil des Wissens ist durch neun prachtvolle, sorgfältig gezeichnete und eingravierte Pantakel dargestellt.

Das erste enthält das Dogma des *Hermes.*

Das zweite die magische Verwirklichung.

Das dritte stellt den Weg der Weisheit und die Vorarbeiten zum Werk dar.

Das vierte versinnbildlicht das Tor des von sieben mystischen Strahlen erhellte Heiligtums.

Das fünfte ist eine Lichtrose, in deren Mitte

eine menschliche Gestalt ihre Arme in Kreuzform ausbreitet.

Das sechste stellt das magische Laboratorium mit dem mystischen Oratorium *Khunraths* dar, um die Notwendigkeit der Gemeinsamkeit von Gebet und Arbeit zu zeigen.

Das siebte ist die absolute Synthese des Wissens.

Das achte drückt das universale Gleichgewicht aus.

Das neunte faßt *Khunraths* besondere Lehre mit energischem Einspruch gegen all seine Verleumder zusammen. Es ist ein von einer deutschen Karikatur voll Schwung und kindlichem Zorn eingefaßtes hermetisches Pantakel. Die Feinde des Philosophen werden als Insekten, dumme Gänse, Ochsen und Esel dargestellt, das Ganze wird mit lateinischen Legenden und schwulstigen Epigrammen in Deutsch geschmückt. *Khunrath* ist darauf rechts und links in Stadt- und Hauskleidung dargestellt, Front machend gegen innere und äußere Feinde. Im Stadtkleid ist er mit einem Schwert bewaffnet und tritt auf den Schwanz eines Skorpions, im Hauskleid ist er mit Zangen versehen und mit einer Schlange auf dem Kopf. Draußen erklärt er, zu Hause lehrt er, wie seine Gesten genügend beweisen, immer die gleiche Wahrheit ohne Furcht vor dem unreinen Hauch seiner Gegner, der so verpestend ist, daß die Vögel des Himmels zu ihren Füßen fallen. Dieses sehr seltsame Bild fehlt in einer großen Anzahl des „Amphitheaters“ von *Khunrath*.

Dieses außergewöhnliche Werk enthält alle Mysterien der höchsten Einweihung und ist nach den Titelangaben des Verfassers: *Christlich-kabbalistisch*, *göttlich-magisch*, *physisch-chemisch*, *dreifach und universal*.

Es ist ein wahrhaftes Handbuch der hohen Magie und der hermetischen Philosophie und außer im Sepher Jezirah und Sohar kann man nirgends eine vollständigere und vollkommenere Einweihung finden.

In den vier wichtigen Zusätzen zur dritten Figur legt *Khunrath* folgendes dar: Erstens, die für das große Werk aufgewandten Ausgaben (der Unterhalt und die persönlichen Aufwendungen des Ausführenden ausgenommen) dürfen die Summe von dreißig Talern nicht übersteigen. Ich sage dies mit Wissen und Willen, fügt der Verfasser hinzu, da ich es von jemand gehört habe, der es wußte. Wer mehr ausgibt, täuscht sich und verliert sein Geld. Die Worte, „da ich es von jemand gehört habe, der es wußte" beweisen, daß *Khunrath* selbst den philosophischen Stein nicht gemacht hat, oder dies aus Furcht vor Verfolgung nicht sagen will.

Dann stellt *Khunrath* für den Adepten die Verpflichtung auf, nur den zehnten Teil seines Vermögens für seine eigenen Bedürfnisse und alles übrige zum Ruhme Gottes und für Werke der Nächstenliebe zu verwenden.

Er versichert drittens, daß die Mysterien des Christentums und die der Natur sich gegenseitig erklären und erläutern, daß das zukünftige Königreich des Messias (der Messianismus) sich auf der doppelten Grundlage des Wissens und des Glaubens erhebe. Durch die Bestätigung der Orakel des Evangeliums durch das Buch der Natur könne man durch Wissen und Vernunft Juden und Mohammedaner von der Wahrheit des Christentums überzeugen, und zwar so gut, daß sie unter Mitwirkung der göttlichen Gnade unfehlbar zur Religion der Einheit bekehrt würden. Er schließt endlich mit folgender Sentenz:

SIGILLUM NATURAE ET ARTIS SIMPLICITAS.

Das Siegel von Natur und Kunst ist Einfachheit.

Zur Zeit *Khunraths* lebte ein anderer eingeweihter Arzt, hermetischer Philosoph und Fortsetzer der Medizin des *Paracelsus*, *Oswald Crollius*, der

Verfasser vom „*Buch der Signaturen oder der wahren und lebendigen Anatomie der großen und der kleinen Welt*". In diesem Werk, dessen Vorrede ein sehr guter Abriß der hermetischen Philosophie ist, sucht *Crollius* zu beweisen, daß Gott und Natur in gewisser Weise all ihre Werke gezeichnet haben, und daß alle Erzeugnisse irgendeiner Naturkraft gleichsam den Stempel dieser Kraft in unauslöschbaren Zeichen tragen. Danach könne der in die verborgenen Schriften Eingeweihte wie in einem offenen Buch Sympathien und Antipathien der Dinge, die Eigenschaften der Substanzen und aller anderen Geheimnisse der Schöpfung lesen. Die Charaktere dieser verschiedenen Schriften seien ursprünglich den natürlichen Signaturen entlehnt, die in den Sternen, Blumen, Bergen, ja im kleinsten Kieselstein vorhanden sind. Die Figuren der Kristalle, die Querschnitte der Metalle seien die Eindrücke des Schöpfers bei ihrer Bildung. Dieser Gedanke ist voll Poesie und Größe, aber dieser geheimnisvollen Weltensprache fehlt eine Sprachlehre, dieser ursprünglichen, absoluten Sprache ein vernünftiges Wörterbuch. Nur König *Salomon* soll diese doppelte Arbeit vollbracht haben, aber seine okkulten Bücher sind verloren gegangen; *Crollius* versuchte nicht nur sie wiederherzustellen, sondern auch die grundlegenden Prinzipien des universalen Schöpferwortes wieder zu finden.

Durch diese Prinzipien würde man erkennen, daß die ursprünglichen, aus den gleichen Elementen wie die Geometrie gebildeten Hieroglyphen den begründeten und wesentlichen Gesetzen der durch wechselseitige oder zusammengesetzte und von ausgleichenden Anziehungen bestimmte Bewegungen gebildeten Formen entsprechen. Allein aus der äußeren Figur würde man die einfachen und zusammengesetzten erkennen, und durch die Entsprechungen von Figuren und Zahlen könnte man eine mathematische Einteilung aller durch die Linien ihrer Außenflächen enthüllten Substanzen aufstellen. In all diesen Bestrebungen, diesen Nachklängen eines paradiesischen Wissens, liegt eine ganze Welt von kommenden Entdeckungen für die Wissenschaft. *Paracelsus* hatte sie geahnt, *Crollius* deutet sie an, ein anderer wird sie verwirklichen und beweisen. Der Wahn von gestern wird das Genie von morgen sein, und der Fortschritt wird diese erhabenen Sucher grüßen, die diese verlorene Welt geahnt und diese Atlantis menschlichen Wissens wiedergefunden hatten.

Der Anfang der XVII. Jahrhunderts war die große Zeit der Alchymie, dann kamen: *Philipp Müller*, *Johann Torneburg*, *Michael Meyer*, *Ortelius*, *Poterius*, *Samuel Northon*, *Baron de Beausoleil*, *David Planiscampe*, *Jean Tuchesne*, *Robert Flud*, *Benjamin Mustapha*, der *Präsident d'Espagnet*, der Kosmopolit, den man zuerst nennen sollte, *de Nuisement*, der die bedeutenden Schriften des Kosmopoliten übersetzte und veröffentlichte, *Johann Baptist van Helmont*, *Irenäus Philatheles*, *Rudolph Glauber*, der erhabene Schuster *Jakob Böhme*. Die wichtigsten dieser Eingeweihten widmeten sich Forschungen über die hohe Magie und verbargen diesen verrufenen Namen sorgfältig unter dem Schein hermetischer Studien. Das Quecksilber der Weisen, das sie finden und ihren Schülern geben wollten, war die wissenschaftliche und religiöse Synthese, war der in der höchsten Einheit herrschende Friede. Die Mystiker glaubten damals blind an die erleuchteten Wahrheiten, und die Erleuchtung war einfach nur das universale Wissen vom Licht. Im Frühjahr 1623 fand man in den Straßen von Paris diesen seltsamen Aufruf:

„Wir, Gesandte der Brüder vom Rosenkreuz halten uns sichtbar und unsichtbar durch die Gnade des Allerhöchsten, zu dem sich das Herz der

Weisen wendet, in dieser Stadt auf. Wir lehren ohne jedes äußere Mittel die Sprachen der von uns bewohnten Länder sprechen und reißen die Menschen, unseresgleichen, aus Angst und Tod."

„Will uns jemand nur aus Neugier sehen, so wird er nie mit uns zusammenkommen, treibt ihn aber sein Wille wirklich und wahrhaft sich in die Listen unserer Brüderschaft einzutragen, so werden wir, die wir die Gedanken richten, ihm die Wahrheit unserer Versprechen zeigen, werden ihm zwar unseren Aufenthaltsort nicht angeben, denn der mit dem wirklichen Willen vereinte Gedanke befähigt uns ihn und ihn uns kennen zu lernen."

Die Öffentlichkeit beschäftigte sich mit diesem geheimnisvollen Manifest und fragte jemand nachdrücklich nach den Brüdern vom Rosenkreuz, so nahm oft ein Unbekannter den Frager bei Seite und sagte ernst:

„Vorherbestimmt zu der sich im ganzen All erfüllenden Reform sind die Rosenkreuzer, die Bewahrer der höchsten Weisheit, die friedlichen Inhaber aller Gaben der Natur, über die sie nach Belieben verfügen können."

„Wo immer sie auch seien, sie kennen alle Ereignisse der übrigen Welt besser, als wenn sie zugegen wären, sie sind weder Hunger noch Durst unterworfen und haben weder Alter noch Krankheit zu fürchten."

„Den Geistern und mächtigsten Genien können sie befehlen."

„Gott hat sie zum Schutz gegen ihre Feinde mit einer Wolke verhüllt, und niemand, hätte er auch schärfere Augen wie der Adler, kann sie sehen, wenn sie nicht wollen."

„Ihre Hauptversammlungen haben sie in den Pyramiden Ägyptens."

„Aber diese Pyramiden sind ihnen wie der Fels, demMose's Quelle entsprang, sie folgen ihnen in die Wüste und bis zum Eingang ins gelobte Land."

6. Kapitel.

PROZESSE DER MAGIE.

Gaufridi — Urbain Grandier, Boulé uud Picart — Pater Girard und Catherine Cadière — Verzückungserscheinungen — Verschiedene Geschichten.

Der griechische Verfasser der Beschreibung der allegorischen Tafel von Cebes beendet sein Werk mit folgendem wunderbarem Schluß:

„Es gibt nur ein wahrhaft wünschenswertes Gut, die Weisheit, und nur ein furchtbares Übel, die Dummheit."

Das moralisch Schlechte, die Schlechtigkeit, das Verbrechen sind nichts als wirkliche Dummheit und Pater *Hilarion Tissot* hat alle Sympathien unseres Herzens, wenn er in seinen wahnsinnig mutigen Broschüren unaufhörlich wiederholt, man müsse die Verbrecher pflegen und heilen anstatt strafen.

Er hat die Sympathien unseres Herzens, denn unser Verstand sträubt sich gegen diese allzu mildtätige Auslegung des Verbrechens, deren Folgen die Zerstörung der Moral durch das Entwaffnen des Gesetzes wären. Wir vergleichen den Wahnsinn mit Trunkenheit. Und bedenken wir, daß der Rausch fast immer freiwillig ist, so pflichten wir der richterlichen Weisheit bei, die mitleidlos im Rausch begangene Delikte und Verbrechen straft, indem sie den plötzlichen Verlust der Vernunft nicht als Entschuldigung ansieht. Vielleicht wird der Tag kommen, da Trunkenheit unter die erschwerenden Umstände zählen wird und da jeder Einsichtige, der sich freiwillig außerhalb der Vernunft stellt, auch außer dem Gesetz sein wird. Ist nicht das Gesetz die Vernunft der Menschheit?

Wehe dem Menschen, der sich an Wein, Ehrgeiz, Haß oder selbst der Liebe berauscht! Er ist blind, ungerecht, ein Spielball des Schicksals, eine wandernde Plage, lebendiges Elend. Er kann töten und verletzen, ist ein fessellos Wahnsinniger, Fluch über ihn! Die Gesellschaft hat das Recht der Verteidigung; mehr als das Recht, die Pflicht, denn sie hat Nachkommen.

Diese Betrachtungen ergeben sich uns bei den Prozessen der Magie, über die wir Rechenschaft zu geben haben. Man hat Kirche und Gesellschaft zu sehr der Justizmorde an Wahnsinnigen angeklagt. Wir geben zu, daß die Zauberer zweifellos Wahnsinnige waren, aber aus Perversität Wahnsinnige. Sind unter ihnen einige unschuldige Kranke umgekommen, so können Kirche und Gesellschaft für diese Unglücklichen nicht verantwortlich gemacht werden. Jeder nach seinen Landesgesetzen und den juristischen Formen seiner Zeit Verurteilte ist gerecht verurteilt; seine mögliche Unschuld geht nur Gott an, vor den Menschen muß er schuldig bleiben.

Ludwig Tieck stellt in seinem bedeutenden Roman „*Der Hexensabbath*“ eine alte Frau auf die Szene, eine arme von Kasteiungen erschöpfte Greisin, mit einem von Fasten und Beten geschwächten Kopf. Voll Abscheu vor den Zauberern, getrieben durch übersteigerte Demut sich aller Verbrechen anzuklagen, hält sie sich selbst für eine Zauberin, klagt sich dessen an, wird durch Irrtum und Vorurteil überführt und schließlich lebend verbrannt. Wäre diese Geschichte wahr, was bewiese sie? Nicht mehr und nicht weniger, als die Möglichkeit eines richterlichen Irrtums.

Ist aber richterlicher Irrtum möglich, wäre er nicht im Recht: was würde andernfalls aus der menschlichen Gerechtigkeit?

Sokrates hätte nach seinem Todesurteil fliehen können, die Richter selbst hätten ihm die Mittel zur Flucht gegeben, er aber achtete die Gesetze und wollte sterben.

An die Gesetze, nicht an die Gerichtshöfe des Mittelalters muß man sich wegen der Härte gewisser Urteile wenden. Oder wurde *Gilles de Laval*, dessen Verbrechen und Todesstrafe wir berichteten, ungerecht verurteilt, sollte man ihn seines Wahnsinns wegen freisprechen? Waren jene ungeheuerlichen Wahnsinnigen, die aus dem Mark kleiner Kinder Zaubertränke brauten, etwa unschuldig? Im übrigen war die schwarze Magie der Haupt-Wahnsinn jener unglücklichen Zeit. Verschiedentlich hielten sich die Richter, zum Studium der Fragen über Zauberei gezwungen, am Ende selbst für Zauberer. In verschiedenen Gegenden wurde die Zauberei epidemisch, und die Todesstrafen schienen die Schuldigen zu vermehren.

Bei den Dämonographen wie *Delancre*, *Delrio*, *Sprenger*, *Bodin*, *Torre-Blanca* und anderen kann man die Erzählungen einer großen Zahl von Prozessen lesen, deren Einzelheiten ebenso ermüdend wie empörend sind. Die Verurteilten sind meistenteils Halluzinierte und Idioten, aber schlechte Idioten und gefährliche Halluzinierte. Erotische Leidenschaften, Lüsternheit und Haß sind die Hauptgründe für die Verirrung ihrer Vernunft, sie waren zu allem fähig. *Sprenger* erzählt, die Hexen hätten sich mit den Hebammen verständigt, um die Leichen neugeborener Kinder von ihnen zu kaufen. Die Hebammen töteten diese Unschuldigen im Augenblick ihrer Geburt durch einen Nadelstich ins Gehirn, erklärten das Kind als tot und begruben es. Die Nacht kam und die Strygen scharrten die Leiche aus der Erde, kochten sie mit narkotischen und giftigen Kräutern, destillierten und mischten dann diesen menschlichen Brei. Das Flüssige diente als Elixier zu langem Leben, das Feste wurde zerstoßen und mit dem Fett einer schwarzen Katze verknetet, das mit Ruß vermengt, und zu magischen Einreibungen gebraucht wurde. Beim Lesen dieser entsetzlichen Enthüllungen wird einem übel vor Abscheu, und Verachtung läßt das Mitleid verstummen. Kommt man dann aber zu den Akten und sieht die Leichtgläubigkeit und Grausamkeit der Richter, die falschen Begnadigungsversprechen zur Erpressung der Geständnisse, die grausamen Folterqualen, schamlosen Untersuchungen, die schamlosen und lächerlichen Vorsichtsmaßregeln und nach all dem den Scheiterhaufen auf öffentlichem Platz, den spöttischen Beistand der Geistlichkeit, welche sie der irdischen Gerechtigkeit ausliefert, indem sie sie dem Tod weiht, so muß man zu dem Schluß kommen, daß inmitten dieses Chaos die Religion allein heilig bleibt, die Menschen aber alle gleicherweise Idioten oder Schurken sind.

So wird 1598 *Pierre Aupetit*, ein Priester aus Limoges wegen lächerlicher Geständnisse, die ihm durch die Folter entrissen wurden, lebendig verbrannt.

In Dôle verbrannte man 1599 eine Frau *Antide Collas* wegen einer phänomenalen sexuellen Beschaffenheit, die man nur durch einen schändlichen Teufelspakt glaubte erklären zu können. Diese Unglückliche wurde wieder und wieder gefoltert, entkleidet, ausgeforscht, in Gegenwart von Ärzten und Richtern untersucht, bis sie, von Scham und Schmerzen zermürbt, alles gestand, um zum Ende zu kommen.

Henri Boguet, Richter von Saint-Claude, erzählt selbst, er habe eine Frau als Zauberin foltern lassen, *weil irgendeine Sache am Kreuz ihres Rosenkranzes gefehlt habe*, nach der Ansicht dieses grausamen Dummkopfes ein sicheres Zeichen der Zauberei.

Ein von den Inquisitoren angelerntes zwölfjähriges Kind klagt seinen Vater an, er habe es zum Sabbat geführt. Der Vater stirbt im Gefängnis an den Folterqualen, und man schlägt vor, das Kind verbrennen zu lassen. *Boguet* widersetzt sich und rechnet sich diese Milde als Verdienst an.

Eine fünfunddreißigjährige Frau, *Rollande de Vernois*, wird in einem so eisigen Verlies vergessen, daß sie verspricht, sich der Magie schuldig zu bekennen, wenn man sie in die Nähe des Feuers lasse. Sobald sie die Wärme fühlt, fällt sie in furchtbare Krämpfe, in Fieber und Fieberwahn. In diesem Zustand spannt man sie auf die Folter, sie sagt alles, was man ihr vorsagt, und wird sterbend zum Scheiterhaufen gezerrt. Ein Sturm bricht los, Regen löscht das Feuer, *Boguet* beglückwünscht sich zu dem gefällten Urteilsspruch, weil der Himmel diese Frau augenscheinlich zu verteidigen scheint, muß sie vom Teufel beschützt sein. Derselbe *Boguet* hat noch zwei Menschen verbrennen lassen, *Pierre Gaudillon* und den dicken *Pierre*, weil der eine in Gestalt eines Hasen, der andere in Gestalt eines Wolfs durch die Nacht gelaufen sei.

Der aufsehenerregendste Prozeß zu Anfang des XVII. Jahrhunderts war jedoch der des Herrn *Louis Gaufridi*, Pfarrers im Kirchspiel Accoules bei Marseille. Das Aufsehen dieser Geschichte ist ein trauriges, nur zu oft wiederkehrendes Beispiel. Ein von Priestern angeklagter Priester! Ein von seinen Mitbrüdern vor den Gerichtshof geschleppter Pfarrer! *Constantin* hatte gesagt, wenn er einen sich durch eine schändliche Lüge entehrenden Priester sehe, so würde er ihn mit seinem Purpur bedecken: ein schönes und königliches Wort. Der Priester muß in der Tat vor der öffentlichen Moral sündelos sein wie die Gerechtigkeit unfehlbar.

Im Dezember 1610 fiel die junge *Magdelaine de la Palud* aus Marseille auf einer Wallfahrt nach Sainte-Baume in der Provence in Ekstase und Verzückungen. Bald zeigte sich dieselbe Erscheinung an *Louise Capeau*. Dominikaner und Kapuziner glaubten sie vom Teufel besessen und schritten zur

Austreibung. *Magdelaine de la Palud* und ihre Gefährtin gaben damals das Schauspiel, das sich ein Jahrhundert später bei der Epidemie der Verzückungen so oft wiederholte. Sie schrien, wanden sich und verlangten geschlagen und mit Füßen getreten zu werden. Eines Tages stellten sich sechs Männer zur gleichen Zeit auf *Magdelaines* Brust, sie aber verspürte keinen Schmerz. Sie beschuldigte sich der seltsamsten Vergehen, sie habe dem Teufel Leib und Seele verschrieben und sei ihm durch einen Priester *Gaufridi* angetraut worden. Anstatt diese Wahnsinnige einzusperren, hörten sie die Exorzisten an, schickten drei Kapuziner zu den kirchlichen Oberen nach Marseille, um sie über die Vorgänge in Sainte-Baume zu unterrichten und den Pfarrer *Gaufridi* zur Gegenüberstellung mit den angeblichen Teufeln möglichst unauffällig dahinzubringen.

Währenddessen schrieb man die höllischen Inspirationen der beiden Hysterischen auf. Es waren Reden fanatischer und unwissender Hingebung, Darstellungen über Religion nach dem Verständnis der Teufelsbeschwörer. Die Besessenen schienen die Träume ihrer Frager zu erzählen: dieselbeErscheinung wie unsere *sprechenden Tische* und *Medien*. Die Teufel gaben sich dieselben dummen Namen wie die amerikanischen Geister, sprachen gegen das Drucken, die Bücher und hieltenPredigten, die des glühendsten und dümmsten Kapuziners würdig waren. In Gegenwart dieser ihnen ähnlichen Teufel zweifelten die Mönche nicht mehr an der Wahrheit der Besessenheit und der höllischenGeister. Die Phantome ihrer kranken Einbildung gewannen Gestalt und schienen ihnen in diesen beiden Frauen lebendig, deren schamlose Geständnisse ihre lüsterne Neigung aufreizte. Sie wurden rasend und mußten ein Opfer haben, das war ihre Einstellung, da man ihnen *Louis Gaufridi* brachte. *Gaufridi* war ein recht geckenhafter Priester mit angenehmem Gesicht, schwachem Charakter und mehr als bedenklicher Sittlichkeit. Er war *Magdelaine's* Beichtvater und hatte ihr eine zügellose Leidenschaft eingeflößt. Diese durch Eifersucht in Haß gewandelte Leidenschaft wurde verhängnisvoll und riß den unglücklichen Priester in ihren Strudel von Torheit, der ihn auf den Scheiterhaufen brachte.

Alles zu seiner Verteidigung Vorgebrachte wurde dem Angeklagten ins Gegenteil verdreht. Er rief Gott, Jesus Christus und seine hl. Mutter, seinen Schutzpatron den hl. Johannes den Täufer zu Zeugen, aber man erwiderte ihm: ganz wunderbar kennt ihr die Litanei des Sabbats, mit Gott meint ihr *Luzifer*, mit Jesus Christus *Beelzebub*, mit der hl. Jungfrau die *abtrünnige Mutter* des Antichrist, mit Johannes dem Täufer den *falschen Propheten*, den Vorläufer von *Gog* und *Magog*. Dann spannte man ihn auf die Folter und versprach ihm Begnadigung, wenn er die Erklärungen von *Magdelaine de la Palud* unterschreibe. Der arme verwirrte, überlistete und zerbrochene Priester unterschrieb alles und genug für den Scheiterhaufen; und den wollte man für ihn. Die Kapuziner der Provence gaben dem Volk das furchtbare Schauspiel und lehrten es die Verletzung des Heiligtums und die Ermordung seiner Priester. Später erinnerte sich das Volk daran.

O heiliger Tempel, sagte ein Rabbi, ein Zeuge der der Zerstörung von Jerusalem durch *Titus* vorangehenden Wunder, o heiliger Tempel, was ist dir? Warum machst du dir selbst Furcht?

Weder der päpstliche Stuhl noch die Bischöfe widersetzten sich dem Mord an *Gaufridi*, aber das XVIII. Jahrhundert brachte als Folge die Revolution.

Eine der am Tod des Pfarrers von Accoules schuldigen Personen erklärte eines Tages, der Dämon verlasse sie, um den Sturz eines anderen

Priesters vorzubereiten, dem sie prophetisch und ohne ihn zu kennen den Namen *Urbain Grandier* gab.

Damals herrschte der furchtbare Kardinal *Richelieu*, der die absolute Autorität als das Heil der Staaten ansah. Unglücklicherweise waren seine Neigungen mehr politisch und gewandt als wahrhaft christlich. Dieser große Geist war durch eine gewisse Engherzigkeit gegen persönliche Beleidigung sehr empfindlich und in seiner Rache unversöhnlich. Unabhängigkeit vergab er dem Talent am wenigsten; geistvolle Männer waren ihm lieber als Hilfskräfte wie als Schmeichler. An der Zerstörung alles ohne ihn Glänzenden hatte er eine gewisse Freude. Er strebte danach, alles zu beherrschen. Pater *Joseph* war sein rechter, *Laubardemont* sein linker Arm.

Damals lebte in der Provinz in Loudun ein Geistlicher von bemerkenswertem Genie und großem Charakter, er hatte Wissen und Talent, aber wenig Umsicht. Dazu geschaffen, der Menge zu gefallen und die Sympathien der Großen zu gewinnen, konnte er gelegentlich ein großer Sektierer werden. In Frankreich regte sich damals der Protestantismus, und der Pfarrer an Saint-Pierre zu Loudun, der infolge seiner geringen Neigung zum Zölibat diesen neuen Ideen zu sehr nachhing, konnte an der Spitze dieser Partei ein wie *Calvin* glänzender und wie *Luther* feuriger Redner werden. Es war *Urbain Grandier*.

Schon hatten ernste Streitigkeiten mit seinem Bischof seine Gewandtheit und seinen festen Charakter gezeigt, eine unglückselige und ungeschickte Gewandtheit, zumal er sich auf seine mächtigen Feinde beim König und nicht beim Kardinal berief. Der König hatte ihm Recht gegeben, also mußte ihm der Kardinal Unrecht geben. Grandier war triumphierend und in wenig priesterlicher Haltung mit einem Lorbeerzweig in der Hand nach Loudun zurückgekehrt. Von diesem Tage an war er verloren.

Die Ursulinerinnen von Loudun hatten damals als Oberin eine Mutter *Jeanne des Anges*, eine gewisse *Jeanne de Belfiel*, Enkelin des Barons *de Cose*. Diese Nonne war nichts weniger als inbrünstig, und ihr Kloster galt nicht als eines der geordnetsten des Landes. Es hatten sich nächtliche, Geistern zugeschriebene Szenen ereignet. Die Eltern nahmen die Pensionärinnen weg, und das Haus schien bald aller Hilfsquellen bar zu sein.

Grandier spann einige zu offensichtliche Ränke. Zudem war er eine zu beobachtete Persönlichkeit, als daß seine Schwächen die Klatschsucht der Kleinstadt nicht erregt hätte. Die Pensionärinnen der Ursulinerinnen hörten davon geheimnisvoll bei ihren Eltern sprechen, die Nonnen redeten unter sich, um das öffentliche Aufsehen zu beklagen, und alle, mit der skandalösen Persönlichkeit beschäftigt, träumten schließlich davon. Sie sahen ihn nachts mit seinen angeblichen Sitten angepaßten Gebärden in den Schlafsälen erscheinen, schrien auf, glaubten sich besessen, und siehe da, der Teufel war im Haus.

Die Vorsteher dieser Mädchen, *Grandiers* Todfeinde, sahen genau, welche Vorteile aus dieser Geschichte für ihre Intriguen und für das Kloster gezogen werden konnten. Zuerst betrieb man die Austreibungen geheim, dann öffentlich. *Grandiers* Freunde fühlten die Verschwörung und drängten den Pfarrer von Saint-Pierre du Marche zum Tausch seiner Pfründe und zum Weggang von Loudun. Mit seinem Weggang würde sich alles beruhigen. Doch *Grandier* war aufrecht, er kannte kein Zurück vor der Verleumdung. Er blieb und wurde eines Morgens, da er im Ornat die Kirche betrat, verhaftet.

Kaum ergriffen, wurde *Grandier* auch schon als Staatsverbrecher behandelt, seine Papiere wurden beschlagnahmt, seine Möbel versiegelt, und er selbst unter Bewachung auf die Festung von Angers gebracht. Man gab ihm eine Zelle, die eher für ein wildes Tier als einen Menschen bestimmt schien. Der über alles unterrichtete *Richelieu* gab *Laubardemont* Anweisung, mit *Grandier* ein Ende zu machen und verbot dem Parlament jede Einmischung in diese Sache.

Hatte der Pfarrer von St. Pierre eine weltliche Führung gezeigt, so war die Haltung des gefangenen und der Magie angeklagten *Grandier* die eines Helden und Märtyrers. So enthüllt das Unglück die großen Seelen, und das Leid ist sehr viel leichter als das Glück zu ertragen.

Er schrieb seiner Mutter: „. . . . Meinen Kummer trage ich mit Geduld und klage mehr über den Euern als über meinen. Ohne Bett habe ich es sehr unbequem, versucht doch mir das meine zu bringen. Dann schickt mir ein Brevier, eine Bibel und einen hl. Thomas zu meiner Tröstung, und seid nicht traurig, Gott wird, so hoffe ich, meine Unschuld an den Tag bringen. . . .“

Früher oder später ergreift Gott wirklich immer die Partei der unterdrückten Unschuld, aber nicht immer befreit er sie von ihren Feinden oder doch nur durch den Tod. *Grandier* sollte es bald erfahren.

Doch, machen wir die Menchen nicht noch schlechter als sie wirklich sind. *Grandiers* Feinde glaubten nicht an seine Unschuld, sie verfolgten ihn aus Wut, da sie ihn sehr schuldig glaubten. Hysterische Phänomene waren damals wenig bekannt, gänzlich unbekannt aber der Somnambulismus. Die Verdrehungen der Leichtgläubigen, ihre außer menschlichen Gewohnheiten und Kräften stehenden Bewegungen, ihre Beweise von einem zweiten erschreckten Gesicht, das alles mußte naturgemäß auch weniger Leichtgläubige überzeugen. Ein berühmter Atheist jener Zeit, Herr *de Keriolet*, Parlamentsrat der Bretagne, sah sich zu seiner Belustigung die Austreibungen an. Die Nonnen, die ihn niemals gesehen hatten, redeten ihn bei seinem Namen an und enthüllten ganz laut Vergehen, die er für durchaus unbekannt hielt. Sein Gewissen kam in Verwirrung, und wie alle jähzornigen Naturen, verfiel er von einem Extrem ins andere. Er weinte, beichtete und weihte den Rest seiner Tage strengster Askese.

Der Sophismus der Exorzisten von Loudun war der unsinnige Trugschluß, den heutzutage noch *de Mirville* zu behaupten wagt:

„*Der Teufel ist der Urheber aller Erscheinungen, die durch die bekannten Naturgesetze nicht erklärt werden.*"

Diesem unlogischen Lehrsatz fügten sie noch einen andern hinzu, den sie zu einer Art Glaubensartikel erhoben:

„*Der richtig ausgetriebene Teufel ist gezwungen, die Wahrheit zu sagen, und man kann annehmen, was er gerechterweise bezeugt.*"

Nicht Schurken, sondern wütenden Narren war der unglückliche *Grandier* ausgeliefert, die diesen unglaublichen Prozeß mit großem Selbstvertrauen vor der breitesten Öffentlichkeit führten. Niemals hatte ein ähnlicher öffentlicher Skandal die Kirche betroffen. Die Nonnen heulten, wanden sich, gaben sich den schamlosesten Gesten hin, lästerten und suchten sich auf *Grandier* zu stürzen wie die Bacchantinnen auf Orpheus. Die heiligsten Dinge der Religion wurden mit diesem häßlichen Schauspiel vermengt und in Schmutz getreten. *Grandier* allein war ruhig, zuckte die Schultern und verteidigte sich würdevoll und sanft. Die Richter erbleichten, waren verwirrt, schwitzten dicke Schweißtropfen, während *Laubardemont* in rotem Talar wie der Geier in Erwartung von Aas über dem Streit schwebte. Das war der Prozeß von *Urbain Grandier*.

Bekennen wir zur Ehre der Menschheit offen: eine dieser ähnliche Verschwörung, die den Justizmord dieses Mannes voraussehen würde, ließe man nicht den guten Glauben der Exorzisten und Richter gelten, ist glücklicherweise unmöglich. Die Ungeheuer sind so selten wie die Helden. Die Masse, aus Mittelmäßigkeiten zusammengesetzt, ist weder großer Lasten noch großer Tugenden fähig. Die heiligsten Personen jener Zeit haben an die Besessenheit von Loudun geglaubt. Der *hl. Vinzenz von Paul* war kein Fremder in dieser Geschichte und wurde zur Meinungsäußerung gerufen. Selbst *Richelieu*, der sicher ein Mittel gefunden hätte, um sich *Grandiers* zu entledigen, glaubte am Ende an seine Schuld. Sein Tod war das Verbrechen der Unwissenheit und der Vorurteile seiner Zeit und war viel mehr ein Verhängnis als ein Mord.

Wir wollen unsere Leser mit Einzelheiten seiner Folterqualen verschonen: er blieb fest, ergeben, ohne Zorn und gab nichts zu. Nicht einmal Verachtung zeigte er für seine Richter, sondern bat die Exorzisten voll Sanftmut ihn zu verschonen: „Und ihr, meine Väter," sagte er, „mäßigt die Gewalt meiner Qualen und bringt meine Seele nicht zur Verzweiflung." In diesem Klagelaut der Natur fühlt man die ganze Milde des vergebenden Christen. Die Exorzisten antworteten zur Verdeckung ihrer Rührung mit anzüglichen Redensarten, und die Scharfrichter weinten.

Drei der Nonnen warfen sich in ihren lichten Augenblicken vor dem Gericht nieder und bekannten schreiend *Grandiers* Unschuld, doch glaubte man, den Teufel aus ihnen sprechen zu hören, was das Todesurteil nur beschleunigte.

Am 18. August 1634 wurde *Urbain Grandier* lebendig verbrannt, bis zuletzt war er geduldig und ergeben. Als man ihn mit zerbrochenen Beinen vom Wagen hob, fiel er mit dem Gesicht hart auf die Erde, ohne einen Schrei oder nur einen Seufzer auszustoßen. Der Franziskanerpater *Grillau* brach durch die Menge, hob den Geduldigen auf und umarmte ihn weinend: „Ich bringe euch den Segen eurer Mutter," sagte er, „sie und ich beten zu Gott für euch." — „Hab Dank, mein Vater," antwortete *Grandier*, „ihr allein habt hier Mitleid mit mir, tröstet meine arme Mutter und dient ihr wie ein Sohn." Der Vertreter des Probstes sagte ganz gerührt zu ihm: „Herr, vergebt mir meine Mitwirkung an eurer Todesstrafe." — — „Ihr habt mich nicht beleidigt," antwortete Grandier, „ihr müßt die Pflichten eures Standes erfüllen." Man hatte ihm versprochen ihn vor dem Verbrennen zu erwürgen, als aber der Henker den Strick anziehen wollte, war er verknotet und der unglückliche Pfarrer von St. Pierre fiel lebendig in die Flammen.

Die hauptsächlichsten Exorzisten Pater *Trouquillos* und Pater *Lactantius* starben bald darauf bei Ausbruch eines Tobsuchtsanfalles. Der an ihre Stelle getretene Pater *Surin* wurde wahnsinnig. *Manoury*, der als Chirurg beim Foltern *Grandiers* geholfen hatte, starb vom Gespenst seines Opfers verfolgt. *Laubardemont* verlor seinen Sohn auf tragische Weise und fiel selbst in Ungnade bei seinem Herrn. Die Nonnen blieben idiotisch. Ganz bestimmt handelte es sich um die furchtbare und ansteckende Krankheit falschen Eifers und falscher Hingabe. Die Vorsehung strafte die Menschen durch ihre eigenen Fehler und belehrte sie durch die traurigen Folgen ihrer Irrtümer.

Kaum zehn Jahre nach *Grandiers* Tod wiederholten sich die Skandalgeschichten von Loudun in der Normandie. Nonnen von Louviers klagten von zwei Priestern verzaubert zu sein, von denen einer tot war. Um den Leichnam herauszureißen, schändete man das Grab. Die Erscheinungen der Besessenheit waren die gleichen wie in Loudun und

Seint-Baume. Diese hysterischen Mädchen übersetzten das Alpdrücken ihrer Vorsteher in eine unflätige Sprache. Der tote und der lebende Priester wurden zum Feuertod verurteilt. Entsetzlich, an denselben Pfahl band man einen Menschen und eine Leiche! Die Todesstrafe von *Mezence*, dieses Phantasiegebilde eines heidnischen Dichters, fand bei Christen ihre Verwirklichung, ein christliches Volk wohnte kalt dieser gotteslästerlichen Hinrichtung bei, und die Pfarrer sahen das furchtbare Signal nicht, das sie durch diese Profanierung von Priestertum und Tod der Gottlosigkeit gaben.

Man rief das XVIII. Jahrhundert; es kam und löschte die Scheiterhaufen mit dem Blut der Priester. Und wie fast immer, mußten die Guten für die Schlechten bezahlen.

Zu Beginn des XVIII. Jahrhunderts verbrannte man noch immer Menschen. Der Glaube war schon verloren, und aus Heuchelei verdammte man den jungen *Labarre* zu den schrecklichsten Todesqualen, weil er der Prozession seinen Gruß verweigert habe. *Voltaire* lebte zu dieser Zeit und fühlte in seinem Herzen einen Ruf gleich dem *Attilas* groß werden. Die menschlichen Leidenschaften profanierten die Religion, und Gott schickte diesen neuen Verleumder, um einer nicht mehr würdigen Welt die Religion zu nehmen.

Catherine Cadière aus Toulon klagte 1731 ihren Beichtvater, den Jesuitenpater *Girard* der Verführung und Magie an. Dieses stigmatisierte, ekstatische Mädchen galt lange als Heilige. Das Ganze war eine Geschichte geiler Ohnmacht, geheimer Aufreizungen und schamloser Berührungen ... Welch schändlicher Anlaß zu Mysterien, die den Einbildungen eines Hagestolzes gleichen und durch einen gefährlichen Mystizismus gestört wurden. Man glaubte der *Cadière* nicht, und Pater *Girard* entging den Gefahren einer Verurteilung. Der Skandal war darum nicht kleiner und das Aufsehen, das er erregte, hatte Gelächter als Echo. Wir sagten ja schon, daß *Voltaire* damals lebte.

Die abergläubigen Menschen hatten die außergewöhnlichen Erscheinungen bis jetzt durch das Dazwischentreten vom Teufel und von Geistern erklärt; die nicht weniger alberne Schule *Voltaires* leugnete die Erscheinungen selbst.

Alles Unerklärliche kommt vom Teufel, sagten die Einen.

Alles Unerklärbare existiert nicht, antworteten die Anderen.

Die Natur, die in entsprechenden Lagen immer die gleichen Reihen exzentrischer und wunderbarer Tatsachen hervorbringt, widersetzte sich der eingebildeten Unwissenheit der Einen wie dem beschränkten Wissen der Andern.

Zu allen Zeiten waren physikalische Umwälzungen von gewissen nervösen Krankheiten begleitet. Wahnsinnige, Epileptiker, Kataleptiker, Hysteriker haben außerordentliche Fähigkeiten sind ansteckenden Halluzinationen unterworfen und bringen manchmal, sei es in der Atmosphäre oder den sie umgebenden Gegenständen, Erregungen und Verwirrungen hervor. Der Halluzinierte wirft seine Träume um sich nach außen und wird von seinem Schatten gequält. Der Körper umgibt sich mit reinen durch die Schmerzen des Gehirns verzerrten Spiegelungen. Man spiegelt sich dann gewissermaßen im astralen Licht, dessen übertriebene wie Magnete wirkende Strahlungen die Möbel sich drehen und verrücken lassen. Dann hört man Geräusche und Stimmen wie im Traum. Diese durch ihr häufiges Vorkommen heute so allgemeinen Erscheinungen wurden von unseren Vätern Gespenstern und Dämonen zugeschrieben. Die voltair'sche Philosophie fand es einfacher sie zu leugnen, indem sie die Augenzeugen der unwiderleglichen Tatsachen als Dummköpfe und Idioten behandelte.

Kann es z. B. eine besser erwiesene Tatsache als die Verzückungswunder der Schwärmer von Saint-Médard geben? Welche Erklärungen hat man für diesen seltsamen, von dem Verzückten erbetenen Beistand?: tausende von Stockschlägen, Quetschungen, die ein Nilpferd zermalmt hätte, bei denen die Nägel in Hände und Füße geschlagen wurden, dann übermenschliche Verzerrungen und Fahrten durch die Luft. Die Voltairianer wollten darin nichts als Grimassen und Luftsprünge sehen, die Jansenisten schrien „Wunder", und die Katholiken seufzten. Nur die Wissenschaft, die allein zur Erklärung dieser phantastischen Krankheit hätte schreiten sollen, hielt sich fern. Ihr allein aber gehören *Loudums* Ursulinerinnen, die Nonnen von *Louviers*, die Verzückten und die amerikanischen Medien zeigen ihr die Erscheinungen des Magnetismus nicht den Weg zu neuen Entdeckungen? Wird die sich vorbereitende Synthese unserer Physiker nicht zur Erkenntnis des astralen Lichts führen? Ist diese universale Kraft einmal erkannt, wer will uns dann hindern, Kraft, Zahl und Richtung ihrer Magnete zu bestimmen? Es wird eine völlige Umwälzung der ganzen Wissenschaft. Man wird auf die hohe Magie der Chaldäer zurückkommen.

Man hat soviel vom *Presbyterium von Cideville* gesprochen; *de Mirville*, *Gougenot*, *Desmousseaux* und andere kritiklose Gläubige haben in den seltsamen Ereignissen eine zeitgemäße Offenbarung des Teufels gesehen. Aber dieselben Dinge haben sich 1706 in Saint-Maur ereignet, und ganz Paris lief dorthin. Man hörte laute Schläge gegen die Mauer, Betten rollten, ohne daß man sie berührte und Möbel rückten von ihrem Platz. All das endete mit einer heftigen, von einer tiefen Ohnmacht begleiteten Krise, während welcher der Herr des Hauses, ein junger Mann von vier- bis fünfundzwanzig Jahren, Geister zu hören glaubte, ohne aber jemals etwas davon wiederholen zu können.

Hier eine Geschichte aus dem Anfang des XVIII. Jahrhunderts. Die Einfachheit der Erzählung beweist ihre Echtheit. Gewisse Merkmale für die Wahrheit ahmen Erfinder nicht nach.

Bézuel, ein guter Priester der Stadt Valognes, war am 7. Januar 1708 bei einer Dame, einer Verwandten des Pfarrers von Saint-Pierre, mit diesem zum Essen eingeladen und erzählte ihnen auf ihren Wunsch von der Erscheinung eines seiner Kameraden, die er am hellichten Tag vor zwölf Jahren gehabt hatte.

„Im Jahre 1695, erzählt er ihnen, lernte ich als ungefähr fünfzehnjähriger Schüler die beiden Knaben des Prokurators *Abaquène* kennen, die gleich mir Schüler waren. Der Ältere war in meinem Alter, der andere, *Desfontaines* war achtzehn Monate jünger. Wir gingen zusammen spazieren und teilten all unsere Freuden. Mag nun *Desfontaines* eine stärkere Neigung zu mir gefaßt haben, mag er fröhlicher, unterhaltender, geistvoller wie sein Bruder gewesen sein, ich liebte ihn jedenfalls mehr.

Als wir 1696 im Kapuzinerkloster spazieren gingen, erzählte er mir, er habe von dem Versprechen zweier Freunde gelesen, wonach der zuerst sterbende dem andern Nachricht über seinen Zustand geben sollte. Der Tote sei zurückgekommen und habe überraschende Dinge erzählt. Darauf sagte *Desfontaines*, er habe eine Bitte an mich, er bäte inständig darum, ich solle ihm ein ähnliches Versprechen geben, was er seinerseits auch tun wolle. Ich schlug ihm seine Bitte ab. Mehrere Monate sprach er oft sehr ernst darüber, doch widerstand ich immer. Als er dann so im August 1696 zu weiteren Studien nach Caen reisen mußte, drängte er mit Tränen in den Augen so sehr, daß ich einwilligte. Schon zog er auch zwei ganz fertig beschriebene Zettel vor. Der eine war mit seinem Blut unterzeichnet, und er versprach mir darin im Falle seines Todes zu kommen und mir über seinen Zustand Nachricht zu geben. Auf dem anderen versprach ich es ihm. Ich stach mich in den Finger, ein Tropfen Blut quoll heraus, mit dem ich meinen Namen schrieb. Er war entzückt über den Besitz meines Zettels und sagte mir unter Umarmungen tausend Dank.

Einige Zeit darauf reiste er mit seinem Bruder ab. Unsere Trennung bereitete uns viel Kummer, wir schrieben uns von Zeit zu Zeit, und erst vor sechs Wochen hatte ich einen Brief erhalten, als sich folgendes zutrug.

Am 31. Juli 1679, einem Donnerstag — mein ganzes Leben werde ich daran denken —bat mich Herr *de Sortoville*, bei dem ich wohnte, und der sehr gut zu mir war, auf eine Wiese bei Cordeliers zu gehen, um seine Leute bei der Heuernte anzutreiben. Es war kaum eine Viertelstunde vergangen, als ich mich gegen halb drei Uhr plötzlich wie betäubt und von Schwäche befallen fühlte. Vergebens stützte ich mich auf meine Heugabel, ich mußte mich auf ein wenig Heu niedersetzen und so ungefähr eine halbe Stunde sitzen bleiben um dann wieder zu mir zu kommen. Es ging vorüber. Da mir ein Ähnliches aber nie zugestoßen war, wunderte ich mich und fürchtete zu erkranken. Der Rest des Tages verlief ohne weitere Eindrücke, Nachts schlief ich weniger als sonst.

Als ich am nächsten Tag zur gleichen Zeit den damals zehnjährigen Herrn *de Saint-Simon*, einen Enkel von Herrn *de Sortoville* zur Wiese brachte befiel mich unterwegs eine ähnliche Schwäche. Ich setzte mich im Schatten auf einen Stein. Er ging vorbei, wir setzten unseren Weg fort. Tagsüber ereignete sich absolut nichts, und des Nachts schlief ich kaum.

Am nächsten, also zweiten Tag befiel mich auf dem Heuspeicher genau zur selben Stunde eine ähnliche Betäubung und Schwäche, nur heftiger als vorher. Ich wurde ohnmächtig und verlor das Bewußtsein. Ein Diener bemerkte es. Man sagte mir, man habe mich gefragt, was mir fehle, und ich habe geantwortet: Ich habe gesehen was ich nie geglaubt hätte, aber weder Frage noch Antwort sind mir erinnerlich. Indessen stimmt, daß ich den Torso eines nackten Menschen sah, ihn aber nicht erkannte. Man half mir die Leiter hinabsteigen, wobei ich mich gut an den Sprossen hielt. Als ich aber am Fuß der Leiter *Desfontaines*, meinen Kameraden stehen sah, überkam mich die Schwäche von neuem, mein Kopf fiel zwischen zwei Sprossen, und ich wurde wieder bewußtlos. Man trug mich hinab und setzte mich auf einen dicken Balken, der auf dem großen Platz der Kapuziner als Sitz diente. Ich sah dabei weder Herrn *de Sortoville* noch seine Diener, obgleich sie anwesend waren. Als ich aber *Desfontaines* bei der Leiter erblickte, der mich zu sich heranwinkte, rückte ich auf meinem Balken zur Seite, als ob ich ihm Platz machen wollte. Die mich sahen, obwohl ich sie trotz meiner offenen Augen nicht sah, bemerkten diese Bewegung.

Da er nicht kam, erhob ich mich, um zu ihm zu gehen. Er ging mir entgegen, nahm meinen linken in seinen rechten Arm und führte mich immer Arm in Arm etwa dreißig Schritt weg in eine abgelegene Straße. Die Diener gingen im Glauben, es sei mir nach Beendigung meiner Schwäche ein Bedürfnis zu gehen, wieder an ihre Arbeit bis auf einen kleinen Lakai, der Herr *de Sortoville* auf mein Selbstgespräch aufmerksam machte. Herr *de Sortoville* glaubte mich betrunken, trat näher und hörte mich Fragen stellen und Antworten geben, die er mir später erzählte.

Ich unterhielt mich fast eine dreiviertel Stunde mit *Desfontaines*. „Ich habe dir versprochen, sagte er zu mir, nach meinem Tod zu dir zu kommen und dir zu berichten. Vorgestern ertrank ich ungefähr um diese Stunde im Fluß bei Caen. Ich war mit dem und dem spazieren gegangen, es war sehr heiß, und wir bekamen Lust zu baden. Ich bekam einen Schwächeanfall im Fluß und ging unter. Der Abt *de Ménil-Jean*, mein Kamerad tauchte, um mich zu retten. Ich ergriff seinen Fuß. Aber fürchtete er nun bei meinem festen Griff einen Lachs oder wollte er nur schnell aus dem Wasser, er versetzte mir mit seiner Kniekehle einen so heftigen Stoß auf die Brust, so daß er mich damit auf den dort sehr tiefen Grund stieß."

Dann erzählte mir *Desfontaine* alle Begebenheiten und Unterhaltungen dieses Spazierganges. Umsonst fragte ich, ob er gerettet, verdammt oder im Fegfeuer sei, ob ich im Stande der Gnade sei und ihm bald folgen werde, er fuhr in seiner Erzählung fort, wie wenn er mich nicht gehört hätte oder nicht verstehen wolle.

Ich wollte ihn verschiedentlich umarmen, aber immer schien ich nichts zu umfassen; und fühlte doch, daß er mich fest am Arm hielt. Versuchte ich aus Schmerz über seinen Anblick meine Augen wegzuwenden, so schüttelte er meinen Arm, als wollte er mich zwingen, ihn anzusehen und anzuhören.

Er schien mir immer größer, als ich ihn gesehen hatte und größer als er bei seinem Tode war, obgleich er in den achtzehn Monaten, die wir uns nicht gesehen hatten, gewachsen war. Ich sah ihn nur halb und nackt, den bloßen Kopf mit seinen schönen, blonden Haaren. Ein weißer Zettel hing im Haar über der Stirn, von dessen Schrift ich nur lesen konnte: *In etc.*

Die Stimme war gleichmäßig, weder traurig noch froh, sondern in ausgeglichener ruhiger Lage. Er bat mich bei der Rückkunft seines Bruders diesem gewisse Einzelheiten zu erzählen, damit er es seinem Vater und seiner Mutter sage. Er bat mich die sieben Psalmen, die er als seine Bußübungen vom vergangenen Sonntag noch nicht hatte sprechen können, zu sprechen. Dann empfahl er mir noch mit seinem Bruder zu sprechen, sagte mir Adieu und entfernte sich mit den Worten: „Bis später, bis später", die er gewöhnlich gebrauchte, wenn wir uns auf der Promenade beim nach Hause Gehen trennten.

Er sagte mir, während er ertrank, habe sich sein mit einer Übersetzung beschäftigter Bruder Vorwürfe darüber gemacht, daß er ihn habe ohne Begleitung gehen lassen, da er ein Unglück fürchtete. Er beschrieb mir ganz genau, wo er ertrunken war, und den Baum der Allee von Louvigni, auf den er einige Worte geschrieben habe. Daraufhin konnte ich zwei Jahre später dort den seligen Ritter *de Gotot*, der bei seinem Tod zugegen war genau die Stelle zeigen, und ging, die Bäume, die *Desfontaine* mir bezeichnet hatte, auf der angegebenen Seite abzählend gerade auf den Baum zu und fand seine Schrift. Er sagte mir auch, daß der Abschnitt der sieben Psalmen richtig sei, da sie sich nach der Beichte gegenseitig ihre Bußen gesagt hätten. Sein Bruder erzählte mir dann, daß er in jener Stunde wirklich seine Übersetzung geschrieben und sich Vorwürfe gemacht habe nicht mit seinem Bruder gegangen zu sein.

Da fast ein Monat verging, ohne daß ich *Desfontaines* Wunsch bezüglich seines Bruders erfüllen konnte, erschien er mir noch zweimal vor dem Essen in einem eine Meile von hier entfernten Landhaus, wohin ich zum Essen gegangen war. Mir wurde übel, und ich bat, man möge mich gehen lassen, es habe nichts zu bedeuten, und ich käme wieder. Ich ging in den Winkel des Gartens, da *Desfontaines* mir erschienen war. Er machte mir Vorwürfe, daß ich noch nicht mit seinem Bruder gesprochen habe, und unterhielt sich noch eine Viertelstunde mit mir, ohne auf meine Fragen antworten zu wollen.

Am andern Morgen erschien er mir auf dem Wege nach Notre-Dame-de-la-Victoire noch einmal, jedoch nur kurz, drängte mich mit seinem Bruder zu reden und verließ mich für immer mit den Worten: „Bis später, bis später" ohne Antwort auf meine Fragen.

Merkwürdigerweise schmerzte mich immer die Stelle des Armes, wo er mich zuerst angerührt hatte, bis ich mit seinem Bruder gesprochen hatte. Drei Tage lang konnte ich vor Erstaunen nicht schlafen. Nach der ersten Unterredung sagte ich meinem Nachbarn und Schulkameraden Herrn *de Varonville*, daß *Desfontaines* ertrunken und mir eben selbst erschienen sei um es mir zu sagen. Sofort lief er zu den Eltern, die eben die Nachricht erhalten hatten, um die Wahrheit zu erfahren. Durch ein Mißverständnis verstand er aber, es sei der ältere und versicherte mir, er habe den Brief von *Desfontaines* gelesen und glaube es auch. Ich behauptete fest, daß es nicht sein könne, da *Desfontaines* selbst mir erschienen sei. Er ging noch einmal, kam zurück und sagte weinend: „Es ist nur zu wahr!"

Seitdem ist mir nichts mehr begegnet, und so war mein Erlebnis in Wahrheit. Man hat es verschieden erzählt, ich aber habe es immer nur so berichtet, wie ich es eben gesagt habe. Der selige Ritter *de Gotot* erzählte mir, *Desfontaine* sei auch Herrn *de Menil Jean* erschienen, den ich aber nicht kenne. Er wohnt zwanzig Meilen von hier, Argentan zu. Weiter kann ich nichts sagen."

Beachtenswert ist das Merkmal des Traumes, das sich überall in diesen Visionen eines Wachen aber durch die Heudüfte fast erstickten Mannes zeigt. Man wird die durch den Blutandrang im Gehirn hervorgerufene astrale Trunkenheit erkennen. Der somnambole Zustand läßt als Folge hiervon Herrn *Bézuel* den letzten lebendigen Reflex sehen, den sein Freund im Licht zurückgelassen hat. Er ist nackt, und man kann ihn nur zur Hälfte sehen, weil das übrige schon im Wasser ist. Das Band im Haar war zweifellos sein Taschentuch oder eine Schnur zum Zurückhalten der Haare. *Bézuel* hatte dann eine somnambule Intuition von allen Vorgängen. Er schien sie aus dem Mund seines Freundes zu erfahren. Sein Freund erschien ihm weder fröhlich noch traurig, ein Ausdruck für den Eindruck, dem in dieses leblose ganz aus Rückerinnerungen und Spiegelungen bestehende Bild machte. Bei der ersten Vision läßt sich Herr *Bézuel* vom Heuduft betäubt von der Leiter fallen und verletzt sich am Arm, mit der Logik der Träume scheint es ihm, als drücke der Freund ihm den Arm, und bei seinem Erwachen fühlt er den Schmerz, was durch den erhaltenen Stoß ganz natürlich ist. Übrigens sind die Reden des Abgestorbenen nur rückschauend, nichts vom Tod oder anderem Leben, wieder ein Beweis für die unübersteigbare Schranke, welche die andere Welt von der unsrigen trennt.

In der Prophezeiung des *Ezechiel* wird das Leben durch ineinandergreifende Räder dargestellt, die durch die vier Tiere verkörperte Grundformen steigen und fallen mit dem Rad und verfolgen sich, ohne sich jemals zu erreichen wie die Zeichen des Tierkreises. Niemals kommen die Räder der fortgesetzten Bewegungen auf sich selbst zurück, nie kehren die Formen auf die Stellen die sie verlassen zurück. Um zum Ausgangspunkt zurückzukehren muß man in immer gleicher und neuer Bewegung den Umlauf des Kreises vollendet haben. Daraus folgt, daß jede Offenbarung in diesem

Leben eine Erscheinung dieses selben Lebens ist, und weder unserem Denken noch unserer Einbildung oder selbst unseren Halluzinationen und Träumen ist es hier unten gegeben, die furchtbare Schwelle des Todes, und sei es auch nur für einen Augenblick zu überschreiten.

VII. Kapitel.

MAGISCHE URSPRÜNGE DER FREIMAURUREREI.

Die Legende von Hiram oder Adoniram — Andere Freimaurer-Legenden — Das Geheimnis der Freimaurer — Geist ihrer Riten — Der Sinn ihrer Grade, ihrer allegorischen Bilder und Zeichen.

Die große, in Europa als *Freimauerei* bekannte kabbalistische Vereinigung erscheint plötzlich in dem Augenblick der Zersplitterung der christlichen Einheit durch den Widerspruch gegen die Kirche in der Welt. Die Geschichtsschreiber dieses Ordens können seinen Ursprung nicht erklären, die einen sehen ihn in einer Maurergilde, die sich beim Bau des Straßburger Münsters bildete, andere nehmen *Cromwell* als Gründer an, ohne sich darüber Rechenschaft zu geben ob die Riten der englischen Freimauererei zur Zeit *Cromwells* nicht gegen diesen Führer der puritanischen Erhebung gerichtet waren. So gibt es auch genug Unwissende, die wenn auch nicht die Gründung so doch die Fortführung und Leitung dieser geheimen und immer geheimnisvollen Gesellschaft den Jesuiten zuschreiben. Außer dieser letzten, sich selbst widerlegenden Ansicht kann man alle anderen dahin zusammenfassen, indem man sagt, daß die Freimaurerbrüder von den Baumeistern des Straßburger Münsters ihren Namen und die Sinnbilder ihrer Kunst entlehnt haben, daß sie in England zum erstenmal öffentlich zu Gunsten der radikalen Einrichtung und trotz des Despotismus *Cromwells* organisiert wurden.

Man könnte hinzufügen, daß sie sich die Templer als Vorbild, die Rosenkreuzer als Väter und die Johanniter als Vorfahren gewählt haben. Ihr Dogma ist das von *Zaratuschtra* und *Hermes*, ihre

Regel die progressive Einweihung, ihr Prinzip durch Hierarchie geregelte Gleichheit und universale Brüderlichkeit. Sie führen die alexandrinische Schule fort und sind Erben aller antiken Einweihungen. Sie sind die Bewahrer der Geheimnisse der Apokalypse und des Sohar, Gegenstand ihres Kultes ist die durch das Licht dargestellte Wahrheit. Sie dulden alle Glaubensrichtungen und bekennen nur eine einzige und gleiche Philosophie, sie suchen nur nach Wahrheit, lehren nur die Wirklichkeit und wollen nach und nach alle Intelligenzen zur Vernunft führen.

Das allegorische Ziel der Freimaurerei ist der Wiederaufbau des salomonischen Tempels, das wirkliche Ziel ist die Wiederherstellung der sozialen Einheit durch die Vereinigung von Vernunft und Glauben und die Erneuerung der Hierarchie durch Wissen und Tugend mit der Einweihung und den gradweisen Prüfungen.

Sicher ist nichts schöner, nichts größer als diese Idee und diese Bestrebungen, unglücklicherweise erhielten sich aber die Lehren von der Einheit und der Unterwerfung unter die Hierarchie nicht in der universalen Freimaurerei. Bald gab es eine abtrünnige, der orthodoxen entgegengesetzte Freimaurerei, und das fürchterlichste Unglück der französischen Revolution war das Ergebnis dieser Spaltung.

Die Freimaurer haben ihre heilige Legende, die vom *Hiram* durch jene von *Cyrus* und *Zorobabel* vervollständigt.

Hier die Legende von *Hiram*:

Als *Salomon* den Tempel bauen ließ, teilte er seine Pläne einem Baumeister *Hiram* mit.

Um Ordnung in die Arbeit zu bringen teilte dieser Baumeister die Arbeiter nach ihrer Geschicklichkeit ein, und um sie bei der großen Menge zur Verwendung nach ihrem Verdienst oder zur Entlohnung ihrer Arbeit zu erkennen, gab er jeder Gruppe, Lehrlingen, Gesellen, und Meistern Lösungsworte und besondere Zeichen.

Drei Gesellen wollten sich unverdient den Meisterrang aneignen, stellten sich bei den drei Haupttoren des Tempels auf die Lauer, und als *Hiram* hinausgehen wollte, fragte ihn einer der Gesellen nach dem Lösungswort der Meister, indem er ihn mit seinem Richtmaß bedrohte.

Hiram antwortete: „So habe ich das Wort, das du verlangst, nicht empfangen."

Der wütende Geselle schlug *Hiram* mit seinem eisernen Richtmaß und brachte ihm die erste Wunde bei.

Hiram lief zu einem anderen Tor, traf dort den zweiten Gesellen, dieselbe Frage, dieselbe Antwort, und diesmal wurde *Hiram* mit einem Winkelmaß, nach anderen mit einem Hebel geschlagen.

Am dritten Tor stand der dritte Mörder, der den Meister mit einem Hammerschlag niederschlug.

Diese drei Gesellen verscharrten dann die Leiche unter einem Schutthaufen, steckten auf dieses improvisierte Grab einen Akazienzweig, und ergriffen dann wie *Kain* nach dem Mord an *Abel* die Flucht.

Da *Salomon* seinen Baumeister nicht zurückkommen sah, schickte er neun Meister ihn zu suchen. Der Akazienzweig verriet ihnen den Leichnam. Sie zogen ihn aus dem Schutt hervor und da er dort schon lange gelegen hatte, riefen sie beim hochheben: Mac benach!, d. h. das Fleisch löst sich von den Knochen.

Nachdem *Hiram* die letzten Ehren erwiesen waren, schickte *Salomon* siebenundzwanzig Meister auf die Suche nach den Mördern.

Der erste wurde in einer Höhle aufgegriffen, neben ihm brannte eine Lampe und zu seinen Füßen rieselte ein Bach, zu seiner Verteidigung lag neben ihm ein Dolch. Der in die Höhle eindringende

Meister erkannte den Mörder, ergriff den Dolch und stieß mit dem Wort: „Nekum!“, Rache, zu. Sein Kopf wurde vor *Salomon* gebracht. Er erbebte bei diesem Anblick und sagte zu dem Mörder des Mörders: „Unglücklicher, wußtest du nicht, daß ich mir das Recht der Strafe vorbehalten hatte. Darauf fielen alle Meister auf die Knie und baten um Gnade für den, den sein Eifer zu weit getrieben hatte.

Der zweite Mörder wurde von einem Mann verraten, der ihm Zuflucht gewährt hatte. Er war in einem Felsen bei einem brennenden Gehölz verborgen über dem ein Regenbogen glänzte, ein Hund lag neben ihm. Die Meister täuschten die Wachsamkeit des Hundes, ergriffen den Schuldigen, banden ihn und führten ihn nach Jerusalem, wo er die Todesstrafe erlitt.

Der dritte Mörder wurde von einem Löwen getötet, den man besiegen mußte, um sich des Leichnams zu bemächtigen. Nach andern habe er sich mit Beilhieben gegen die Meister gewehrt, die ihn aber schließlich doch entwaffneten und vor *Salomon* führten, der ihn seine Verbrechen büßen ließ.

Dies die erste Legende, nun die Erklärung: *Salomon* ist die Personifikation des Wissens und der höchsten Weisheit.

Der Tempel ist die Verwirklichung und das Bild der hierarchischen Herrschaft von Wahrheit und Vernunft auf Erden.

Hiram ist der durch Wissen und Weisheit zur Herrschaft gelangte Mensch.

Er herrscht durch Gerechtigkeit und Ordnung und belohnt jeden nach seinen Werken.

Jede Stufe der Ordnung hat ein ihre Intelligenz bezeichnendes Wort.

Für *Hiram* gibt es nur ein Wort, das aber auf drei verschiedene Arten ausgesprochen wird.

Von den Lehrlingen ausgesprochen bedeutet es Natur und wird erklärt durch Arbeit.

Gesprochen von den Gesellen bezeichnet es den Gedanken und wird erklärt durch Übung.

Nach Meisterart ausgesprochen bedeutet es Wahrheit und wird erklärt durch Weisheit.

Dieses Wortes bedient man sich zur Bezeichnung Gottes, dessen wahrer Name unaussprechlich und nicht mitteilbar ist.

So gibt es drei Grade in der Hierarchie wie drei Tore am Tempel.

Drei Strahlen gibt es im Licht.

Drei Kräfte sind in der Natur.

Diese Kräfte sind dargestellt im einenden Richtmaß, im hebenden Hebel und dem befestigenden Hammer.

Der Aufruhr der brutalen Triebe gegen die hierarchische Aristokratie der Weisheit waffnet sich nacheinander mit diesen drei Kräften und wendet sie von der Harmonie ab.

Es gibt drei Typen von Rebellen:

Der Rebell gegen die Natur.

Der Rebell gegen das Wissen.

Der Rebell gegen die Wahrheit.

In der Unterwelt der Alten waren sie in den drei Körpern des Zerberus dargestellt.

In der Bibel versinnbildlichen sie *Core*, *Dathan* und *Abiron*.

In der Freimaurer-Legende werden sie mit nach den Riten wechselnden Namen dargestellt.

Der Erste der gemeinhin *Abiram* oder Mörder des *Hirams* genannt wird, schlägt den großen Meister mit dem Richtmaß.

Es ist die Geschichte des durch die menschlichen Leidenschaften im Namen des Gesetzes gemordeten Gerechten.

Der Zweite, *Miphiboseth*, trägt den Namen eines lächerlichen und ohnmächtigen Bewerbers von *Da-*

vids Königtum und schlägt *Hiram* mit Hebel oder Winkel.

So wird der volkstümliche Hebel oder der Winkel einer wahnvollen Gleichheit in den Händen der Menge zum Werkzeug der Tyrannei und greift noch unglücklicher als das Richtmaß das Königtum der Weisheit und Tugend an.

Der Dritte tötet *Hiram* endlich mit dem Hammer.

Ebenso machen es die brutalen Triebe, wenn sie im Namen von Gewalt und Furcht durch Vernichtung der Intelligenz Ordnung schaffen wollen.

Der Akazienzweig auf dem Grab des *Hiram* gleicht dem Kreuz auf unseren Altären.

Es ist das Zeichen der Wissenschaft, das sie überlebt, ist der grüne Zweig, der einen anderen Frühling anzeigt.

Haben die Menschen so die Ordnung der Natur gestört, so greift die Vorsehung zu ihrer Wiederherstellung ein wie *Salomon* zur Rache am Tod des *Hiram*.

Der mit dem Richtmaß Mordende stirbt durch den Dolch.

Der mit dem Hebel oder Winkel erschlug, wird durch das Beil des Gesetzes sterben; das ewige Urteil für den Königsmord.

Der mit dem Hammer Triumphierende, wird als Opfer der von ihm mißbrauchten Kraft fallen und vom Löwen erwürgt werden.

Der Mörder mit dem Richtmaß wird von der ihn bestrahlenden Lampe und der ihn tränkenden Quelle verraten.

Das heißt, man wird bei ihm die Strafe der Vergeltung anwenden.

Der Mörder mit dem Hebel wird überrascht, wenn seine Wachsamkeit wie ein eingeschlafener Hund die Fährte verliert, er wird ausgeliefert von seinem Mitschuldigen; denn Aufruhr ist die Mutter des Verrats.

Der Löwe, der den Mörder mit dem Hammer verschlingt, ist eine der Sphinx-Formen des *Oedipus*.

Und der Löwenbezwinger ist würdig *Hiram* in seiner Würde zu folgen.

Der verweste Leichnam *Hirams* zeigt den Wechsel der Formen, die Beständigkeit des Geistes.

Die Wasserquelle bei dem ersten Mörder erinnert an die Sintflut, welche die Verbrechen gegen die Natur bestraft hat.

Der brennende Busch und der Regenbogen bei der Auffindung des zweiten Mörders, versinnbildlichen das Licht und das Leben, welche die Attentate auf das Denken anzeigen.

Der besiegte Löwe ist der Sieg des Geistes über den Stoff, die entgültige Unterwerfung der Kraft unter die Intelligenz.

Seit Beginn der Geistesarbeit am Tempelbau der Einheit ist *Hiram* oft getötet worden und wird immer wieder lebendig.

Es ist der vom Wildschwein getötete *Adonis*, der von *Typhon* ermordete *Osiris*.

Es ist der geächtete *Pythagoras*, der von den Bacchantinnen zerrissene *Orpheus*, der in den Höhlen des Nebo verlassene *Moses*, der von *Kaiphas*, *Judas* und *Pilatus* getötete Jesus.

Jene sind also die wahren Freimaurer die auf dem Wiederaufbau des Tempels nach dem Plane *Hirams* bestehen.

Das ist die große und hauptsächliche Legende der Freimaurer; die andern sind nicht weniger schön und tief, aber wir glauben ihre Geheimnisse nicht verbreiten zu dürfen. Obwohl wir die Werke nur von Gott und unsern Arbeiten empfangen haben, betrachten wir das Geheimnis der hohen Freimaurerei wie das unsrige. Durch unsere Studien zu einer Schweigen gebietenden wissenschaftlichen Höhe gelangt, glauben wir durch unsere Überzeugung noch stärker als durch einen Schwur verpflichtet zu sein. Wissen ist Adel, der verpflichtet, und wir wollen der fürstlichen Krone der Rosenkreuzer nicht unwert sein. Auch glauben wir an die Auferstehung von *Hiram*.

Die Riten der Freimaurerei sollen die Legenden der Einweihung weiter tragen und unter den Brüdern erhalten.

Man könnte uns fragen, wie die so erhabene und so heilige Freimaurerei dazu kam von der Kirche verworfen und so oft verdammt zu werden.

Bei der Frage der Spaltungen und Entweihungen der Freimaurerei haben wir hierauf schon geantwortet.

Die Freimaurerei ist die Gnosis, falsche Gnostiker haben die wahrhaften verdammen lassen.

Nicht die Furcht vor dem Licht zwingt sie sich zu verbergen; sie wollen das Licht, suchen es und beten es an.

Aber sie fürchten die Entweiher, das heißt die falschen Interpreten, die Verleumder, die Skeptiker mit dem stupiden Lachen und die Feinde allen Glaubens und aller Moral.

Heutzutage hält sich eine große Anzahl Menschen für Freimaurer, sie kennen aber den Sinn ihrer Riten nicht mehr und haben den Schlüssel zu ihren Mysterien verloren.

Sie verstehen nicht einmal mehr die symbolischen Bilder, noch begreifen sie die hieroglyphischen Zeichen, mit denen die Wände ihrer Logen geschmückt sind.

Diese Bilder und Zeichen sind die Seiten des Buches vom absoluten und universalen Wissen.

Mit Hilfe der kabbalistischen Schlüssel kann man sie lesen und sie haben für den die salomonischen Schlüssel besitzenden Eingeweihten nichts Verborgenes.

Die Freimaurerei ist nicht nur profaniert worden, sondern hat durch den okkulten Einfluß der Rächer von *Jacques de Molay* und den Fortsetzern des schismatischen Tempelwerkes, den Verschwörungen der Monarchie als Schleier und Vorwand gedient.

Anstatt *Hirams* Tod zu rächen, hat man Rache genommen für seine Mörder.

Die Anarchisten haben Richtmaß, Winkel und Hammer wieder genommen und Freiheit, Gleichheit und Brüderlichkeit darunter geschrieben.

Das heißt Freiheit den Lüstlingen, Gleichheit im Pfuhl und Brüderlichkeit im Zerstören.

Das sind die Menschen, welche die Kirche gerecht verdammt hat und immer verdammen wird.

Das große hermetische Geheimnis
(nach Basilius Valentinus)

SECHSTES BUCH

Magie und Revolution

ו Wau

I. Kapitel.

BEDEUTENDE AUTOREN DES XVIII. JAHRHUNDERTS.

Wichtige Entdeckungen in China — Die kabbalistischen Bücher des Fo-hi — Ly-Kun und die Trigramme — Kong-Fu-Tze und Fo — Die Jesuiten und Theologen — Regung der Geister in Europa — Swedenborg und Mesmer.

Bis zum Ende des XVII. Jahrhunderts war China der übrigen Welt so gut wie unbekannt. Erst seit dieser Zeit wird dieses weite Kaiserreich von unseren Missionaren durchforscht, entziffert und scheint uns als der große Friedhof aller Bekenntnisse der Vergangenheit. Die Chinesen scheinen ein Mumienvolk zu sein. Nichts geht bei ihnen vorwärts. Sie leben in der Starre ihrer Traditionen, deren Geist und Leben schon längst untergegangen sind. Sie wissen nichts mehr, erinnern sich aber an alles in unbestimmten Umrissen. Chinas Genius ist der die goldenen Äpfel im Garten der Erkenntnis hütende Drachen der Hesperiden. Anstatt wie *Cadmos* den Drachen zu besiegen, ist das menschliche Bild ihrer Göttlichkeit zusammengedrückt, fasziniert und magnetisiert, das von ihm seinen wechselnden Schuppenglanz im Licht strahlen läßt. Nur das Mysterium ist in China lebendig, die Wissenschaft ist gelähmt oder liegt wenigstens im Tiefschlaf und spricht nur im Traum.

Wir erwähnten schon den Tarot Chinas, der wie der *Sepher Jezirah* der Hebräer aus denselben kabbalistischen und absoluten Größen berechnet sei. China hat auch ein nur aus den Zusammenstellungen von zwei Buchstaben bestehendes Buch, das „*Y-Kim*,“ das dem Kaiser *Fo-hi* zugeschrieben wird, und von dem *de Maison* in seinen „Briefen über China“ erklärt, daß es nicht zu entziffern sei.

Indessen ist es nicht weniger entzifferbar wie der *Sohar*, zu dem es eine sehr seltsame Ergänzung und ein wertvoller Anhang zu sein scheint. Der Sohar ist die Erklärung der Arbeit, der Wage oder des universalen Gleichgewichts; das *Y-Kim* ist sein hieroglyphischer Beweis in Geheimschrift.

Der Schlüssel zu diesem Buch ist eine unter dem Namen „*Trigramme des Fo-hi*" bekanntes Pantakel. *Vay-Ky*, eine Sammlung von großer Autorität in China, die von *Leon-Tao-Yuen* unter der *Soms*-Dynastie zusammengestellt wurde, erzählt in einer Legende, vor siebenhundert oder achthundert Jahre habe der Kaiser *Fo-hi* einst am Ufer eines Flusses über die großen Geheimnisse der Natur nachgedacht, als er eine Sphinx aus dem Wasser steigen sah, ein allegorisches Tier halb Drache, halb Pferd. Sein Kopf war solang wie der eines Pferdes, es hatte vier Füße und endete mit dem Schwanz einer Schlange. Sein Rücken war mit Schuppen bedeckt, auf deren jeder das Bild der geheimnisvollen Trigramme erglänzte, kleiner auf den Gliedern, größer auf Brust und Rücken, aber alle in vollkommener Harmonie. Dieser Drache spiegelte sich im Wasser, und sein Spiegelbild hatte die gleiche Gestalt und trug dieselben Bilder wie er, aber umgekehrt zu deren wirklichen Formen. Dieses Schlangenpferd, ein Eingeber oder vielmehr Träger der Inspiration wie der *Pegassus* in der griechischen Mythologie, ein Symbol des universalen Lebens wie die Schlange des *Kronos* weihte *Fo-hi* in das universale Wissen ein. Die Trigramme dienten ihm zur Einführung, er zählte die Schuppen des Schlangenpferdes und stellte die Trigramme so mannigfach zusammen, daß er eine Synthese der Erkenntnisse erhielt, die miteinander verglichen durch die vorher bestehenden und notwendigen Harmonien der Natur vereint wurden. Die Zusammenstellung der Tafeln des *Y-Kim* war das wunderbare Ergebnis. Die Zahlen sind dieselben wie die der Kabbala, ihr Pantakel entspricht dem *Salomons*, wie wir im „*Dogma und Ritual der hohen Magie*" schon erklärt haben. Seine Bilder entsprechen den zweiunddreißig Wegen und den fünfzig Toren des Lichts, und das *Y-Kim* kann für die kabbalistischen Weisen nicht mehr dunkel sein, die den Schlüssel zum *Sepher Jezirah* und *Sohar* haben.

Das Wissen um die absolute Philosophie war also in China. Die Kims sind also nur Kommentare für das dem Laien verborgene Absolute und bedeuten dem *Y-Kim* dasselbe wie der Pentateuch des *Moses* den Offenbarungen des *Siphra Zeniuta*, welcher das Buch der Geheimnisse und der Schlüssel zum *Sohar* bei den Hebräern ist. *Kong-Fu-Tze* oder *Konfuzius* wäre so nur der Offenbarer und Wiederverhüller dieser Kabbala gewesen, welche er vielleicht verleugnet hätte, um die Nachforschungen der Laien abzulenken, wie der gelehrte *Talmudist Maimonides* die Wirklichkeit der Clavigula Salomonis leugnete. Dann kam der Materialist *Fo*, der die Erinnerungen an die hohe Magie der Ägypter durch Überlieferungen indischer Zauberkünste ersetzte. Der *Fo*-Kult lähmte in China den Fortschritt der Wissenschaften, und die mißlungene Kultur dieses großen Volkes verfiel dem Schlendrian und der Verrohung.

Ein Philosoph von bewundernswertem Scharfsinn und seltener Tiefe, der weise Leibnitz, der der Einweihung in die erhabenen Wahrheiten des absoluten Wissens würdig gewesen wäre, glaubte im *Y-Kim* seine eigene Erfindung der binären Arithmetik zu sehen und fand in der geraden und der gebrochenen Linie des *Fo-hi* die Zeichen 1 und 0 wieder, die er in seinen Berechnungen selbst gebrauchte. Er war der Wahrheit sehr nahe, ahnte sie aber nur in ihren Einzelheiten und konnte das Ganze nicht begreifen.

Die Theologen-Dispute waren die Veranlassung zu den bedeutendsten Forschungen über die religiösen Altertümer Chinas. Es handelte sich darum ob die Jesuiten daran recht tun würden, den zum Christentum bekehrten Chinesen den Himmels- und Ahnenkult zu belassen, kurz, ob man glauben dürfe, daß die Gelehrten Chinas unter dem Himmel Gott oder einfach den Weltenraum und die Natur verstanden. Es war ganz natürlich sich auf die Gelehrten selbst und auf den gesunden Menschenverstand des Volkes zu berufen, diese aber sind hierfür keine theologischen Autoritäten. Man brachte Gründe vor, schrieb viel, intrigierte noch mehr und bewies den Jesuiten, die im Grunde Recht hatten, daß sie der Form nach eben im Unrecht seien und bereitete ihnen Schwierigkeiten, die noch nicht überwunden sind und noch heute das Blut unserer unermüdlichen Märtyrer in China fließen lassen.

Während man der Religion ihre Erwerbungen in Asien streitig machte, bewegte Europa eine große Unruhe. Der christliche Glauben schien zu verlöschen, und von allen Seiten hörte man nur noch von neuen Offenbarungen und Wundern. Ein in Wissenschaft und Welt ernstgenommener Mann *Emanuel Swedenborg* versetzte Schweden durch seine Visionen in Erstaunen und Deutschland war voll neuer Erleuchteter. Ketzerischer Mystizismus trachtete danach, die Mysterien der hierarchischen Religion durch solche der Anarchie zu ersetzen. Eine unübersehbare Katastrophe bereitete sich vor.

Swedenborg, der ehrlichste und sanfteste aller Propheten der falschen Erleuchtung war darum nicht weniger gefährlich als die andern. Zu behaupten, alle Menschen seien zu unmittelbarem Verkehr mit dem Himmel berufen, heißt die rechtmäßige religiöse Lehre und die fortschreitende Einweihung durch alle Faseleien des Enthusiasmus und allen Wahn der Einbildungen und Träume ersetzen. Die unrichtigen Erleuchteten fühlten wohl, daß man die Religion als eine der großen Notwendigkeiten der Menschheit nie zerstören werde. So wollten sie sich also aus derReligion selbst und dem Fanatismus als eine verhängnisvolle Folge des Enthusiasmus, von dem die Unwissenheit mitgerissen wird, Waffen zur Zerstörung der hierarchischen Autorität der Kirche schmieden. Dabei rechneten sie damit, daß aus denZweispältigkeiten des Fanatismus eine neue Hierarchie hervorgehen werde, deren Gründer und Vorsteher sie zu sein hofften.

„Wie Gott werdet ihr sein und werdet ohne die Mühe des Lernens alles Wissen; wie Könige werdet ihr sein und alles besitzen ohne die Mühe des Erwerbs zu kennen.“

Das sind kurz die Versprechungen des empörerischen Geistes an die neidische Menge. Der revolutionäre Geist ist der Geist des Todes, die alte Schlange des Todes, und ist doch der Vater von Bewegung und Fortschritt, da die Generationen sich nur durch den Tod erneuern. Deshalb beteten die Inder *Schiwa*, den mitleidlosen Zerstörer an, dessen symbolische Form die der ehelichen Liebe und der Zeugung war.

Swedenborgs System ist nichts anderes als die Kabbala ohne das Grundgesetz der Hierarchie, der Tempel ohne Schlüssel zum Gewölbe und ohne Fundament, ist ein unermeßliches, glücklicherweise ganz fantastisches und luftiges Gebäude; denn versuchte man je seine Verwirklichung auf Erden, so würde es dem ersten Kind beim Versuch, sich auf einen seiner Hauptsäulen zu stützen ohne es zu erschüttern, auf den Kopf fallen.

Die Anarchie zu organisieren wird für die Revolutionäre immer und ewig das zu lösende Problem sein, der Felsblock des *Sisyphus*, der immer auf sie fallen wird. Um einen Augenblick Bestand zu haben, sind sie unglücklicherweise immer gezwungen einen Despotismus zu improvisieren, der keinen anderen Daseins-Grund als den der Notwendigkeit hat, der also wie sie gewalttätig und blind ist. Man entgeht der harmonischen Monarchie nur, um der zügellosen Diktatur der Torheit zu verfallen.

Das zum Verkehr mit der übersinnlichen Welt von *Swedenborg* indirekt vorgeschlagene Mittel war ein dem Traum der Ekstase oder Katalepsie ähnlicher vermittelnder Zustand. Der schwedische Erleuchtete behauptete die Möglichkeit dieses Zustands, gab aber keine Theorie der notwendigen Übungen an, um ihn zu erlangen. Vielleicht flüchteten seine Anhänger zum Ausfüllen der Lücke zum magischen Ritual Indiens, bis ein genialer Kopf durch natürliche Wunder die prophetischen und kabbalistischen Intuitionen *Swedenborgs* vervollständigte. Es war der deutsche Arzt *Mesmer*.

Mesmer gebührt der Ruhm, ohne Einweihung und okkulte Kenntnisse das universale Agens des Lebens und seiner Wunder gefunden zu haben. Seine „*Aphorismen*", die den Gelehrten seiner Zeit ebensoviele Paradoxe waren, werden eines Tages die Grundlagen der physikalische Synthesen sein.

Mesmer erkennt im naturhaften Sein zwei Formen, Substanz und Leben, aus denen Festigkeit und Bewegung hervorgehen, die das Gleichgewicht der Dinge bilden.

Er erkennt das Dasein einer ersten, fluidischen universalen Materie die der Festigkeit und der Bewegung fähig ist, beim Festwerden die Zusammensetzungen der Substanzen bestimmt und immer in Bewegung die Formen bildet und erneuert.

Dieser Fluidalstoff ist aktiv und passiv: passiv zieht er sich selbst an, aktiv projiziert er sich selbst.

Durch ihn ziehen sich Welten und die sie erfüllenden Lebewesen an uns stoßen sich ab. Von einem fließt er zum anderen, dem Blutkreislauf ähnlich.

Er unterhält und erneuert des Leben aller Wesen, ist das Agens ihrer Kraft und kann zum Instrument ihres Willens werden.

Wunder sind die Ergebnisse von Kräften oder außergewöhnlichen Willensäußerungen.

Die Erscheinungen der Kohäsion, Elastizität, Dichte und Feinheit der Körper werden durch die verschiedenen Verbindungen der beiden Eigenschaften des universalen Fluidums oder der ersten Materie hervorgebracht.

Krankheit, wie alle physischen Störungen rühren von einer Verschiebung des normalen Gleichgewichts der ersten Materie in einem belebten Körper her.

Die belebten Körper sind infolge ihres besonderen Gleichgewichts entweder sympathisch oder antipathisch zu einander.

Sympathische Körper können durch wechselseitige Wiederherstellung ihres Gleichgewichts sich gegenseitig heilen,

Diese Eigenschaft der Körper, sich durch Attraktion oder Projektion der ersten Materie gegenseitig auszugleichen, nennt *Mesmer* Magnetismus und da sie sich bei seinem Studium entsprechend den Sonderheiten der lebenden Wesen gesondert zeigt, nennt er sie tierischen Magnetismus.

Mesmer bewies seine Theorie durch Werke, und seine Versuche wurden mit vollem Erfolg gekrönt.

Nachdem er die Analogie zwischen den Erscheinungen des tierischen Magnetismus mit denen der Elektrizität betrachtet hatte, nahm er metallische Leiter die in einem gemeinsamen, mit Wasser und Erde gefüllten Behälter endeten, um die beiden Kräfte aufzusaugen und auszustrahlen. Jetzt hat man den schwierigen Kübelapparat, der durch eine lebendige Kette von Händen ersetzt werden kann, aufgegeben. Sie werden auf einem schlecht leitenden Gegenstand, einem Holztisch Seidenstoff oder einem wollenen Hut usw. aufeinander gelegt. Dann wendet er für die lebendigen und belebten Wesen die Verfahren metallischer Magnetisierung an und erlangt Gewißheit über die Wirklichkeit und Gleichartigkeit der daraus folgenden Erscheinungen.

Nur ein Schritt war noch zu tun, die Erklärung nämlich, daß die in der Physik den vier unwägbaren Fluida zugeschriebenen Wirkungen verschiedene Manifestationen einer einzigen und derselben Kraft sind, die im Gebrauch verändert wird, und daß diese Kraft universal und von der ersten Materie untrennbar ist. Sie schafft die Bewegung, bald leuchtend, bald feurig, bald elektrisch, bald magnetisch. Sie hat nur einen einzigen Namen, den *Moses* in der *Genesis* ausspricht, da er sie auf den Ruf des Allmächtigen vor allen anderen Substanzen und Formen erscheinen läßt; DAS LICHT; יאי אור

Wir fürchten nicht schon jetzt auszusprechen, was man später erkennen wird.

Die große Leistung des XVII. Jahrhunderts ist nicht die Enzyklopädie, nicht die grinsende, höhnische Philosophie *Voltaires*, nicht die negative Metaphysik eines *Diderot* und *d'Alembert*, nicht die gehässige Philantrophie *Rousseaus*, sondern die sympathische und wunderbare Physik *Mesmers*! *Mesmer* ist groß wie *Prometheus*, vom Himmel hat er das Feuer den Menschen gebracht, das *Franklin* nur abwenden konnte.

Mesmers Genie fehlte weder die Bestätigung durch den Haß noch die Weihe durch Verfolgungen und Beleidigungen. Aus Deutschland vertrieben, wurde er in Frankreich verlacht, doch schuf man ihm bei der Offensichtlichkeit seiner Heilungen ein Vermögen. Die Kranken liefen zu ihm, bezahlten ihn und sprachen nachher aus Furcht vor dem Tadel der Gelehrten von zufälliger Genesung. Die Behörden würdigten seine Entdeckungen nicht einmal einer Prüfung, und der große Mann mußte sich mit dem Ruf des Charlatans begnügen.

Nicht allein Gelehrte waren Gegner des Mesmerismus, auch wirklich religiöse Menschen fürchteten die Gefahren der neuen Entdeckung, und Abergläubige schrieen: Skandal und Magie. Die Weisen ahnten den Mißbrauch, Sinnlose ließen nicht einmal die Anwendung dieser wunderbaren Kraft gelten. Könnte man nicht im Namen des Magnetismus die Wunder des Erlösers und seiner Heiligen leugnen, sagten die einen, was wird aus der Macht des Teufels, die anderen. Und doch hat die wahre Religion die Entdeckung irgend einer Wahrheit nicht zu fürchten. Gibt der Magnetismus den göttlichen Wundern anstelle ihrer Zerstörung etwa durch das Maß, das er der menschlichen Macht gibt, nicht eine neue Weihe? Sicher werden die Dummen dem Teufel weniger Wunder zuschreiben, was ihm weniger Gelegenheit zur Anwendung ihres Hasses und ihrer Wut gibt, und wirklich fromme Menschen werden niemals daran denken, sich zu beklagen. Der Teufel muß im Licht und bei abnehmender Unwissenheit an Boden verlieren; aber die Eroberungen der Wissenschaft und des Lichtes verbreiten und festigen die Herrschaft und den Ruhm Gottes und führen die Welt zu immer größerer Liebe zu ihm.

2. Kapitel.

WUNDERBARE PERSÖNLICHKEITEN DES XVIII. JAHRHUNDERTS.

Graf von St. Germain. – Der Adept Lascaris und der große Cophte, der Arzt Joseph Balsamo – der Baron du Phénix und der Graf Cagliostro.

Das XVIII. Jahrhundert besaß Leichtgläubigkeit nur für die Magie; denn vager Glaube ist die Religion ungläubiger Seelen. Man leugnet die Wunder Jesu Christi, ließ aber den Grafen *de Saint-Germain* mehrmals auferstehen. Diese einzigartige Persönlichkeit war ein geheimnisvoller Theosoph, den man im Besitz des Steins der Weisen und der Kenntnis der Herstellung von Diamanten und Edelsteinen glaubte. Er war ein Mann von Welt, angenehm in der Unterhaltung und von großer Vornehmheit im Benehmen. Madame *de Genlis*, die ihn während seiner Kindheit fast täglich gesehen hatte, versichert, daß er sogar den Edelsteinen, die er malte, ihren vollen natürlichen Glanz und ein Feuer gab, dessen Geheimnis kein Maler und kein Chemiker erraten konnte. Hatte er das Mittel gefunden, das Licht auf die Leinwand zu bannen, oder benutze er eine Perlmutterlösung, oder einen metallischen Überzug? Wir wissen es nicht, da keine dieser wunderbaren Malereien auf uns kam.

Der Graf von *Saint Germain* bekannte sich zur katholischen Religion und befolgte ihre Gebräuche mit großer Treue. Doch sprach man von verdächtigen Beschwörungen und seltsamen Erscheinungen, er schmeichelte sich das Geheimnis ewiger Jugend zu besitzen. War das Mystik oder Wahnsinn? Niemand kannte seine Familie, und hörte man ihn von der Vergangenheit sprechen, so schien er mehrere Jahrhunderte gelebt zu haben. Von allem, was sich auf die okkulten Wissenschaften bezog, sprach er wenig, und bat man ihn um Einweihung, so behauptete er nichts zu wissen. Er wählte sich seine Schüler selbst und verlangte von ihnen vor allem passiven Gehorsam, dann sprach er zu ihnen von einem Königtum *Melchisedechs* und *Salomons*, zu dem auch sie berufen seien, das auch ein Priestertum sei. „Seid das Licht der Welt, sagte er, wenn ihr nur dem eines Planeten gleicht, werdet ihr vor Gott nicht sein. Ich habe einen Glanz für euch aufbewahrt, gegen den die Sonne nur ein Schatten ist, mit ihm werdet ihr den Gang der Gestirne lenken und werdet über Kaiser herrschen.“

Diese Versprechungen, deren richtig verstandene Bedeutung wahre Adepten nicht in Erstaunen setzen kann, werden, wenn auch nicht wörtlich, so doch dem Sinne nach von dem anonymen Verfasser einer „*Geschichte der geheimen Gesellschaft in Deutschland*“ überliefert und erklären die Einweihung, zu welcher Graf von *Saint-Germain* gehörte, zur Genüge.

Hier einige noch unbekannte Einzelheiten von diesem Erleuchteten:

Er war gegen Ende des XVIII. Jahrhunderts in Lentmeritz in Böhmen als natürlicher oder Adoptivsohn eines Rosenkreuzers geboren, der sich *Comes cabalicus*, kabbalistischer Bruder nennen ließ und von dem unglücklichen Abbé *de Villars* unter den Namen *Comte de Gabalis* lächerlich gemacht wurde. Nie sprach *Saint Germain* von seinem Vater. Im Alter von sieben Jahren, sagte er, wurde ich geächtet und irrte mit meiner Mutter durch die Wälder. Mit dieser Mutter meinte er das Wissen der Adepten, sein Alter von sieben Jahren ist das der zum Meistergrad emporgestiegenen Eingeweihten, die Wälder sind nach den Adepten die der wahren Kultur und des wahren Lichts sichtbaren Länder. Die Grundlehren von *Saint*

Germain waren die der Rosenkreuzer. In seiner Heimat hatte er eine Gemeinschaft gegründet, von der er sich später trennte, als die anarchistischen Lehren in den neuen Sektierervereinigungen der Gnosis überhand nahmen. Daher wurde er von seinen Brüdern nicht anerkannt, sogar des Verrats angeklagt, und einige Verfasser von Erinnerungen über den Illuminismus scheinen anzudeuten, er sei im Verließ des Schlosses von Ruel eingekerkert worden. Dagegen läßt ihn Madame *de Genlis* in Holstein sterben, gequält von seinem Gewissen und erregt von den Schrecken der anderen Welt. Sicher ist, daß er plötzlich aus Paris verschwand, ohne daß man recht wußte, wohin er sich zurückgezogen hatte, und daß die Illuministen so viel als möglich den Schein des Schweigens und Vergessens über sein Andenken breiteten. Die Gesellschaft, die er unter dem Namen *Saint Jakin*, aus dem man St. Joachim machte, gegründet hatte, bestand bis zur Revolution, ging dann unter oder verwandelte sich wie soviele andere. Wir lassen darüber eine Anekdote aus den dem Illuminatentum feindlichen Flugschriften folgen, einen Auszug aus einem Wiener Briefwechsel. Aber das alles bietet offenbar keine Gewähr und keine Sicherheit. Dies die Anekdote:

„Auf ihre Empfehlung hin bin ich von N. Z. sehr gut aufgenommen worden. Er war von meiner Ankunft schon unterrichtet. Die *Harmonika* fand seine volle Zustimmung. Teils sprach er von gewissen Teilskizzen, von denen ich überhaupt nichts verstand. Erst seit kurzem dämmert es mir. Gestern gegen Abend führte er mich auf sein Landgut, dessen Gärten sehr schön sind: Tempel, Grotten, Wasserfälle, Irrgarten, Gänge bieten dem Auge eine Reihe von Freuden. Nur eine hohe Mauer, die diese Schönheiten einschließt, mißfiel mir unendlich, sie raubte dem Auge eine zauberhafte Landschaft ....

„Auf die Aufforderung von N. Z. hin hatte ich die *Harmonika* mitgenommen, um sie nur einige Augenblicke an einem bestimmten Ort auf ein verabredetes Zeichen hin zu spielen. Nach der Besichtigung des Gartens führte er mich in einen Vorsaal des Hauses und verließ mich bald unter einem Vorwand. Es war sehr spät. Ich sah ihn nicht wieder kommen. Langeweile und Schlaf begannen mich zu überwältigen, als ich durch die Ankunft mehrerer Wagen aufgeschreckt wurde. Ich öffnete das Fenster, konnte aber in der Dunkelheit nichts sehen, noch das leise und geheimnisvolle Geflüster der Ankommenden verstehen. Bald fiel ich ganz in Schlaf, wurde aber ungefähr nach einer Stunde plötzlich von einem Diener geweckt, der mich führen und das Instrument tragen sollte. Er ging sehr rasch vor mir her, ich folgte ihm ziemlich mechanisch, als ich Trompetenstöße hörte, die aus einem Keller zu kommen schienen. Da verlor ich meinen Führer aus den Augen, ging nach der Seite dem Ton nach und stieg halb die Treppe zu einem Gewölbe hinab, das sich vor mir öffnete. Denken sie sich mein Erstaunen! Hier psalmodierte man einen Totengesang. Ich sah deutlich einen Leichnam im offenen Sarg, daneben einen weiß gekleideten Mann, der mit Blut befleckt schien. Mir schien, als habe man ihm eine Ader des rechten Armes aufgeschnitten. Ausser denen, die ihm assistierten, waren alle anderen in lange schwarze Mäntel gehüllt und hatten blanke Schwerter in der Hand. So weit mein Schrecken mir ein Urteil erlaubte türmten sich am Eingang des Gewölbes menschliche Gebeine zu Haufen. Das Licht, welches dies unheimliche Schauspiel beleuchtete schien mir von einer Flamme herzurühren, die der von brennendem Weingeist gleicht.

„Unsicher meinen Führer wiederzufinden, zog ich mich schnell zurück. Ich fand ihn dort, wo er mich suchte. Er schien verstört, faßte mich mit einer gewissen Unruhe bei der Hand und führte mich in einen seltsamen Garten, zu dem ich mich durch magische Wirkung getragen fühlte. Die von einer Unzahl Lampions verbreitete Helligkeit, das Murmeln der Wasserfälle, der Gesang künstlicher Nachtigallen, der Duft, den man einatmete, erregte vor allem meine Einbildung. Man hieß mich hinter einer im Innern reich geschmückte Gartenlaube zu warten; in die man sofort eine ohnmächtige Person trug, wahrscheinlich die aus dem Sarg im Totengewölbe. Kurz darauf gab man mir das Zeichen mein Instrument zu spielen."

„Außerordentlich erregt von diesem Schauspiel müssen mir viele Dinge entgangen sein. Doch beobachtete ich, daß das ohnmächtige Wesen zu sich kam, sobald ich das Instrument berührt hatte und ganz erstaunt folgende Fragen stellte: „Wo bin ich? Welche Stimme höre ich? . . . „Frohe Jubelgesänge von Trompeten und Zimbeln begleitet waren die einzige Antwort. Man lief zu den Waffen und im Innern des Gartens sah ich alle verschwinden.

„Dies alles schreibe ich ihnen noch ganz erregt . . Hätte ich dies Schauspiel nicht vorsichtigerweise sofort aufgeschrieben, heute müßte ich es für einen Traum halten.

Der *Neophyte*, den man hier für einen Leichnam hielt, befand sich im Zustand des durch Magnetismus hervorgerufenen Somnambulismus. Über die Gartenlaube und die *Harmonika* kann man das merkwürdige Werk „*Kritische Geschichte des tierischen Magnetismus*" von *Deleuze* (2. Auflage, 1829, zwei Bände) zu Rate ziehen. Es enthält bedeutende Bemerkungen über die Kette, den magnetischen Sarg, magnetisierte Bäume, Musik, die Stimme des Magnetismus und das von ihm verwendete Instrument. Über dies ist der Verfasser Anhänger des Mesmerismus, was seine Ansichten nicht verdächtig macht.

Das unerklärlichste an diesem Schauspiel ist die Gegenwart des erzählenden Laien. Wie konnte sich die Gesellschaft so der Gefahr der Verbreitung ihrer Geheimnisse aussetzen. Diese Frage vermögen wir nicht zu beantworten, dagegen sind die Mysterien leicht zu erklären.

Die Nachfolger der alten Rosenkreuzer waren nach und nach von der strengen und hierarchischen Erkenntnis der Einweihung ihrer Vorfahren abgekommen und hatten sich zu einer mystischen Sekte umgebildet. Eifrig hatten sie die magischen Dogmen der Tempelherren gesammelt und hielten sich für die einzigen Bewahrer der Geheimnisse des *Johannes*-Evangeliums. In den Erzählungen des Evangeliums sahen sie eine Reihe zur Vervollständigung der Einweihung geeigneter Riten und glaubten, die Geschichte von Christus müsse sich an jedem Adepten wiederholen. Sie erzählten eine gnostische Legende, nach welcher der Heiland in Wohlgerüche und Binden gehüllt nicht in das neue Grab von *Joseph* von *Arimathia* eingeschlossen worden, sondern in das Haus des *hl. Johannes* selbst zurückgekehrt sei. Dieses angebliche Wunder feierten sie beim Klang der *Harmonika* und der Trompeten. Der Aufzunehmende wurde zur Opferung seines Lebens aufgefordert und unterwarf sich tatsächlich einem Aderlaß, auf den er in Ohnmacht fiel. Diese Ohnmacht galt ihm als Tod, und wenn er wieder zu sich kam, feierten fröhliche Fanfaren und Triumphrufe seine Auferstehung. Diese verschiedenen Erregungen, diese bald düsteren, bald glänzenden Szenen mußten einen bleibenden Eindruck auf seine Einbildung und ihn fanatisch oder sehend machen. Mehrere glaubten an eine wirkliche Auferstehung und hielten sich so gegen den Tod gefeit. So stellten die Führer der Gesellschaft das schlimmste der Mittel, den Wahnsinn in den Dienst ihrer geheimen Pläne und sicherten sich auf Seiten ihrer Adepten jene verhängnisvolle und unermüdliche Hingabe, die Unvernunft öfter und sicherer als Freundschaft hervorbringt.

Die Sekte von *Saint Jakin* war also eine Gemeinschaft von Gnostikern, die sich den Einbildungen der faszinierenden Magie hingab. Sie glichen den Rosenkreuzern und Templern. Ihr Name rührte von einem der Namen her, deren Anfangsbuchstaben in die beiden Hauptsäulen des Salomonischen Tempels eingehauen waren, *Jakin* und *Bohas*. Der Anfangsbuchstabe von *Jakin* ist das hebräische Jod, ein heiliger Buchstabe des hebräischen Alphabets und Anfangsbuchstabe des Namens *Jehova*, den *Jakin* den Laien verhüllen sollte. Deshalb nannte man ihn den *hl. Jakin*.

Die *Saint Jakinisten* waren Theosophen, die sich sehr viel mit Theurgie befaßten.

Alle geheimnisgeschwängerten Erzählungen über den Grafen *von Saint Germain* lassen uns glauben, daß er ein geschickter Arzt und ausgezeichneter Chemiker war. Man versichert, er habe das Geheimnis besessen, Diamanten zusammenzuschweißen, ohne daß man auch nur die geringste Spur einer Arbeit hätte sehen können. Er besaß die Kunst Steine zu reinigen, womit er dem unreinsten und gemeinsten großen Wert verlieh. Der schon erwähnte dumme, anonyme Verfasser gesteht ihm diese Kunst zu, leugnet aber, daß er jemals Gold gemacht habe, als ob man nicht Gold mache, wenn man Edelsteine herstellt. Nach dem gleichen Verfasser erfand *Saint-Germain* auch die Kunst das Kupfer glänzender und geschmeidiger zu machen und hinterließ diese Erfindung der Industrie. Ähnliche Arbeiten müssen dem Grafen von *Saint Germain* für seine Bekanntschaft mit der Königin *Kleopatra* und seinen vertraulichen Umgang mit der Königin von *Saba* Verzeihung erwirken. Er war ein guter und galanter Herr, der Kinder sehr liebte und ihnen mit dem größten Vergnügen selbst köstliches Zuckerwerk und wunderbares Spielzeug bereitete. Er war braun, klein, immer kostbar und mit erlesenem Geschmack gekleidet und genoß im übrigen alle Feinheiten des Luxus. Man versichert, König *Ludwig XV.* habe ihn vertraulich empfangen und sich mit ihm über Diamanten und Edelsteine unterhalten. Wahrscheinlich war dieser Monarch ganz von Höflingen beherrscht und vom Vergnügen ganz in Anspruch genommen, so daß er mehr in einer Laune weibischer Neugier wie als ernster Liebhaber der Wissenschaft *Saint-Germain* zu einer Audienz einlud. *Saint-Germain* war einen Augenblick Mode, und da er, ein liebenswürdiger und jugendlicher Greis, das Geschwätz eines Schlaukopfes mit der Ekstase eines Theosophen zu vereinen wußte, erregte er das Aufsehen gewisser Kreise und wurde bald durch andere Phantastereien ersetzt. So ist der Welt Lauf.

Man hat *Saint-Germain* endlich für keinen geringeren als den geheimnisvollen *Althotas* gehalten, den Lehrer eines Adepten in der Magie, mit dem wir uns bald beschäftigen werden und der den kabbalistischen Namen *Acharat* trug. Nichts ist weniger stichhaltig als dieser Argwohn, wie wir bei der Betrachtung dieser Persönlichkeit sehen werden.

Während der Graf *von Saint-Germain* in Paris Mode war, durchzog ein anderer geheimnisvoller Adept die Welt, der für die Philosophie des *Hermes* Anhänger warb. Es war ein Alchymist *Lascaris* der sich als Archimandrit aus dem Orient ausgab und nach seinen Angaben zur Almosensammlung für ein griechisches Kloster beauftragt sei. Nur schien *Lascaris*, anstatt Almosen zu sammeln, Gold zu schwitzen und überall Spuren davon zu hinterlassen. Überall erschien er und seine Erscheinungen waren verschieden in der Form; hier erschien er alt, wo anders jung. Er selbst machte öffentlich kein Gold, ließ es aber durch seine Jünger machen, denen er bei seinem Weggang ein wenig Projektionspulver hinterließ. Es gibt keine erwiesenere Tatsache als die Verwandlungen des *Lascaris. Louis Figuier* bezweifelt in seinem gelehrten Werk über die Alchymisten weder ihre Wirklichkeit noch ihre Bedeutung. Da es nun besonders in der Physik nichts unerbittlicheres als Tatsachen gibt, so könnte man daraus schließen, daß der Stein der Weisen keine Träumerei ist, würde die unermeßliche Überlieferung des Okkultismus, die alten Mythologien, die ernstesten Arbeiten der größten Männer aller Zeiten sein Dasein und seine Wirklichkeit nicht schon zur Genüge beweisen.

Einem modernen Chemiker, der danach strebte, sein Geheimnis zu veröffentlichen, ist es gelungen, Gold aus Silber herzustellen. Sein Verfahren ist jedoch sehr kostspielig, da das von ihm zerstörte Silber nur ungefähr ein zehntel seines Wertes in Gold ergibt. *Agrippa*, der zwar nie zur Entdeckung des universalen Auflösungsmittels kam, war glücklicher als unser Chemiker; denn er hat den gleichen Wert des verbrauchten Silbers in Gold gefunden. Er hat also nur seine Arbeit verloren, wenn man deren Anwendung auf die Erforschung der großen Naturgeheimnisse einen Verlust nennen kann. Das Werbeziel des *Lascaris* scheint gewesen zu sein, die Menschen durch die Anziehungskraft des Goldes zur Forscherarbeit zu bringen, da das Studium der hermetischen Bücher die Forscher notwendigerweise zur Kabbala führen mußte. Die Eingeweihten glaubten im XVIII. Jahrhundert ihre Zeit für gekommen, die einen um eine neue Hierarchie, die anderen um nach dem Sturz aller Autorität über alle Gipfel der sozialen Ordnung eine gleichmachende Ebene zu legen. Die Geheimgesellschaften schickten zur Ergründung der Stimmung und Aufklärung ihre Scharfschützen durch die ganze Welt: nach *Saint-Germain* und *Lascaris*

Mesmer, nach *Mesmer Cagliostro*. Aber sie gehörten nicht alle derselben Schule an: *Saint-Germain* war der Vertreter der erleuchteten Theosophen, *Lascaris* vertrat die der Überlieferung des *Hermes* folgenden Naturalisten.

Cagliostro war der Vertreter der Templer, daher schrieb er auch in einem an alle Freimaurer Londons gerichteten Brief, daß die Zeit gekommen sei, die Hand ans Schwert zu legen und den Tempel der Ewigkeit wieder zu errichten. Gleich den Templern widmete sich *Cagliostro* den Übungen der schwarzen Magie und betrieb die verhängnisvolle Wissenschaft der Beschwörungen. Er erriet Vergangenheit und Gegenwart, sagte Zukünftiges voraus, vollbrachte wunderbare Heilungen und behauptete Gold machen zu können. Er hatte in die Freimaurerei einen neuen den sogenannten ägyptischen Ritus eingeführt und versuchte den geheimnisvollen Isiskult wieder einzurichten. In Binden gehüllt und wie eine Sphinx von Theben frisiert führt er selbst den Vorsitz bei den nächtlichen Feierlichkeiten in den mit Hieroglyphen und Fackeln erfüllten Sälen. Junge Mädchen waren seine Priesterinnen, die er Tauben nannte und bis zur Ekstase erregte, damit sie Orakel verkünden. Er tat dies mit Hilfe der Hydromantie, da Wasser ein ausgezeichneter Leiter, ein mächtiger Lichtspiegel und ein das astrale Licht stark brechendes Mittel ist, wie die Meeres- und Wolkenspiegelungen beweisen.

So bildet *Cagliostro* offenbar die Fortsetzung von *Mesmer*, er hatte den Schlüssel zu den Erscheinungen des Mediumismus wiedergefunden und war selbst ein Medium d. h. ein Mensch von nervöser und außergewöhnlich eindrucksfähiger Organisation. Er verband damit sehr viel Schlauheit und Selbstvertrauen, das öffentliche Aufsehen und besonders die Einbildung der Frauen tat das Übrige. *Cagliostro* hatte wahnsinnigen Erfolg. Man riß sich um ihn, überall stand seine Büste mit der Innschrift: der göttliche *Cagliostro*. Von diesem Augenblick an mußte die Woge umschlagen, *Cagliostro* wurde zum Intriganten, Scharlatan, zum Kuppler seiner Frau, schließlich zum Schurken, dem Roms Inquisition durch seine Verurteilung zu lebenslänglichem Gefängnis eine Gnade zu erweisen glaubte. Seine Frau verkaufte ihn, wodurch man annehmen konnte, er verkaufte seine Frau. Man legte ihm eine Schlinge, fing ihn darin und machte ihm den Prozeß, von dem man das veröffentlichte, was man wollte. Darüber kam die Revolution, und *Cagliostro* wurde vergessen.

Und doch ist dieser Adept für die Geschichte der Magie nicht ohne Bedeutung; sein Siegel ist ebenso wichtig wie das Salomonische und bezeugt seine Einweihung in die verborgensten Geheimnisse dieser Wissenschaft. Dieses Siegel wird durch die kabbalistischen Buchstaben der Namen *Acharat* und *Althotas* erklärt und drückt die hauptsächlichsten Merkmale des großen Geheimnisses und des Steins der Weisen aus. Eine vom Pfeil durchbohrte Schlange stellt den Buchstaben Aleph א dar, das Bild des Lebens, Willens und des Lichts. Der Pfeil ist der des alten *Apoll* und die Schlange ist der *Python* der Fabel, der grüne Drache der hermetischen Philosophen. Der Buchstabe *Aleph* versinnbildlicht die ausgeglichene Einheit. Dieses Pantakel erscheint in verschiedener Form in den Talismanen der alten Magie wieder, bald aber wird die Schlange durch *Junos* Pfau ersetzt. Der Pfau mit dem königlichen Kopf, dem buntschillernden Schwanz, das Sinnbild des analysierten Lichtes, der Vogel des großen Werkes, dessen Gefieder von Gold trieft. Bald tritt an die Stelle des Pfaues das weiße Lamm, das Schaf oder der junge Sonnenwidder, der vom Kreuz durchbohrt ist, wie er noch auf dem Wappen der Stadt Rouen ist. Pfau, Widder und Schlange sind das gleiche hieroglyphische

Zeichen, das passive Prinzip. *Junos* Szepter, Kreuz und Pfeil sind das aktive Prinzip, der Wille, die magische Aktion, die Coagulation des Auflösungsmittels, die Verdichtung durch die Projektion des Flüchtigen, die Durchdringung der Erde durch das Feuer. Die Vereinigung der Beiden ist die universale Wage, das große Geheimnis, das große Werk, das Gleichgewicht von *Jakin* und *Bohas*.

Das Trigramm L.·. P.·. D.·., welche diese Figur begleitet, bedeutet „*Freiheit*, *Macht*, *Pflicht*," oder *Licht*, *Verhältnis*, *Festigkeit* oder *Gesetz*, *Grundsatz* und *Recht*.

Die Freimaurer haben die Buchstaben vertauscht, und wenn sie L.·. D.·. P.·. schreiben, machen sie daraus die Anfangsbuchstaben der Worte *Freiheit zu denken*, (liberté de penser) die sie auf eine symbolische Brücke schreiben und für Laien dann lesen „*Freiheit zu überschreiten*". In den Akten des *Cagliostro*-Prozesses steht, er selbst habe diesen drei Buchstaben in seinem Verhör eine andere Bedeutung gegeben und sie durch folgende Legende übersetzt: *Lilia destrue pedibus*, *trete die Lilien mit den Füßen*, und zur Unterstützung dieser Version kann man eine Freimaurer-Medaille des XVI. oder XVII. Jahrhunderts anführen, auf der man ein Schwert sieht, das einen Lilienzweig abschneidet und die Worte trägt: „*Talem dabit ultio messem*".

Der Name *Acharat*, den *Cagliostro* annahm, wird im hebräischen kabbalistisch folgendermaßen geschrieben:

אש
אי
אה

und drückt die dreifache Einheit aus, אש die Einheit von Prinzip und Gleichgewicht.

יאר die Einheit des Lebens und der Fortdauer der erneuerten Bewegung,

אה endlich die Einheit in einer absoluten Synthese.

Der Name *Althotas*, des Meisters von *Cagliostro*, ist aus dem Namen *Thot* und den Silben al und as gebildet, die kabbalistisch gelesen, Sala, Gesandter bedeuten. Der ganze Name heißt also *Thot, Messias der Ägypter*, und diesen erkannte *Cagliostro*, vor allem als Meister an.

Lehre des großen *Cophten*, das war bekanntlich der Titel den *Cagliostro* annahm. Seine Lehre hatte als doppelten Gegenstand die moralische und die physische Wiedergeburt.

Hier die Vorschriften des großen *Cophten* zur moralischen Erneuerung:

„Mit *Moses* steige auf den Sinai, auf den Kalvarienberg, mit *Phaleg* auf den Tabor und mit *Elias* auf den Karmel.

„Auf den höchsten Bergesgipfel sollst du dein Tabernakel bauen.

„Es soll in drei mit einander verbundene Bauten eingeteilt sein, deren mittlerer drei Stockwerke hat.

„Das Stockwerk zu ebener Erde oder das erste soll den Speisesaal enthalten.

„Das mittlere soll als Zimmer des Schlafes und der Träume rund sein und 12 Betten außen und eins in der Mitte enthalten.

„Das dritte Stockwerk, das Zimmer des Lichts soll quadratisch und auf jeder Seite mit vier Fenstern durchbrochen sein.

„Dort sollst du vierzig Tage allein beten und vierzig Nächte in dem Schlafsaal der zwölf Meister schlafen.

„Dann wirst du die Unterschrift der sieben Genien erhalten und von ihnen das auf ein jungfräuliches Pergamentblatt gezeichnetePentagramm empfangen.

„Dieses Zeichen kennt niemand außer dem, der es erhält.

„Es ist das okkulte Zeichen des weißen Kiesels, von dem in der Prophezeiung des jüngsten der zwölf Meister die Rede ist.

„Dann wird dein Geist vom göttlichen Licht erhellt, dein Körper wird wie der eines Kindes rein, deine Verstandeskraft ohne Grenzen und deine Macht unermeßlich sein. Eingehen wirst du zur vollkommenen Ruhe, dem Anfang der Unsterblichkeit, und ohne Hochmut wirst du voll Wahrheit sagen können: ich bin, der ich bin.“

Dieses Rätsel fordert zur moralischen Wiedergeburt das Studium, das Verständnis und die Verwirklichung der hohen Kabbala.

Die drei Zimmer sind die Vereinigung des physischen Lebens, des religiösen Strebens und des philosophischen Lichts. Die zwölf Meister sind die großen Offenbarer, deren Symbole man verstehen muß. Die Unterschrift der sieben Genien ist die Einweihung in das große Geheimnis, usw. Es ist also alles allegorisch und handelt ebenso wenig vom wirklichen Bau eines dreistöckigen Hauses, wie es in der Freimaurerei um einen Tempelbau zu Jerusalem geht.

Nun zum Geheimnis der physischen Wiedergeburt.

Um sie zu erlangen muß man nach den okkulten Vorschriften des großen *Cophten*:

Sich alle fünfzig Jahre vierzig Tage wie zu einem Jubiläum zurückziehen,

Während des Vollmonds im Mai,

Allein auf das Land mit einer treuen Person;

Fasten während den vierzig Tagen und nur den von der keimenden Saat in einem reinen weißen Leinentuch gesammelten Tau trinken und zarte, junge Triebe essen.

Das Mahl mit einem großen Glas Tau beginnen, und es mit einem Biskuit oder einer einfachen Brotkruste beschließen.

Am siebzehnten Tag einen leichten Aderlaß machen,

Morgens und abends je sechs Tropfen vom Urstoff nehmen und dann täglich bis zum zweiunddreißigsten Tag zwei Tropfen mehr.

Dann beim Morgengrauen die kleine Blutung erneuern und bis zum vierzigsten Tage schlafend im Bett bleiben.

Beim ersten Erwachen nach dem Aderlaß das erste Korn der Universalmedizin einnehmen.

Man wird dann in eine dreitägige Ohnmacht fallen, Krämpfe und Schweiß bekommen, abscheuliche Entleerungen werden folgen, man muß Bett und Leinzeug wechseln.

Dann eine mit Raute, Salbei, Baldrian, Eisenkraut und Bienenkraut gewürzte fettlose Fleischbrühe trinken.

Am folgenden Tag das zweite Korn Universalmedizin, astrales Quecksilber mit Goldschwefel, einnehmen.

Am Tag danach lauwarm baden,

Am sechsunddreißigsten Tag ein Glas ägyptischen Wein trinken.

Am siebenunddreißigsten Tag das dritte und letzte Korn der Universalmedizin nehmen.

Dann folgt ein tiefer Schlaf.

Haare, Zähne und Nägel werden sich erneuern, die Haut wird neu werden.

Am achtunddreißigsten Tag in den unten angegebenen aromatischen Kräutern baden.

Am neununddreißigsten Tag zehn Tropfen Elexier von *Acharat* in zwei Löffel Rotwein nehmen.

Am vierzigsten Tag ist das Werk vollbracht, der Greis wieder verjüngt.

Mit Hilfe dieser Jubilardiät behauptet *Cagliostro* mehrere Jahrhunderte gelebt zu haben. Es war eine offensichtliche neue Zubereitung des berühmten Unsterblichkeitsbades der menandrinischen Gnostiker. Glaubte *Cagliostro* ernstlich daran?

Vor seinen Richtern zeigte er große Festigkeit und Geistesgegenwart, er behauptete Katholik zu sein und im Papst den obersten Herrn der religiösen Hierarchie zu ehren. Über die okkulten Wissenschaften befragt, antwortet er rätselhaft und auf den Vorhalt, seine Antworten seien absurd und unverständlich, entgegnet er: „Wie wollt ihr wissen, daß sie absurd sind, wenn ihr sie unverständlich findet? Ärgerlich hierüber fragten ihn die Richter plötzlich nach den Namen der Hauptsünden. *Cagliostro* nannte Wollust, Geiz, Neid, Völlerei und Faulheit. Ihr vergeßt Hochmut und Zorn, wird ihm entgegnet. Entschuldigt, ich vergaß sie nicht, antwortet er, nur wollte ich sie aus Achtung vor euch und aus Furcht euch zu beleidigen nicht nennen. Man verurteilte ihn zum Tode; dann wurde die Strafe in lebenslängliche Haft umgewandelt. Im Gefängnis bat *Cagliostro* um die Beichte und bezeichnete selbst den Priester, einen Mann von ungefähr seinem Aussehen und seiner Gestalt. Der Beichtiger trat ein und kam nach einiger Zeit wieder heraus. Einige Stunden später fand der Kerkermeister in der Zelle des Verurteilten den Leichnam eines Erwürgten. Die entstellte Leiche war mit *Cagliostros* Kleidern bedeckt, den Priester sah man nicht wieder.

Liebhaber von Wundern versichern, der große *Cophte* sei wirklich noch in Amerika als höchster und unsichtbarer Priester der an Klopfgeister Glaubenden.

3. Kapitel.

PROPHEZEIUNGEN VON CAZOTTE.

Die Martinisten — Das Souper von Cazotte — Der Roman „Der verliebte Teufel" — Nahema, die Königin der Strygen — Der blutende Berg — Fräulein Cazotte und Fräulein von Sombreuil — Cazotte vor dem revolutionären Gerichtshof.

Die von *Pasqualis Martinez* begründete und von *Saint Martin* fortgeführte Schule der unbekannten Philosophen scheint die letzten Adepten der wahren Weihe gehabt zu haben. *Saint Martin* kannte den alten Schlüssel zum Tarot, d. h. das Mysterium der heiligen Alphabete und der hierarchischen Hieroglyphen. Er hat mehrere sehr seltsame, aber niemals geprägte Pantakel hinterlassen, von denen wir Kopien besitzen. Eines dieser Pantakel ist der überlieferte Schlüssel zum großen Werk und *Saint Martin* nennt ihn den Schlüssel der Hölle, weil er der zum Reichtum ist. Die Martinisten waren die letzten Christen unter den Illuminaten und die Initiatoren des berühmten *Cazotte.*

Wir haben von einer Spaltung des Illuminatentums im XVIII. Jahrhundert gesprochen: die einen, Bewahrer der Überlieferungen von Natur und Wissen, wollten die Hierarchie wieder aufbauen, die andern dagegen durch Offenbarung des großen Geheimnisses alles gleich machen, wodurch König- und Priestertum in der Welt unmöglich wurden. Unter den Letzteren waren Ehrgeizige und Schurken, die auf den Trümmern der Welt zu herrschen hofften, die anderen waren Betrogene und Einfaltspinsel.

Die wahren Eingeweihten sahen die Gesellschaft mit Schrecken in den Abgrund stürzen und sahen alle Schrecken der Anarchie voraus. Die

Revolution, die später dem verlöschenden Genie *Vergniauds* in der düsteren Gestalt des seine Kinder verschlingenden *Saturns* erscheinen sollte, erhob sich schon im vollen Waffenglanz in den prophetischen Träumen *Cazottes*. Als er sich eines Abends inmitten der blinden Werkzeuge des künftigen Jakobinismus befand, sagte er ihnen allen ihr Schicksal voraus, den Stärksten und den Schwächsten das Schafott, Selbstmord den Begeistertsten, und seine wie in unheimlichem Scherz geäußerten Prophezeiungen gingen alle in Erfüllung. Diese Prophezeiung war nichts anderes als eine Wahrscheinlichkeitsrechnung, und sie erwies sich als richtig, weil die wahrscheinlichen Möglichkeiten sich schon in notwendige Folgen verwandelt hatten. *La Harpe*, der später über diese Prophezeiung erstaunt war, fügte ihr einige Einzelheiten hinzu, um sie merkwürdiger erscheinen zu lassen, wie die genaue Anzahl Stiche, die sich einer der Gäste mit dem Rasiermesser beibringen werde usw.

Man muß den Erzählern außerordentlicher Vorfälle ein wenig poetische Freiheit zugestehen. Derartige Verzierungen sind nicht gerade Lügen, sie sind nur Poesie und Stil.

Den von Natur ungleichen Menschen absolute Freiheit zugestehen, heißt den sozialen Kampf organisieren. Und wenn diejenigen, welche die wilden Triebe der Menge dämmen sollen, die Torheit begehen sie zu entfesseln, so braucht man kein großer Magier zu sein, um zu erkennen, daß sie zuerst verschlungen werden, da tierische Gier sich immer gegenseitig zerreißt, bis sie ein mutiger und geschickter Jäger mit Flintenschüssen oder einem einzigen Hieb tötet. *Cazotte* hatte *Marat* voraus gesehen, und *Marat* sah die Reaktion und den Diktator voraus.

Cazotte war mit einigen Werken frivoler Literatur hervorgetreten, und nach einer Erzählung soll er seine Einweihung der Veröffentlichung seines Romans „*Der verliebte Teufel*“ verdanken. Dieser Roman ist voll magischer Einweihungen, und die größte Prüfung des Lebens, die der Liebe wird darin nach der Lehre der Adepten im wahren Licht gezeigt.

Die physische Liebe, diese rasende Leidenschaft, der für die Spielbälle der Einbildungen unsichtbare Wahn ist nur eine Verführung des Todes, der seine Ernte durch die Geburt erneuern will. Die physische Venus ist der als Kurtisane gekleidete und aufgeputzte Tod. Die Liebe zerstört wie ihre Mutter und sammelt Opfer für sie. Ist die Kurtisane satt, dann demaskiert sich der Tod und verlangt seine Beute. Deshalb enthüllt und warnt die Kirche, welche die Geburt durch die Heiligkeit der Ehe rettet, vor den Ausschweifungen des Todes, indem sie alle Verirrungen der Liebe erbarmungslos verdammt.

Wenn die Frau in den Armen des Geliebten durch die Opfer der Pflicht zum unsterblichen Engel wird, dann ist sie eine Zauberin, die ihn entnervt, erschöpft und tötet, indem sie sich ihm in der ganzen Häßlichkeit ihres brutalen Egoismus zeigt. Wehe dem Opfer des verliebten Teufels. Wehe denen, die sich von den unzüchtigen Schmeicheleien *Biondettas* fangen lassen. Bald wird sich das Lübsche Gesicht des jungen Mädchens in jenen furchtbaren Kopf des Chamäleons verwandeln, der so tragisch am Ende eines *Cazotteschen* Romans erscheint.

Die Kabbalisten sagen, in der Hölle seien zwei Königinnen der Zauberinnen: *Lilith*, die Mutter der Mißgeburten und *Nahema* die verhängnisvolle, mörderische Schönheit. Gibt sich der seiner ihm vom Himmel bestimmten Frau untreue Mann den Verirrungen einer unfruchtbaren Leidenschaft hin, dann nimmt ihm Gott die rechtmäßige heilige Gattin und überläßt ihn *Nahemas* Umarmungen.

Diese Königin der Zauberinnen weiß alle Reize der Jungfräulichkeit und Liebe spielen zu lassen. Sie fängt die Herzen der Väter und zwingt sie von Pflichten und Kindern zu lassen, verheiratete Männer treibt sie zum Witwertum und zwingt die Gottgeweihten zur lasterhaften Ehe. Daran ist sie leicht zu erkennen, wenn sie sich den Namen der Gattin widerrechtlich aneignet. Am Hochzeitstag ist sie kahlköpfig, denn das Haar der Frau und der Schleier der Schamhaftigkeit sind ihr an diesem Tag verboten. Am Tag nach der Hochzeit spielt sie dann Verzweiflung und Ekel am Leben, predigt Selbstmord und verläßt schließlich gewaltsam ihren Gatten, nachdem sie ihn mit einem höllischen Mal zwischen den Augenbraunen gezeichnet hat.

Nahema kann Mutter werden, sagen sie noch, aber nie erzieht sie ihre Kinder, sie gibt sie ihrer finsteren Schwester *Lilith* zu essen.

Diese kabbalistischen Allegorien findet man in dem hebräischen Buch über die „*Revolution der Seelen*", im „*Kabbalistischen Wörterbuch* zum *Sohar*." und in den „*Kommentaren der Talmudisten über den Sohar*". Sie scheinen dem Verfasser des „*Verliebten Teufels*" bekannt gewesen oder von ihm erraten worden zu sein. So erzählt man auch, nach der Veröffentlichung dieses Werkes, sei eine in einen Mantel nach Art der Femerichter gehüllte, unbekannte Person zu ihm gekommen. Diese Person gab ihm Zeichen, die er aber nicht verstand, und fragte ihn, ob er wirklich eingeweiht sei. Nach seiner verneinenden Antwort wurde der Unbekannte freundlicher und sagte: „Ich sehe, daß ihr kein treuloser Bewahrer unserer Geheimnisse, sondern ein auserwähltes Gefäß für das Wissen seid. Wollt ihr wirklich den menschlichen Leidenschaften und unreinen Geistern befehlen?" *Cazotte* wurde neugierig, es folgte eine lange Unterhaltung, der Anfang mehrerer anderer, und der

Verfasser des „*Verliebten Teufels*“ wurde wirklich eingeweiht. Durch die Weihe sollte er ein hingebender Anhänger des Ordens und ein gefährlicher Feind der Anarchisten werden. Wir haben ja gesehen, daß es sich um einen Berg handelt, den man besteigen muß, um nach den Symbolen *Cagliostros* neugeboren zu werden. Dieser Berg hat aber weißes Licht wie der Tabor oder wie Feuer und blutrotes wie der Sinai und der Kalvarienberg. Es gibt zwei chromatische Synthesen, sagt der *Sohar*: die der Harmonie und des moralischen Wesens oder die weiße, die des Krieges und des materiellen Lebens oder die rote; die Farbe des Tages ist die des Blutes. Die *Jakobiner* wollten die Fahne des Blutes erheben und ihr Altar erhob sich schon auf dem roten Berg. *Cazotte* war unter die Fahne des Lichts getreten, und sein mystischer Tabernakel stand auf dem weißen Berg. Eben triumphierte der Blutberg und *Cazotte* wurde geächtet. Er hatte eine Tochter, ein heldenmütiges Kind, das ihn aus dem Blutbad von Abbaye rettete. Fräulein *Cazotte* hatte kein adliges Prädikat vor ihrem Namen und das rettete sie bei diesem Hoch einer entsetzlichen Brüderlichkeit, wobei das kindliche Mitleid des Fräuleins *de Sombreuil* unsterblich wurde. Diese edle Tochter mußte zur Entschuldigung ihres Adels die Gnade für ihren Vater aus dem Blutbecher der Henker ertrinken.

Cazotte hatte seinen Tod vorhergesagt, weil sein Gewissen ihn zum Kampf bis zum Tod gegen die Anarchie zwang. Er gehorchte also seinem Gewissen weiter, wurde von neuem gefangen und vor das Revolutionsgericht gestellt. Er wurde ohne weiteres verurteilt. Nach der Urteilsverlesung redete ihn der Richter seltsam voll Achtung und Bedauern an. Er forderte ihn auf bis zum Tode sich selbst würdig zu bleiben und als tapferer Mann, wie er gelebt, zu sterben. Selbst im Gerichtshof war die Revolution ein feiner Krieg und die Brüder grüßten sich, bevor sie sich den Tod gaben. So gab es auf beiden Seiten aufrichtige und daher achtungswerte Überzeugungen. Wer für seine Überzeugung stirbt, und sei sie irrig, ist ein Held. Die Anarchisten des blutigen Berges brachten in ihrem Mut nicht nur die anderen aufs Schafott, sie bestiegen es selbst ohne zu erbleichen. Gott und die Nachwelt mögen sie richten!

4. Kapitel.

DIE FRANZÖSISCHE REVOLUTION.

Das Grab von Jacques de Molay — Die Rache der Tempelritter — Propaganda gegen das Priester- und Königtum — Ludwig XVI. im Temple — Beraubung und Entweihung der Kirchen — Der in Valence gefangene Papst — Erfüllung der Prophezeihung von St. Methodius.

Einmal lebte ein über seine Nichtsnutzigkeit und Lasterhaftigkeit tiefentrüsteter Mann in der Welt, der für seine schlecht versteckte Schande die ganze Gesellschaft verantwortlich machte. Dieser Mann war der unglückliche Liebhaber der Natur, und in ihrem Zorn hatte ihn die Natur mit Beredsamkeit wie mit einer Geißel bewaffnet. Er wagte es gegen das Wissen die Unwissenheit, gegen die Kultur die Barbarei, kurz gegen jede soziale Höhe jede Niedrigkeit zu verteidigen. Das Volk verlachte diesen Wahnsinn instinktiv, die Großen aber nahmen ihn auf, die Frauen brachten ihn in Mode, sein Erfolg war so groß, daß sein Haß gegen die Menschheit nur zunahm und er sich schließlich vor Ekel und Zorn tötete. Nach seinem Tode erzitterte die Welt bei der Verwirklichung der Träume von *Jean Jacques Rousseau*. Die Verschwörer, die seit *Jacques de Molay's* Tod den Sturz des sozialen Gebäudes geschworen hatten, errichteten in der Rue Plâtrière im früheren Wohnhaus von *Jean Jacques* eine geweihte Loge unter dem Schutz des Genfer Fanatikers. Diese Loge wurde die Hochburg der revolutionären Bewegung und ein Fürst königlichen Blutes kam hierher, um den Tod der Nachfolger *Philipps des Schönen* auf dem Grab von *Jacques de Molay* zu schwören.

Der Adel des XVIII. Jahrhunderts verdarb das Volk, die Großen jener Zeit waren von einem Wahn der Gleichheit ergriffen, der mit den Orgien der Regentschaft begonnen hatte. Des Spasses halber ging man mit Lumpengesindel um, und der Hof begnügte sich damit, den Markthallenjargon zu sprechen. Die Mitgliederlisten der Templer bestätigen den Herrscher als Großmeister dieser gefürchteten Geheimgesellschaft. Seine Nachfolger waren der Herzog *du Maine*, die Fürsten *de Bourbon-Condé* und *de Bourbon-Conti* und der Herzog *de Cossé-Brissac. Cagliostro* hatte in seinem ägyptischen Ritus die Helfershelfer des zweiten Ordens verspottet; man bemühe sich dem geheimen und unwiderstehlichen Trieb zu folgen, der die zerfallenden Kulturen ihrer Vernichtung zutreibt. Die Ereignisse ließen nicht auf sich warten, sie kamen, wie sie *Cazotte* vorausgesehen hatte. Wie von unsichtbarer Hand getrieben überstürzten sie sich. Der unglückliche *Ludwig XVI.* wurde von seinen tötlichsten Feinden verraten. Sie ordneten den unglücklichen Fluchtplan an und ließen ihn mißglücken, der die furchtbare Katastrophe von Varennes veranlaßte, wie sie die Orgie von Versailles veranstaltet und das Blutbad vom 10. August befohlen hatten. Überall hatten sie den König bloßgestellt, überall retteten sie ihn vor der Volkswut, um diese nur noch mehr anzustacheln, und das während Jahrhunderten vorbereitete Ereignis herbeizuführen: die Rache der Templer brauchte ein Schafott!

Unter dem Druck des Bürgerkrieges erklärte die Nationalversammlung den König seiner Macht enthoben und gab ihm das Palais du Luxembourg als Residenz, aber eine geheimere Versammlung hatte anderes beschlossen. Die Residenz des besiegten Königs mußte ein Gefängnis sein, und dieses Gefängnis konnte nur der alte Palast der Templer sein, der mit seinem Zwinger und seinen Türmchen zur Erwartung dieses königlichen, dem unerbitterlichsten Andenken geweihten Gefangenen stehen geblieben war.

Der König war im *Tempel* und die Auserlesenen des französischen Klerus im Exil oder in Abbaye. Die Kanonen donnerten auf dem Pont-Neuf, und drohende Proklamationen verkündeten, das Vaterland sei in Gefahr. Da organisierten unbekannte Männer das Blutbad. Eine häßliche, hünenhafte Persönlichkeit mit langem Bart war überall dort, wo es Priester zu erwürgen gab. „Da" rief er ihnen hohnvoll zu, „das ist für die Albigenser und Vandeer, das für die Templer, das für die St. Bartholomäusnacht, das für die Geächteten der Cevennen", und voll Wut schlug er mit Säbel, Beil und Keule auf sie ein. Die Waffen zerbrachen und erneuten sich in seinen Händen, von Kopf zu Fuß war er voll Blut, sein Bart klebte davon und unter entsetzlichen Lästerungen versicherte er, ihn nur mit Blut zu waschen.

Dieser Mensch forderte das engelgleiche Fräulein *de Sombreuil* zu einem Hoch auf die Nation auf.

Ein anderer Engel weinte und betete im Turm des *Temple* und opferte Gott seine Leiden und die zweier Kinder um Vergebung für Königtum und Frankreich. Zur Sühne der wahnsinnigen Lüste der *Pompadour* und der *Dubarry* waren alle Leiden und Tränen dieser Märtyrer-Jungfrauen, dieser heiligen Frau *Elisabeth* nötig.

Das Jakobinertum hatte schon seinen Namen, ehe man die alte Kirche der Jakobiner als Versammlungsort der Führer der Verschwörung gewählt hatte. Dieser Name kommt von *Jacques*, diesem verhängnisvollen und zu Revolutionen vorbestimmten Namen. Die Scharfrichter hatten in Frankreich immer *Jacques* geheißen. Der Philosoph, dessen verhängnisvolle Berühmtheit das neue Jakobinertum und die blutigen Pläne der johannitischen Verschwörer vorbereitete, hieß *Jean Jacques*, und die verborgenen Triebkräfte der französischen Revolution hatten auf dem Grab von *Jacques de Molay* den Sturz von Thron und Altar geschworen.

Als Ludwig XVI. eben unter dem Revolutionsbeil gestorben war, stieg der Mann mit dem langen Bart, der ewige Jude des Mordes und der Rache vor der entsetzten Menge auf das Schafott, nahm beide Hände voll Blut und rief mit furchtbarer Stimme: „Frankreichs Volk, ich taufe dich im Namen *Jacques* und der Freiheit!" (*Prudhommes* berichtet diese Worte anders, die obige Version haben wir von einem Augenzeugen.)

Die Hälfte der Arbeit war getan und nun mußte sich die Armee der Templer mit aller Macht gegen den Papst wenden.

Die Kirchenschändungen, die Entweihung der heiligen Dinge, höhnische Prozessionen, die Einsetzung des Kultus der Vernunft in der Hauptstadt Paris waren die Signale des neuen Krieges. Der Papst wurde „in Abwesenheit" im Palais Royal verbrannt, und bald rüsteten sich die Heere der Republik zum Zug gegen Rom. *Jacques de Molay* und seine Gefährten waren vielleicht Märtyrer, aber ihre Rächer haben ihr Andenken entweiht. Das Königtum erneuerte sich auf dem Schafott *Ludwigs XVI.*, die Kirche siegte in der Verbannung *Pius VI.*, der gefangen nach Valence geschleppt wurde und vor Ermüdung und Leiden starb; aber die unwürdigen Nachfolger der alten Templer gingen ganz verstrickt in ihren unheimlichen Sieg zu Grunde.

Viel Mißbrauch und Ärgernis gab es infolge des Unglücks der großen Reichtümer im Priestertum. Der Reichtum verschwand, und die großen Tugenden kehrten wieder. Diese irdischen Niederlagen und geistigen Siege waren in der schon erwähnten „Apokalypse" des *hl. Methodius* vorhergesagt. Ein Exemplar dieses Buches in gothischer Schrift 1527 gedruckt und mit den seltsamsten Zeichnungen geschmückt, ist in unserem Besitz.

Man sieht zuerst unwürdige Priester den Schweinen heilige Dinge zuwerfen, dann das empörte Volk die Priester morden und heilige Gefäße auf ihren Köpfen zerschlagen, den von Soldaten gefangenen Papst, dann einen geharnischten Ritter in der einen Hand die Standarte Frankreichs, die andere über Italien haltend. Man sieht zwei Adler und einen Hahn mit einer Krone auf dem Kopf und zwei Lilien auf der Brust, der zweite Adler verbindet sich mit Greifen und Einhörnern um den Geier aus seinem Horst zu treiben und so noch viele andere erstaunliche Dinge. Dieses seltsame Buch ist nur noch mit einer berühmten Ausgabe des Abtes *Joachim* (von Calabrien) zu vergleichen, in der man die Bildnisse aller kommenden Päpste mit den allegorischen Zeichen ihrer Herrschaft bis zur Ankunft des Antichrist sieht. Eine seltsame Chronik der Zukunft, die wie Vergangenes erzählt wird, und uns an eine Weltenfolge glauben lassen könnte, in der die Ereignisse sich wiederholen, so daß das Vorsehen zukünftiger Ereignisse nur eine Beschwörung verflossener Spiegelungen der Vergangenheit wäre.

5. Kapitel.

PHÄNOMENE DER MEDIOMANIE.

Dunkle Sekte der mystischen Johanniter — Catherine Théot und Robespierre — Erfüllte Vorhersagung — Visionen und angebliche Wunder der Retter Ludwigs XVII.

Im Jahre 1772 glaubte *Loiseaut*, ein Einwohner von *Saint-Mandé* in der Kirche eine sehr eigenartige Person neben sich knien zu sehen. Es war ein sonnverbrannter Mann, der als ganze Kleidung eine Art Hose trug. Dieser Mann hatte einen langen Bart, gelockte Haare und eine rote, runde Narbe um den Hals, er hatte ein Buch mit der eingepreßten Inschrift: *Ecce Agnus Dei.*

Loiseaut war beim Anblick dieser seltsamen von niemand beachteten Figur sehr erstaunt, beendete sein Gebet und ging nach Hause, wo ihn dieselbe Person erwartete. Er ging ihm entgegen um ihn zu fragen, wer er sei und was er wolle, doch da war der phantastische Besucher plötzlich verschwunden. *Loiseaut* legte sich mit Fieber ins Bett und konnte nicht einschlafen. Nachts sah er sein Zimmer plötzlich von rotem Licht erhellt, er glaubte an eine Feuersbrunst und fuhr hoch, da sah er mitten im Zimmer auf dem Tisch eine goldene Schüssel und auf derselben den Kopf seines Besuchers ganz in Blut. Den Kopf umgab ein roter Schein, die Augen waren furchtbar verdreht und der zum Schreien offene Mund sprach mit seltsam pfeifender Stimme: „*Ich warte auf die Häupter der Könige und ihrer Kurtisanen, auf Herodes und Herodias warte ich.*" Dann erlosch der Strahlenkranz und der Kranke sah nichts mehr.

Einige Tage später konnte er gesund wieder seinen Geschäften nachgehen; als er über den Platz Louis *XV*. ging, bat ihn ein Bettler um ein

Almosen. Ohne ihn zu beachten warf *Loiseaut* ein Geldstück in seinen Hut. „*Danke*“, sagte der Mann, „ *es ist ein Königskopf, aber hier*,“ und damit zeigte er auf die Mitte des Platzes, „*wird ein anderer fallen, und auf den warte ich*!“ Erstaunt wandte sich ihm *Loiseaut* zu und stieß einen Schrei aus, da er die seltsame Gestalt seiner Vision erkannte. — „Schweig“, sagte der Bettler, man wird dich für wahnsinnig halten, denn außer dir kann mich hier keiner sehen. Du hast mich wieder erkannt; ich bin *Johannes der Täufer*, der Vorläufer und bin gekommen, dir die Züchtigung der Nachfolger des *Herodes* und der Erben des *Kaiphas* anzuzeigen. All meine Worte kannst du wiederholen.

Von dieser Zeit an glaubte *Loiseaut* den *hl. Johannes den Täufer* fast täglich zu sehen. Die Erscheinung sprach lange mit ihm von dem Unglück, das über Frankreich und die Kirche kommen würde. *Loiseaut* sprach dann mit einigen Leuten über seine Erscheinung, die sehr erstaunt waren und wie er selbst hellsehend wurden. Sie bildeten eine mystische Gesellschaft, deren Zusammenkünfte sehr geheimnisvoll waren. Die Glieder dieser Vereinigung setzten sich im Kreis herum, hielten sich an den Händen und erwarteten still die Mitteilungen. Oft warteten sie mehrere Stunden, dann erschien der *hl. Johannes* in ihrer Mitte. Sie fielen alle gleichzeitig oder nacheinander in magnetischen Schlaf und sahen die zukünftigen Ereignisse der Revolution und Restauration vor ihren Augen sich abrollen.

Der geistige Leiter dieser Sache oder des Kreises war ein Mönch mit Namen *Dom Gerle*, der nach dem Tode *Loisseaut's* 1788 Vorsteher wurde. Während der Revolution erfaßte ihn der republikanische Enthusiasmus und er wurde deshalb auf die Eingebungen der bedeutendsten Somnambule *Françoise André* hin aus der Sekte verstoßen.

Dom Gerle hatte auch eine Somnambule und übte in einer Mansarde in Paris den damals neuen Beruf eines Magnetiseurs aus. Die Seherin war die alte, fast blinde *Catherine Théot*. Sie gab Prophezeiungen, die eintrafen, und heilte mehrere Kranke. Da aber die Prophezeiungen immer etwas politisch waren, so beschäftigte sich auch nach kurzem die Polizei des Comité de salut public damit.

Eines Abends war *Catherine Théot* umgeben von ihren Verehrern in Ekstase: „Hört", sagte sie, „ich lausche auf den Hall seiner Schritte, es ist der geheimnisvoll Auserwählte der Vorsehung, der Engel der Revolution; er wird ihr Retter und Opfer sein, König des Unterganges und der Wiedergeburt ist er, seht ihr ihn? Er naht: auch er, seine Stirn umgibt der blutige Strahlenkranz des Vorläufers, alle Verbrechen der Mörder wird er tragen. O, wie groß ist dein Geschick, der du mit deinem Sturz den Abgrund schließen wirst. Seht ihr ihn geschmückt wie zum Fest, Blumen in der Hand .. Es ist der Märtyrerkranz . . ." Dann brach sie traurig in Tränen aus „Wie grausam waren deine Prüfungen, mein Sohn! Wieviel Undankbare werden durch die Jahrhunderte dein Andenken verfluchen. Erhebt und verbeugt euch, hier ist er, der König . . . der König der blutigen Opfer."

Da öffnete sich lautlos die Tür, und ein Mann den Hut tief in der Stirn und im Mantel betrat das Zimmer. Die Versammelten erhoben sich, und *Catherine Théot* streckte dem Ankömmling ihre zitternden Hände entgegen: „Ich wußte, daß du kommen mußtest", sagte sie, „und ich erwartete dich. Der, den du nicht siehst, auf meiner rechten Seite hat dich heute mir gezeigt, da dir von uns berichtet wurde. Man beschuldigte uns für den König zu wirken, und wirklich habe ich von einem König gesprochen, dessen Vorläufer mir eben die blutbefleckte Krone zeigt; und weißt du über wessen Haupt sie schwebt? Über dem deinen, *Maximilian*!“

Bei diesem Namen erzitterte der Unbekannte, als ob ihm glühendes Eisen die Brust versenge. Rasch warf er einen unruhigen Blick um sich und sagte dann mit undurchdringlicher Miene: „Was wollt ihr?“, murmelte er mit abgerissenen Worten, „ich verstehe euch nicht.“

„Sagen will ich“, antwortete *Catherine Théot*, „daß an jenem Tag helle Sonnenstrahlen und ein Mann in blauer Kleidung mit einem Blumenszepter in der Hand einen Augenblick der König und Heiland der Welt sein wird. Sagen will ich, daß du wie *Moses* und *Orpheus* groß sein wirst, wenn du den Fuß auf dem Ungeheuer, das dich zu verschlingen droht, zu Henkersknechten und Opfern sagen wirst, daß es einen Gott gibt. Verstecke dich nicht mehr, *Robespierre*, und zeige uns ohne zu wanken diesen mutigen Kopf, den Gott auf die Schale seiner Wage werfen wird. Der Kopf *Ludwigs XVI.* ist schwer, und nur der deine kann sein Gewicht ausgleichen.“

— „Ist das eine Drohung,“ sagte *Robespierre* kalt, seinen Mantel fallen lassend, „und glaubt man meinen Patriotismus durch solche Gaukelei in Erstaunen zu setzen oder mein Gewissen zu beeinflussen! Wollt ihr durch fanatische Drohungen und Altweibergewäsch meine Entschlüsse überraschen, wie ihr meine Schritte erlauschtet? Scheinbar habt ihr mich erwartet, und da ihr gewartet, weh euch! Da ihr den neugierigen, unbekannten Besucher und Beobachter zwingt, *Maximilian Robespierre*, der Volksvertreter zu sein, so werde ich euch als solcher beim Comité de salut public anzeigen und eure Festnahme veranlassen.“

Nach diesen Worten warf *Robespierre* seinen Mantel wieder über seinen gepuderten Kopf und ging unbeugsam zur Tür. Niemand wagte ihn zurückzuhalten oder anzureden. *Catherine Théot* faltete die Hände und sagte: „Achtet seinen Willen, er ist der König und Papst der neuen Ära, tötet er euch, so ist es Gottes Wille, wir wollen unseren Kopf dem Beil der Vorsehung darbieten."

Die ganze Nacht warteten *Catherine Théots* Eingeweihte auf ihre Festnahme, doch niemand erschien. Am nächsten Tag trennten sie sich. Noch zwei Tage und Nächte vergingen so, ohne daß die Anhänger der Sekte sich versteckten. Am fünften Tage wurde *Catherine Théot* und ihre sogenannten Mitschuldigen den Jakobinern von einem Feind *Robespierres* angezeigt, der den Zuhörern geschickt Zweifel gegen den Tribun einzuflößen wußte. Man sprach von Diktatur und König. *Robespierre* wußte; und wie konnte er wagen? *Robespierre* zuckte nur die Schultern; aber am nächsten Tag wurden *Catherine Théot*, *Dom Gerle* und einige andere festgenommen und in ein Gefängnis gebracht, dessen Tore sich nur zum Henker öffneten.

Wer weiß wie, kurz, die Zusammenkunft *Robespierres* mit *Catherine Théot* wurde bekannt. Schon spionierte die Gegenpolizei der kommenden Thermidorianer den angeblichen Diktator aus, und man beschuldigte ihn des Mystizismus, weil er an Gott glaube. *Robespierre* war weder Freund noch Feind dieser neuen Johannitischen Sekte. Er war zu *Catherine Théot* gekommen um die Erscheinungen zu beobachten und ging unter Drohungen, die er nicht verwirklichte über seine Entdeckung ärgerlich wieder davon. Wer die Versammlungen des alten Mönches oder der alten Betschwester als Verschwörung deuten wollte, hatte gehofft daraus Zweifel oder wenigstens Lächerlichkeit gegen die unantastbare Figur *Maximilians* zu ziehen.

Catherine Théots Prophezeiung ging durch die Einsetzung des Kultes vom höchsten Wesen und der raschen Reaktion des Termitor in Erfüllung.

Während dessen setzte die Sekte, die sich um die Schwester *André* versammelte, deren Offenbarung ein Herr *Ducy* aufschrieb, ihre Visionen und Wunder fort. Ihre fixe Idee war die Erhaltung der Legitimität durch die zukünftige Herrschaft *Ludwigs XVII.* Mehrmals retteten sie im Traum den armen kleinen Waisenknaben aus dem *Temple* und glaubten ihn tatsächlich gerettet zu haben. Alte Prophezeiungen versprachen den Thron der Lilien einem einst gefangenen jungen Mann. Die *hl. Brigitte*, die *hl. Hildegard*, *Bernhard Tollard*, *Lichtemberger* kündeten alle eine wunderbare Restauration nach großen Wirren an. Die Neojohanniter waren die Ausleger und Fortsetzer dieser Voraussagen, nie fehlte ihnen ein *Ludwig XVII.*, deren sie nacheinander sechs oder sieben hatten. Alle waren völlig authentisch und nicht weniger vollkommen bewahrt. Den Eindrücken dieser Sekte verdanken wir seither die Offenbarungen des Bauern *Martin* (von Gallardon) und die Wunder eines *Vintras*.

In diesem magnetischen Kreis wie in den Quäker- und Zittererversammlungen Großbritanniens war die Begeisterung ansteckend und übertrug sich von Bruder auf Bruder. Nach dem Tod der Schwester *André* besaß ein gewisser *Legros* aus Charenton das zweite Gesicht und die Gabe der Prophezeiung. Als man *Martin* zu ihm brachte, erkannte er in dem ihm völlig unbekannten Bauern einen Bruder. Durch ihr heißes Wünschen nach *Ludwig XVII.* schufen sie diesen gewissermaßen, d. h. sie beschworen solche Halluzinationen herauf, daß sich die Medien nach den Bildern und der Ähnlichkeit des magnetischen Typus formten. Da sie sich wirklich für das königliche, dem *Temple* entronnene Kind hielten, zogen sie alle Reflexe des schmächtigen und zarten Opfers an und erinnerten sich an Umstände, die nur der Familie *Ludwigs XVI.* bekannt waren. So unmöglich diese Erscheinung auch zu sein scheint, sie ist weder unmöglich noch unerhört. *Paracelsus* versichert, man kann durch das Vorstellen einer anderen Person durch einen außerordentlichen Willenseffekt deren geheimsten Gedanken und intimste Erinnerungen erfahren. Nach einer Unterhaltung, die unsere Einbildung mit der unseres Gesellschafters in Berührung brachte, träumen wir oft im Schlaf unerhörte Rückerinnerungen seines Lebens. Nicht alle falschen *Ludwigs XVII.* waren Schwindler, einige waren Halluzinierte, und unter diesen steht der Genfer Hellseher *Naundorff* für sich, der wie *Swedenborg* von solch ansteckender Überzeugung war, daß alte Diener der königlichen Familie ihn wiedererkannt haben und weinend zu seinen Füßen niederfielen: er hatte alle charakteristischen Zeichen und Narben *Ludwigs XVII.* an sich. Er erzählte seine Kindheit mit ergreifender Wahrheit und führte jene für vertrauliche Erinnerungen so bezeichnend nebensächlichen Einzelheiten an. Selbst seine Züge waren wie jene des Waisenknabe *Ludwigs XVI.* wenn er gelebt hätte. Nur eines ließ ihn nicht *Ludwig XVII.* sein: er war *Naundorff.*

Die ansteckende magnetische Macht dieses Halluzinierten war derart, daß sein Tod niemand von denen, die an seine künftige Herrschaft geglaubt hatten, eines Bessern belehrte. Wir entgegneten einmal einem uns bekannten, fest Überzeugten bei einem Gespräch über die Restauration, die er die *wahre Gesetzmäßigkeit* nannte, schüchtern, daß sein Ludwig XVII. tot sei. „Ist es denn für Gott schwerer, ihn auferstehen zu lassen, als seine Rettung aus dem *Temple* für unsere Väter war!" antwortete er und mit einem beinahe verächtlich-triumphierenden Lächeln. Hierauf gab es keine Antwort, vor solcher Überzeugung konnten wir uns nur beugen.

6. Kapitel.

DIE ILLUMINATEN IN DEUTSCHLAND.

Lavater und Sablidone — Strabs und Napoleon — Carl Sand und Kotzebue — Die Möpse — Das magische Drama von Faust.

Deutschland ist die Geburtsstätte des metaphysischen Mystizismus und der Gespenster. Selbst ein Schatten des alten römischen Reiches, scheint es den großen Schatten *Hermanns* heraufzubeschwören, indem es ihm die Schatten der gefangenen Adler des Varus weiht. Der Patriotismus ist immer noch der der alten Germanen: sie träumen keine Einfälle in das lachende Italien, denken höchstens als Rache daran, aber tausendmal würden sie für die Verteidigung ihres Herdes sterben. Sie lieben ihre alten Schlösser und Legenden vom Rhein. Geduldig lesen sie die dunkelsten Abhandlungen ihrer Philosophen und sehen in den Wolken ihres Himmels und im Rauch ihrer Pfeifen tausend unsagbare Dinge, die sie in die Wunder der andern Welt einweihen.

Lange ehe man in Amerika und Frankreich von Medien und Beschwörungen sprach, gab es in Preußen Erleuchtete und Seher, die regelmäßige Zusammenkünfte mit den Toten hatten. Ein hoher Herr hatte in Berlin ein für Beschwörungen bestimmtes Haus bauen lassen. König *Friedrich Wilhelm* war sehr wißbegierig für alle diese Geheimnisse und schloß sich oft mit einem Adepten *Steinert* in dieses Haus ein. Die hier empfangenen Eindrücke riefen so lebhafte Empfindungen in ihm wach, daß er in Ohnmacht fiel und erst nach Einnahme eines magischen Elixiers, das dem *Cagliostros* glich, wieder zu sich kam. Ein von *Marquis de Luchet* in seiner „*Streitschrift gegen die Illuminaten*" erwähnter geheimer Briefwechsel über die erste Regierungszeit dieses Fürsten enthält eine

Beschreibung des dunklen Zimmers, in dem die Beschwörungen stattfanden. Es war viereckig, von einem durchsichtigen Schleier geteilt, vor dem der magische Ofen oder Altar der Düfte stand, und hinter dem sich ein Gestell befand, auf dem der Geist erschien. *Eckartshausen* beschreibt in seinem deutschen Werk über die Magie den ganzen Apparat dieser Phantasmagorie, Maschinen und Vorgänge, um der Einbildung zu helfen, sich die erhofften Phantome zu verschaffen und die Frager in eine Art wachen Magnetismus zu versetzen, welcher der nervösen Überreizung durch Opium oder Haschisch ziemlich ähnlich ist. Der mit den von uns hier angeführten Erklärungen des Verfassers Zufriedene wird in den Erscheinungen nur Auswirkungen der Zauberlaterne sehen. Es gibt sicher noch andere Dinge, und die Zauberlaterne ist hierbei nur ein nützliches aber nicht durchaus notwendiges Mittel zur Erzeugung der Erscheinung. Man läßt aus einem farbigen Glas durch das Denken hervorgerufene Spiegelungen ehemals bekannter Gesichter nicht hervorgehen. Man läßt auch nicht die von einer Laterne gemalten Bilder sprechen, die ja nicht zurBeantwortung von Gewissensfragen kommen. Preußens König kannte als Hausbesitzer die Maschinerie sehr gut und war kein Opfer der Taschenspielerei, wie der Verfasser des geheimen Briefes behauptet. Die natürlichen Mittel bereiten das Wunder vor, vollenden es aber nicht. Es ereigneten sich dort wirkliche Dinge, die den größten Skeptiker erstaunen und den Kühnsten beunruhigen konnten. *Schröpffer* benützte übrigens weder Zauberlaterne noch Schleier, sondern ließ seine Besucher einen von ihm gebrauten Punsch trinken. Die von ihm hervorgebrachten Gestalten waren wie die des amerikanischen Mediums *Home* halbkörperlich und verursachten bei Berührungen eine seltsame Empfindung. Diese glich dem elektrischen Schlage und ließ die Haut frösteln. Hatte man die Hände vor der Berührung naß gemacht, so spürte man nichts. Man kann sich auf *Schröpffer* ebenso verlassen wie auf den Amerikaner *Home*. Er glaubte an die Wirklichkeit der beschworenen Geister und tötete sich, als ihm Zweifel aufstiegen.

Lavater, der auch eines gewaltsamen Todes starb, war vollkommen der Geisterbeschwörung verfallen. Zwei Geister hatte er zur Verfügung. Er nahm an einem Kreis teil, bei dem man sich mit der Harmonika in Ekstase versetzte, dann bildete man eine Kette und eine Art Idiot diente dem Geist als Vermittler, indem er nach seinen Angaben schrieb. Dieser Geist gab sich für einen vor der Geburt Christi gestorbenen Kabbalisten aus. Er ließ das Medium Dinge schreiben, die den Angaben der Somnambulen bei *Cahagnet* vollkommen gleichen. So gab er zum Beispiel eine Enthüllung über die Leiden des jenseitigen Lebens, wobei er versichert, die Seele von Kaiser *Franz* sei im Jenseits zur genauen Registrierung aller in der Welt vorhandenen oder vorhanden gewesenen Schneckenhäuser verdammt. Er offenbarte auch, die drei Namen der hl. Könige seien nicht die der Überlieferung *Caspar*, *Melchior* und *Balthasar*, sondern *Vrasapharmion*, *Melchisedech* und *Baleathvasaron*. Man glaubt moderne, beim Tischrücken geschriebene Namen zu lesen. Ferner erklärte der Geist, daß er selbst büßen müsse, weil er das magische Schwert gegen seinen Vater erhoben habe, und daß er seinen Freunden gern sein Bild schenken wolle. Man stellte also hinter einen Lichtschirm Papier, vorbereitete Farben und Pinsel. Da zeichnete sich auf dem Schirm eine kleine Hand ab, und man hörte leichtes Kratzen auf dem Papier. Als das Geräusch aufhörte, liefen alle herbei. Man fand eine grobe Malerei, die einen alten schwarz gekleideten Rabbiner mit weißer Halskrause über den Schultern und einem schwarzen

Käppchen auf dem Kopfe darstellte, ein etwas wunderliches Gewand für eine Person, die früher als Jesus Christus gelebt hatte. Die Malerei war fleckig und glich sehr einer Kinderarbeit, die mit geschlossenen Augen gemacht war.

Die unter *Gablidones* Einwirkung von dem Medium geschriebenen Anweisungen sind von einer Dunkelheit, die alle anderen der deutschen Metaphysiker übertrifft.

„Der Name der Majestät darf nicht leichtsinnig vergeben werden. Majestät kommt von Magier, denn die Magier waren als Päpste und Könige Majestäten. Eine Todsünde begehen heißt Gott in seiner Majestät beleidigen und als Vater kränken, indem man in die Lebensquelle den Tod gießt. Des Vaters Quelle ist Licht und Leben, Blut und Wasser die des Sohnes, das Licht des hl. Geistes ist Feuer und Gold. Durch Lügen sündigt man gegen den Vater, durch Haß gegen den Sohn und durch Ausschweifung gegen den hl. Geist. Der gute *Lavater* empfing die Mitteilungen wie Orakel, und da er den Geist um einige neue Erklärungen bat, antwortete *Gablidone*: „Der große Initiator wird kommen und mit dem nächsten Jahrhundert geboren werden; dann wird die Religion der Patriarchen auf unserer Erde bekannt. Er wird der Welt das Trigramm von *Agion*, *Helion*, *Tetragrammaton* erklären, und der Herr, dessen Leib von einem Triangel umgürtet ist, wird auf der vierten Stufe des Altars erscheinen. Die höchste Ecke wird rot und der Wahlspruch „*Venite ad patres osphal*" sein. — „Was heißt das Wort *osphal*?" fragte einer der Anwesenden. Das Medium schrieb die drei Worte: *Alphos*, *M. Aphon*, *Eliphismatis* ohne weitere Erklärungen. Daraus schlossen einige, der dem neunzehnten Jahrhundert versprochene Magier werde *Maphon, Sohn des Eliphisma* heißen. Das war vielleicht eine etwas gewagte Erklärung.

Nichts ist gefährlicher als Mystizismus wegen der Gefahr des Wahnsinns, der alle Berechnungen menschlicher Weisheit umstößt. Immer stürzen Wahnsinnige die Welt um, und die Kopf- und Handstreiche der Irrsinnigen werden von den Politikern nie vorausgesehen. Der Architekt des Tempels der *Diana* in Ephesus hatte bei seiner Hoffnung auf ewigen Ruhm *Erostrat* vergessen.

Die Girondisten hatten *Marat* nicht vorausgesehen. Was war zur Störung der Weltwage nötig? fragt *Pascal* bezüglich *Cromwells*: ein Sandkörnchen, das sich zufällig in den Eingeweiden eines Menschen gebildet hat. Welch große Dinge entstehen aus nichtigen Ursachen! Stürzt der Tempel der Kultur zusammen, dann hat immer ein Blinder wie *Samson* die Säulen zertrümmert. Ein Wicht aus der Hefe des Volkes leidet an Schlaflosigkeit und glaubt die Welt vom Antichrist befreien zu müssen. Er erdolcht *Heinrich IV.* und lehrt das bestürzte Frankreich den Namen *Ravaillac*. Die deutschen Wundertäter sehen in Napoleon den *Appolyon* der *Apokalypse*, und es freut sich ein Kind, der junge Illuminate *Strabs*, diesen militärischen Atlas zu fällen, der eben die dem Chaos der Anarchie entrissene Welt auf seinen Schultern trug. Aber der magnetische Einfluß, den der Kaiser seinen Stern nannte, war damals mächtiger als die Bewegung der deutschen Kreise. *Strabs* konnte oder wollte nicht zuschlagen. *Napoleon* wollte ihn selbst fragen und bewunderte seinen Entschluß und seine Kühnheit. Jedenfalls sollte er die Größe des neuen *Scaevola* nicht durch Begnadigung verkleinern. Er achtete ihn, nahm ihn ernst und ließ ihn erschießen.

Carl Sand, der Mörder *Kotzebues*, war auch ein unglückliches, vom Mystizismus verdorbenes Kind, das durch die geheimen Gesellschaften, in denen man auf Dolche Rache schwor, irregeführt war. *Kotzebue* verdiente vielleicht Ohrfeigen, *Sands* Dolch brachte ihn wieder zu Ehren und machte ihn zum Märtyrer. Es ist schön für den Feind und als Opfer derer zu sterben, die sich durch Falle und Dolch rächen! Die geheimen Gesellschaften Deutschlands hatten mehr oder minder an die alte Magie angelehnte Zeremonien und Riten. So erneuerte man in der Gesellschaft der *Möpse* die Sabbatfeiern und die geheimen Aufnahmen der Templer in etwas gemilderter Form. Der Bock *Baphomets* wurde durch einen Hund ersetzt. Pan durch Hermanubis, Natur durch Wissenschaft, ein gleichwertiger Ersatz, da man die Natur nur durch das Wissen kennt. Bei den *Möpsen* wurden beide Geschlechter wie beim Sabbat zugelassen. Die Aufnahme erfolgte unter Gebell und Grimassen, und wie bei den Templern trug man den Aufzunehmenden an das Hinterteil des Teufels, des Großmeisters oder des Mopses zu küssen. Der Mops war eine kleine Pappfigur, die mit Seide überzogen war und den deutschen Mops darstellte. Vor der Aufnahme mußte man tatsächlich das Hinterteil des Mopses küssen, wie bei der Einweihung des Sabbats jenes des Bocks Mendes. Die *Möpse* verpflichteten sich nicht durch Schwur sondern durch ihr Ehrenwort, den heiligsten Schwur anständiger Leute. Ihre Zusammenkünfte vergingen wie der Sabbat unter Tanz und Festlichkeit, nur blieben die Damen angezogen, trugen keine lebendigen Katzen an ihrem Gürtel und aßen keine kleinen Kinder: ein zivilisierter Sabbat.

Der Sabbat hatte in Deutschland einen großen Dichter und die Magie ihre Dichtung. Dieses Kunstwerk ist das gigantische Drama *Fausts*, dieses von Menschengeist vollendete Babel. *Goethe* war in alle Mysterien der philosophischen Magie eingeweiht, hatte sogar in seiner Jugend die zeremonielle Magie ausgeübt, und das Ergebnis seiner kühnen Versuche war zuerst tiefer Ekel am Leben und Sehnsucht nach dem Tod. Er vollführte tatsächlich, nicht in Wirklichkeit, sondern in seinem verhängnisvollen, totkündenden „*Werther*", der so viele Anhänger fand, einen Selbstmord. Nachdem dann Verzweiflung und Ekel besiegt und er zu den heiteren Regionen der Wahrheit vorgedrungen war, schrieb er den „*Faust*". „*Faust*" ist der prachtvolle Kommentar zu einer der schönsten Stellen des Evangeliums, dem Gleichnis vom verlorenen Sohn. Es ist die Einweihung in die Sünde, durch nicht bezwungenes Wissen, in den Schmerz durch Sünde, in die Sühne und harmonische Erkenntnis durch Leid. Der in Faust dargestellte menschliche Genius nimmt den Geist des Bösen als Diener, der darnach trachtet sein Herr zu werden. Schnell erschöpft er alles, was die Einbildung als Genuß in freier Liebe sieht, geht durch die Orgien des Wahnsinns, erhebt sich dann vom Reiz höchster Schönheit entflammt auf die Höhen der Abstraktion und des unvergänglichen Ideals. Hier fühlt sich *Mephisto* nicht mehr wohl, der unversöhnliche Spötter wird traurig, *Voltaire* macht *Chateaubriand* Platz. Je mehr Licht, desto heftiger windet und quält sich der Engel der Finsternis, die Engel binden ihn, gegen seinen Willen bewundert er sie, liebt, weint und ist besiegt.

Im ersten Teil des Dramas erleben wir die gewaltsame Trennung *Fausts* von *Gretchen*, während himmlische Stimmen auf ihrem Todesweg das „Gerettet" rufen. Kann *Faust* verloren sein, da *Gretchen* ihn noch liebt, ist nicht sein Herz schon mit dem Himmel verlobt? Das große Sühnewerk durch die gegenseitige Verantwortlichkeit erfüllt sich. Könnte jemals das Opfer ohne die Bekehrung seines Henkers Trost finden? Ist Vergebung nicht die Rache der Himmelskinder? Die zuerst in den Himmel gelangte Liebe zieht sympathisch das Wissen nach sich. Das Christentum erhebt sich in wunderbarer Synthese. Die neue *Eva* hat mit *Abels* Blut den Fleck von *Kains* Stirn gewaschen, sie weint vor Freude über ihre beiden versöhnten Kinder.

Die nun überflüssige Hölle wird wegen Erweiterung des Himmels geschlossen. Das Böse hat seine letzte Lösung erfahren und das allein notwendige und siegreiche Gute wird in Ewigkeit herrschen.

Das ist der schöne Traum des größten aller Dichter. Aber leider vergißt hier der Philosoph alle Gesetze des Gleichgewichts. In schattenlosem Glanz will er das Licht aufsaugen, die Bewegung in absoluter Ruhe, die das Ende des Lebens wäre. Solange es sichtbares Licht geben wird, wird diesem Licht Schatten proportional sein. Ruhe wird niemals Glück bedeuten, wird sie nicht durch analoge, entgegengesetzte Bewegung ausgeglichen. Bei freier Segnung ist Gotteslästerung möglich. Dieser Himmel muß eine Hölle haben. So das unumstößliche Gesetz der Natur, der ewige Wille der Gerechtigkeit, die Gott ist.

7. Kapitel.

KAISERREICH UND RESTAURATION.

Die wunderbare Seite der Herrschaft Napoleons — Voraussagen, die ihn angezeigt hatten. — Prophezeiungen des „Liber Mirabilis" von Nostradamus und Olivarius — Die Rolle von Mlle Lenormand während des Kaiserreichs — Die heilige Allianz und Kaiser Alexander — Frau Bouche und Frau von Krüdener — Die Visionen des Martin (von Gallardon).

Napoleon erfüllte die Welt mit Wundern und war selbst das größte der Weltwunder. Seine Frau die *Kaiserin Josephine*, neugierig und gläubig wie eine Kreolin, schritt von Verzauberungen zu Verzauberungen. Dieser Ruhm soll ihr von einer alten Zigeunerin vorausgesagt worden sein, und das Volk auf dem Lande glaubt heute noch, sie selbst sei der gute Genius des Kaisers gewesen. Als sanfte und bescheidene Beraterin hatte sie ihn vor mancher Klippe bewahrt, hätte er immer auf ihre Stimme gehört, aber das Verhängnis oder vielmehr die Vorsehung trieben ihn, und sein Ausgang stand geschrieben.

In einer dem hl. *Cäsarius* zugeteilten, aber von *Jean de Vatiguerro* unterschriebenen Prophezeiung im „*Liber mirabilis*", der 1524 gedruckten Sammlung von Prophezeiungen stehen die erstaunlichen Worte:

„Die Kirchen werden besudelt und geschändet werden, aufhören wird der öffentliche Kult. . . .

„Der Adler wird durch die Welt fliegen und mehrere Nationen unterwerfen. . . .

„Der größte und erhabenste Fürst des Abendlandes wird nach einer übernatürlichen Niederlage in die Flucht geschlagen. . . . .

„Der sehr edle Fürst wird von seinen Feinden in Gefangenschaft gesetzt werden und sich grämen, wenn er an seine Getreuen denkt. . . .

„Vor der Wiederherstellung des endgültigen Friedens in Frankreich werden die gleichen Ereignisse von neuem beginnen und sich mehrmals wiederholen. . . .

„Mit drei Diademen wird der Adler gekrönt, siegreich wird er in seinen Horst zurückkehren, den er nur noch verläßt, um sich in den Himmel zu erheben. . . ."

Nach der Vorhersage des Untergangs der Kirchen und der Priestermorde verkündet *Nostradamus*, daß ein Kaiser in der Nähe Italiens geboren, seine Herrschaft Frankreich viel Blut kosten, er von seinen Leuten verraten und für das vergossene Blut angeklagt werde. Das heißt, er wird im Augenblick des größten Elends der Kirche die Priester mit Gütern überhäufen.

In einer 1820 veröffentlichten *Sammlung von Prophezeiungen*, von der wir ein Exemplar besitzen, steht in einer Napoleon I. betreffenden Vorhersage folgender Satz:

„Der Neffe wird tun, was der Onkel nicht hatte tun können."

Die berühmte *Lenormand* hatte in ihrer Bibliothek einen kartonierten Band mit Pergamentrücken und zehn handschriftlichen Seiten, der die „*Abhandlung des Olivarius über die Prophezeiungen*" enthielt, worin *Napoleons* Herrschaft und Sturz offiziell angezeigt wurde. Die Wahrsagerin machte der Kaiserin *Josephine* von diesem Buche Mitteilung. Da wir eben schon die *Lenormand* nannten, so sollen auch einige Worte über sie gesagt werden. Sie war eine dicke, sehr häßliche Person, schwulstig in ihren Reden und verworren in ihrem Stil, jedoch eine wache Somnambule von merkwürdiger Hellsichtigkeit. Sie war unter dem Kaiserreich und der Restauration die Modewahrsagerin. Nichts ist langweiliger als die Lektüre ihrer Werke. Aber mit größtem Erfolg legte sie Karten.

Die von *Eteilla* in Frankreich wieder entdeckte Kunst des Kartenlegens ist nichts anderes als ein Ratfragen des Schicksals mit von vornherein festgelegten Zeichen. Diese mit den Zahlen kombinierten Zeichen geben dem magnetischen Medium beim Anschauen die Orakel ein. Die Zeichen werden nach langsamem Mischen nach dem Zufall gezogen, sie werden nach den kabbalistischen Zahlen geordnet und entsprechen immer dem Gedanken desjenigen, der mit ernstem und gutem Willen frägt. Wir alle tragen in uns eine Welt von Ahnungen, die zu ihrem Erscheinen nur auf einen Vorwand warten. Eindrucksfähige und sensitive Naturen empfangen die magnetische Anregung von uns, die ihnen das Gepräge unseres Nervenzustandes mitteilt. Dann kann das Medium unsere Befürchtungen und Hoffnungen aus Wasserwellen, den Wolkenstellungen, aus den auf die Erde geworfenen Steinchen, aus den Linien des Kaffeesatzes, aus den Zufällen des Kartenspiels oder eines Tarots lesen. Besonders der Tarot, dieses kabbalistische und gelehrte Buch, dessen sämtliche Kombinationen eine Offenbarung der praeexistenden Harmonien zwischen Zeichen, Buchstaben und Zahlen sind, ist dabei von wunderbarem Nutzen. Aber wir können uns nicht ungestraft die Geheimnisse unserer innersten Gemeinschaft mit dem astralen Licht entlocken. Das Befragen der Karten und des Tarot ist eine wahre Beschwörung, die nicht ohne Gefahr und Frevel vor sich geht. Bei den Beschwörungen zwingen wir unsern astralen Leib uns zu erscheinen, bei der Wahrsagung mit uns zu sprechen. So geben wir unsern Hirngespinsten einen Körper und reißen die Zukunft, die tatsächlich die unsere sein wird, in nahe Wirklichkeit, wenn wir sie durch das Wort beschwören und durch den Glauben angenommen haben. Sich Wahrsagung und magnetische Beratung angewöhnen, heißt einen Vertrag mit der Verblendung schließen, deren Identität mit der Hölle wir schon gezeigt haben.

Die *Lenormand* war in ihrer Eingenommenheit für ihre Kunst und sich selbst wahnsinnig. Ohne sie drehte sich die Welt nicht, und sie hielt sich für das europäische Gleichgewicht nötig. Seit dem Kongreß von Aix-la-Chapelle reiste die Wahrsagerin mit ihrem ganzen Mobiliar, zog sich bei allen Grenzen Händel zu und quälte alle maßgebenden Persönlichkeiten, damit man nur ja gezwungen war, sich mit ihr zu beschäftigen. Sie war eine wahre Fliege der Landkutsche, und was für eine Fliege! Nach ihrer Rückkehr veröffentlicht sie ihre Eindrücke und setzt ihrem Buch eine Vignette vor, welche sie von allen Mächtigen umgeben zeigt, die sie um Rat fragen und vor ihr zittern.

Die letzten großen Ereignisse hatten die Seelen dem Mystizismus geöffnet. Eine religiöse Reaktion begann und die in der hl. Allianz verbündeten Herrscher hefteten ihre zu einem Strahlenkranz vereinten Szepter an das Kreuz. Vor allem hielt Kaiser *Alexander* die Stunde für das hl. Rußland gekommen, die Welt zur universalen Orthodoxie zu bekehren.

Die wühlende und intriguierende Sekte der *Retter Ludwigs XVII.* suchte zur Gründung eines neuen Priestertums aus dieser Neigung Vorteil zu ziehen, und es gelang ihr eine ihrer Erleuchteten beim Zaren von Rußland einzuführen. Diese neue *Catherine Théot*, von den Sektierern Schwester *Salome* genannt, war Madame *Bouche*. Sie war achtzehn Monate am Hof des Zaren und hatte oft geheime Unterredungen mit ihm. Aber *Alexander* besaß mehr hingebende Einbildung als wirkliche Begeisterung, er hatte Freude am Wunderbaren und wollte unterhalten sein. Seine mystischen Vertrauten brachten ihm eine neue Prophetin, die ihn Schwester *Salome* vergessen ließ. Es war die berühmte Frau *von Krüdener*, diese liebenswürdige Kokette, voll Frömmigkeit und Tugend, die Valeria spielte aber nicht war. Ihr Ehrgeiz wollte sich als die wahre Heldin ihres Buches sehen, und als eine ihrer intimen Freundinnen sie nach dem Helden fragte, nannte sie einen bedeutenden Mann jener Zeit. „Aber dann stimmt die Lösung ihres Buches nicht mit der Wirklichkeit überein, denn dieser Herr ist nicht tot," sagt die Freundin. — „O, meine Liebe," rief Frau *von Krüdener* aus, „ich versichere sie, sie ist darum um so wertvoller." Diese Antwort machte ihr Glück. Frau *von Krüdener* übte auf den etwas schwachen Geist *Alexanders* einen Einfluß aus, der seine Berater in Unruhe versetzte. Aber durch übertriebenen Eifer verdarb sie sich alles. Als der Kaiser sie eines Tages verlassen wollte, wirft sie sich ihm zu Füßen und beschwört ihn nicht hinauszugehen. „Gott offenbarte mir," sagte sie, „daß ihr in großer Gefahr seid, man trachtet euch nach dem Leben, ein Mörder ist im Palast verborgen." Der Kaiser erschrickt, klingelt und umgibt sich mit Waffen. Nachforschungen werden angestellt, und schließlich wird ein armer Teufel mit einem Dolch bewaffnet gefunden.

Beim Verhör gibt er an, von Frau *von Krüdener* selbst eingeführt worden zu sein. War es wahr, und hatte diese Dame in dieser Sache *Latudes* Rolle bei *Mme. Pompadour* gespielt? War es falsch, und hatte dieser Mann von den Feinden desKaisers den Auftrag beim Mißlingen des Mordanschlags Frau *von Krüdener* zu verderben? Diese arme Prophetin war jedenfalls verloren! Der Kaiser beschämt als Betrogener zu gelten, entließ sie ohne sie anzuhören, und sie mußte sich glücklich schätzen, noch so gut dabei weggekommen zu sein.

Die kleine Kirche *Ludwigs XVII.* hielt sich durch die Ungnade von *Mme Bouche* nicht geschlagen und sah in Frau *von Krüdener* eine göttliche Strafe. Sie setzten ihre Prophezeiungen fort und taten nötigenfalls Wunder. Unter *Ludwig XVIII.* stellten sie einen Bauern *Martin* an die Spitze, der einen Engel gesehen haben wollte. Dieser Engel, dessen Gesicht und Gewand er beschrieb, glich ganz einem Lakai aus gutem Hause, er trug einen sehr langen, in der Taille engen Rock von gelblicher oder bräunlicher Farbe, war blaß und klein und hatte einen wahrscheinlich mit Tressen besetzten, lackierten Hut auf dem Kopf. Merkwürdig dabei ist, und es zeigt wieder einmal die großen Hilfskräfte der Beharrlichkeit und Kühnheit, daß es diesem Mann gelang, ernst genommen und beim König eingeführt zu werden. Er soll ihn durch Enthüllungen über sein intimes Leben in Erstaunen versetzt haben, Enthüllungen, die bei der heutigen Kenntnis und Bestätigung der magnetischen Erscheinungen weder erstaunlich noch außergewöhnlich sind.

Ludwig XVIII. war übrigens zu skeptisch, um gläubig zu sein. Zweifel angesichts des Seins und seiner Harmonien, Skeptizismus angesichts der ewigen Mathematik und der unumstößlichen Lebensgesetze, welche die Göttlichkeit gegenwärtig und überall sichtbar machen, ist das nicht der dümmste Aberglauben und die am wenigsten entschuldbare wie gefährlichste Leichtgläubigkeit.

SIEBENTES BUCH

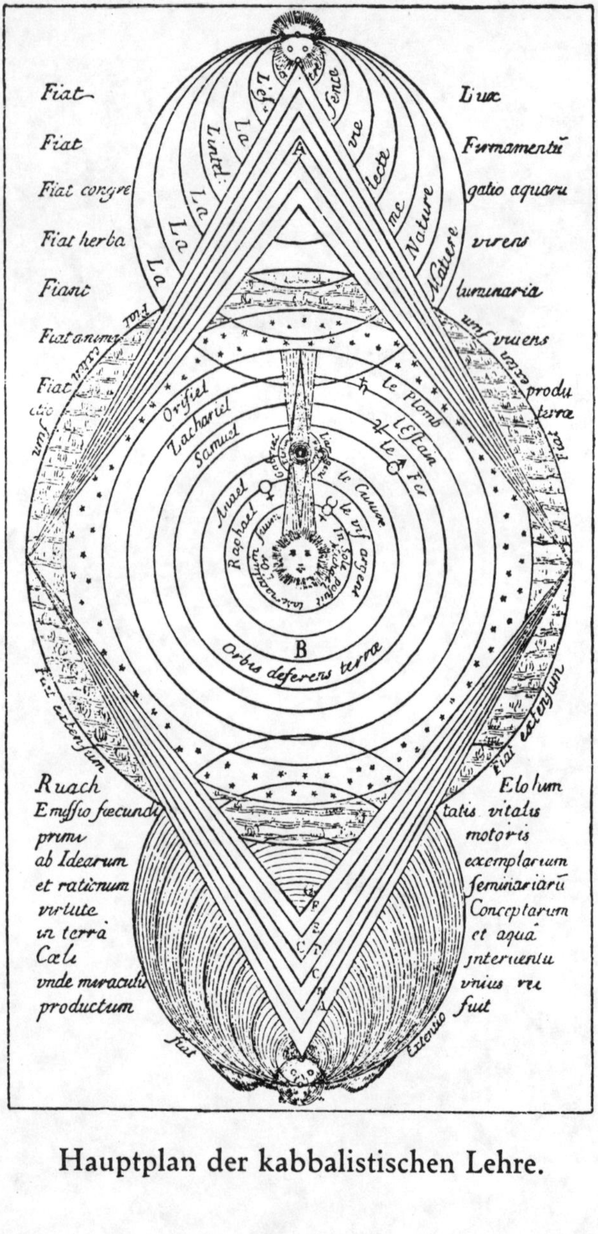

Hauptplan der kabbalistischen Lehre.

I. Kapitel.

DIE MYSTISCHEN MAGNETISEURE UND DIE MATERIALISTEN.

Eine Beschwörung in der Kirche Notre-Dame. — Falsche Propheten und falsche Götter.

Die im „Faust" so dichterisch formulierte Verneinung des Fundamentaldogmas der katholischen Religion hatte in der Welt ihre Früchte getragen. Die der ewigen Heiligung beraubte Moral wurde zweifelhaft und unsicher. Ein mystischer Materialist kehrte das System von *Swendenborg* zur Bildung eines irdischen Paradieses von den den Schicksalsläufen proportionalen Attraktionen um. Unter Attraktionen verstand *Fourier* sinnliche Triebe, denen er vollkommene und absolute Ausbreitung versprach. Gott, die höchste Vernunft, kennzeichnet diese verworfenen Lehren mit einem furchtbaren Siegel: *Fouriers* Schüler hatten mit Absurdem begonnen und endeten im Wahnsinn.

Sie glaubten ernstlich an die nahe Verwandlung des Ozeans in eine große Schale voll Limonade, glaubten fest an die kommende Erschaffung von Antilöwen und Antischlangen, an den brieflichen Verkehr zwischen den Planeten, und wir lassen den berühmten 32 Fuß langen Schwanz, den sie dem Menschengeschlecht verehren wollten, weil sie selbst großmütig genug darauf verzichteten und seine nach dem Meister mögliche Ankunft als reine Hypothese betrachteten, außeracht.

Zu ähnlichen Entgleisungen mußte die Verneinung des Gleichgewichts führen, und doch liegt in all den Torheiten mehr Logik als man denkt. Derselbe Grund, der das Leiden der Menschheit notwendig macht, verursacht die Bitterkeit des Meerwassers. Nimmt man die vollkommene Erfüllung aller Triebe an, so wird man die Existenz der wilden Tiere nicht mehr gelten lassen können. Gebt dem Menschen statt jeder Moral die Möglichkeit seine Gelüste zu befriedigen, er wird den Orang-Utang und den sonstigen Affen immer um irgend etwas beneiden. Die Verneinung der Hölle ist auch die des Himmels; denn nach der höchsten Auslegung des einzigen Dogmas des *Hermes* ist die Hölle der ausgleichende Grund des Himmels: denn Harmonie erwächst der Analogie der Gegensätze. *Quod superius, sicut quod inferius*, die Tiefe bestimmt die Höhe, das Hohe existiert nach dem Maß des Niedern: füllt die Täler auf, und ihr laßt die Berge verschwinden. So werdet ihr das Licht vernichten, löscht ihr den Schatten aus; denn nur durch den allmählich gesteigerten Gegensatz von Schatten und Licht ist es sichtbar, und universale Dunkelheit wird die Folge ungeheuerlicher Blendung sein. Selbst die Farben im Licht bestehen nur noch durch den Schatten, das ist die dreifache Vereinigung von Tag und Nacht, ist das leuchtende Bild des Dogmas, das im Schatten verwandelte Licht wie der Heiland das Fleisch gewordene Wort. Und all das beruht auf demselben Gesetz, dem ersten der Schöpfung, dem einzigen und absoluten Naturgesetz, jenem der Unterscheidung und harmonischen Durchdringung der Gegensatzpaare im universalen Gleichgewicht.

Nicht das Dogma von der Hölle, die waghalsigen Auslegungen dieses Dogmas haben das öffentliche Gewissen aufgewühlt. Die barbarischen Träume des Mittelalters, die wilden und schamlosen Todesstrafen, die auf dem Torbogen der Kirchen dargestellt sind, der abscheuliche Kessel, in dem das immer leidende Menschenfleisch kocht, an dessen Qualen sich die Auserwählten ergötzen, all das ist absurd und gottlos, gehört aber nicht zum heiligen Dogma der Kirche. Die Gott zugeschriebene Grausamkeit ist die furchtbarste der Gotteslästerungen und wegen der Widersetzlichkeit des menschlichen

Willens gegen die göttliche Güte gibt es nie ein Heilmittel für das Übel. Ebensowenig wie Gott den Selbstmörder tötet, verurteilt er die Verworfenen zu Verdammnisqualen.

— Erarbeite deinen Besitz und du wirst glücklich sein, sagt die höchste Gerechtigkeit zum Menschen.

— Ich will besitzen und genießen, ohne zu arbeiten.

— Dann wirst du stehlen und leiden.

— Ich werde mich widersetzen.

— Dann wirst du dich vernichten und noch mehr leiden.

Das ist das Urteil der absoluten Vernunft und höchsten Gerechtigkeit. Was bleibt auf diesen Hochmut des Menschenwahns zu antworten?

Die Religion hat keine größeren Feinde als den waghalsigen Mystizismus, der seine Fiebergesichte für göttliche Offenbarungen hält. Nicht die Theologen, sondern die falschen Demütigen und die Zauberer haben das Reich des Teufels geschaffen.

Eine Einbildung unseres Gehirns der Autorität der allgemeinen Vernunft und Frömmigkeit vorziehen, ist immer der Anfang von Ketzerei in der Religion, von Wahnsinn in der Ordnung der menschlichen Philosophie. Glaubte der Wahnsinnige an die Vernunft der andern, nie wäre er wahnsinnig.

Den Visionen fehlt es nie an aufrührerischer Frömmigkeit, ebensowenig wie es den Hirngespinsten an Vernunft fehlt, die sich mit dem Bannfluch belegt und irre geht.

So betrachtet, hat der Magnetismus sicher seine Gefahren: denn der Krisenzustand führt ebenso Halluzinationen wie lichte Intuitionen herbei.

Wir wollen den Magnetiseuren ein besonderes Kapitel dieses Buches widmen. Sowohl die mystischen wie materialistischen unter ihnen warnen wir im Namen der Wissenschaft vor den Gefahren, denen sie sich aussetzen.

Das Befragen des Schicksals, magnetische Experimente und Beschwörungen gehören zur selben Klasse von Erscheinungen. Diese Erscheinungen aber kann man, da Vernunft und Leben noch existieren, nicht ungestraft mißbrauchen.

Vor dreißig oder vierzig Jahren strebte ein vom Magnetismus begeisterter Chorherr der Notre-Dame-Kirche, ein sehr frommer und achtungswerter Mann, häufig Versuche an. Vielleicht mehr als die erlaubte Zeit widmete er der Lektüre der Mystiker und vor allem der des schwindligen Swedenborg. Bald war sein Kopf ermüdet, Schlaflosigkeit befiel ihn, dann stand er auf, um zu studieren, oder wenn er hierbei keine Beruhigung fand, nahm er sogar den Kirchenschlüssel, ging durch die rote Pforte im schwachen Licht der Lampe am Hauptaltar zu seinem Chorstuhl und blieb dort bis zum Morgen in Gebet und Meditation versunken.

Eines Nachts meditierte er über die ewige Verdammnis und über die so harte Lehre von der kleinen Zahl der Auserwählten und wußte nicht, wie er die strenge Ausschließung der Mehrzahl mit der unendlichen Güte Gottes in Einklang bringen sollte. Gott will, daß alle Menschen gerettet werden und zur Erkenntnis der Wahrheit gelangen, sagt die heilige Schrift. Er dachte an die Pein des Feuers, die der grausamste Tyrann der Erde nicht einen Tag über seinen grausamsten Feind verhängen würde, und von allen Seiten bedrängten Zweifel sein Herz. Dann begann er an die versöhnenden Erklärungen der Kirche zu denken. Die Kirche erklärt das Höllenfeuer nicht. Nach dem Evangelium ist es ewig, aber nirgends steht geschrieben, daß der größte Teil der Menschheit es ewig erdulden solle. Viele der Verworfenen werden nur die Strafe des Schadens, d. h. die Entbehrung Gottes zu ertragen haben. Endlich verbietet die Kirche durchaus die Verdammung irgend jemandes anzunehmen. Die Heiden konnten gerettet werden, wurden sie auf ihren Wunsch getauft, die schändlichen Sünder durch rasche und vollkommene Zerknirschung. Dann muß man für alle mit Ausnahme des Einen beten, von dem der Heiland sagte, er wäre besser nicht geboren worden.

Bei diesem letzten Gedanken, daß so ein einziger Mensch seit Jahrhunderten offiziell die Last der Vergeltung trage, blieb der Chorherr stehen, daß *Judas Ischkariot* —von ihm handelt die Stelle der hl. Schrift — der Sündenbock der Menschheit, der Atlas der Hölle, der Prometheus der Verdammung geworden war, den der Heiland vor seinem Tode noch seinen Freund nannte! Seine Augen füllten sich mit Tränen, und die Erlösung schien ihm ohne Rettung des *Judas Ischkariot* wirkungslos. „Für ihn, für ihn allein," wiederholte er erregt, „wäre ich als Heiland ein zweites Mal gestorben! Und ist nicht *Jesus Christus* tausendmal besser als ich? Was soll er nur im Himmel tun, da ich, sein unglücklicher Apostel, auf Erden weine? Was er tut?" fügte der immer erregtere Priester hinzu, „er beklagt und tröstet mich. Ich höre in meinem Herzen sagen, daß der Paria des Evangeliums gerettet ist und durch den so lange auf ihm gelegenen Fluch zum Erlöser aller Parias wird. . . . Muß man dann aber nicht ein neues Evangelium der Welt verkünden . . . . das des unendlichen, universalen Erbarmens im Namen des wiedergeborenen *Judas*. Aber ich gehe irre, bin ein Ketzer und gottlos! . . . . . Nein, mein Glaube ist treu!" Dann faltet er voll Inbrunst die Hände: „Mein Gott," ruft der Chorherr, „gib mir, was du dem Glauben noch nie verweigertest, ein Wunder, ein Wunder zu meiner Überzeugung und Sicherheit, zum Pfand einer neuen Mission."

Dann erhebt sich der Schwärmer und schreit in die furchtbare Nachtstille um die Altäre, in die Unermeßlichkeit der dunklen, stummen Kirche mit lauter, langsamer und feierlicher Stimme folgende Beschwörung:

„Du, den man seit achtzehn Jahrhunderten verflucht, den ich beweine — denn um uns den Himmel zu lassen, scheinst du allein die Hölle auf dich genommen zu haben — unglücklicher *Judas*, wenn dich das Blut deines Meisters wahrhaft gereinigt und gerettet hat, komm und lege mir die Hände aufs Haupt zur Weihe des Erbarmens und der Liebe!"

Da das plötzlich erwachte Echo diese Worte noch in den entsetzten Gewölben murmelte, erhob sich der Chorherr, schritt durch den Chor und kniete unter der Lampe am Hauptaltar nieder. „Dann," sagte er (denn wir hörten die Geschichte von ihm selbst), „dann fühlte ich tatsächlich zwei Hände, zwei warme, lebendige Hände auf meinem Kopfe wie die des Bischofs bei der Ordination, ich schlief nicht, war nicht bewußtlos und fühlte sie. Es war eine wirkliche Berührung, die einige Minuten dauerte. Gott hatte mich erhört, das Wunder war geschehen, neue Pflichten waren mir auferlegt, ein neues Leben begann, und von morgen an mußte ich ein neuer Mensch sein."

Am andern Morgen war der unglückliche Chorherr wahnsinnig.

Der Traum eines höllenlosen Himmels, *Fausts* Traum hat in diesem unglücklichen Jahrhundert des Zweifels und des Egoismus, das nur einen Himmel ohne Hölle schaffen konnte, noch viele andere Opfer gefordert. Gott selbst wurde in einem System überflüssig, in dem alles erlaubt und gut war. Als die Menschen keinen höchsten Richter mehr fürchteten, entbehrten sie leicht den Gott der guten Menschen, der weniger Gott war als die guten Menschen selbst. Die Wahnsinnigen, die den Teufel besiegt glaubten machten sich selbst zu Göttern. Unser Jahrhundert ist vor allem eine jener angeblich göttlichen Maskeraden, wir haben sie in allen Arten kennen gelernt. Der Gott *Ganneau* eine gute und zu poetische Natur, der sein Hemd den Armen gegeben hatte und die Diebe wieder zu Ehren brachte, *Ganneau* der Bewunderer *Lacenaires*, der keine Fliege getötet hätte; der Gott *Chenau*, ein Knopfhändler aus der Rue Crois-des-Petits-Champs, der wie *Swedenborg* Hellseher war und seine Inspirationen im Stil von *Jeannot* schrieb; der Gott *Tourreil*, ein guter, ausgezeichneter Mann, der die Frau vergöttlicht und *Adam* aus *Eva* hervorgehen läßt; der Gott *Auguste Comte*, der alles außer zwei Dingen, zwei Übeln von der katholischen Lehre beibehielt: das Dasein Gottes und die Unsterblichkeit der Seele; der Gott *Wronski*, jener tatsächliche Gelehrte, der den Ruhm und das Glück hatte, die ersten Theoreme der Kabbala gefunden zu haben, und der nach dem Verkauf dieser Mitteilung um fünfhunderttausend Franken an den reichen Dummkopf *Arson* in einem seiner bedeutendsten Bücher diesen *Arson* als das wahre und wirkliche Tier der *Apokalypse* hinstellte, da er ihm den vollen Kaufpreis verweigert habe.

Wir halten es für nötig, diese seltsame Stelle hier anzuführen, damit uns nicht der Vorwurf der Ungerechtigkeit gegen einen Mann treffe, dessen Werke uns nützlich waren, und den wir in unseren früheren Veröffentlichungen aufrichtig lobten.

Um *Arson* zur Zahlung zu zwingen, hatte *Wronski* eine Broschüre mit dem Titel „Ja oder nein", d. h. habt ihr mir meine Entdeckung des Absoluten um fünfhunderttausend Franken abgekauft oder nicht?"

So erinnert *Wronski* in seiner „*Reform der Philosophie*" (Seite 512) die ganze Welt, die sich kaum darum kümmerte, an die Veröffentlichung dieser Broschüre. Man wird bei dieser Gelegenheit in dieser Stelle eine seltsame Stilprobe dieses mit dem Absoluten Handeltreibenden bekommen.

„Die Tatsache der Entdeckung des Absoluten, welche die Menschen so außerordentlich zu empören scheint, wird schon in einem großen Skandal, dem des berühmten „Ja oder Nein“ bestätigt, der durch den offenbaren Sieg der Wahrheit ebenso entscheidend als durch die plötzliche Erscheinung des symbolischen Wesens bemerkenswert ist, mit dem die Apokalypse droht, dieses Ungeheuers der Schöpfung, das auf der Stirn den Namen MYSTERIUM trägt, und das diesmal aus Furcht vor dem tötlichen Hieb seine häßlichen Krämpfe nicht mehr im Schatten bergen konnte und so auf den Weg der Zeitung und all die andern Wege kam, auf denen das Volk sich tummelt, um seine höllische Wut und seinen größten Betrug an den Tag zu bringen, usw.“

Es ist gut zu wissen, daß dieser arme, hier der höllischen Wut und des größten Betrugs angeklagte *Arson* dem Hierophanten schon vierzig- oder fünfzigtausend Franken bezahlt hatte.

Das von *Wronski* so teuer verkaufte Absolute haben wir nach ihm wieder gefunden und haben es unseren Lesern für nichts gegeben; denn man schuldet der Welt die Wahrheit, und niemand hat das Recht sie sich anzueignen und aus ihr einen Handel zu machen. Könnte doch dieser Akt der Gerechtigkeit den Fehler eines Menschen gut machen, der fast im Elend gestorben ist, nachdem er so viel nicht für die Wissenschaft, sondern mit ihrer Hilfe zu seiner Bereicherung gearbeitet hatte, mit der Wissenschaft, die er weder zu verstehen noch zu besitzen wert war.

2. Kapitel.

HALLUZINATIONEN.

Noch einmal die Sekte der Retter Ludwigs XVII. — Seltsame Visionen des Pappwarenarbeiters Eugène Vintras — Seine Prophezeiungen und angeblichen Wunder — Von ketzerischen Sektierern gegen ihn erhobene Klagen — Die Sitten der falschen Gnostiker — Ansteckende Halluzinationen.

Im Fanatismus aller Sekten findet man als Grundprinzip Ehrgeiz oder Gier. *Jesus Christus* hat diejenigen seiner Jünger oft getadelt, die ihn in den Tagen seiner Leiden und seiner Verbannung inmitten des Vaterlandes nur in der Hoffnung auf ein Königreich umgaben, in dem sie die ersten Rollen zu spielen gedachten. Je wahnsinniger gewisse Hoffnungen sind, desto mehr stacheln sie die Einbildungen. Dann bezahlt man mit seinem Geld und seiner Person das Glück der Hoffnung. So stürzte der Gott *Wronski* durch das Versprechen des Absoluten die Dummköpfe ins Verderben. So schaffte sich der Gott *Auguste Comte* auf Kosten seiner Anbeter 6000 Pfund Rente, nachdem er im voraus die phantastischsten Würden unter sie verteilt hatte, die nach der Eroberung der Welt durch seine Lehre verwirklicht werden sollten. So zogen gewisse Magnetiseure durch das Versprechen auf große Schätze, was die Gemüter immer verstört, einer großen Anzahl Betrogener Geld aus der Tasche. Einige Sektierer glauben wirklich an ihre Versprechungen und sind dann am unermüdlichsten und kühnsten in ihren Intriguen: Geld, Wunder, Prophezeiungen, nichts fehlt ihnen zum Vollbringen von Wundern, weil sie den absoluten Willen und die Tatkraft besitzen; ohne es zu wissen, sind sie tatsächlich Magier.

So gehört auch die Sekte *Ludwigs XVII.* in die Geschichte der Magie. Der Wahnsinn dieser

Menschen ist derart ansteckend, daß sie ihre Gegner zu ihrer Meinung bekehren. Sie verschaffen sich die wichtigsten und seltensten Stücke, ziehen die seltsamsten Zeugen an sich, beschwören verlorene Erinnerungen, befehlen dem Heer der Träume, lassen einem *Martin* Engel, einer *Rose Tamisier* Blut, einem *Eugène Vintras* einen Engel in Lumpen erscheinen.

Im Jahre 1839 hatten die Retter *Ludwigs XVII.* die Almanache auf das Jahr 1840 mit Prophezeiungen in der Hoffnung gefüllt, daß die von der ganzen Welt erwartete Revolution alsbald kommen müsse. Die Retter *Ludwigs XVII.* hatten ihren Propheten *Martin* nicht mehr und suchten dringend nach einem andern. Einige ihrer eifrigsten Anhänger saßen in der Normandie, dem Herzogstammland *Ludwigs XVII.* Sie richteten ihr Augenmerk auf einen demütigen, aufgeregten und schwachköpfigen Arbeiter, den sie auch folgendermaßen gewannen: sie erdichteten einen an den angeblichen *Ludwig XVII.* gerichteten Brief, füllten ihn mit schwülstigen Versprechungen für die künftige Herrschaft und mystischen Ausdrücken, die auf einen schwachen Kopf Eindruck machen mußten, und ließen ihn in die Hände des Arbeiters *Eugène Vintras* fallen unter folgenden von ihm selbst erzählten Umständen:

„Den 6. August 1839.

„Ungefähr um neun Uhr war ich mit Schreibereien beschäftigt, als jemand an meine Zimmertür klopfte. In der Meinung ein Arbeiter wolle etwas von mir, rief ich ziemlich schroff ‚Herein!'. Ich war sehr erstaunt anstatt eines Arbeiters einen in Lumpen gehüllten Greis zu sehen und fragte nach seinem Begehren.

„Er antwortete ganz ruhig: *Seid nicht ärgerlich, Pierre-Michel* (niemand redet mich so an, im ganzen Land nennt man mich *Eugène*, und ich selbst unterschreibe nie mit diesen beiden Vornamen).

„Diese Antwort des Greises machte mich unruhig, aber noch stärker wurde es, als er sagte: ‚Ich bin sehr müde, wohin ich auch komme, betrachtet man mich verächtlich wie einen Dieb.' Diese letzten Worte erschreckten mich sehr, obwohl sie mit trauriger und unglücklicher Miene gesagt wurden. Ich stand auf, nahm ein größeres Geldstück, drückte es ihm in die Hand und sagte: Ich halte euch nicht dafür, mein Bester. Und mit diesen Worten wollte ich ihn hinausführen. Er bat nicht um mehr, sondern wandte mir mit traurigem Gesicht den Rücken.

„Kaum war er auf der letzten Stufe, als ich auch schon die Tür abschloß. Da ich ihn nicht heruntergehen hörte, rief ich einen Arbeiter zu mir. Angeblich in Geschäften wollte ich mit ihm durch alle Räume gehen, in denen sich der Greis möglicherweise hätte verbergen können. Der Arbeiter kam, und ich ging mit ihm, nachdem ich mein Zimmer abgeschlossen hatte, durch die kleinsten Zimmer, sah aber nichts.

„Eben wollte ich in die Fabrik gehen, als ich zur Messe läuten hörte. Der Gedanke, trotz der Verzögerung mit dem Greis eine Messe hören zu können, machte mich froh. Ich lief nach einem Gebetbuch in mein Zimmer. An dem Platz, an dem ich eben geschrieben, fand ich einen an *Mme. de Generès* in London gerichteten Brief. Dieser Brief war von *Paul de Montfleury*, aus Caen unterzeichnet, und enthielt eine Widerlegung der Ketzerei und ein orthodoxes Glaubensbekenntnis.

„Obwohl an *Mme. de Generès* gerichtet, sollte der Brief dem Herzog der Normandie die größten Wahrheiten unserer hl. katholischen, apostolischen und römischen Religion unterbreiten. Auf dem

Brief lag das Geldstück, das ich dem Greis gegeben hatte.“

In einem anderen Brief gesteht *Pierre-Michel*, daß das Gesicht des Greises ihm nicht unbekannt war, es ihm aber Schrecken eingeflößt habe, als es so plötzlich vor ihm gestanden sei. Er habe nach seinem Weggang die Tür verriegelt und noch lange hinaus gehorcht, ob er denn auch hinunterginge. Der Alte zog gewiß seine Schuhe aus, um lautlos hinauszugehen, denn *Vintras* hörte nichts. Er läuft ans Fenster, sieht ihn aber nicht hinausgehen, da er schon lange draußen war. Nun ist er bestürzt, ruft einen Arbeiter, sucht überall und findet schließlich den Brief, den er lesen sollte, und der vom Himmel gefallen sein muß. Nun ist *Vintras Ludwigs XVII.* ergeben und für den Rest seiner Tage Seher, denn das Bild des alten Bettlers verläßt ihn nimmer. Der Bettler wird zum hl. *Michael* weil er ihn *Pierre-Michel* genannt hat, eine den Träumen analoge Ideenassoziation. Die Halluzinierten der Sekte *Ludwigs XVII.* hatten gerade im rechten Augenblick das zweite Gesicht der Wahnsinnigen angewandt um *Vintras* vor den schwachen Kopf zu stoßen und ihn zu einem Erleuchteten und Propheten zu machen.

Die Sekte *Ludwigs XVII.* setzte sich vornehmlich aus alten Dienern des legitimen Königtums zusammen, und *Vintras* ist das treue Spiegelbild all dieser Einbildungen voll romantischer Erinnerungen und eines greisenhaften Mystizismus. Überall finden sich in den Visionen der neuen Propheten blutgebadete Lilien, Engel im Rittergewand, Heilige als Troubadoure verkleidet. Es erscheinen auf blauer Seide geklebte Hostien. *Vintras* schwitzt Blut, und sein Blut erscheint auf den Hostien, wo es Herzen mit Legenden zeichnet, die in Schrift und Rechtschreibung von *Vintras* herrühren. Leere Kelche füllen sich mit Wein und Blutflecke entstehen, wo der Wein hintropft. Die

Eingeweihten glauben köstliche Musik zu hören und unbekannten Duft zu atmen. Die zur Bestätigung der Wunder herbeigerufenen Priester werden vom Wirbel der Begeisterung mitgerissen.

Ein Pfarrer der Diözese Tours, ein alter, ehrwürdiger Geistlicher, verläßt seine Pfarre und folgt dem Propheten. Wir haben diesen Priester gesehen, er hat uns *Vintras* Wunder mit dem Ausdruck vollkommenster Überzeugung erzählt, hat uns die unerklärlicherweise blutbefleckten Hostien und die von mehr als fünfzig Zeugen unterschriebenen Protokolle gezeigt, lauter ehrenwerte Leute in angesehenen Stellungen, Künstler, Ärzte, Rechtsgelehrte, ein Ritter *de Razac*, eine Herzogin *d'Armaillé*. Die Ärzte haben das von den Hostien fließende rote Fluidum in der Analyse als menschliches Blut erkannt, selbst seine Feinde bestreiten die Wunder nicht und geben sich damit zufrieden, sie dem Teufel zuzuschreiben. Aber begreifen Sie, frägt uns der schon erwähnte Pfarrer *Charvoz* aus der Touraine, begreifen Sie, daß der Teufel das Blut *Jesu Christi* auf wirklich geweihten Hostien fälschte? Der Abbé *Charvoz* ist echter Priester, und das Wunder geschieht auch auf von ihm geweihten Hostien. Doch *Vintras* Sekte ist anarchistisch und absurd, Gott wirkt keine Wunder zu seinen Gunsten. Es bleibt nur die natürliche Erklärung der Erscheinungen, und wir haben sie in dieser Arbeit zu oft angedeutet, um sie hier von neuem zu entwickeln.

Vintras wurde von seinen Anhängern als neuer *Christus* dargestellt, er hatte auch seine Ischkariots. Zwei Mitglieder der Sekte, ein gewisser *Gozzoli* und ein *Alexandre Geoffroi* veröffentlichten die abscheulichsten Offenbarungen gegen ihn. Nach ihnen gaben sich die Sektierer von Tilly-sur-Seules (so hieß ihre Hauptstadt) den schamlosesten Handlungen hin. Sie feierten in ihrer eigenartigen Kapelle, dem sogenannten Abendmahlsaal gotteslästerliche Messen, denen die Auserwählten völlig nackt beiwohnten. In einem bestimmten Augenblick gestikulierten alle, brachen in Tränen aus, schrien „Liebe! Liebe!“ und warfen sich einander in die Arme. Das weitere gestatte man mir zu verschweigen. Es waren die Orgien der alten Gnostiker, nur trieb man sie bei vollem Licht. *Alexandre Geoffroi* versichert, *Vintras* habe ihn in eine Art Gebet eingeweiht, das zu Füßen der Altäre die furchtbare Tat *Onans* einschloß. Aber hier ist der Verleumder zu scheußlich, als daß man ihm noch glauben könnte. Der Abbé *Charvoz*, mit dem wir über diese infamen Beschuldigungen sprachen, sagte uns, daß es sich hierbei um die Rache zweier aus der Sekte vertriebener Männer handle, welche die *Vintras* zugeschriebenen Dinge selbst begangen hätten. Wie dem auch sei, moralische bringt physische Zerrüttung mit sich, und anormale Ueberreizung des Nervensystems erzeugt beinahe immer exzentrische Zersetzung der Sitten. Wenn *Vintras* also unschuldig ist, so kann er immer noch schuldig werden.

Durch ein Breve vom 8. November 1843 hat Papst *Gregor XVI*. *Vintras* Sekte ausdrücklich verboten.

Hier eine Stilprobe dieses Erleuchteten, der nie einen Unterricht gehabt hat, und dessen schwülstige Schriften voll französischer Fehler wimmeln.

„Schlaft, schlaft, ihr sorglosen Sterblichen, bleibt, bleibt noch auf euren weichen Kissen. Lächelt in euren Träumen von Festen und Größe. Herabgestiegen ist der Engel der Vereinigung auf eure Berge, bis in die Blumenkelche hat er seinen Namen geschrieben. Die Ringe der Flüsse, seinen Fußschmuck, euern Stolz und eure Hoffnung hat er berührt. Die Eichen in euren Wäldern haben seinen Stirnglanz als neues Morgenrot begrüßt. Begrüßt hat das Meer in wollüstiger Wallung seinen Blick! Es ist ihm vorangeeilt! Beugt euch zur Erde, doch erschreckt nicht bei dem so lebendigen Raunen der Gräber. Schlaft, schlaft noch. Ich habe ihn gen Orient seinen Namen in unerreichbare Berge schreiben sehen. Dem Wetter befahl er seine Barke schneller zu treiben, und ich sah ihn lächeln, den ältesten der Greise. Schlaft, schlaft noch. Im Okzident steht *Elias* am Kreuz vor dem Tempeltor und siegelt es mit Feuer und dem Stahl des Dolches."

Wieder Tempel, Feuer und Dolch! Seltsam! Gegenseitig spiegeln sich die Wahnsinnigen, alle Inspirationen tauschen die Fanatiker untereinander aus, und der Prophet *Ludwigs XVII.* wird hier zum Echo des Rachegeschreis der Templer.

Vintras glaubt tatsächlich nicht an seine Verantwortlichkeit für seine Schriften; so spricht er selbst darüber:

„O, gehört mein Geist irgendwie zu den verdammten Schriften, meinen Kopf würde ich neigen und Furcht beschliche meine Seele. Es ist nicht mein Werk. Weder durch Ersuchen noch Bitten bin ich zur Mitarbeit gelangt. Ruhe ist in mir, mein Lager kennt keine Schlaflosigkeit, nicht haben Wachen meine Augenlider beschwert. So rein ist mein Schlaf wie damals, als Gott ihn erschuf. Mit reinem Herzen kann ich zu Gott sagen: *Custodi animam meam et erue me: non erubescam quoniam speravi in te.*"

Ein anderer angeblicher Prophet, *Lacenaire*, der sich als Messias des Bagno und des Schafotts hinstellte, mit dem wir *Vintras* sicher nicht vergleichen, schrieb auch in seinem Gefängnis:

„Wie eine Jungfrau keusch und rein
Wache und schlafe ich in Liebesträumen
Wer nur könnte mich lehren den Sinn der Reue?"

Vintras Argument zur Rechtfertigung seiner Inspirationen ist also nicht triftig, da es *Lacenaire* auch zur Entschuldigung und Rechtfertigung seiner Träume und Verbrechen diente.

Vom Papst gebannt, verdammten die Sektierer von Tilly-sur-Seules ihrerseits den Papst, seiner Autorität beraubt erhob sich *Vintras* zum Papst. Die Art seiner Priesterkleidung wurde ihm offenbart; ein goldenes Diadem mit dem indischen Lingam an der Stirn, ein Purpurgewand und ein magisches Szepter, das in einer geballten Hand endigt, von der nur Daumen und kleiner Finger, als Venus und Merkur heilig, frei sind; die Hieroglyphe des antiken Hermaphrodit, das Emblem der alten orgiastischen Kulte und der schamlosen Sabbatsbilder. So verbinden die vom astralen Licht herbeigetragenen Erinnerungen und Spiegelungen der schwarzen Magie die Mysterien Indiens und den Profankult *Baphomets* mit den Ekstasen des ansteckenden Kranken in London, der von hier aus fortfährt Anhänger und Opfer zu werben.

Daher ist die Erregung des armen Propheten trotz seiner gegenteiligen Behauptung nicht immer frei von Entsetzen und Gewissensbissen, und manchmal entschlüpfen ihm die traurigsten Geständnisse. So erzählt er selbst in einem Brief an einen seiner intimsten Freunde:

„Ich bin immer auf neue Qualen gefaßt. Morgen kommt die Familie *Verger* an und ich muß sehen, wie sich in ihren Zügen die Seelenreinheit durch die Freude zeigt. Man wird mich an mein ganzes vergangenes Glück erinnern, wird Namen nennen, die ich vor kurzer Zeit noch voll Liebe aussprach. Schließlich wird alle Freude der andern für mich nur neue Qual sein! Ich muß bei Tisch sein, und während mein Herz mit dem Schwert durchbohrt wird, werde ich lächeln müssen! Oh! Wenn doch die Worte, die ich gehört, nicht ewig wären, meine grausame Qual wollte ich noch lieben! Verzeihung, mein Lieber, ich vermöchte ohne Liebe zu Gott nicht zu leben!

„Hören Sie, wenn ihre Nächstenliebe es Ihnen als Gesandten des lebendigen Gottes gestattet, ich nehme Sie nicht in Anspruch, ich, den Ihr Herr von seinem Munde ausgespien, muß für Sie verdammt sein:

„In der Nacht von Sonntag auf Montag (17. bis 18. Mai) hat mir ein furchtbarer Traum Seele und Leib tötlich getroffen. Ich war in Sainte-Paix, bei offenen Türen war niemand mehr im Schloß. Ich bin schnell zur hl. Kapelle hinaufgestiegen, ich wollte gerade die Tür öffnen, als ich in feurigen Buchstaben die Worte darauf sah: ‚Nahe nicht diesem Ort, du, den ich ausgespien habe.' Ich konnte nicht hinuntergehen und fiel vernichtet auf die oberste Stufe. Aber stellen Sie sich meinen Schrecken vor, da ich um mich nur noch weiten, tiefen Abgrund sah und im Hintergrund furchtbare Ungeheuer, die mich Bruder nannten!

„Da kam mir plötzlich der Gedanke, der hl. Erzengel nenne mich Bruder! Welcher Unterschied! Vor höchster Freude sprengte es mir fast das Herz. Und als ich jene mich so rufen hörte, wand ich mich in Krämpfen, die jenen von ihnen erduldeten glichen, da bei ihrer letzten Erscheinung am 28. April Gottes Macht mein Kreuz mit Gnade gesegnet hatte.

„Ich versuchte mich krampfhaft an etwas zu klammern, um nicht in diesen Abgrund zu stürzen. Ich flehte zur Gottesmutter, zur göttlichen *Maria* und rief sie um Hilfe. Sie hörte mein Schreien nicht, während ich immer weiter wegglitt und meine Fleischfetzen an den Korallenzacken hängen blieben, die den Abgrund säumten. Plötzlich züngeln mir Flammenwirbel aus der Tiefe entgegen, in die ich bald fallen mußte. Ich hörte fürchterliches Freudengebrüll und konnte nicht mehr beten. Plötzlich drang eine Stimme zu mir schrecklicher als der lange Widerhall beim furchtbaren Gewitter, und ich vernahm folgende Worte: ‚Du glaubtest mich zu überwinden und siehst mich als Sieger. Ich habe dich auf meine Weise Demut gelehrt, komm und koste meine Milde, werde einer meiner Besten. Lerne den Himmelstyrannen kennen! Komm mit uns, daß wir ihn lästern und verwünschen. Alles andere ist jetzt für dich und mich unnütz!' Dann sagte er zu mir mit entsetzlichem Lachen: ‚Sieh Maria, 'dein Schild gegen uns, sieh ihr anmutiges Lächeln, höre ihre süße Stimme.'

„Mein Lieber, ich sah sie über dem Abgrund: ihre himmlisch blauen Augen füllte Feuer, ihre roten Lippen färbten sich lila, ihre so göttlich zarte Stimme wurde hart und furchtbar und schleuderte mir wie Blitze folgende Worte zu: ‚Du Hochmütiger, stürze in die feurige von Dämonen bewohnte Tiefe!'

„Mein ganzes Blut strömte zum Herzen zurück. Ich glaubte die Stunde gekommen, da die irdische der ewigen Hölle Platz machen würde! Ich konnte noch einige Worte vom Ave Maria hervorstammeln. Ich weiß nicht wie lange das dauerte, nur daß mir die schlafende Dienerin beim Eintreten sagte: es sei spät.

„Ah! würde ich die Feinde des Gnadenwerkes die Vorgänge in meinem Innern wissen lassen, würden sie nicht Triumph schreien? Sie hielten dies wohl als Beweise von Monomanie. Wollte Gott, es wäre so! Ich wäre weniger beklagenswert! Aber fürchten Sie nichts, will Gott meine Stimme nicht hören, so will ich ihn um Verdoppelung meiner Leiden bitten, aber daß er sie vor seinen Feinden verberge."

Hier erhebt sich die siegreiche Halluzination zum Erbarmen. *Vintras* willigt in seine Verdammung, wenn man ihn nur nicht für wahnsinnig hält, ein letzter Instinkt für den unschätzbaren Wert der Vernunft, der die Vernunft selbst überlebt. Der Trunkene fürchtet nur als trunken zu gelten. Der Wahnsinnige und Monomane will lieber sterben als seinen Wahn zugeben. Nach dem schon erwähnten Ausspruch von *Cebes* kommt dies daher, daß es nur ein erstrebenswertes Gut für den Menschen gibt, die Weisheit, den Gebrauch der Vernunft, wie es auch nur ein wirklich großes Unglück für ihn gibt, den Wahnsinn.

3. Kapitel.

MAGNETISEURE UND SOMNAMBULE.

Baron Du Potet und seine Arbeiten über Magie — Versuche mit dem magischen Spiegel, die den Erscheinungen der Hydromanie analog sind. — Das Tischrücken und die Katastrophe von Victor Hennequin — Das Ungeheuer und der Magier.

In ihrer hohen Weisheit verbietet uns die Kirche, das Schicksal um Rat zu fragen und den Geheimnissen der Zukunft durch zudringliche Neugier Gewalt anzutun. Aber unsere Zeit hört nicht mehr auf die Stimme der Kirche, und die Menge kehrt zu Zauberern und Wahrsagerinnen zurück. Die Somnambulen wurden denen zum Orakel, die nicht mehr an die Vorschriften des Evangeliums glauben und eine gewisse Freiheit, Beschränkung und Lähmung zur Gegenwehr in der Beschäftigung mit den vorausgesagten Ereignissen nicht bedenken. Fragen wir zur Vorschau künftiger Geschehnisse die Magie um Rat, so leisten wir dem Verhängnis Vorschub.

Die Somnambulen sind die Sybillen unserer Tage, wie die Sybillen die Somnambulen des Altertums waren. Glücklich der Fragende, der seine Leichtgläubigkeit nicht in den Dienst der unsittlichen oder wahnsinnigen Magnetiseure stellt, denn allein durch seine Bitte um Rat würde er teilnehmen an der Unsterblichkeit oder dem Wahnsinn der Orakel-Inspirateure: der Beruf des Magnetiseurs ist leicht, und die Betrogenen sind zahlreich.

Man muß unter den sich mit Magnetismus beschäftigenden Menschen die ernsthaften erkennen.

Zu letzteren gehört zunächst *Du Potet*. Seine gewissenhaften Arbeiten brachten uns der Wissenschaft *Mesmers* einen großen Schritt näher. *Du Potet* hat in Paris eine praktische Schule für Magnetismus eröffnet, in der sich das Publikum über die Verfahren unterrichten und die Erscheinungen verwirklicht sehen kann.

Baron *Du Potet* ist eine außergewöhnliche und sehr intuitive Persönlichkeit. Wie alle seine Zeitgenossen, selbst die gelehrtesten kennt er die Kabbala und ihre Mysterien nicht, doch hat ihm der Magnetismus die Magie enthüllt. Er fühlte das Bedürfnis dieses ihm furchtbare Wissen zu offenbaren und zu verbergen. Eines seiner Bücher verkaufte er nur an seine Adepten unter dem Siegel vollkommensten Stillschweigens. Wir haben *Du Potet* nichts versprochen, werden aber aus Achtung vor dem Hierophanten das Geheimnis wahren. Wir sehen keinerlei Gefahr dabei; denn *Du Potet* gibt nur Kräfte an, ohne ihre Anwendung genau zu bestimmen. Er weiß, daß man mit dem Magnetismus schaden oder nützen, töten oder retten kann, aber er gibt diese Vorgänge nicht klar und praktisch, wozu wir ihm nur beistimmen, denn das Recht über Tod und Leben setzt göttliche Allmacht voraus. Und wir mußten den als unwürdig betrachten, der einwilligt, obgleich er sie kennt und besitzt, diese Allmacht irgendwie zu verkaufen.

Du Potet zeigt überzeugend die Existenz des astralen Lichts, durch welches die in Trance Befindlichen alle Bilder und Spiegelungen der Gedanken wahrnehmen. Er bringt lebendige Projektionen dieses Lichts durch einen aufsaugenden Apparat, seinen magnetischen Spiegel hervor. Dieser ist kreisförmig oder quadratisch und mit fein pulverisierter und gesiebter Kohle bedeckt. In diesen negativen Raum hinein färbt und verwirklicht das von dem in Trance Befindlichen und dem Magnetiseur vereint projizierte Licht alle Formen, die ihren nervösen Eindrücken entsprechen. In diesem wahrhaft magischen Spiegel erscheinen den dem Magnetismus unterworfenen Menschen alle Träume von Opium und Haschisch, lachend die einen, düster die andern. Zur Vermeidung von Krämpfen muß der Kranke diesem Anblick entrissen werden.

Diese Phänomene sind jenen der Hydromanie des *Cagliostro* ähnlich. Blickt man gespannt auf Wasser, so blendet und beunruhigt es den Blick, und die Müdigkeit der Augen begünstigt die Halluzinationen des Gehirns. *Cagliostro* verlangte für diese Versuche jungfräuliche und vollkommen unschuldige Menschen, damit er keine von erotischen Rückerinnerungen hervorgerufene nervöse Abschweifungen zu fürchten hatte. Vielleicht ist der magische Spiegel von *Du Potet* auf das Gesamtnervensystem ermüdender, aber die Strahlungen der Hydromanie müssen auf das Gehirn einen gefährlichen Eindruck ausüben.

Du Potet ist einer jener fest Überzeugten, die die Verachtung der Wissenschaft und das Vorurteil der öffentlichen Meinung ruhig tragen und ganz in sich das geheime Glaubensbekenntnis *Galileis* wiederholen: „*Die Erde dreht sich doch!*"

Erst jüngst hat man das Tischrücken gefunden, und daß der menschliche Magnetismus auch unbeweglichen Gegenständen, die dem Einfluß der in Trance Befindlichen unterworfen sind, eine drehende Bewegung gibt. Selbst die schwersten Massen können hochgehoben und im Raum bewegt werden, denn das Schwergewicht besteht nur wegen des Gleichgewichts der beiden Kräfte des astralen Lichts. Vergrößert man die eine Wirkung, so wird die andere bald nachgeben. Atmet nur der Nervenapparat dieses Licht ein und aus, indem er es je nach der Übererregung der Wesen negativ oder positiv macht, so werden alle seiner Einwirkung unterworfenen und von seinem Leben durchdrungenen, leblosen Dinge leichter oder schwerer. Das vollzieht sich im Zu- und Abströmen des Lichts, das in dem neuen Gleichgewicht seiner Bewegung die durchlässigen und schlecht leitenden Körper um einen lebendigen Mittelpunkt sammelt, wie die im Weltenraum um die Sonne getragenen Sterne im Gleichgewicht erhalten und bewegt werden.

Diese exzentrische Kraft der Anziehung und Abstoßung setzt immer einen krankhaften Zustand bei ihrem Medium voraus. Die *Medien* sind alle exzentrische, schlecht ausgeglichene Wesen. Die Mediomanie setzt eine Reihe anderer nervöser Wahnvorstellungen, fixe Ideen, Appetitstörungen, zerrüttende Liebeswut und Neigung zum Mord und Selbstmord voraus oder veranlaßt sie. Bei so Veranlagten scheint es keine moralische Verantwortlichkeit mehr zu geben, sie tun Böses im Bewußtsein des Guten, weinen vor Frömmigkeit in der Kirche und können bei den scheußlichsten Bacchanalen überrascht werden. Sie haben eine Art alles zu erklären; es ist der Teufel, sind die Geister, von denen sie besessen sind, die sie mitreißen. Was wollt, was verlangt ihr von ihnen? Sie gehören sich nicht mehr selbst, ein geheimnisvolles Wesen belebt sie und handelt für sie, und dieses Wesen heißt Legion.

Wiederholte Versuche eines gesunden Menschen zur Erlangung der *medialen* Eigenschaften ermüden ihn, machen ihn krank und können seine Vernunft zerstören. Das war bei *Victor Hennequin*, dem früheren Redakteur, der „*Pazifistischen Demokratie*" und späteren Mitglied der Nationalversammlung nach 1848 der Fall. Er war ein junger Rechtsgelehrter und guter Redner, es fehlte ihm weder Belehrung noch Talent, aber *Fourier's* Träumereien hatten ihn angesteckt. Nach dem 2. Dezember des Landes verwiesen, gab er sich in seiner untätigen Einsamkeit den Versuchen des Tischrückens hin. Bald wurde er von der Mediomanie angesteckt und hielt sich für das Werkzeug der Offenbarungen der Erdseele. Er schrieb ein Buch mit dem Titel: „*Laßt uns das*

Menschengeschlecht retten!“ Es war ein Gemisch von Erinnerungen an die Phalansterien und christlichen Reminiszenzen, ein letztes Aufflackern seiner verlöschenden Vernunft zuckt noch hindurch, aber er setzte die Versuche fort und der Wahnsinn siegte. In einem letzten Werk, von dem nur der erste Band veröffentlicht wurde, stellt *Victor Hennequin* Gott als riesigen Polypen dar, der mit riesigen Fühlhörnern und gewundenen Rüsseln, die durch sein und seiner Frau *Octavia* Gehirn kommen und gehen, in der Weltmitte sitzt. Bald darauf hörte man *Victor Hennequin* sei in einem Irrenhaus an den Folgen eines Tobsuchtsanfalls gestorben.

Wir hörten von einer Dame der vornehmen Gesellschaft, die Unterhaltungen mit den angeblichen Möbelgeistern hielt. Sie war über die unanständigen Antworten ihres Leuchtertisches derart empört, daß sie zur Aburteilung des ketzerischen Möbels durch den hl. Stuhl eine Reise nach Rom machte. Sie hatte den Schuldigen mitgeschleppt und veranstaltete in der Hauptstadt der christlichen Welt ein Ketzergericht. Man verbrennt besser sein Möbel als sich verrückt zu machen, und diese Gefahr war für die Dame sehr groß.

Wir Kinder eines Jahrhunderts der Vernunft in dem ernste Männer wie *de Mirville* dem Teufel die unerklärbaren Erscheinungen der Natur vorwarfen, wollen nicht über sie lachen.

In einem Boulevard-Melodram handelt es sich um einen Magier, der sich als furchtbare Hilfskraft einen Androiden, ein Ungeheuer mit Löwenkrallen, Stierhörnern und den Schuppen eines Leviathans geschaffen hat. Dieser Wassersphinx gibt er Leben, und über sein Werk entsetzt ergreift er bald die Flucht. Das Ungeheuer verfolgt ihn, stellt sich zwischen ihn und seine Braut, zündet sein Haus an, verbrennt seinen Vater, entführt seinen Sohn, verfolgt ihn zum Meer, besteigt mit ihm das Schiff, das er untergehen läßt und endet selbst in einem Blitz. Dieses durch die Kraft des Entsetzens furchtbare Schauspiel ist in der Menschheitsgeschichte verwirklicht worden, die Poesie wurde als das Phantom des Bösen personifiziert, das ihr alle Kräfte der Natur verliehen hat. Mit diesem Entsetzen wollte sie der Moral eine Hilfskraft geben, dann wurde sie von Furcht vor diesem Scheusal ergriffen, das aus ihren Träumen hervorgegangen war. Seitdem verfolgt uns das Ungeheuer durch die Jahrhunderte, erscheint häßlich und fratzenhaft unter uns und den Gegenständen unserer Liebe als unreiner Spuk, erwürgt unsere Kinder im Schlaf, trägt in die Schöpfung, das Vaterhaus der Menschheit den unlöschbaren Höllenbrand, brennt und foltert ewig unsere Väter und Mütter. Es breitet seinen schwarzen Flügel aus um uns den Himmel zu verbergen und schreit: Mehr Hoffnung!, steigt zu uns aufs Pferd und rast wie der Kummer hinter uns her, taucht in den Ozean der Verzweiflung, die letzte Arche unserer Hoffnung. Es ist der alte Ahriman der Perser, der Typhon Ägyptens, der schwarze Gott der Sekte des Mani, des Grafen *de Mirville* und der schwarzen Magie des Teufels, ist der Schrecken der Welt und das Idol der schlechten Christen. Die Menschen haben versucht darüber zu lachen und ängstigen sich. Sie machen Karrikaturen von ihm und erzittern; denn die Karrikaturen scheinen ihnen lebendig zu werden und sich ihrerseits lustig zu machen. Seine Herrschaft ist vorbei, allein er wird nicht vom Blitz des Himmels zermalmt umkommen: die Wissenschaft hat das Feuer des Gewitters erobert und hat Fackeln angesteckt. Vor dem Glanz der Wissenschaft und der Wahrheit wird das Ungeheuer vergehen. Der Genius der Unwissenheit und der Nacht kann nur vom Licht vernichtet werden.

4. Kapitel.

PHANTASTEN IN DER MAGIE.

„Der Magier" von Alphonse Esquiros — Bücher und Wunder von Henri Delaage — Erfahrungen des Grafen d'Ourches – das Buch des Baron von Guldenstubbe — etwas über Nekromanten und Vampire — der Kartenleger Edmond.

Vor etwa zwanzig Jahren veröffentlichte einer unserer Kindheitsfreunde, *Alphonse Esquiros*, ein sehr phantastisches Buch *„Der Magier"*. Es war voll der ganzen seltsamenPhantastik der damaligen Romantik. Der Autor gab seinem Helden einen ganzen Harem toter, nach einem von *Gamel* wiedergefundenen Verfahren einbalsamierter Frauen. Ein Androide aus Bronze, der Keuschheit predigt, ein in die Mondgöttin verliebter und mit ihr täglich korrespondierender Hermaphrodit und noch viel andres fand man darin. Mit der Veröffentlichung dieses Romans begründete *Alphonse Esquiros* eine Schule von Phantasten in der Magie, deren ausgezeichnetster Vertreter der junge und interessante *Henri Delaage* ist.

Henri Delaage ist ein fruchtbarer Schriftsteller, ein verkannter Wundertäter und geschickter Faszinator. Sein Stil ist nicht weniger erstaunlich wie die Ideen seines Initiators und Meisters *Alphonse Esquiros*. So sagt er in seinem Buch *„Über die Auferstandenen"* bezüglich eines Widerspruchs gegen das Christentum: „Ich werde diesen Widerspruch an der Kehle packen, und die Erde wird unter der Last seines Leichnams dumpf dröhnen." Er antwortet dann nicht viel auf diesen Einwurf, doch was soll man auch auf einen erwürgten Widerspruch erwidern, wenn die Erde einmal unter der Last seines Leichnams erdröhnte?

Wie schon gesagt ist *Henri Delaage* ein verkannter Wundertäter. Er gestand einer uns bekannten Persönlichkeit, er habe sich während eines Winters, da die Grippe unerbittlich herrschte, nur in einem Salon zeigen brauchen, um alle dort befindlichen Leute sofort von dieser Erkrankung zu heilen. Er wurde tatsächlich das Opfer des Wunders und hat sich damals eine leichte Heiserkeit zugezogen, die er seitdem nicht mehr los wurde.

Mehrere Freunde von *Henri Delaage* versicherten, er besitze die Gabe der Allgegenwart; man hat ihn eben auf dem Büro der „*Patrie*" verlassen, begegnet ihm bei *Dentu*, seinem Verleger, man flieht entsetzt, kehrt nach Hause zurück und findet dort . . . den wartenden *Delaage*.

Henri Delaage ist auch ein gewandter Faszinator. Eine Dame von Welt, die eben eines seiner Bücher las, erklärte, sie kenne nichts schöner und besser Geschriebenes. Aber nicht nur seinen Büchern wußte *Henri Delaage* Schönheit zu verleihen. Eines Tages konnten wir ein von *Fiorentino* gezeichnetes Feuilleton lesen, in welchem man feststellte, daß die physischen Reize des jungen Magiers denen der Engel gleichen oder sie übertreffen. Wir begegnen *Delaage* und fragen neugierig nach dieser seltsamen Offenbarung. Da steckt *Delaage* die Hand in die Weste, dreht sich dreiviertel und hebt lächelnd die Augen zum Himmel . . . Glücklicherweise hatten wir das *Enchiridion Leos III.* bei uns, das ein Vorbeugungsmittel gegen Verzückungen sein soll, und so blieb die engelgleiche Schönheit dieses Faszinators unseren Augen verborgen.

Wir werden *Henri Delaage* besser als die Anbeter seiner Schönheit zu bewundern wissen. Er erklärte sich aufrichtig als Katholik und redet offen von seiner Achtung und Liebe für die Religion. Nun wird ihn die Religion zum Heiligen machen können, ein schätzenswerterer und ruhmreicherer Titel als der eines Zauberers.

Als Autor haben wir diesen jungen Mann als ersten unter den Phantasten in der Magie genannt. Dieser Rang kommt in jeder anderen Hinsicht dem *Grafen d'Ourches* zu, jenem durch sein Alter ehrwürdigen Mann, der Leben und Glück den magnetischen Versuchen weiht. Bei ihm huldigen Möbel und somnambule Damen ausgelassenen Tänzen. Die Möbel ermüden und zerbrechen, die Damen befinden sich nachher aber nur wohler als vorher, wie man versichert.

Lange war *Graf d'Ourches* von der fixen Idee besessen, lebendig begraben zu werden und hat in mehreren Aufsätzen eine sicherere Art der Bestimmung des Todes als bisher verlangt. *Graf d'Ourches* hat dies um so mehr zu fürchten, als er durch seine Vollblütigkeit und die durch seine täglichen Versuche mit seinen hübschen Somnambulen hervorgerufene Nervenüberreizung dem Schlagfluß ausgesetzt war.

Graf d'Ourches ist im Magnetismus Schüler des *Abbé Faria* und gehört zur Nekromantenschule des Freiherrn *von Guldenstubbe.*

Freiherr von Guldenstubbe beschreibt in seinem Buch „*Positive und experimentelle Pneumatologie, die Wirklichkeit der Geister und die wunderbare Erscheinung ihrer direkten Schrift*", seine Entdeckung folgendermaßen:

„Es war schon 1850, *ungefähr drei Jahre vor dem Einsetzen der Epidemie des Tischrückens*, als der Verfasser in Frankreich die *Spiritistenzirkel aus Amerika, die mysteriösen Fälle von Rochester und die rein mechanische Schrift der Medien* einführen wollte. Leider stieß er häufig auf den Widerstand anderer *Magnetiseure*, die aber, in Wahrheit nur *Züchter von Somnambulen niederster Sorte*, die mysteriösen Schläge des amerikanischen Spiritismus als Wahnsinn und Träumerei behandelten. So vermochte der Verfasser erst nach sechs Monaten den ersten Zirkel nach Art der

Amerikaner zu bilden, dank dem eifrigen Bemühen des Herrn *Roustan*, eines alten Mitglieds der *Gesellschaft der spiritualistischen Magnetiseure*, eines einfachen, aber für die heilige Sache des Spiritismus sehr begeisterten Mannes. Mehrere andere, darunter der selige *Abbé Chatel*, der Gründer der französischen Kirche, verbanden sich dann mit uns. Trotz seiner rationalistischen Einstellung ließ letzterer schließlich die Wirklichkeit einer objektiven und übernatürlichen Offenbarung als unerläßliche Bedingung des Spiritismus und aller positiven Religionen gelten. *Bekanntlich gründen sich die amerikanischen Zirkel* (abgesehen von gewissen moralischen Bedingnissen) *auf die Unterscheidung der magnetischen oder positiven und der elektrischen oder negativen Prinzipien.*

„Diese Zirkel bestehen *aus zwölf Personen*, von denen *sechs die positiven* und die andern die *negativen oder sensitiven Elemente* darstellen. Die Trennung nach Elementen muß nicht nach Geschlechtern erfolgen, obgleich hauptsächlich Frauen *negative oder sensitive* und Männer *positive oder magnetische Eigenschaften besitzen.* Vor der Bildung des Zirkels sind moralische und physische Beschaffenheit eines jeden gut zu studieren; denn es gibt zarte Frauen mit männlichen Eigenschaften wie Riesen von Männern mit der Moral von Frauen. In einen geräumigen und luftigen Raum stellt man einen Tisch. Das *Medium* (oder die Medien) muß am Ende des Tisches und ganz für sich Platz nehmen; es dient der Elektrizität durch seine Ruhe und beschauliche Versenkung als Leiter. Eine gute *Somnambule* ist meist ein ausgezeichnetes *Medium.* Die *sechs elektrischen oder negativen Naturen*, die man hauptsächlich an den liebevollen Eigenschaften des Herzens und ihrer Empfindlichkeit erkennt, setzt *man rechts vom Medium*, und zwar diesem zunächst *die sensitivste oder negativste* Person des Zirkels, ebenso die *positiven*

Naturen links vom Medium, wobei auch wieder die positivste und intelligenteste am nächsten Platz nimmt. Um *die Kette* zu schließen wird die *rechte Hand* auf den Tisch gelegt, auf welcher dann die *linke des Nachbars ruht*, und so der ganze Tisch umschlossen. Das Medium (die Medien) bleibt vollkommen isoliert von den zwölf Personen, welche die Kette bilden.

„Wir haben im Verlauf mehrerer Sitzungen gewisse bemerkenswerte Phänomene erreicht, so gleichzeitige Erschütterungen, die von allen Teilnehmern des Zirkels im Augenblick der geistigen *Beschwörung* der intelligentesten Personen gespürt wurden. Ebenso ist es mit den geheimnisvollen Schlägen und seltsamen Tönen. Mehrere, *selbst sehr unsensible Personen* hatten im gänzlich wachen Zustand gleichzeitig Visionen. Dagegen haben sich die Sensitiven *dank einer unsichtbaren Anziehung die wunderbare Fähigkeit der mechanischen Schreibmedien erworben*, die sich zum Ausdruck ihrer Ideen eines unintelligenten Armes bedient. Überdies verspürten die unsensiblen Individuen diesen geheimnisvollen Einfluß durch einen äußeren Hauch, aber die Wirkung war nicht stark genug um ihre Glieder zu bewegen. Außerdem haben alle nach Art des amerikanischen Spiritismus erhaltenen Phänomene den Fehler noch mehr oder minder *indirekt zu sein, da man bei diesen Versuchen nicht auf die Vermittlung eines menschlichen Wesens, eines Mediums verzichten kann. Ebenso verhält es sich mit dem Tischrücken*, das erst zu Anfang des Jahres 1853 Eingang in Europa gefunden hat.

„Der Verfasser hat mit seinem verehrten Freund, dem *Grafen d'Ourches*, einem in der Magie und den okkulten Wissenschaften äußerst bewanderten Mann, viele Versuche mit Tischrücken angestellt. Wir gelangten nach und nach dahin, die Tische *ohne irgend eine Berührung in Bewegung zu setzen*,

Graf d'Ourches hat sie *sogar ohne Berührung hochgehoben.* Der Verfasser hat die Tische ohne Berührung und ohne Mitwirkung eines magnetischen Kreises mit großer Schnelligkeit gleichmäßig laufen lassen. Genau so ist es mit dem Schwingen der Klaviersaiten, einem schon am 20. Januar 1856 in Gegenwart der *Grafen de Szapary* und *d'Ourches* erhaltenen Phänomen. All diese Erscheinungen enthüllen wohl die Wirklichkeit gewisser okkulter Kräfte, aber diese *Tatsachen beweisen nicht genügend die wirkliche und substantielle Existenz der unsichtbaren Intelligenzen,* die von unserem Willen und unserer Einbildung unabhängig sind, und deren Macht man heute wahrlich unmäßig vergrößert. Daher der Vorwurf gegen die amerikanischen Spiritisten, sie hätten nur unbestimmte und vage Verbindungen mit der Geisterwelt, die sich nur durch gewisse geheimnisvolle Schläge und das Schwingen einiger Töne offenbare. *Tatsächlich gibt es nur eine intelligente, und gleichzeitig materielle, direkte, von unserem Willen wie von unserer Einbildung unabhängige Erscheinung*: die direkte Schrift der Geister, die man weder beschworen noch angerufen hat. *Sie allein könnte als unwiderleglicher Beweis für die Wirklichkeit der übernatürlichen Welt gelten.*

„Der Verfasser hat, immer auf der Suche nach einem intelligenten und gleichzeitig fühlbaren Beweis für die stoffliche Wirklichkeit der übernatürlichen Welt und damit für die Unsterblichkeit der Seele durch unwiderlegliche Tatsachen, niemals aufgehört in inbrünstigen Gebeten den Ewigen um ein unfehlbares Zeichen für die Menschen zu bitten, um den Glauben an die Unsterblichkeit der Seele, dieser ewigen Grundlage der Religionen zu stärken. Der Ewige hat in seiner unendlichen Erbarmung dieses schwache Gebet vollkommen erhört. Eines schönen Tages, am 1. August 1856, kam dem Verfasser der Gedanke, zu versuchen, ob die Geister *direkt, ohne Vermittlung eines Mediums* schreiben könnten. Im Wissen um die direkte und wunderbare Schrift der zehn Gebote des Moses, um die ebenfalls direkte und geheimnisvolle Schrift beim Festmahl des Belsazar nach *Daniel*, und da er von den modernen Wundern zu *Strattford* in Amerika hatte sprechen hören, wo man gewisse unleserliche und seltsame, auf Papier geschriebene Zeichen gefunden hatte, die nicht von *Medien* herzurühren schienen, wollte der Verfasser die Wirklichkeit eines Phänomens feststellen, dessen Tragweite unermeßlich wäre, wenn es wirklich bestände.

„Er legte also ein weißes, unbeschriebenes Blatt Papier und einen gespitzten Bleistift in ein Kästchen, schloß es ab und trug den Schlüssel bei sich, *ohne auch nur irgend jemand* von diesem Versuch zu unterrichten. Während zwölf Tagen wartete er vergeblich auf das geringste Schriftzeichen auf dem Papier, aber wie groß war sein Erstaunen, als er am 13. August gewisse, geheimnisvolle Zeichen auf dem Papier fand. Kaum hatte er sie bemerkt, als er im Laufe dieses Tages, der ihm ewig im Gedächtnis bleiben wird, *zehnmal* denselben Versuch wiederholte, indem er nach jeder halben Stunde ein neues Blatt Papier in dasselbe Kästchen legte. Der Versuch war jedesmal von vollem Erfolg gekrönt.

„Am nächsten Tag, den 14. August, machte der Verfasser zwanzig Versuche, indem er das Kästchen offen ließ und nicht aus den Augen verlor. Da sah der Verfasser, daß Zeichen und Worte in esthländischer Sprache gebildet oder auf das Papier geschrieben wurden, ohne daß der Bleistift sich bewegte. Nun erkannte er die Nutzlosigkeit des Bleistifts und legte ihn nicht mehr aufs Papier. Er legte einfach ein Stück weißes Papier auf einen Tisch neben sich, auf den Sockel von antiken Statuen, auf Sarkophage, Urnen usw. im *Louvre*,

Saint-Denis, in der *Kirche Saint-Etienne-du-Mont* usw. Ebenso war es bei den Versuchen auf den verschiedenen Pariser Friedhöfen. Im übrigen liebt der Verfasser kaum Friedhöfe, zumal die meisten Geister den Aufenthaltsort während ihres Lebens dem Orte vorziehen, wo ihre sterblichen Reste ruhen.“

Weit entfernt die einzelnen hier beobachteten Phänomene zu bezweifeln, müssen wir Herrn *von Guldenstubbe* doch darauf aufmerksam machen, daß dieselbe Entdeckung vor ihm von *Lavater* gemacht worden war, und daß noch ein großer Unterschied zwischen den wenigen Zeilen, die er erhielt, und dem Portrait, das von dem Kabbalisten *Gablidone* in Aquarell gemalt wurde, besteht.

Und nun wollen wir mit Herrn *von Guldenstubbe* im Namen der Wissenschaft sprechen, nicht um seinetwillen, da er uns doch nicht glauben wird, sondern wegen der ernsten Beobachter dieser außergewöhnlichen Erscheinungen.

Baron, die Schrift, welche Sie erhielten, kommt nicht aus der andern Welt; Sie selbst schreiben, ohne es zu wissen.

Sie haben durch Ihre übertrieben zahlreichen Versuche und die übermäßige Anspannung Ihres Willens das Gleichgewicht Ihres astralen und fluidalen Körpers zerstört. Sie zwingen ihn Ihre Träume zu verwirklichen und er schreibt die Spiegelungen Ihrer Gedanken und Einbildungen mit Schriftzeichen, die aus Ihrer Erinnerung kommen.

Wären Sie in magnetischen, vollkommen lichten Schlaf versunken, dann würden Sie sehen, wie das Spiegelbild Ihrer Hand sich wie ein Schatten im Sonnenuntergang verlängert und auf das von Ihnen und Ihren Freunden vorbereitete Papier die Ihnen erstaunlichen Zeichen schreibt.

Dieses körperliche Licht, welches aus der Erde und aus Ihnen strahlt, wird von einer äußerst dehnbaren Hülle gehalten, und diese Hülle bildet sich aus der Quintessenz Ihrer Lebensgeister und Ihres Blutes.

Diese Quintessenz nimmt vom Licht eine durch Ihren Willen bestimmte Farbe an und wird das, was Sie von ihr träumen. So entstehen die Schriftzeichen auf dem Papier, wie die Muttermale am Körper ungeborenerKinder durch die mütterlichen Einbildungen hervorgerufen werden.

Diese Tinte, die Sie auf dem Papier erscheinen sehen, ist Ihr geschwärztes und umgebildetes Blut. Sie werden im gleichen Maße erschöpft, wie die Schrift sich vermehrt. Setzen Sie Ihre Versuche fort, so wird Ihr Gehirn entsprechend geschwächt, Ihr Gedächtnis wird schwinden. Sie werden in den Gliedergelenken und Fingern unsagbare Schmerzen empfinden und werden endlich sterben, sei es plötzlich oder in langsamem, von Halluzinationen und Wahnsinn begleitetem Hinsiechen. Das für Baron *von Guldenstubbe*.

Nun zum *Grafen d'Ourches*: Sie werden nicht lebendig begraben werden, laufen aber Gefahr durch die von Ihnen ergriffenen Vorsichtsmaßregeln zu sterben.

Lebendig Begrabene können unter der Erde jedoch nur rasch und kurz erwachen, können aber vom astralen Licht lange im Zustand eines völlig lichten Somnambulismus erhalten werden.

Ihre Seelen sind dann noch auf Erden an ihren schlafenden Körper durch unsichtbare Bande gekettet. Sind es gierige und verbrecherische Seelen, so können Sie die Quintessenz des Blutes von natürlich Schlafenden einsaugen und diesen Lebenssaft in ihren beerdigten Körper übertragen, um ihn in der unsicheren Hoffnung, schließlich doch noch einmal zum Leben zurückgerufen zu werden, zu erhalten. Diese schreckliche, Vampirismus genannte Erscheinung ist durch zahlreiche Versuche in ihrer Wirklichkeit ebensogut bewiesen wie alles, was noch Feierlicheres in der Geschichte vorkommt.

Der an der Möglichkeit eines magnetischen Lebens des menschlichen Körpers in der Erde Zweifelnde lese folgende Erzählung des englischen Offiziers *Osborn*, deren Glaubwürdigkeit Baron *Du Potet* von General *Ventura* bestätigt wurde:

„Am 6. Juni (1838), erzählt *Osborn*, wurde die Eintönigkeit unseres Feldlebens durch die Ankunft eines im Pendschab berühmten Individuums glücklich unterbrochen. Er erfreute sich unter den Sikhs einer großen Berühmtheit wegen einer Fähigkeit, nach Belieben lang unter der Erde vergraben bleiben zu können. Man erzählte im Lande so außergewöhnliche Vorfälle mit diesem Menschen und so viel achtenswerte Leute bestätigten die Richtigkeit derselben, daß wir außerordentlich neugierig auf ihn waren. Er erzählte uns selbst, daß er das, was er seinen Beruf nannte (sich lebendig vergraben zu lassen), schon mehrere Jahre ausübe. Man hat ihn diesen Versuch tatsächlich an verschiedenen Orten Indiens wiederholen sehen. Von ernsten und glaubwürdigen Leuten, die es bezeugen, muß ich Kapitän *Wade*, den politischen Gesandten in Lodhiana nennen. Dieser Offizier hat mir versichert, er selbst habe *der Auferstehung* dieses Fakirs beigewohnt, nachdem er mehrere Monate vorher in Gegenwart des Generals *Ventura*, des Maharadscha und der Häuptlinge der Sikhs eingegraben worden war. Hier die Einzelheiten, die man ihm über die Beerdigung gegeben und die, die er selbst nach seinem eigenen Zeugnis bei der Ausgrabung hinzugefügt hat:

„Nach einigen Vorbereitungen, die einige Tage gedauert hatten, und über die der Fakir nicht sprechen wollte, erklärte er sich zur Lieferung des Beweises bereit. Der Maharadscha, die Häuptlinge der Sikhs und General *Ventura* kamen beim Grabe zusammen, das zu seiner Aufnahme besonders ausgemauert war. Vor ihren Augen verschloß der Fakir mit Wachs außer dem Mund alle Körperöffnungen, die Luft einlassen konnten. Dann entkleidete er sich. Hierauf hüllte man ihn in einen Leinensack und bog ihm auf seinen Wunsch die Zunge nach hinten, um den Kehleneingang mit ihr zu verstopfen. Nun verfiel er in eine Art Lethargie. Der Sack wurde verschlossen und vom Maharadscha versiegelt. Dann legte man diesen Sack in einen Holzkasten und sicherte diesen mit einem Hängeschloß und Siegeln. Der Holzkasten wurde darauf ins Grab gesenkt, dieses mit Erde zugeworfen, die man festtrat, und mit Gerste eingesät. Endlich stellte man Posten auf, die den Platz Tag und Nacht zu bewachen hatten.

„Trotz all dieser Vorsichtsmaßregeln hatte der Maharadscha noch Zweifel. Zweimal während der zehnmonatigen Beerdigungszeit des Fakirs ließ er das Grab vor seinen Augen öffnen. Der Fakir war kalt und leblos so in dem Sack, wie man ihn hineingelegt hatte. Die zehn Monate vergingen und man schritt zur endgültigen Ausgrabung des Fakirs. General *Ventura* und Kapitän *Wade* sahen wie die Schlösser geöffnet, die Siegel erbrochen und der Kasten aus dem Grab gehoben wurde. Man zog den Fakir heraus, kein Pulsschlag, weder am Herzen noch am Puls verriet Leben. Als erste Maßnahme zu seiner Belebung führte jemand ganz sacht den Finger in seinen Mund und legte die Zunge in ihre natürliche Lage zurück. Nur zu oberst am Kopfe fühlte man etwas Wärme. Indem man langsam warmes Wasser über seinen Körper goß, zeigten sich nach und nach einige Lebenszeichen. Nach zweistündiger Pflege erhob sich der Fakir und begann lächelnd zu gehen.

„Dieser wahrhaft außergewöhnliche Mensch erzählt, er habe während seines Begrabenseins köstliche Träume, aber der Augenblick des Erwachens sei immer sehr schmerzhaft. Vor der Wiedererlangung des Bewußtseins empfindet er Schwindel.

„Er ist etwa dreißig Jahre alt und sein Gesicht ist unangenehm und hat den Ausdruck einer gewissen Verschlagenheit.

„Wir unterhielten uns lange mit ihm, und er bot sich an, sich vor unseren Augen begraben zu lassen. Wir nahmen ihn beim Wort, trafen ihn in Lahore und versprachen ihm, ihn während unseres ganzen Aufenthaltes in dieser Stadt eingegraben zu lassen."

„Dies ist *Osborns* Erzählung. Ließ sich der Fakir wieder begraben? Der neue Versuch konnte entscheidend sein. Folgendes kam:

„Vierzehn Tage nach dem Besuch des Fakirs in ihrem Feldlager kamen die englischen Offiziere nach Lahore. Dort wählten sie einen geeignet erscheinenden Platz, ließen ein Grab mit einem sehr starken Holzkasten ausmauern und verlangten nach dem Fakir. Dieser kam am nächsten Tage mit dem brennenden Wunsch zu ihnen, ihnen zu beweisen, daß er kein Schwindler sei. Er sagte, er habe die für das Experiment notwendigen Vorbereitungen schon getroffen. Sein Betragen zeigte indessen Unruhe und Niedergeschlagenheit. Zuerst fragte er nach seinem Lohn: man versprach ihm eine Summe von 1500 Rupien und ein jährliches Einkommen von 2000 Rupien und verpflichtete sich, diese Summe vom König zu erlangen. Hiermit zufrieden, fragte er nach den getroffenen Vorsichtsmaßnahmen. Die Offiziere zeigten ihm den Apparat von Hängeschlössern und Schlüsseln und sagten ihm, ausgewählte englische Soldaten würden eine Woche lang rings umher Wache stehen. Der Fakir schrie auf und fluchte heftig gegen die *Frenghis*, gegen die Ungläubigen, die ihm seinen Ruhm entreißen wollten. Er sprach den Verdacht aus, daß man ihm ans Leben gehen wolle, und weigerte sich, sich so vollkommen der Überwachung von Europäern auszuliefern, er verlangte, daß die Doppelschlüssel von jedem Schloß irgend einem Angehörigen seiner Religion übergeben würden, und bestand besonders darauf, daß die Wachen keine Feinde seiner Religion seien. Die Offiziere wollten jedoch auf diese Bedingungen nicht eingehen. Verschiedene Unterhandlungen fanden ergebnislos statt. Schließlich ließ der Fakir durch einen der Häuptlinge der Sikhs wissen, er wolle sich der Prüfung unterziehen, da ihm der Maharadscha mit seinem Zorn gedroht habe, wenn er seiner Verpflichtung gegen die Engländer nicht nachkomme; er sei jedoch überzeugt, daß die Offiziere ihm nur nach dem Leben trachteten, und er werde niemals lebendig aus seinem Grab hervorkommen. Die Offiziere erklärten, sie wollten sich durchaus nicht seinen Tod vorwerfen müssen, und befreiten ihn all seiner Verpflichtungen.

Sind diese Zögerungen und Ängste des Fakirs nicht entscheidende Beweise gegen ihn? Geht daraus hervor, daß alle Leute Betrüger oder Betrogene einer geschickten Schurkerei waren, die vorher die Tatsachen seines Ruhms gesehen haben wollten? Wir zweifeln nach Zahl und Ansehen der Zeugen nicht daran, daß der Fakir sich oft und wirklich begraben ließ. Aber selbst wenn man zugäbe, daß es ihm nach dem Begraben jedesmal gelang mit der Außenwelt in Verbindung zu kommen, dann wäre damit noch nicht erklärt, wie er ohne Atem in der Zeit bestehen konnte, die von der Beerdigung bis zu dem Augenblick verging, da seine Komplizen ihm zu Hilfe kamen. *Osborn* gibt einen Auszug aus der „*Medizinischen Topographie von Lodhiana*“ des englischen Arztes Dr. *Mac Gregor*, der bei einer Ausgrabung eines Fakirs zugegen war und als Zeuge des lethargischen Zustandes des Fakirs und dessen allmählicher Rückkehr zum Leben hierfür ernsthafte Erklärungen sucht. Ein anderer englischer Offizier, *Boileau*, erzählt in einem vor einigen Jahren veröffentlichten Werk, er sei Zeuge eines anderen Experimentes gewesen, wobei sich alles in derselben Weise vollzogen habe. Wer seine Wißbegierde noch mehr befriedigen möchte, wer in diesem Bericht die Beschreibung einer seltsamen physiologischen Erscheinung sieht, mag voll Vertrauen auf die angedeuteten Quellen zurückgreifen.

Über die Ausgrabung von Vampiren gibt es noch eine ganze Anzahl Protokolle. Das Fleisch war in einem merkwürdig gut erhaltenen Zustand, schwitzte aber Blut. Das Haar war ungewöhnlich gewachsen und quoll in Büscheln aus den Fugen des Sarges. In den Atmungsorganen war kein Leben mehr sondern nur noch im Herzen, das aus dem animalen in den vegetabilen Zustand übergegangen zu sein schien. Um den Vampir zu töten, mußte man seine Brust mit einem Pfahl durchbohren. Dann verkündete ein furchtbarer Schrei, daß der Somnambule des Grabes plötzlich zum wahren Tod erwache.

Um diesen Tod endgültig zu machen, umgab man das Grab des Vampirs mit Schwertern, die mit der Spitze nach oben in die Erde gesteckt waren; denn die Phantome des astralen Lichts lösen sich durch die Wirkung metallischer Spitzen auf, sie zerstören die geronnenen Massen, indem sie das Licht zum gemeinsamen Reservoir anziehen.

Zur Beruhigung ängstlicher Gemüter wollen wir hinzufügen, daß die Fälle von Vampirismus glücklicherweise sehr selten sind, und daß ein an Leib und Seele gesunder Mensch nie das Opfer eines Vampirs wird, wenn er ihm nicht Leib und Seele durch seine Mitschuld an einem Verbrechen oder einer verruchten Leidenschaft verschrieben hat.

Hier eine von *Tournefort* in seiner „*Reise in der Levante*" erzählte Vampirgeschichte:

„Wir waren Zeugen, sagt der Verfasser, einer sehr seltsamen Begebenheit auf der Insel Mykone, wo es sich um einen Toten handelte, von dem man glaubte, daß er nach der Beerdigung wiederkäme. Nördliche Völker nennen solche Vampire, die Griechen bezeichnen sie mit Broukolak. Der, um den es sich hier handelt, war ein Bauer von verdrießlicher und zänkischer Natur. Hierbei obwaltet ein Umstand, der im Vergleich zu ähnlichen Fällen erwähnt werden muß: er wurde auf dem Felde getötet, und man weiß weder durch wen noch wie.

„Zwei Tage nach seiner Beerdigung in einer Kapelle der Stadt ging das Gerücht, man sähe ihn des Nachts mit großen Schritten umherwandern; er käme in die Häuser, stoße die Möbel um, lösche die Lampen aus, umarme die Leute von hinten und vollführe tausend andere Schelmenstreiche. Zunächst lachte man darüber, aber die Sache wurde ernst, als die anständigsten Leute sich zu beklagen begannen. Die *Papas* (griechische Priester) selbst gaben die Tatsache zu und hatten zweifellos ihre Gründe dafür. Man ließ Messen lesen: indessen trieb der Bauer sein Unwesen ohne sich zu bessern. Nach mehreren Versammlungen der Stadtoberhäupter, Priester und Mönche beschloß man — ich weiß nicht, nach welchen alten Zeremonien — den neunten Tag nach der Beerdigung abzuwarten.

„Am zehnten Tag las man eine Messe in der Kapelle, in welcher der Leichnam beerdigt war, um damit den Dämon, welchen man dort eingeschlossen glaubte, zu vertreiben. Nach der Messe grub man den Leichnam aus und nahm das Herz heraus. Die Leiche roch so schlecht, daß man genötigt war, Weihrauch zu brennen. Aber der mit dem schlechten Geruch vermengte Rauch machte es nur noch ärger und begann die armen Leute zu erhitzen. Man unterstand sich zu behaupten, aus der Leiche steige dichter Dampf, und wir Zeugen wagten nicht zu sagen, daß er vom Weihrauch käme.

„Mehrere Anwesende versicherten, das Blut dieses Unglücklichen sei sehr rot. Andere schworen der Leichnam sei noch ganz warm, woraus geschlossen wurde, es sei Unrecht von diesem Toten nicht tot zu sein, oder besser gesagt, sich vom Teufel wieder beleben zu lassen. Gerade diese Idee haben sie von einem Broukolak. Diesem Namen gab man damals eine erstaunliche Bedeutung. Ein Haufen Leute behauptete ganz fest, wohl bemerkt zu haben, daß die Leiche nicht ganz steif gewesen sei, da man sie vom Land zur Beerdigung in die Stadt gebracht habe, und deshalb sei er ein echter Broukolak, das war der Refrain.

„Gefragt, was wir von dem Toten hielten, antworteten wir, wir hielten ihn für ganz tot, und bezüglich des Blutes könne man leicht sehen, daß es stark stinkender Morast sei. Schließlich taten wir unser Bestes um zu heilen oder wenigstens die zerstörte Einbildung nicht noch zu verschärfen, indem wir ihnen die angeblichen Dämpfe und die Leichenwärme erklärten.

„Trotz all unserer Gründe wollte man das Herz des Toten verbrennen, der nach dieser Verrichtung nicht sanfter wurde und nur noch mehr Lärm machte. Man beschuldigte ihn, nachts die Leute zu schlagen, Türen einzudrücken, Kleider zu zerreißen und Flaschen und Krüge zu leeren. Er war ein sehr durstiger Toter. Ich glaube, er verschonte nur das Haus des Konsuls, in dem wir wohnten. Alle hatten eine ganz verkehrte Vorstellung. Die Klügeren schienen wie die anderen bestürzt. Es war eine wirkliche, ebenso wie Wahnsinn und Tobsucht gefährliche Gehirnkrankheit. Ganze Familien sah man ihre Häuser verlassen, von den Vorstädten hereinkommen und auf dem Stadtplatz ihr Nachtlager aufschlagen. Jeder beklagte sich über eine neue Beleidigung, und die Vernünftigsten zogen sich aufs Land zurück.

„Die für das öffentliche Wohl am meisten besorgten Bürger glaubten, man habe es am wichtigsten Teil der Zeremonie fehlen lassen. Nach ihnen hätte man die Messe erst feiern dürfen, nachdem man dem Unglücklichen das Herz herausgenommen habe. Sie behaupteten, mit dieser Vorsichtsmaßnahme hätte man nicht verfehlt den Teufel zu überraschen, und zweifellos hätte er sich wohl gehütet dorthin zurückzukehren. Statt dessen hätte man mit der Messe angefangen, und er hätte Zeit gehabt zu fliehen und beliebig zurückzukommen.

„Nach all diesen Überlegungen sah man sich in derselben Verlegenheit wie am ersten Tag. Man veranstaltete drei Tage und drei Nächte lang Prozessionen und zwang die *Papas* zu fasten. Man sah diese mit dem Weihwedel in der Hand in die Häuser laufen, Weihwasser versprengen und die Türen damit abwaschen, sogar den Mund des armen Broukolak füllten sie damit.

„Bei solch allgemeinem Vorurteil entschlossen wir uns nichts zu sagen. Man hätte uns nicht nur als Spötter sondern als Abtrünnige behandelt. Was sollte man machen um ein ganzes Volk zur Vernunft zu bringen? Jeden Morgen wurde nach der Berichterstattung der neuen Torheiten dieses Nachtvogels die Komödie gespielt. Man klagte ihn sogar der abscheulichsten Sünden an.

„Währenddessen wiederholten wir den Stadtvorstehern oft, in solchem Fall hätte man in unserer Heimat nicht unterlassen, nachts Wachen aufzustellen und alle Vorgänge zu beobachten, man hätte schließlich Vagabunden festgenommen, die jedenfalls an dieser Verwirrung schuld waren, hätte sie nur zu früh freigelassen; denn um sich für das Fasten im Gefängnis schadlos zu halten, hätten sie zwei Tage später wieder angefangen die

Krüge zu leeren, und zwar bei eben jenen Dummen, die nachts ihr Haus verlassen. Man war also gezwungen auf die Gebete zurückzukommen.

„Als man eines Tages gewisse Gebete sprach, nachdem man — ich weiß nicht wieviele — Schwerter um das Grab des Toten gesteckt hatte, den man täglich drei- oder viermal je nach Laune des Erstbesten ausgrub, fiel es einem dort wohnenden Albanesen ein in lehrhaftem Ton zu sagen, es sei lächerlich sich in solchem Fall christlicher Schwerter zu bedienen. ‚Seht ihr nicht, ihr armen Leute,' sagte er, ‚daß das Heft den Teufel am Verlassen des Leichnams hindert. Warum nehmt ihr nicht lieber Türkensäbel?'

„Die Meinung dieses geschickten Menschen nützte nichts. Der Broukolak wurde nicht umgänglicher, und man wußte nicht mehr, an welchen Heiligen man sich noch wenden sollte, da begann man einstimmig wie auf Verabredung in der ganzen Standt zu schreien, man müsse den Broukolak verbrennen. Danach wollten sie sehen, ob der Teufel wiederkäme und sich von neuem einniste. Es sei besser diese äußerste Zuflucht zu ergreifen als die Insel veröden zu lassen. Es gab tatsächlich schon Familien, die ihr Bündel schnürten um die Stadt zu verlassen.

„Man trug also auf Befehl der Stadtältesten den Broukolak auf die äußerste Spitze der Insel Saint-Georges, wo man einen großen Holzstoß mit Teer hergerichtet hatte, aus Angst das Holz könne bei all seiner Trockenheit nicht schnell genug brennen. Die Überreste des Leichnams wurden darauf geworfen und in kurzer Zeit von den Flammen verzehrt. Das war am 1. Januar 1701. Von nun an hörte man keine Klagen mehr über den Broukolak. Man begnügte sich zu erklären, der Teufel sei für diesmal gefangen und machte ihn in Liedern lächerlich."

Bei diesem Bericht *Tourneforts* ist beachtenswert, daß er die Wirklichkeit der Visionen gelten läßt, die ein ganzes Volk entsetzten.

Er widerlegt die Biegsamkeit und Wärme des Leichnams nicht, sondern sucht sie zur Beruhigung der armen Leute zu erklären.

Er spricht nicht von der Zersetzung des Leichnams sondern nur von seinem Gestank, der den Leichen der Vampire ebenso eigen ist wie Giftpilzen.

Er bestätigt, daß Wunder und Visionen nach Verbrennung des Leichnams aufhörten.

Wir wollen jedoch keine Phantasten der Magie sein und wollen es damit bewenden lassen, die Vampire vergessen und noch einige Worte über den Kartenleger *Edmond* sagen.

Edmond ist der Lieblingszauberer der Damen des Quartier Notre-Dame-de-Lorette, er bewohnt eine kleine, sehr nette Wohnung in der Rue Fontaine Saint-Georges 30. Sein Vorzimmer ist immer voll Klientinnen und manchmal auch Klienten. *Edmond* ist ein gutgewachsener Mann, ein wenig fettleibig mit blasser Haut, offenem Gesicht und angenehmer Stimme. Er scheint an seine Kunst zu glauben und *Eteillas* und der *Lenormand* Übungen und Glück bewußt fortzusetzen. Auf unsere Frage nach seinem Verfahren antwortete er uns freimütig und sehr höflich, er habe seit seiner Kindheit eine Leidenschaft für die okkulten Wissenschaften und habe sich schon früh im Wahrsagen geübt. Er kenne die philosophischen Geheimnisse der Wissenschaften nicht und besitze auch nicht die salomonischen Schlüssel zur Kabbala. Er sei aber höchst sensitiv, und schon die Gegenwart seiner Klienten beeindrucke ihn so lebhaft, daß er ihr Schicksal gewissermaßen fühle. Es ist mir, sagte er, als hörte ich seltsame Geräusche und Kettenklirren um die für das Bagno Bestimmten, Schreien und Stöhnen um die, die eines gewaltsamen Todes sterben werden, übernatürliche Gerüche befallen und ersticken mich. Eines Tages roch ich in Gegenwart einer verschleierten, schwarz gekleideten Frau Stroh und Blut und begann zu zittern. — „Madame, schrie ich, gehen Sie hinaus, Sie sind von einer Athmosphäre von Mord und Gefängnis umgeben. — Ja, sagte die Frau und entschleierte ihr blaßes Antlitz, ich bin des Kindsmords angeklagt und komme aus dem Gefängnis. Da Sie die Vergangenheit gesehen haben, sagen Sie mir auch die Zukunft."

Einer unserer Freunde, ein Schüler der Kabbala, der *Edmond* völlig unbekannt war, ging eines Tages um Rat zu ihm. Er hatte im Voraus bezahlt und wartete auf die Orakel. Da erhob sich *Edmond* voll Achtung und bat ihn das Geld zurückzunehmen. „Ich habe Ihnen nichts zu sagen," fuhr er fort, „Ihr Schicksal ist mir mit dem Schlüssel des Okkultismus verschlossen, alles, was ich Ihnen sagen könnte, wissen Sie ebensogut wie ich." Und er führte ihn hinaus, indem er herzlich grüßte.

Edmond beschäftigte sich auch mit Astrologie, er stellt für einen angemessenen Preis Horoskope und Geburtsthemen, kurz, er gibt sich mit allem ab, was seinen Beruf angeht. Ein trauriges und ermüdendes Handwerk, mit wievielen kranken Köpfen und ungesunden Herzen steht er fortwährend in Beziehung! und dann die dummen Wünsche der einen, der andern ungerechte Vorwürfe, die peinlichen Vertraulichkeiten, die Bitten um Zaubertränke und Beschwörungen, die Zudringlichkeiten der Wahnsinnigen, all das läßt ihn sein Geld schon verdienen.

Edmond ist wie *Alexis* nur als Somnambule aufzufassen. Er magnetisiert sich selbst mit seinen von teuflischen Figuren bunt bemalten Karten. Er kleidet sich schwarz, erteilt in einem schwarzen Raum seine Ratschläge: er ist der Prophet des Mysteriums.

5. Kapitel.

VERTRAULICHE ERINNERUNGEN DES VERFASSERS.

Einfluß Erleuchteter und Wahnsinniger auf geschichtliche Ereignisse – der Mapah – Sobrier und die Februarrevolution 1848 – magnetische Macht gewisser Menschen — eine statische Somnambule.

Im Jahre 1839 besuchte mich eines Morgens *Alphonse Esquiros.*

„Kommen Sie mit zum Mapah!" sagte er.

„Wer ist der *Mapah*?"

„Er ist ein Gott."

„Dann danke, ich liebe nur unsichtbare Götter."

„So kommen Sie doch, es ist der beredtste, glänzendste und erhabenste Wahnsinnige, den man je gesehen."

„Ich habe vor Wahnsinnigen Angst, mein Freund, Wahnsinn ist ansteckend."

„Ah, mein Lieber, ich besuche Sie doch!"

„Nun, wenn schon, so gehen wir eben zum *Mapah.*"

Ein bärtiger Mann in einer entsetzlichen Dachkammer mit majestätischem und prophetischem Gesicht. Über seinen Kleidern trug er einen alten Frauenpelzmantel, was ihm das Aussehen eines armen Derwischs gab. Er war von mehreren bärtigen und ekstatischen Männern und einer Frau mit unbeweglichen Zügen, die einer schlafenden Somnambule glich, umgeben.

Seine Manieren waren rauh, aber sympathisch, seine Sprache war mitreißend, sein Blick halluziniert. Er sprach mit *Pathos*, erregte und erhitzte sich, bis ein weißer Schaum auf seinen Lippen stand. Jemand hat den *Abbé de Lamennais* bei seiner österlichen Pflichterfüllung 93 so geschildert. Diese Beschreibung würde besser auf den

Mapah passen, wie aus folgendem Fragment seines lyrischen Enthusiasmus hervorgeht.

„Die Menschheit mußte untergehen: ihre Bestimmung wollte es, damit sie selbst das Werkzeug ihres Wiederaufbaus würde und die Größe und Majestät Gottes in der Größe und Majestät der menschlichen Arbeit nach ihrem Lauf durch alle Phasen von Licht und Finsternis offenbar würde.

„Und die ursprüngliche Einheit ist durch den Sturz zerbrochen. Der Schmerz beschleicht in Gestalt der Schlange die Welt, und der Baum des Lebens wird zum Baum des Todes.

„In diesem Zustand sagte Gott zur Frau: Du wirst in Schmerzen gebären. Dann fährt er fort: Durch dich wird der Kopf der Schlange zertreten werden.

Und die Frau ist die erste Sklavin; sie hat ihre göttliche Aufgabe erfüllt, und die schmerzenreiche Geburt begann.

„Deshalb ist seit der Stunde des Sturzes das Menschheitswerk nur eine *Initiationsarbeit*, ein großes und furchtbares Werk geworden; deshalb sind alle Bestimmungen dieser gleichen *Initiation*, deren Alpha unsere gemeinsame Mutter *Eva* und deren Omega unsere gemeinsame Mutter *Freiheit* ist, in Gottes Augen gleich heilig und geweiht.

„Ich habe ein Schiff gesehen, dessen riesenhafter Mast in einem Bienenkorb endete, eine Seite des Schiffes sah zum Okzident, die andere zum Orient.

„Auf der Seite des Okzidents stützte sich das Schiff auf die Wolkengipfel dreier Berge, deren Fuß sich in tobendem Meer verlor.

„Und jeder dieser Berge trug seinen blutenden Namen auf seinen Abhängen, der erste hieß Golgatha, der zweite St. Johannesberg, der dritte St. Helena.

„Und in der Mitte des Riesenmastes war auf der Okzidentseite ein fünfbalkiges Kreuz, auf dem ein Weib verschied.

„Über dem Haupt des Weibes stand:

Frankreich
18. Juni 1815
Karfreitag

„Und jeder der fünf Balken, auf denen sie ausgestreckt lag, stellte einen der fünf Erdteile dar; ihr Haupt ruhte auf Europa und war von einer Wolke umhüllt.

„Und auf der Orientseite des Schiffes gab es keine Finsternis. Der Kiel ruhte auf der Gottesstadt, auf der Spitze eines Triumphbogens, den die Sonne beschien.

„Und dieselbe Frau erschien verwandelt und leuchtend. Sie hob einen Grabstein auf, der die Worte trug:

Restauration, Tag des Grabes
29. Juli 1830
Ostern

So war der *Mapah* ein Nachfolger von *Catherine Théot* und *Dom Gerle*. Und welch seltsame Sympathie unter den Wahnsinnigen! Eines Tages erklärte er mir vertraulich, er sei der zum Erneuerungswerk auf die Welt wiedergekommene *Ludwig XVII*, und die mit ihm lebende Frau sei *Marie Antoinette* von Frankreich. Dann erklärte er seine revolutionären Lehren bis zur Überspanntheit, wie das letzte Wort der gewalttätigen Forderungen *Kains* dazu bestimmt sei, durch eine schicksalhafte Reaktion den Sieg des gerechten *Abel* herbeizuführen. *Esquiros* und ich waren zu unserer Belustigung zum *Mapah* gegangen, und unsere Einbildung blieb von seinen Reden kalt. Wir waren zwei Freunde aus der Schule und Art von *Louis Lambert* und *Balzac*, und oft hatten wir miteinander von unmöglicherHingabe und unerhörtem Heldentum gesprochen. Nachdem wir *Ganneau* gehört hatten — so ließ sich der *Mapah* nennen — überdachten wir, wie schön es wäre, der Welt das letzte Wort über die Revolution zu sagen und den

Abgrund der Anarchie zu schließen, indem wir uns wie *Curtius* hineinwarfen. Dieser Schülerhochmut war der Anlaß zum „*Evangelium des Volkes*“ und zur „*Bibel der Freiheit*“, Torheiten, die *Esquiros* und sein unheilvoller Freund nur zu teuer bezahlten.

Die Gefahr des enthusiastischen Wahnes liegt in der Ansteckung, und man beugt sich nicht ungestraft über den Rand des Wahnsinnsabgrundes. Und nun eine Geschichte von ganz anderer Furchtbarkeit.

Unter den Schülern des *Mapah* war der junge, nervöse und kränkliche *Sobrier*. Er verlor vollkommen den Kopf und glaubte in sich die Bestimmung zum Retter der Welt zu fühlen, indem er zur höchsten Krise einer universalen Revolution aufreizte.

Es kamen die Februartage 1848. Eine Volksmenge hatte einen Ministerwechsel verlangt, alles war fertig, die Pariser waren zufrieden, die Boulevards beleuchtet.

Da erschien plötzlich ein junger Mann in den belebten Straßen des Quartier Saint-Martin. Zwei Burschen gehen vor ihm her, der eine mit einer Fackel, der andere mit einer Rassel. Das Volk läuft zusammen. Der junge Mann steigt auf einen Stein und spricht zur Menge zusammenhanglose, zündende Worte mit dem Schluß, man müsse zum Boulevard des Capucines gehen und dem Ministerium den Volkswillen vortragen.

An jeder Straßenecke wiederholt der Rasende dieselbe Rede und marschiert an der Spitze einer Versammlung mit zwei Pistolen bewaffnet, vor sich den Fackel- und den Rasselträger.

Aus Neugier folgt das Volk der Boulevards dem Zug des Redners. Bald wird aus der Versammlung ein Volkshaufe, der sich über den Boulevard des Italiens wälzt.

Mitten in diesem Wirbel ist der junge Mann mit den Burschen verschwunden, aber vor dem Hotel des Capucines fällt ein Pistolenschuß.

Dieser Pistolenschuß eines Wahnsinnigen war die Revolution.

In der Nacht fahren zwei mit Leichen beladene Karren im Schein der Fackeln durch die Straßen, am nächsten Morgen ist ganz Paris verbarrikadiert, und *Sobrier* wurde bewußtlos nach Haus gebracht. *Sobrier* hatte, ohne seiner Tat bewußt zu sein, der Welt einen Stoß versetzt.

Ganneau und *Sobrier* sind tot, und man kann jetzt, ohne Gefahr für sie, der Geschichte das entsetzliche Beispiel des Magnetismus der Enthusiasten und der Zufälligkeiten enthüllen, die als Folgen nervöser Erkrankungen durch gewisse Menschen entstehen können.

Unsere Erzählung stammt aus sicherer Quelle, und wir glauben, sie kann das Gewissen des *Belisars* der Dichtung, den Verfasser der „*Geschichte der Girondisten*" entlasten.

Die von *Ganneau* hervorgebrachten magnetischen Erscheinungen dauerten noch über seinen Tod hinaus. Seine Witwe, eine ungebildete und ziemlich unintelligente Frau, die Tochter eines ehrbaren Auvergnaten, blieb im statischen Somnambulismus, in den sie ihr Mann versetzt hatte. Ähnlich den den Vorstellungsformen ihrer Mütter unterliegenden Kindern wurde sie ein lebendes Bild der in der Conciergerie gefangenen *Marie Antoinette.* Sie gleicht einer Königin, die für immer Witwe und verlassen war. Nur manchmal entschlüpfen ihre Klagen, daß ihr Traum sie ermüde, gerät aber in höchsten Zorn über die, die sie wecken wollen. Sonst zeigt sie keinerlei Zeichen von geistiger Störung, ihr äußeres Betragen ist vernünftig, ihr Leben durchaus ehrenhaft und anständig. Nichts ist unserer Ansicht nach rührender, als diese beharrliche Besessenheit eines wahnsinnig geliebten Wesens, das sich in einer Halluzination seines Gemahls überlebt. Wenn *Artemis* gelebt hat, dann kann man Mausolos für einen mächtigen Magnetiseur halten, der die Neigungen einer ganz gefühlvollen Frau über die Grenzen des freien Willens und der Vernunft hinausgerissen und festgelegt hat.

6. Kapitel.

ÜBER DIE OKKULTEN WISSENSCHAFTEN.

Zusammenfassender Überblick über die okkulten Wissenschaften — die Suche nach dem Absoluten.

Das Geheimnis der okkulten Wissenschaften ist das der Natur selbst, es ist das Geheimnis von der Erschaffung der Engel und Welten, von der Allmacht Gottes!

Ihr werdet sein wie die Elohim, Gutes und Böses erkennend, hatte die Schlange der Genesis gesagt, und der Baum der Erkenntnis war zum Baum des Todes geworden.

Seit sechstausend Jahren arbeiten und sterben die Märtyrer der Wissenschaft zu Füßen dieses Baumes, damit er wieder zum Baum des Lebens werde.

Das Absolute, das von den Wahnsinnigen gesucht und den Weisen gefunden wird, ist *Wahrheit*, *Wirklichkeit* und *Vernunft* des universalen Gleichgewichts.

Das Gleichgewicht ist die aus der Analogie der Gegensätze resultierende Harmonie.

Bis jetzt versuchte die Menschheit auf einem, bald diesem, bald jenem Bein zu stehen.

Kulturen kamen und gingen unter, sei es durch den anarchistischen Wahnsinn des Despotismus oder durch die despotische Anarchie der Empörung.

Bald haben abergläubige Schwärmer, bald erbärmliche Berechnungen des materialistischen Triebes die Nationen irregeführt, und schließlich bringt Gott die Welt wieder zur gläubigen Vernunft und zum vernünftigen Glauben.

Wir haben genug Propheten ohne Philosophie und genug Philosophen ohne Religion gesehen.

Blindgläubige und Skeptiker gleichen sich und sind gleichweit vom ewigen Heil.

Im Chaos des universalen Zweifels und in den Streitigkeiten von Wissenschaft und Glauben waren die großen Männer und Seher nur kranke Künstler, die das Schönheitsideal mit Gefahr ihrer Vernunft und ihres Lebens suchten.

Seht sie noch alle, diese erhabenen Kinder, phantastisch und nervös wie Frauen, vom Nichts verletzt, von der Vernunft gekränkt, sind sie gegeneinander ungerecht und leben nur um der Ruhmeskrone willen. Sie tun in ihren phantastischen Launen zuerst, was *Pythagoras* in so rührender Weise in seinen wunderbaren Symbolen untersagt, sie zerreißen die Kronen und treten sie mit Füßen! Sie sind vom Ruhm irrsinnig; um aber ihre Gefahr zu hindern, fesselt sie Gott an die Ketten der öffentlichen Meinung.

Das Gericht der Mittelmäßigkeit urteilt das Genie ohne Umstände ab; da das Genie das Licht der Welt ist, wird es als nichts und tot betrachtet, sobald es nicht mehr leuchtet.

Der Enthusiasmus des Dichters wird durch die Kaltblütigkeit der prosaischen Menge kontrolliert. Der von der öffentlichen Meinung nicht anerkannte Enthusiast ist kein Genie sondern ein Wahnsinniger.

Sagt nicht, die großen Künstler seien die Sklaven der unwissenden Menge; sie bringt ihr Talent in Ausgleich mit der Vernunft.

Licht ist das Gleichgewicht von Schatten und Helligkeit.

Bewegung ist das Gleichgewicht von Untat und Tat.

Autorität ist das Gleichgewicht von Freiheit und Können.

Weisheit ist das Gleichgewicht in den Gedanken.

Tugend ist das Gleichgewicht in den Gefühlen, Schönheit das der Formen.

Schöne Linien sind richtige Linien, und die Pracht der Natur ist eine Algebra von Anmut und Glanz.

Alles Gerechte ist schön, so muß alles Schöne gerecht sein.

Himmel und Hölle bilden das Gleichgewicht des moralischen Lebens, Gut und Böse das der Freiheit.

Das große Werk ist die Eroberung des Mittelpunktes, in dem die ausgleichende Kraft ruht. Die Reaktionen der ausgeglichenen Kraft erhalten das universale Leben durch die ewige Bewegung von Geburt und Tod.

Deshalb vergleichen die hermetischen Philosophen ihr Gold mit der Sonne.

Deshalb heilt dieses Gold alle Krankheiten der Seele und gibt Unsterblichkeit. Die zu diesem Mittelpunkt Vorgedrungenen sind die wahren Adepten, die Thaumaturgen von Wissen und Vernunft.

Sie sind Herren aller Weltreichtümer und der Welten, sind Vertraute und Freunde der Himmelsfürsten, die Natur gehorcht ihnen, weil sie wollen, was das Gesetz, das die Natur treibt, will.

Das also nennt der Weltheiland das *Königreich Gottes!* das ist das *sanctum regnum* der heiligen Kabbala, Krone und Siegel *Salomons*, *Josephs* Szepter, vor dem sich die Sterne des Himmels und die Ernten der Erde neigen.

Diese Allmacht haben wir wiedergefunden und verkaufen sie nicht. Und hätte uns Gott zum Verkauf beauftragt, alles Vermögen der Käufer würde uns ungenügend sein. Wir würden für diese Allmacht noch ihre ganze Seele und ihr ganzes Leben verlangen.

7. Kapitel.

ZUSAMMENFASSUNG UND SCHLUSS.

Die Rätsel der Sphinx — die paradoxen Fragen — Tragweite der Entdeckungen der magischen Wissenschaft in der religiösen, moralischen und politischen Ordnung — Gegenstand und Ziel dieser Arbeit.

Also bleibt uns nur noch zusammenzufassen und zu schließen.

Die Zusammenfassung der Geschichte einer Wissenschaft ist der Zusammenfassung der Wissenschaft gleich. So wollen wir die allzeit erhaltenen und weitergetragenen großen Prinzipien der Weihe wiederholen.

Die magische Wissenschaft ist die vom absoluten Gleichgewicht.

Dieses Wissen ist wesentlich religiös, es stand bei der Bildung der Dogmen in der antiken Welt an erster Stelle und war so die Nährmutter aller Kultur.

Eine keusche und geheimnisvolle Mutter, die Gesicht und Brust bedeckte, wenn sie den werdenden Nationen die Nahrung von Poesie und Inspiration reichte!

Vor allem lehrt sie uns an Gott glauben und ihn anbeten, ohne ihn je erklären zu wollen; denn oft ist ein erklärter Gott unserer unvollkommenen Einbildung ein endlicher Gott! Aber nach Gott zeigt sie uns als erhabene Prinzipien der Dinge die ewige Mathematik und die ausgeglichenen Kräfte.

Die Bibel sagt, Gott hat alles nach Maß, Zahl und Gewicht geordnet; so der Text:

Omnia in pondere et numero et mensura disposuit Deus.

So sind Gewicht oder Gleichgewicht, Zahl oder Menge und Maß oder Verhältnis die ewigen oder göttlichen Grundlagen der Wissenschaft der Natur.

Die Formel des Gleichgewichts ist diese:

Die Harmonie geht aus der Analogie der Gegensätze hervor.

Die Zahl ist die Stufenleiter der Analogien, deren Verhältnis das Maß ist.

Die ganze okkulte Philosophie des *Sohar* könnte die *Wissenschaft vom Gleichgewicht* heißen.

Der Schlüssel der Zahlen ist im Sepher Jezirah enthalten. Die Schaffung der Zahlen ist analog der Abstammung der Ideen und dem Hervorbringen der Formen.

Die weisen Hierophanten der Kabbala haben so in ihrem heiligen Alphabet die hieroglyphischen Zeichen der Zahlen, Ideen und Formen vereint.

Die Zusammenstellungen dieses Alphabets geben Gleichungen von Gedanken und durch ihre Bezeichnung das Maß aller in den natürlichen Formen möglichen Kombinationen.

Die Genesis sagt, Gott hat den Menschen nach seinem Bild gemacht: wenn also der Mensch die lebendige Zusammenfassung der Schöpfung ist, so folgt daraus, daß auch die Schöpfung nach Gottes Bild hervorgebracht wurde.

Es gibt im Weltall drei Dinge: *Geist*, *plastischen Mittler* und *Stoff*.

Die Alten gaben dem Geist als vermittelndes Werkzeug ein feuriges Fluidum, dem sie den Gattungsnamen *Schwefel* beilegten, dem plastischen Mittler gaben sie den Namen *Merkur* wegen des durch den Merkurstab dargestellten Symbolismus, dem Stoff endlich den Namen *Salz* wegen des bei der Verbrennung übrig bleibenden festen Salzes, das der Wirkung des Feuers widersteht.

Den Schwefel verglichen sie wegen der Zeugungskraft des Feuers dem Vater, das Quecksilber wegen seiner Anziehungskraft und seiner Wiedererschaffung der Mutter, das Salz war ihnen das der Erziehung durch die Natur unterworfene Kind oder die Substanz.

Es gab für sie eine erschaffene Substanz, und diese nannten sie Licht.

Positives oder feuriges Licht: den flüchtigen Schwefel, negatives oder durch die Vibrationen des Feuers sichtbar gewordenes Licht: das flüssige oder ätherische Quecksilber, neutralisiertes Licht oder Schatten: die geronnene oder in Gestalt von Erde oder Salz festgewordene Mischung.

Deshalb drückt sich *Hermes Trismegistos* in seinem als *Tabula smaragdina* bekannten Symbol folgendermaßen aus:

„Das Obere ist wie das Untere und das Untere wie das Obere, um die Wunder des einzigen Dinges zu bilden."

D. h. die universale Bewegung wird durch die Analogien vom Festen und Flüchtigen hervorgebracht; das Flüchtige strebt fest und das Feste flüssig zu werden. So entsteht ein dauernder Austausch zwischen den Formen der einzigsten Substanz, und durch diesen Wechsel werden die Kombinationen der universalen Formen unaufhörlich erneuert.

Das Feuer ist Osiris oder die Sonne, das Licht Isis oder der Mond, sie sind Vater und Mutter des großen Telesma, d. h. der universalen Substanz, nicht als ob sie seine Schöpfer wären, aber sie stellen die beiden zeugenden Kräfte dar, und ihre vereinte Kraft bringt die Erde oder das Feste hervor, was *Hermes* sagen läßt, ihre Kraft sei aber bei der Schaffung der Erde ganz offenbart worden.

Osiris ist also nicht Gott, selbst nicht für die Hierophanten des ägyptischen Heiligtums. Osiris ist nur der leuchtende oder feurige Schatten des intellektuellen Lebensprinzips, und deshalb rief man bei den letzten Weihen dem Adepten im Vorübergehen jene furchtbare Offenbarung ins Ohr: *Osiris ist ein schwarzer Gott*.

Und wehe dem Aufzunehmenden, dessen Geist sich nicht durch den Glauben über die rein physischen Symbole der ägyptischen Offenbarung erhoben hätte! Dieses Wort würde ihm zu einer Formel des Atheismus geworden sein und sein Geist wäre mit Blindheit geschlagen worden. Dabei wurde es dem Glauben eines erhabenen Geistes zum Unterpfand erhabenster Hoffnungen. Kind, schien der Eingeweihte zu sagen, eine Lampe hältst du für die Sonne, die Lampe ist aber nur ein Stern der Nacht; es gibt eine wahre Sonne, verlasse die Nacht und suche den Tag!

Ihre *vier Elemente* waren den Alten nicht einfache Körper sondern die vier Elementarformen der einzigen Substanz. Diese vier Formen verkörperten die Sphinx: die Luft in den Flügeln, das Wasser in der Frauenbrust, die Erde im Stierleib, das Feuer in den Löwenkrallen.

Die eine Substanz, dreimal dreifach in der Gestalt des Wesentlichen und vierfach in der Gestalt des Seins, das ist das Geheimnis der drei nach oben dreieckigen, auf der Basis viereckigen Pyramiden, die von des Sphinx bewacht werden. Mit Errichtung dieser Denkmäler wollte Ägypten die Säulen des Herkules der universalen Wissenschaft bauen.

Nun hat sich der Sand aufgetürmt, Jahrhunderte sind hinabgegangen, und die noch immer großen Pyramiden zeigen den Nationen ihr Rätsel, dessen Wort verloren ging. Die Sphinx scheint im Staub der Zeitalter zu versinken. Die großen Reiche *Daniels* herrschten nacheinander auf Erden und sind mit ihrem ganzen Gewicht im Grabe versunken. Kriegseroberungen, Grundlagen der Arbeit, Werke menschlicher Leidenschaft, alles ist mit dem symbolischen Leib der Sphinx untergegangen. Jetzt erhebt sich nur noch der menschliche Kopf über den Wüstensand, als warte er auf die universale Herrschaft des Gedankens.

Errate oder stirb! war das furchtbare Dilemma, das die Sphinx den Bewerbern um Thebens

Königtum stellte. Die Geheimnisse der Wissenschaft sind die des Lebens. Es handelt sich darum zu herrschen oder zu dienen, zu sein oder nicht zu sein. Die natürlichen Kräfte werden uns zerbrechen, dienen sie uns nicht zur Eroberung der Welt. König oder Opfer, ein Mittelding zwischen diesem Abgrund und diesem Gipfel gibt es nicht, will man nicht unter die fallen, die nichts sind, da sie weder jemals fragen, warum sie leben noch wer sie sind.

Durch die hieroglyphische Analogie stellten die Formen der Sphinx auch die vier Eigenschaften der universalen, magisch wirkenden Kraft, d. h. des astralen Lichts dar: lösen, binden, erwärmen und kälten. Diese vier, vom Willen des Menschen gelenkten Eigenschaften können alle Formen der Natur bilden und je nach dem gegebenen Antrieb Tod oder Leben, Gesundheit oder Krankheit, Liebe oder Haß, sogar Reichtum oder Armut verleihen. Sie vermögen die Spiegelungen des Lichts in den Dienst der Einbildung zu stellen. Sie sind die paradoxe Lösung der kühnsten Fragen, die man an die hohe Magie stellen kann.

Dies die paradoxen Fragen menschlicher Neugier; wir werden sie stellen und beantworten:

1. Kann man dem Tode entgehen?
2. Gibt es den Stein der Weisen, und wie kann man ihn finden?
3. Kann man sich durch die Geister bedienen lassen?
4. Was ist Schlüssel, Ring und Siegel *Salomons?*
5. Kann man die Zukunft durch bestimmte Berechnung voraussehen?
6. Kann man durch magischen Einfluß beliebig Gutes oder Böses tun?
7. Was ist zum wahren Magier nötig?
8. Worin bestehen ganz genau die Kräfte der schwarzen Magie?

Wir nennen diese Fragen, die außerhalb aller Wissenschaft stehen und zum Voraus vom Glauben negativ beantwortet zu werden scheinen, paradox.

Diese Fragen sind, von einem Profanen gestellt, kühn und ihre ganze, von einem Adepten gegebene Lösung würde einer Gotteslästerung gleichkommen.

Gott und die Natur haben das innerste Heiligtum der hohen Wissenschaft verschlossen, so daß ein Wissender über eine gewisse Grenze hinaus unnütz sprechen würde. Er würde nicht mehr verstanden werden. Die Offenbarung des großen, magischen Geheimnisses ist also glücklicherweise unmöglich.

Die von uns zu gebenden Lösungen werden also der letzte Ausdruck des magischen Wortes sein, wir werden sie so klar als nur möglich geben, übernehmen es aber nicht, sie allen Lesern verständlich zu machen.

FRAGEN 1 *UND* 2.

1. Kann man dem Tode entgehen?
2. Gibt es den Stein der Weisen, und wie kann man ihn finden?

ANTWORTEN:

Man kann dem Tode auf zwei Arten entgehen, in der Zeit und in der Ewigkeit.

In der Zeit durch Heilung aller Krankheiten und Vermeidung aller Altersschwächen;

Und in der Ewigkeit muß man die Erinnerung an die persönliche Identität bei den Verwandlungen der Existenz fortsetzen.

Legen wir zunächst folgende Prinzipien fest:

1. Das aus der Bewegung hervorgehende Leben kann nur durch eine Reihenfolge und Vervollkommnung der Formen erhalten werden.

2. Erkenntnis der fortdauernden Bewegung ist Erkenntnis vom Leben.

3. Das Ziel der Erkenntnis ist das rechte Abwägen der ausgeglichenen Einflüsse.

4. Jede Erneuerung vollzieht sich durch Zerstörung; so ist jede Zeugung Tod und jeder Tod Zeugung.

Jetzt wollen wir mit den alten Weisen feststellen: das universale Lebensprinzip ist eine stoffliche Bewegung oder eine ewig und wesentlich bewegte, im flüchtigen Zustand unsichtbare und unfühlbare Substanz, die stofflich in Erscheinung tritt, indem sie durch die Polarisationsphänomene fest wird.

Diese Substanz hört nicht auf, verdirbt nicht und ist so unsterblich.

So stirbt alles, weil alles lebt, und wollte man eine Form verewigen, so würde man die Bewegung aufhalten und hätte damit den einzig wahren Tod geschaffen.

Eine Seele für immer in einem menschlichen Körper mumifizieren wäre die furchtbare Lösung des magischen Paradoxons von der Unsterblichkeit im gleichen Körper auf derselben Erde.

Alles erneuert sich durch das universale Auflösungsmittel, die erste Substanz.

Dieses Auflösungsmittel konzentriert seine Kraft in der Quintessenz, d. h. im ausgleichenden Mittelpunkt einer doppelten Polarität.

Die vier Elemente sind die vier volkstümlichen Kräfte des universalen, durch ein Kreuz dargestellten Magneten.

Dieses Kreuz dreht sich unaufhörlich um seinen Mittelpunkt und bildet so das Rätsel von der Quadratur des Kreises.

Das Schöpferwort läßt sich aus der Mitte des Kreuzes vernehmen und ruft: Alles ist vollbracht.

Im richtigen Verhältnis der vier Elementarformen muß man die Universalmedizin der Körper suchen, wie die der Seele uns durch die Religion in dem dargestellt wird, der sich zum Heil der Welt ewig auf dem Kreuz zum Opfer darbringt.

Das Magnetisieren und Polarisieren der himmlischen Körper liegt in ihrer ausgeglichenen Bewegung um die Sonnen, ihrem gemeinsamen Reservoir ihres Elektro-Magnetismus.

Das Schwingen der Quintessenz um die gemeinsamen Behälter zeigt sich im Licht, und das Licht offenbart seine Polarisation in den Farben.

Weiß ist die Farbe der Quintessenz. Gegen ihren negativen Pol wird diese Farbe zu blau und wird im schwarzen fest. Aber gegen ihren positiven Pol verdichtet sie sich zu gelb und fixiert sich in rot.

Das strahlende Leben geht also immer von schwarz über weiß zu rot und das absorbierte Leben sinkt von rot durch die gleiche Mitte in schwarz zurück.

Die vier Mittel- oder Mischtöne erzeugen mit den drei Farben der Syllepsis, Analyse und Synthese des Lichts die sieben Farben des Prismas oder des Sonnenspektrums.

Diese sieben Farben bilden um jede Sonne sieben Atmosphären oder Lichtzonen, und der beherrschende Planet jeder Zone wird in einer der Farbe seiner Atmosphäre analogen Weise magnetisiert.

Wie die Planeten am Himmel bilden sich die Metalle im Innern der Erde durch die Sonderheit eines latenten Lichts, das sich dadurch zersetzt, daß es durch verschiedene Medien hindurchgeht.

Das ganze Geheimnis des Steins der Weisen liegt darin, daß man sich des Stoffes bemächtigt, in dem das metallische Licht latent ist, ehe es sich spezialisiert hat und es durch ein aus ihm selbst genommenes Feuer zum äußersten positiven Pol, d. h. zum roten Leben treibt.

So ist dieses positive Licht in seinem äußersten Grad das festgewordene Leben selbst. Es kann als universales Auflösungsmittel und als Medizin für alle Reiche der Natur gelten.

Um aber dem Schwefelkies, Antimon und Arsenik der Philosophen ihren lebendigen, metallischen und androgynen Samen zu entreißen, braucht man ein ursprüngliches Reinigungsmittel, welches eine mineralische, saline Reinigung ist, und noch mehr der Mitwirkung von Magnetismus und Elektrizität.

Das Übrige vollzieht sich in einem einzigen Gefäß, in einem einzigen Athanor und durch das gedämpfte Licht einer Lampe ganz allein, weshalb hiervon die Weisen als von einer Frauen- und Kinderarbeit sprechen.

Was die modernen Chemiker und Physiker Wärme, Licht, Elektrizität und Magnetismus nennen, war für die alten nur die phänomenale und elementare Manifestation der einzigen, von den Hebräern *Aur* אור, *Od* אוד und *Ob* אוב genannten Substanz. Od ist der Name für das Aktivum, Ob der für das Passivum und Aur, aus dem die hermetischen Philosophen ihr Gold gemacht haben, ist der Name für die androgyne und ausgeglichene Mischung.

Das gewöhnliche Gold ist das metallisierte Aur, das Gold der Philosophen ist das *Aur* im mineralisch lösbaren Zustand.

Nach der transzendentalen Wissenschaft der Alten besteht also der Stein der Weisen theoretisch unwiderleglich. Er heilt alle Krankheiten und bringt die Metallverwandlung hervor. Existiert er, und kann er wirklich existieren? Bejahten wir diese Frage, man würde uns nicht glauben; geben wir also die Bejahung als paradoxe Lösung der durch die beiden ersten Fragen ausgedrückten Paradoxa. Und nun zum zweiten Kapitel.

Bemerkung: — Die zweite Frage: *und wie kann man ihn finden*, beantworten wir nicht. *De la Palisse* selbst würde an unserer Stelle antworten, daß man suchen muß, um zu finden, wenn man nicht zufällig findet. Wir haben genug darüber gesagt, um den Forschern die Richtung zu zeigen und sie zu erleichtern.

FRAGE 3 *UND* 4.

3. Kann man sich durch die Geister bedienen lassen?
4. Was ist Schlüssel, Siegel und Ring *Salomons?*

ANTWORTEN:

Es steht geschrieben: als der Heiland der Welt in seiner Versuchung in der Wüste über die drei die Menschenseele unterjochenden Begierden gesiegt hatte:

Die Gier nach Essen, Ehre und Sinnenlust, nahten sich ihm die Engel und bedienten ihn.

Denn die Geister stehen im Dienst des höchsten Geistes; und der beherrschende Geist ist der, der die zügellose Wildheit und die Lockungen des Fleisches fesselt.

Es ist jedoch wohl zu beachten, daß es gegen die Ordnung der Vorsehung ist, die natürliche Reihenfolge des Verkehrs unter den Wesen umzukehren.

Wir sehen nicht, daß der Heiland und die Apostel die Seelen Verstorbener beschworen hätten.

Da die Unsterblichkeit der Seele eines der tröstendsten Dogmen der Religion ist, muß sie dem Streben des Glaubens vorbehalten bleiben und wird daher niemals durch Tatsachen bewiesen werden, die wissenschaftlicher Kritik erreichbar sind.

Daher wird Erschütterung und Verlust der Vernunft immer die Strafe derer sein, die vermessen genug sind mit irdischen Augen in das jenseitige Leben zu blicken.

Daher lassen die magischen Überlieferungen die beschworenen Toten immer mit traurigen und zornigen Gesichtern erscheinen.

Sie beklagen sich über die Störung ihrer Ruhe und stoßen nur Vorwürfe und Drohungen aus.

Die Schlüssel oder Clavigulae des *Salomon* sind durch Zeichen ausgedrückte religiöse und rationale Kräfte, die weniger zur Geisterbeschwörung dienen als zum Selbstschutz gegen jede Abirrung bei den Versuchen mit den okkulten Wissenschaften.

Das Siegel faßt die Schlüssel zusammen, der Ring bezeichnet den Gebrauch.

Der Ring des *Salomon* ist zugleich kreisrund und quadratisch und stellt die Quadratur des Kreises dar.

Er besteht aus sieben zu einem Kreis angeordneten Quadraten. An ihm sind zwei Ringsteine befestigt, der eine rund, der andere quadratisch, der eine in Gold, der andere in Silber.

Der Ring muß eine Filigranarbeit aus den sieben Metallen sein.

In der silbernen Fassung bringt man einen weißen Stein, in der goldenen einen roten mit folgenden Zeichen an:

Auf den weißen Stein das Zeichen des Makrokosmos.

Auf den roten das Zeichen des Mikrokosmos.

Beim Tragen des Ringes muß ein Stein im Innern der Hand, der andere außen sein, damit man den Geistern des Lichtes oder den Mächten der Finsternis befehlen kann.

Wir wollen in wenig Worten die Allmacht des Ringes erklären.

Der mit den lebendigen Kräften der Natur bewaffnete Wille ist allmächtig.

Das Denken ist müßig und tot, solange es sich nicht durch Wort oder Zeichen offenbart; es kann also den Willen weder anregen noch lenken.

Das Zeichen ist als notwendige Form des Gedankens das unerläßliche Werkzeug des Willens.

Je vollkommener das Zeichen um so stärker die Formulierung des Gedankens und um so kräftiger folglich die Führung des Willens.

Blinder Glaube versetzt Berge, was wird dann der durch vollkommene, unabänderliche Erkenntnis erleuchtete Glaube vermögen?

Könnte unsere Seele ihre ganze Intelligenz und all ihre Energie im Ausdruck eines einzigen Wortes vereinigen, müßte dies eine Wort nicht allmächtig für sie sein?

Salomons Ring mit dem doppelten Siegel ist die in *einem* Zeichen zusammengefaßte ganze Erkenntnis und der ganze Glaube der Magier.

Er ist das Symbol aller Kräfte des Himmels und der Erde und ihrer sie im himmlischen Makrokosmos wie im menschlichen Mikrokosmos beherrschenden Gesetze.

Er ist der Talisman der Talismane, das Pantakel der Pantakel.

Als lebendiges Zeichen ist der Ring *Salomons* allmächtig, unwirksam aber als Zeichen des Todes; das Leben der Zeichen ist die Intelligenz und der Glaube: Intelligenz der Natur und Glaube an ihren ewigen Urheber.

Vertieftes Studium der Natur-Mysterien kann den unaufmerksamen Beobachter von Gott trennen, indem die Ermüdung des Geistes den Schwung des Herzens lähmt.

So können die okkulten Wissenschaften für gewisse Seelen gefährlich und sogar verhängnisvoll werden.

Die mathematische Genauigkeit, die absolute Gewalt der Naturgesetze, die Einheit und Schlichtheit dieser Gesetze lassen in Vielen die Idee von einem notwendigen, ewigen und unzerstörbaren Organismus aufkommen, und die Vorsehung verschwindet ihnen hinter dem eisernen Räderwerk einer Uhr in fortlaufender Bewegung.

Sie denken nicht über die furchtbare Freiheit und das Selbstbestimmungsrecht der geistlosen Wesen nach.

Ein Mensch verfügt beliebig über die Existenz wie er organisierter Wesen. Er kann die Vögel in der Luft, die Fische im Wasser, die wilden Tiere im Wald fangen. Er kann die Wälder selbst schlagen oder verbrennen, Felsen und Berge unterminieren und sprengen, alle Formen um sich her verändern, und trotz aller aufwärtssteigenden Analogien der Natur würde er nicht an die Existenz wie er intelligenter Wesen glauben, die nach ihrem Belieben die Welten versetzen, zerbrechen und anzünden, mit ihrem Hauch die Sonnen auslöschen oder sie zu Sternen zerstoßen könnten . . . so große Wesen, daß sie seinem Blick entgehen, wie wir zweifellos von der Made und Milbe nicht mehr gesehen werden. . . . Und wenn bei der Existenz solcher Wesen das Universum nicht tausendmal umgestürzt wird, muß man dann nicht zugeben, daß sie alle einem höchsten Willen, einer mächtigen und weisen Kraft gehorchen, die ihnen verbietet die Welten zu versetzen, wie sie uns untersagt das Nest der Schwalbe oder die Puppe des Schmetterlings zu zerstören? Für den Magier, der im Grunde seines Gewissens diese Macht selbst fühlt und in den Gesetzen des Universums nur noch Werkzeuge der ewigen Gerechtigkeit sieht, sind die Clavigulae des *Salomon*, sein Siegel und sein Ring die Insignien des erhabensten Königtums.

FRAGE 5 *UND* 6.

5. Kann man die Zukunft durch bestimmte Berechnungen voraussehen?
6. Kann man durch magischen Einfluß Gutes oder Böses tun?

ANTWORTEN:

Zwei gleichstarke Schachspieler sitzen an einem Tisch, fangen die Partie an, welcher von beiden wird gewinnen?

Der am aufmerksamsten bei seinem Spiel ist.

Kenne ich beider Bedenken, so kann ich das Ergebnis ihrer Partie genau voraussagen.

Beim Schachspiel heißt voraussehen gewinnen, ebenso beim Lebensspiel.

Nichts im Leben geschieht durch Zufall, Zufall ist das Unvorhergesehene, aber das Unvorhergesehene des Unwissenden ist von Weisen vorausgesehen.

Jedes Ereignis und jede Form geht aus einem Streit oder Ausgleich der Kräfte hervor, und diese Kräfte können in Zahlen dargestellt werden.

Die Zukunft kann also im Voraus durch Berechnung bestimmt werden.

Jede gewaltsame Aktion findet in einer gleichen Reaktion ihren Ausgleich, Lachen ist der Vorbote von Tränen. Deshalb sagte der Heiland: Selig, die da weinen!

Deshalb auch sein Wort: Wer sich erhöht, wird erniedrigt und wer sich erniedrigt, wird erhöht werden.

Heute erhebt sich *Nabuchodonosor* zum Gott; morgen wird er in ein Tier verwandelt.

Heute hält Alexander seinen Einzug in Babylon und läßt sich auf den Altären Weihrauch brennen; morgen wird er tierisch betrunken sterben.

Aus seiner Erinnerung sagt der Geist vorher.

Die Zukunft liegt in der Vergangenheit, und die Vergangenheit in der Zukunft.

Die Wirkungen verketten sich so notwendig und genau den Ursachen, daß sie selbst zu Ursachen neuer Wirkungen werden, die in ihrem Entstehen den ersten so ähnlich sind, daß eine einzige Tatsache den Seher eine ganze Mysterienfolge erschauen läßt.

Ist Christus gekommen, so wird bestimmt der Antichrist kommen: aber dessen Ankunft wird dem Triumph des heiligen Geistes vorangehen.

Das Jahrhundert des Geldes, in dem wir leben, ist der Vorläufer der überschwenglichsten Nächstenliebe und der größten guten Werke, die je in der Welt waren.

Man muß aber wissen, daß des Menschen Wille die verhängnisvollen Ursachen wandelt, und daß ein einziger, von einem Menschen ausgehender Anstoß das Gleichgewicht einer ganzen Welt verändern kann.

Wenn des Menschen Gewalt auf der Erde, seinem Machtbereich so groß ist, was müssen dann erst die Sonnengeister sein!

Der geringste der Eggregoren vermöchte durch Erweiterung des latenten Wärmestoffs unserer Erde sie mit einem einzigen Hauch zu sprengen und wie eine kleine Aschenwolke verschwinden zu lassen.

Auch der Mensch kann mit einem einzigen Hauch das Glück eines anderen zerstören.

Die Menschen sind wie die Welten magnetisch, sie strahlen wie die Sonnen ihr spezifisches Licht aus.

Die einen saugen mehr auf, die andern strahlen lieber aus.

Niemand ist in der Welt isoliert, jeder Mensch ist ein Verhängnis oder eine Vorsehung.

Augustus und *Cinna* begegnen sich: beide sind stolz und unversöhnlich, das ist Verhängnis.

Cinna will *Augustus* unweigerlich und freiwillig töten, *Augustus* wird verhängnisvoll zu seiner Bestrafung gezwungen, er will ihm verzeihen und tut es freiwillig. Hier wandelt sich das Schicksal in Vorsehung, und das durch solch erhabene Güte geweihte Jahrhundert des *Augustus* wird würdig den geboren zu sehen, der lehren wird: Vergebt euern Feinden! Mit der Begnadigung des *Cinna* hat *Augustus* alle Rache des *Oktavian* gesühnt.

Der den Forderungen des Verhängnisses Unterworfene bleibt profan, d. h. ein Mensch, den man weit vom Heiligtum der Wissenschaft zurückhalten muß.

Die Wissenschaft würde in seinen Händen ein furchtbares Werkzeug der Zerstörung.

Der Freie dagegen, der die blinden Instinkte des Lebens durch die Intelligenz beherrscht, ist im wesentlichen Bewahrer und Wiederhersteller, denn die Natur ist der Machtbereich seiner Gewalt, der Tempel seiner Unsterblichkeit.

Wollte der Profane Gutes tun, er würde Böses tun.

Der freie Eingeweihte kann nichts Böses tun wollen; schlägt er, so nur zur Züchtigung und Heilung.

Der Hauch des Profanen wirkt tötlich, der des Eingeweihten belebend.

Der Profane leidet zum Leiden der andern, der Geweihte, um von ihnen die Qualen abzuwenden.

Der Profane tränkt die Pfeile in seinem Blut und vergiftet sie, der freie Eingeweihte heilt mit seinem Blut die grausamsten Wunden.

FRAGE 7 *UND* 8.

7. Was ist zum wahren Magier nötig?
8. Worin bestehen ganz genau die Kräfte der schwarzen Magie?

ANTWORTEN:

Der über die verborgenen Naturkräfte verfügt, ohne Gefahr zu laufen von ihnen vernichtet zu werden, ist ein wahrer Magier.

Man erkennt ihn an seinen Werken und seinem Ende, das immer ein großes Opfer ist.

Zoroaster hat Dogmen und Kultur des Orients geschaffen und ist wie *Oedipus* in einem Sturm verschwunden.

Orpheus hat Griechenland die Poesie und mit ihr die Schönheit für jede Größe gegeben und ist durch eine Orgie umgekommen, an der er nicht teilnehmen wollte.

Julian ist trotz seiner Tugenden nur ein Eingeweihter der schwarzen Magie gewesen. Er ist als Opfer und nicht als Märtyrer gestorben; sein Tod war Zerstörung und Niederlage: er verstand seine Zeit nicht.

Er kannte das Dogma der hohen Magie, wandte aber ihr Ritual schlecht an.

Appolonius von Tyana und *Synesios* waren nichts als wunderbare Philosophen, sie haben die wahre Wissenschaft gepflegt, aber nichts für ihre Nachwelt getan.

Die Magier des Evangeliums herrschten in den damals bekannten drei Weltteilen, und ihre Orakel verstummten, da sie das Wimmern des kleinen Kindes in Bethlehem vernahmen.

Der König der Könige, der Magier der Magier war in die Welt gekommen, und Kulte, Gesetze und Herrschaften, alles war gewandelt.

Zwischen Jesus Christus und *Napoleon* bleibt die Welt leer.

Napoleon, dieses Kriegswort, dieser bewaffnete Messias ist schicksalhaft und ohne es zu wissen gekommen, das christliche Wort zu vollenden. Die christliche Offenbarung lehrte uns nur zu sterben, die napoleonische soll uns zu siegen lehren.

Aus diesen scheinbar sich widersprechenden Worten: Hingabe und Sieg, Leiden und Sterben, Kampf und Sieg entsteht das große Geheimnis der Ehre.

Kreuz des Heilands, Kreuz des Tapfern, eines ist ohne das andere unvollständig; denn nur wer sich hingeben und sterben kann, kann siegen.

Und wie könnte man sich hingeben und sterben, glaubte man nicht an das ewige Leben?

Der scheinbar tote Napoleon sollte in die Welt zurückkehren in Gestalt eines Menschen, der seinen Geist verwirklichte.

Auch *Salomon* und *Karl der Große* werden in einem einzigen Monarchen wiederkommen, dann wird der hl. Evangelist *Johannes*, der nach der Überlieferung am Ende der Zeiten wiederleben wird, auch auferstehen in der Gestalt eines Papstes als Apostel der Intelligenz und Nächstenliebe.

Und diese beiden, von allen Propheten verkündeten Fürsten sollen das Wunder der Welterneuerung vollbringen.

Dann wird die Wissenschaft der wahren Magier blühen: denn bisher sind unsere Wundertäter für die meisten verhängnisvolle Menschen und Zauberer gewesen, d. h. blinde Werkzeuge des Schicksals.

Die vom Schicksal der Welt gegebenen Meister werden alsbald von ihr vernichtet. Wer durch Leidenschaften herrscht, wird bald die Beute der Leidenschaften sein. Als *Prometheus* auf *Zeus* eifersüchtig wurde und ihm seinen Blitz entriß, wollte er sich auch einen unsterblichen Adler schaffen; er brachte aber nur einen Geier hervor und machte diesen unsterblich.

Die Fabel erzählt von einem gottlosen König *Ixion*, der die Himmelskönigin vergewaltigen wollte, aber er umarmte nur eine trügerische Wolke und wurde von feurigen Schlangen an das unerbittliche Schicksalsrad gekettet.

Diese tiefen Allegorien drohen den falschen Adepten, den Entweihern der Wissenschaft, den Schwärmern der schwarzen Magie.

Die Kraft der schwarzen Magie ist die Ansteckung des Schwindels, die Epidemie des Wahnsinns.

Das Verhängnis der Leidenschaften gleicht einer feurigen Schlange, die sich die Seelen verschlingend um die Welt dreht und windet.

Die in der Mutter Gottes dargestellte friedlich lächelnde und liebevolle Intelligenz zertritt ihr den Kopf.

Das Verhängnis verschlingt sich selbst, es ist die alte Schlange des Kronos, die sich ewig in ihren Schwanz beißt.

Oder es sind vielmehr zwei feindliche Schlangen, die sich mit Bissen zerreißen, bis die Harmonie sie bezaubert und sie sich langsam um den Zauberstab des *Hermes* winden.

SCHLUSS.

Zu glauben, im Sein existiere kein universales und absolutes Prinzip, ist der vermessendste und absurdeste Glaube, denn dies ist die Verneinung des Unendlichen und Unbestimmbaren.

Vermessenster Glaube, denn er ist trostlos und isoliert; absurder Glaube, denn er setzt das vollkommenste Nichts an Stelle höchster Vollendung.

In der Natur erhält sich alles durch das Gleichgewicht und erneuert sich durch die Bewegung. Gleichgewicht ist Ordnung, und Bewegung ist Fortschritt.

Das Wissen von Gleichgewicht und Bewegung ist das absolute Wissen von der Natur.

Durch dieses Wissen kann der Mensch natürliche Erscheinungen hervorbringen und lenken, indem er sich ständig gegen eine höhere und vollkommenere Intelligenz als die seine erhebt.

Das moralische Gleichgewicht ist der Wettbewerb von Wissen und Glauben, die in ihren Kräften verschieden, und in ihrer Wirkung gleich sind, um dem Geist und dem Herzen des Menschen ein Maß zu geben, die Vernunft.

Denn die den Glauben leugnende Wissenschaft ist ebenso wahnsinnig wie der die Wissenschaft verneinende Glaube.

Der Gegenstand des Glaubens kann von der Wissenschaft nicht definiert, noch weniger verneint werden, sie selbst ist aber berufen, die vernünftigen Grundlagen der Glaubenshypothesen zu bestätigen.

Eine isolierte Gläubigkeit ist kein Glaube, denn es fehlt ihr Autorität und moralischer Bestätigung, sie kann nur im Fanatismus oder im Aberglauben enden.

Der Glaube ist das Vertrauen, das eine Religion gibt, d. h. eine Kommunion der Gläubigkeit.

Die wahre Religion wird durch die universale Stimme gebildet.

Sie ist also wesentlich und immer katholisch, d. h. universal. Sie ist eine im revolutionären Machtbereich des Unbekannten allgemein freudig begrüßte, ideale Diktatur.

Wird das Gesetz des universalen Gleichgewichts einmal besser verstanden, so wird es alle Kriege und Revolutionen der alten Welt beenden. Es hat zwischen Mächten wie zwischen moralischen Kräften Streit gegeben. Gegenwärtig tadelt man die Päpste wegen ihres krampfhaften Festhaltens an der irdischen Macht, ohne an die protestantische Neigung der Fürsten zur Usurpation der geistigen Macht zu denken.

Solange die Fürsten Päpste sein wollen, wird der Papst durch das Gesetz des Gleichgewichts selbst gezwungen werden König zu sein.

Die ganze Welt träumt noch die Einheit der Macht und versteht die Macht des ausgeglichenen Dualismus nicht.

Vor den Königen, die widerrechtlich von der geistigen Macht Besitz ergriffen haben, würde der Papst nichts mehr sein, wäre er nicht König. In der irdischen Ordnung unterliegt der Papst wie ein anderer den Vorurteilen seines Jahrhunderts. Er kann also auf seine irdische Macht nicht verzichten, wenn diese Abdankung ein Skandal für dieselbe Welt wäre.

Wenn die herrschende Meinung des Universums klar verkünden wird, daß ein irdischer Fürst nicht Papst sein kann, wenn der Zar aller Reussen und der Herrscher von Groß-Britannien auf ihr lächerliches Priestertum verzichtet haben, dann wird der Papst wissen, was er zu tun hat.

Bis dahin aber muß er kämpfen und, wenn es sein muß, sterben um die Unantastbarkeit des Patrimoniums des *hl. Petrus* zu verteidigen.

Die Erkenntnis des moralischen Gleichgewichts wird den Streitigkeiten der Religion und den philosophischen Lästerungen ein Ende machen. Wenn genugsam erkannt sein wird, daß die Religion nicht gegen die Freiheit des Forschens frevelt, werden alle intelligenten Menschen religiös sein und alle religiösen Menschen werden eine Wissenschaft achten, welche die Existenz und Notwendigkeit einer universalen Religion anerkennt.

Diese Wissenschaft wird ein neues Licht über die Geschichtsphilosophie breiten und einen synthetischen Plan für alle Naturwissenschaften geben. Das Gesetz der ausgeglichenen Kräfte und organischen Kompensationen wird eine neue Physik und Chemie hervorrufen, mit jeder neuen Entdeckung wird man mehr auf die hermetische Philosophie zurückkommen und diese so lange vergessenen Wunder von Einfachheit und Klarheit bestaunen.

Dann wird die Philosophie so exakt sein wie die Mathematik, denn die wahren, d. h. mit dem Sein identischen Ideen, welche die Wissenschaft der Wirklichkeit bilden, tragen mit der Vernunft sowohl zur Richtigkeit der genauen Verhältnisse als auch zu den wie die Zahlen scharfen Gleichungen bei. Dann wird also Irrtum nur noch der Unwissenheit möglich sein; das wahre Wissen wird sich nicht mehr täuschen.

Der Ästhet wird nicht mehr den Launen des wie die Mode sich wandelnden Geschmacks unterworfen sein. Wenn das Schöne der Glanz des Wahren ist, wird man die Strahlen eines Lichts, dessen Herd unwiderleglich bekannt und mit größter Genauigkeit bestimmt werden wird, unfehlbarer Berechnung unterwerfen können.

Die Poesie wird keine zerstörenden und törichten Neigungen mehr haben. Die Dichter werden nicht mehr jene gefährlichen Zauberer sein, die *Platon* aus seiner Republik verbannte, indem er sie mit Blumen bekränzte; sie werden die Musiker der Vernunft, die anmutigsten Mathematiker der Harmonie sein.

Heißt das, daß die Erde ein Eldorado sein wird? Nein, denn solange es eine Menschheit geben wird, sind Kinder da, d. h. Kleine, Schwache, Unwissende und Arme.

Aber die Gesellschaft wird von wirklichen Meistern gelenkt werden, es wird im menschlichen Leben kein Übel mehr ohne Heilmittel geben.

Man wird erkennen, daß die göttlichen Wunder der ewigen Ordnung angehören und wird nicht mehr die Phantome der Einbildung auf den Glauben der unerklärten Wunder anbeten. Die Seltsamkeit der Erscheinungen beweist nur unsere Unwissenheit gegenüber den Naturgesetzen. Will Gott sich uns offenbaren, so erleuchtet er unsere Vernunft und sucht sie nicht zu verwirren oder zu erstaunen.

Man wird die Grenzen der Macht des Menschen erkennen, der nach Gottes Bild und ihm ähnlich erschaffen ist. Man wird ihn als Schöpfer in seiner Sphäre erkennen und seine von der ewigen Vernunft gelenkte Güte als die untergeordnete Vorsehung für die Wesen erfassen, die von der Natur unter seinen Einfluß und in seinen Machtbereich bestellt sind. Dann wird die Religion vom Fortschritt nichts mehr zu fürchten haben und seine Führung übernehmen.

Ein mit Recht in den katholischen Lehren verehrter Gelehrter, der glückselige *Vincent de Lérins*, spricht diesen Einklang von Fortschritt und konservativer Autorität in bewunderswerter Weise aus.

Nach ihm ist der wahre Glaube unseres Vertrauens nur würdig durch die unwandelbare Autorität, welche die Dogmen für die Launen der menschlichen Unwissenheit unantastbar macht. Und doch, fährt *Vincent de Lérins* fort, ist diese Unbeweglichkeit nicht der Tod; wir bewahren im Gegenteil einen Lebenskern für die Zukunft. Was wir heute glauben, ohne es zu verstehen, wird die Zukunft verstehen und wird sich der Erkenntnis freuen. *Posteritas intellectum gratuletur, quod ante vetustas non intellectum venerabatur.* Frägt man uns also: Ist jeder Fortschritt aus der Religion Jesu Christi ausgeschlossen? O nein, wir erhoffen einen sehr großen.

„Welcher Mensch wäre so eifersüchtig auf die Menschen und Gott, so feindlich, daß er einen Fortschritt hindern wollte? Aber es muß ein wirklicher Fortschritt sein und nicht nur ein Wechsel in der Glaubensmeinung. Fortschritt ist Anwachsen und Entwicklung einer jeden Sache in ihrer Ordnung und ihrer Natur. Unordnung ist Verwirrung und Mischung der Dinge und ihrer Natur. Zweifellos muß es für die Menschen im allgemeinen wie im besonderen dem natürlichen Gang des Kirchenjahres gemäß verschiedene Stufen von Intelligenz, Wissen und Weisheit geben, aber so, daß alles erhalten bleibt, und das Dogma immer den gleichen Geist und dieselbe Erklärung bewahrt. Die Religion muß nacheinander die Seelen entwickeln wie das Leben die Körper, die doch immer dieselben sind.

„Welcher Unterschied zwischen der kindlichen Blüte und der Reife des Greisenalters. Und doch sind die Greise die gleichen bezüglich der Person, die sie in der Kindheit waren. Nur das Äußere und das Gewand hat sich verwandelt. Die Glieder des Kindes in der Wiege sind in ihren Grundprinzipien dieselben wie die der Erwachsenen; sie wachsen ohne daß sich ihre Zahl vermehrt, und der Greis hat ihrer nicht mehr als das Kind. Und das muß so sein bei Strafe von Mißstaltung oder Tod.

„Ebenso ist es mit der Religion Jesu Christi, auch für sie vollzieht sich der Fortschritt unter den gleichen Bedingungen und nach denselben Gesetzen. Die Jahre machen sie stärker und größer, fügen aber dem nichts hinzu, was ihr Wesen ausmacht. Sie wurde vollständig und vollkommen in ihren Proportionen geboren, die wachsen und sich ausdehnen können ohne sich zu ändern. Unsere Väter haben Weizen gesät, und die Enkel sollen kein Unkraut ernten. Die Zwischenernten ändern nichts an der Art des Korns, wir können es nehmen und immer gleich lassen.

„Der Katholizismus hat Rosen gepflanzt, sollten wir sie durch Dornen ersetzen? Nein, sicher nicht, oder wehe uns! Balsam und Zimmt dieses geistigen Paradieses soll sich in unseren Händen nicht in Wolfswurz und Gift verwandeln. Alles, was in der Kirche, diesem schönen Gottesland von den Vätern gesät worden ist, soll von den Söhnen gepflegt und unterhalten werden: das ist es, was immer wachsen und blühen soll; aber es kann wachsen und muß sich entwickeln. Gott erlaubt, daß die Dogmen dieser himmlischen Philosophie durch den Fortschritt der Zeit erforscht, durcharbeitet und in gewisser Weise geglättet werden sollen; verboten aber ist es, sie zu verändern. Ein Verbrechen ist ihre Verstümmelung und Entstellung. Sie mögen ein neues Licht von diesen gelehrteren Bestimmungen erhalten, aber sie müssen immer ihre Fülle, ihre Rechtschaffenheit und Eigenheit bewahren."

Wir wollen also alle Eroberungen der Wissenschaft in der Vergangenheit als zum Vorteil der Kirche erworben halten und ihr mit *Vincent de Lérins* das ganze Erbe des Fortschritts in der Zukunft versprechen! Ihr gehören all die großen Bestrebungen *Zoroasters* und alle Entdeckungen des *Hermes!* Ihr der Schlüssel der heiligen Arche und der Ring *Salomons*, denn sie stellt die heilige und unbewegliche Hierarchie dar. Ihre Kämpfe ließen sie erstarken, ihr scheinbarer Sturz wird sie festigen; sie leidet um zu herrschen, stirbt um aufzuerstehen!

„Ihr müßt euch bereit halten, sagt Graf *Joseph de Maistre* in seinen „*Soirsée de Saint-Petersbourg*", für ein unermeßliches Ereignis in der göttlichen Ordnung, auf das wir mit großer Geschwindigkeit zugehen, das alle Beobachter in Erstaunen setzen wird. Furchtbare Orakel zeigen übrigens an, daß die Zeit gekommen ist. Mehrere in der Apokalyse enthaltenen Prophezeiungen bezogen sich auf unsere modernen Zeiten. Ein Schriftsteller ist soweit gegangen, daß er gesagt hat, das Ereignis habe schon begonnen und Frankreich sei das Werkzeug der größten der Revolutionen. Es gibt vielleicht keinen wirklich religiösen Menschen in Europa — ich spreche von der gebildeten Klasse — der nicht eben etwas Außerordentliches erwartete. Nun, ist dieser Ruf, der die großen Dinge anzeigt, nicht genug? Geht in die vergangenen Jahrhunderte zurück, versetzt euch in die Zeit der Geburt des Heilands; rief nicht zu jener Zeit eine laute, geheimnisvolle Stimme aus dem Orient: „Der Orient ist nahe am Triumph . . . der Sieger wird aus Judäa hervorgehen. Ein göttliches Kind ist uns gegeben, es wird erscheinen; es steigt aus dem höchsten Himmel herab und bringt das goldene Zeitalter auf die Erde zurück." Diese Gedanken waren allgemein verbreitet, und da sie der Poesie Unendliches gaben, bemächtigte sich ihrer der größte lateinische Dichter und umgab sie in seinem „*Pollion*" mit den glänzendsten Farben. Wie zurzeit *Virgils* ist heute die Welt in Erwartung. Wie sollten wir diese große Überzeugung mißverstehen, und mit welchem Recht dürften wir die Menschen tadeln, die von göttlichenZeichen benachrichtigt sich heiligenNachforschungen hingeben?

„Wollt ihr einen Beweis für das, was sich vorbereitet? Sucht in den Wissenschaften; beobachtet den Gang in der Chemie, sogar der Astronomie, und ihr werdet sehen, wohin sie euch führen. Würdet ihr glauben, daß *Newton* uns zu *Pythagoras* zurückgeführt, und daß unaufhörlich bewiesen wird, daß „die himmlischen Körper genau wie die menschlichen durch geistige Kräfte, die eins mit ihnen sind, bewegt werden," ohne daß man weiß wie: das ist indessen nahe daran sich zu verwirklichen, ohne daß es eben ein Mittel gibt es abzustreiten. Diese Lehre könnte paradox und sogar lächerlich erscheinen, weil die große Meinung ihr diesen Stempel aufdrückt, doch wartet bis die natürliche Verwandtschaft von Religion und Wissenschaft sie in dem Kopf eines einzigen Mannes eint. Die Erscheinung dieses Mannes kann nicht mehr lange dauern. Dann werden die Meinungen, die jetzt bizarr oder sinnlos erscheinen zu Axiomen, an denen nicht mehr gezweifelt werden kann, und man wird dann von unserer jetzigen *Dummheit* wie wir vom Aberglauben *des Mittelalters* sprechen."

Im zehnten Band seiner Werke, Seite 697, sagt der *hl. Thomas* dies schöne Wort: „Alles, was Gott will, ist recht; aber es darf nicht recht genannt werden, nur weil Gott es will: *non ex hoc dicitur justum quod Deus illud vult.*" Darin liegt die ganze moralische Lehre der Zukunft, und von diesem furchtbaren Grundsatz kann man unmittelbar folgenden ableiten: Es ist nicht nur vom Standpunkt des Glaubens aus gut, Gottes Wort zu folgen, sondern auch die Vernunft heißt gut und vernünftig ihm zu gehorchen. Der Mensch wird also sagen können: Ich tue Gutes nicht nur, weil *Gott es will*, sondern auch weil *ich es will.* So wird der menschliche Wille zugleich unterworfen und frei sein; denn wenn die Vernunft auf unverwerflicheWeise die Weisheit der Glaubensvorschriften beweist, wird sie aus eigenem Antrieb handeln, indem sie sich nach dem göttlichen Gesetz richtet, dessen menschliche Heiligung sie in gewisser Weise werden wird. Dann wird es weder Aberglaube noch Gottlosigkeit geben, das ist nach dem eben Gesagten leicht verständlich: also in Religion und praktischer Philosophie, d. h. in der Moral wird die absolute Autorität bestehen, und die moralischen Dogmen werden sich nur dann offenbaren und ausbreiten.

Bis dahin werden wir den Schmerz und die Angst erdulden müssen, täglich die einfachsten und allgemeinsten Grundsätze von Recht und Pflicht unter den Menschen in Frage gezogen zu sehen. Zweifellos wird man die Gotteslästerer zum Schweigen bringen; ein anderes ist es aber, Schweigen aufzuerlegen, und wieder ein anderes zu überzeugen und zu bekehren.

Solange die Hohe Magie durch die Schlechtigkeit der Menschen profaniert war, mußte sie von der Kirche verworfen werden. Die falschen Gnostiker haben den erst so reinen Namen des Gnostizismus in Verruf gebracht, und die Zauberer haben den Kindern der Magier einen Streich gespielt. Aber die Religion kann nicht länger eine Lehre verachten, die älter ist als die Bibel und so vollkommen die traditionelle Achtung vor dem Altertum mit den lebendigsten Hoffnungen für den zukünftigen Fortschritt in Einklang bringt.

Das Volk macht sich durch Arbeit und Glauben mit Richtigkeit und Wissenschaft vertraut. Es wird immer ein Volk geben, wie immer Kinder sein werden; wenn aber die wissend gewordene Aristokratie zur Mutter des Volkes geworden ist, dann werden die Wege der Emanzipation für alle offen sein, eine persönliche, allmählich fortschreitende Emanzipation, durch die alle Berufenen durch ihre Anstrengungen den Rang der Auserwählten erreichen können. Dieses Mysterium der Zukunft verbarg die alte Weihe unter ihrem Schatten. Für diese zukünftigen Auserwählten sind die Wunder der Natur, die dem Willen des Menschen unterworfen waren, zurückbehalten worden. Der Priesterstab soll Zauberstab der Mirakel sein, er war es zurzeit von *Hermes* bis *Moses* und wird es noch sein. Der Geist des Magiers wird wiederkommen, der des Königs oder Kaisers der Welt und wird mit Recht der Erste unter den Menschen sein, der sich wirklich durch Wissen und Tugend als der Stärkste zeigen wird.

Dann wird die Magie nur noch für die Unwissenden eine okkulte Wissenschaft sein, für alle aber eine unwiderlegliche Erkenntnis. Dann wird die universale Erkenntnis die Ringe der goldenen Kette wieder einander verbinden. Das menschliche Epos wird beendet, und selbst die Anstrengungen der Titanen werden nur dazu gedient haben, den Altar des wahren Gottes wieder zu errichten.

Dann werden alle Formen, die der göttliche Gedanke nacheinander eingehüllt hat, unsterblich und vollkommen wiedergeboren werden.

Alle von der Kunst der Nationen nacheinander gezeichneten Züge werden sich vereinigen und das vollkommene Bild Gottes bilden.

Dieses gereinigte, aus dem Chaos hervorgegangene Dogma wird naturgemäß die unfehlbare Moral erzeugen, und die soziale Ordnung wird sich auf dieser Grundlage wieder neu bilden. Die sich jetzt aneinander reihenden Systeme sind Träume des Dämmers. Lassen wir sie vorübergehen. Die Sonne leuchtet und die Erde schreitet ihren Weg; wahnwitzig wäre der, der am Tag zweifelte.

Es gibt Leute, die sagen: Der Katholizismus ist nur noch ein verdorrter Stumpf; laßt uns zur Axt greifen.

Wahnsinnige! seht ihr nicht, daß sich unter der trockenen Rinde der lebendige Baum unaufhörlich erneuert. Wahrheit hat weder Vergangenheit noch Zukunft; sie ist ewig. Nicht die Wahrheit geht zu Ende, sondern unsere Träume.

Hammer und Axt, die in den Augen der Menschen zerstören, sind in Gottes Händen nur das Messer des Baumschneiders, und die toten Zweige, nämlich Aberglaube und Ketzerei in Religion, Wissenschaft und Politik können nur vom Baum der Gläubigkeit und der ewigen Überzeugungen geschnitten werden.

Unsere *Geschichte der Magie* hat sich als Ziel den Beweis gesetzt, daß die großen Symbole der Religion zugleich die Symbole des damals verborgenen Wissens gewesen sind.

Möchten Religion und Wissenschaft, künftig vereinigt, sich also wie zwei Schwestern helfen und lieben, da sie doch in der gleichen Wiege lagen.

ENDE.